CURRY

ZB 亲笔巨献

格调

段冉——著

库里传

典藏版

北京时代华文书局

STEP

斯蒂芬·库里

HEN

CURRY

目录

PART 1

完美格调

库里的成功，不仅是在球场上

文/沈知渝　著名体育经纪人

《福布斯》名人榜第十六位

库里的成功，不仅仅体现在他对篮球场的改变，更体现在场外。作为NBA当下的超级巨星，库里在他所涉足的几乎所有领域，都取得了成功，自身的偶像属性也让他拥有亿万忠实拥趸。庞大的粉丝基础，让库里成为商业界的宠儿，商业价值也水涨船高。

不管是在销售终端还是在资本市场，一个球星对一个品牌的驱动力都有无限的想象空间。库里代言的球鞋品牌，随着库里的名气和在NBA地位的提升，也获得了应有的价值回报，市场价值和市场占有率不断提高。

2020年，《福布斯》公布全球最高收入名人榜，库里排名第十六位，约为7440万美元。注意，这不是运动员的排行榜，而是包含了所有演艺圈和其他行业的名人大腕儿的排行榜。在NBA球星里，只有詹姆斯排在库里之前，8820万美元。而在前三十名里，只有詹姆斯、库里和杜兰特三个NBA球员。

02

三名NBA超级巨星的共同特性就是代言和跨界投资，手里握着一张"商业帝国"的蓝图。而在库里的版图里，球鞋代言只是其中一块拼图。他拥有自己的影视制作公司"全票媒介"，与索尼影业合作；有自己的SC30投资公司，把握风投方向；除了球鞋代言，他还曾经或者正在为高尔夫、高端耳机、时尚手机、银行、汽车、租车等行业代言。

有没有发现，库里代言的产品，除了运动品牌，都有一个什么属性？这些产品的定位都有白领精英属性，高品质、尖端化、潮流化很突出。任何产品寻找代言人，都必须强调产品属性和代言人特质能尽量契合。显然库里这些年在NBA自创一派的"武功"，把三分球变成潮流，改变NBA甚至篮球世界方向的球路，象征着新浪潮，代表着革新，这和网络时代一日千里的速度，和快节奏的世界变化，完美贴合。那么多高新产品找上门来，不足为奇。

MVP 冠军 颜值 创造潮流

任何一个体育经纪人，毕生都在寻找库里这样一个完美的客户，追求共赢。篮球运动员的价值，粗分的话，有三个阶段：初级，在那块儿不大的木质场地里，站稳脚跟；中级，站稳脚跟，然后在篮球行业里，能有代言机会；高级，跨界输出，把篮球人口之外的普罗大众，变为自己的"信徒"。库里走到了高级阶段中的最高端。

MVP，冠军，创造潮流，又有颜值，以及完美的家庭、健康的形象，这是所有品牌寻找的王牌代言人。库里2021年再度入选全明星首发，勇士队的收视率依然排在全美第三，他的"商业帝国"的版图还将扩充。他场外的一切，都彰显着他的高端格调。

完美客户

03

看库里和看他打球，都是享受

库里长着一张娃娃脸，每时每刻都给人一种亲切的感觉。但很多球迷或许忘了，2021年的库里已经是一位33岁的老将，也已经进入NBA12年。

在联盟打球的岁月里，库里承受过质疑，经历过低谷，迎来过巅峰，享受过赞美，如今的库里更成熟，也更有魅力。如果让我用一个词形容库里，那一定是亲切。

记得有一年库里来武汉参加活动，作为前方主持人的我本来非常紧张，结果库里到场之后给人的感觉就是很亲切，他还过来跟我聊了关于潮牌的话题。活动开始后他回答问题时也很诙谐幽默，整个过程让我完全没有压力，我觉得库里就是这么一个人，和他相处让人感觉很舒服，而且能做最真实的自己。

对于广大女球迷而言，库里实在太有"杀伤力"。

在场内，他看似消瘦的身材却蕴含着强大的能量。面对着比他高、比他壮的防守人，他总能用自己机敏的跑位和灵巧的晃动制造机会，对手稍有松懈，他精准的三分球就能命中篮筐，再配上他招牌的阳光笑容，很多人都和我一样，觉得看库里打球是一种视觉享受。

在场外，库里和妻子阿耶莎有着美妙的爱情故事。每当看到两人在社交媒体上"打情骂俏"，我都羡慕不已。重要的是，作为超级巨星的库里，一点儿也没有巨星架子，除了招牌笑容，时尚感和各种搞怪耍宝的行为也为他吸粉无数。

球迷朋友都知道，我是詹姆斯的球迷，虽然库里和詹姆斯之前有过多次交锋和比拼，但是作为一名球迷来说，库里一直都是我很尊敬的球员。我觉得他的出现影响了很多小球迷，所以他是这个时代具有代表性的球员。

2021年1月4日，我在直播勇士队对阵开拓者队的比赛时亲眼见证了库里砍下62分创生涯新高的里程碑时刻，或许这也是一种奇妙的缘分。当然，通过段冉老师这本《库里传》，我和所有喜欢库里的球迷都可以更好地去了解库里。

认识一个"富二代"：

他其实是一个『富二代』

文/小七 著名主持人

他出生就不再为钱发愁了，爸爸在行业里口碑不错，干活总带着他，他见到的都是普通人可能一辈子都无法靠近的大佬。

他是特长生，高中毕业选大学，心仪的学校看都懒得看他一眼就拒绝了。实际上，连爸爸的母校都驳了爸爸的面子，婉拒了他。没办法，好歹选一个离家近的，他也就上了大学。

大学毕业，他进入了和爸爸一样的行业。这个行业，两个字形容：残酷；三个字：硬实力；四个字：看谁拼命。

可这个"富二代"：面相很显小，乐呵呵的，没城府，也看不出野心。如果是宫廷剧，那这个人畜无害的少年应该活不过三集。

他不抽烟，不喝酒，早早结了婚。身边同事都是有钱人，出差或下班偶尔去夜店玩耍一番，就他倔强，雷打不动地回酒店或者回家陪孩子。

最开始，他也做成了一些事，可大家觉得他的上限就是混几年，挣点儿钱就完了。圈里同辈私下说：他是靠着爸爸的庇护才入行的，别说超越了，能取得和他爸爸一样的成就已经是烧高香了。

几年后，让人大跌眼镜的事情发生了：这个"富二代"竟然做成了那个最大的项目，从此一发不可收拾，他的产业越做越大，他也日进斗金，世界闻名。他的成就不仅超越了爸爸，也超越了小时候见到的那些大佬，甚至自己已经成了大佬。所有人都羡慕她，赞美他，爱戴他，可他还是雷打不动地回酒店或回家陪孩子。

如果多了什么，那就是去非洲做做公益，去世界各处参加参加活动。

一聊天，他就把"信仰"挂在嘴边，嘴上说这是妈妈说的，我觉得他是真信。

再后来，"富二代"这个标签居然都没人再提了。

财富上：他比爸爸有钱多了，应该叫"富一代"。

名气上：从前大家都说他是××的儿子，现在大家指着他爸爸说那是×××的父亲。

库里其实是个"富二代"，这话听起来别扭吗？

文/佳依　著名主持人

好男儿，库里

库里是一个怎样的球员？他是一个有品味、有格调的好男人。

球场上，无论是球技还是球品，库里绝对都是NBA球员的楷模，虽然看库里的比赛不是很多，但他打球的风格让人印象深刻。球场上的他犹如电光火石，凭借精准的投篮赢下一个又一个荣誉；牙套在他嘴里，就像玩具一样，此时的库里又不失调皮，仿佛球场上的一切决战，都不会让他紧张，只会让他更放松。

我最喜欢的球星科比对于库里的评价是这样的："他绝对是最难防守的球员，他身上有一种近乎残酷的冷静！"这也是我觉得库里和科比最像的地方，当球队陷入困境，当球迷期待着你命中关键球，当防守人不断向你施压，库里表现出的冷静和果敢是最像科比的。

很遗憾不能看到库里穿上湖人队的球衣，因为他和勇士队的缘分还会继续，现役巨星中恐怕没人能像库里一样做到"一人一城"，这是对他的褒奖，他也毫无疑问会成为勇士队史的图腾和象征。

球场外的库里，虽然喜欢搞怪、卖萌，但也是好丈夫、好父亲。对于喜欢库里的球迷而言，他绝对是一位优质偶像，是大家可以学习的榜样。他和阿耶莎的爱情故事也被球迷津津乐道。

相识、相知、相恋，2011年两人走入婚姻殿堂，婚后两人恩爱有加，如今他们已经有了三个孩子。我印象最深的一幕是勇士队比赛结束后，库里和克莱一起退场，阿耶莎早已在球员通道等候丈夫并送上甜蜜一吻，而克莱只能带着狗狗Rocco先走一步，避免成为一个高瓦度的灯泡。

虽然很多人因此吐槽克莱的感情生活，但这也能从侧面看出家庭和妻子对于库里的支持和重要性。一个NBA的超级明星，在家庭生活中同样可以成为亿万球迷的榜样，库里做到了这一点，这难能可贵。

《库里传》中，我看到了更多库里台前幕后不为人所知的小故事，而"格调"这一部分内容，让我们了解到了更为完美的库里。

06

我与库里

文/段冉

场上的库里在多数时候看上去无所不能，作为球员的他有多出色，各种比赛画面和文字描述实在太多了。但是场下的库里与你我一样，都是普通人。很多时候，我们对于一些巨星的印象停留在他们场上的神奇表现上，而忽略了他们普通人的一面。因为工作的原因，不管是赛后采访还是拍纪录片的时候，我跟库里接触相对还是比较多的，在场下也算是不错的朋友，给各位读者分享两个小故事。

2018年2月，我与摄制组一起飞到奥克兰去拍摄库里的专题片《三分信条》，当时正值赛季中，库里每日都有比赛或训练。我们的拍摄约在了一个训练日，头一天晚上的比赛结束后，库里照例洗澡接受采访，然后开车回家。路上接到阿耶莎的电话说肚子有点不舒服要去医院看急诊检查，当时已经夜里11点多了，刚刚打完比赛的库里十分疲惫，但一听说老婆有恙马上调转车头直奔医院。

当时阿耶莎怀有将近5个月的身孕，库里担心老婆，也担心老婆肚子里的孩子。医生检查后建议阿耶莎当晚住在医院的病房里观察一夜，库里马上说他也在这陪着。

这时如果用我们的逻辑推测，他可是库里，医院还能不给开个绿灯，找个两张床的单间让库里夫妇舒舒服服地住一夜？但是很遗憾，即使是库里也不能。医生说阿耶莎可以住在病房里，但是没有多余的床位给库里。

"他们（医生）让我回家，明早再来，"事后库里苦笑着回忆，"我说那哪行！我必须在这陪我老婆！"医生说确实没有多余的床位，即使有也不能提供给病人家属，规矩就是规矩。但是观察室有一张诊疗床，只要库里不嫌短，可以在那凑合一夜。

07

库里兴高采烈地来到观察室的诊疗床前，才想起这种床的长度实在有限，他试着一躺，膝盖以下都在床外耷拉着。但是想到总比躺地上强，库里跟医生说谢谢您破例让我住观察室，这床我能睡！"

我们拍摄的计划本来是去他家与他共进早餐，然后开着车请库里当向导带我们游览奥克兰和旧金山，但计划赶不上变化。他的经纪人得知库里要在医院留守一夜就建议他取消明天的拍摄。没想到库里说不行，后天就是比赛日了不适合白天拍摄，人家大老远从中国来，我不能因为这种临时的变动就让人家白折腾一趟。于是他的经纪人通知我们临时改变拍摄起点，从库里家改成医院的急诊室门口。

虽然临时改地点对于我们来说也是挑战，因为这意味着我们前一天的所有踩点工作失去意义。但我们仍然很感激库里能够坚持拍摄，因为拍摄虽然是双方受益的东西，但实话实说，这个纪录片之于我们的意义和重要性还是要远超过其之于库里。

第二天一早8点，我与摄制组如约来到医院的急诊室门口，几分钟后库里穿着帽衫背个书包出来了。寒暄完毕上车后，我跟他说很感谢他能够在这样的突发情况下坚持拍摄。库里说别客气，唯一能让他被迫取消拍摄的情况是阿耶莎身体状况不允许，但现在她身体状况很好。

看着疲态尽显的库里，我问他昨晚睡得如何。库里摇摇头："那种诊疗床你睡过吗？小腿耷拉在外面而且完全不能翻身，想接个椅子但高度不匹配，基本没怎么睡着，但我刚才喝了咖啡，放心吧。"

虽然没有明说，但我能读懂他的言下之意，他在给我们吃定心丸，意思是虽然没怎么睡觉但不影响拍摄效果。之后这一天的拍摄过程当中他也的确表现得非常职业，最后片子的效果大家也看到了，如果我不说，你很难想象《三分信条》里的库里，是在医院急诊观察室的诊疗床上蜷缩了一夜基本没怎么睡觉的库里。

拍摄当天的中午勇士队有训练，库里这样的首发球员可以不参加，但他还是请我们把他送到训练馆进行了两个小时的投篮训练。当天的拍摄内容在晚上6点结束，此时阿耶莎已经出院回家，我们正要把库里送回家，他又是摇头一笑："这就回家？我可没那么幸福。我7点半还要去开个会，要不你们把我送到我开会的地方吧？"

送到地方后看着库里上楼与一些人握手并进了屋，我们就撤了。第二天再见面时库里说会开到10点半，到家已经11点多了。后来我们私底下自己感慨：看看，NBA巨星也不好当，一夜没睡之后还得连续工作十几个小时……

拍摄日之后的第二天，勇士队主场迎战雷霆队，库里进了5个三分拿到21分9个篮板6次助攻，帮助勇士队主场32分狂胜对手。球迷能看到的只有他在场上的精彩表现，但我们却有幸看到了赛场下的库里是什么样的生活和工作状态，既是普通人又非普通人的状态……

这就是真实的库里，那个球场上几乎无所不能的"库日天"，场上的他是巨星，是偶像，但当他站在你面前时，你会发现他也可以是个实实在在普普通通的人。

❖

还有一次是之前在旧金山，我俩坐在车里聊天，聊到喝酒的时候，库里就对咱们中国的白酒特别感兴趣，他非常不理解的一点是为什么咱们的酒没有颜色，当时我们说好等下次来中国的时候我送他一瓶。

那个赛季结束之后，我俩在武汉的一个活动上见面了，我把从北京带的"小二"（小瓶装二锅头）送给他，库里拿到手后马上当作宝贝一样让助理收下了，并且一再嘱咐助理，

要把我这个并不贵重的礼物放好，回去一定尝尝！

更让我没想到的是，他竟然细心到活动结束之后，安排助理给了我一份礼物作为回赠，礼物中有他亲手写下的卡片，大概意思是等赛季开始后，在旧金山见面的时候一起吃饭之类的！

那时他们刚刚丢掉冠军不久，你大概能够了解他是在一个怎样的心情下做到这些的！

分享这个故事其实是想表达两点：

第一，他是真的跟一个小学生一样好奇，他在场上表现出的一切搞怪动作都是真性情。

第二，他不仅仅是一个好球员，在场下更是一个谦卑的好人。

PART

真爱
不灭

库里爱情故事

库里 的妻子阿耶莎·亚历山大，1989年3月23日出生于加拿大多伦多市，身兼演员、模特、歌手、音乐人、电视名人、饭店老板等多重身份。

常看库里打球的人都知道，他在做出手指指天的庆祝动作时，经常会露出两个文身。一个在手指上，文的是字母A，代表着他的妻子阿耶莎；另一个在手腕上，文的是一句话：真爱不灭。这两个文身便是他们二人绝美爱情的见证。

库里和阿耶莎的爱情故事，要从近二十年前的偶然邂逅说起。

一次教堂活动中，15岁的库里在情窦初开的年纪第一次见到了阿耶莎。开朗的性格和相近的兴趣爱好很快就拉近了少男少女的距离，爱情的种子在此时已被悄然埋下。然而，虽然两人彼此之间都很有好感，严格的家教还是阻拦了两个高中生情愫的继续发展。

几年后，库里高中毕业并进入戴维森学院，在NCAA的赛场上声名鹊起，还因此被邀请参加2008年在洛杉矶举行的ESPY颁奖典礼。而当时在好莱坞追逐演员梦的阿耶莎也在洛杉矶。年轻的库里一直心心念念着阿耶莎，就通过Facebook约出了自己朝思暮想的姑娘，两人一起吃饭、聊天、游玩。临近分别时，依依不舍的库里忍不住想亲吻阿耶莎，却被她躲开了。"那天晚上，我们正在聊天，他突然凑过来，想亲吻我的脸颊。"阿耶莎后来回忆时说道，"当时我的第一反应就是'不要'，我真不知道他会这么做。"

不过这次拒绝并没有影响两人关系的进一步发展，在洛杉矶再续前缘后不久，他们终于确定了这段迟到了几年的恋爱。很难说这到底是上天注定的爱情，还是库里的"念念不忘，必有回响"。

三年后，库里选择用一场朴素却真挚的求婚结束跟阿耶莎的恋爱关系，他想和她白头偕老，走完这一生。"当时我的计划是，用家庭聚餐作为借口开车带她回家，然后在房子前面下车时单膝跪地向她求婚。没想到当时全家都躲在窗前偷偷围观，甚至还拍下了这一幕。"这个在球场上叱咤风云的男人再回忆起求婚时的场景还是有些羞涩。

2011年7月30日，23岁的库里携手自己一见钟情的姑娘，在夏洛特这个两人初次见面的地方，走进了婚姻的殿堂。曾经有记者问过库里："为什么会选择这么早就结婚？"库里回答："当你遇到自己的灵魂伴侣时，为什么还

天注定

要浪费时间呢？"

尽管阿耶莎曾开玩笑说："库里天生就是个很好的人，非常健谈，对粉丝们也非常友好。总有一些女粉丝想把他从我身边'勾引'走，我必须看好他。"但实际上库里是NBA中的模范丈夫，生涯至今从未传出过任何绯闻，还被妻子调侃是个"妻管严"。

结婚的第二年，库里和阿耶莎的第一个孩子莱利出生了。库里有多宠爱这个女儿呢？

当莱利要他戴上女孩子的头饰时，他会照做；当莱利要他乖乖坐在小孩子的椅子上时，他会照做；当莱利要他喝掉假想的饮料时，他也会照做。尽管库里的身高在NBA球员中不算顶尖，但也有1.91米，何况还拥有结实的肌肉。想象一下，这样一个男人，戴着女孩子的头饰，坐在小椅子上，拿着5厘米的杯子，喝着看不见的饮料，这画面的反差实在让人忍不住发笑。正如阿耶莎所说："库里做父亲的样子可比他投那些不可思议的三分时更加让人震惊。"

2014—2015赛季的季后赛，库里甚至两次抱着莱利参加新闻发布会，尽管这一举动引来了一些记者的质疑，但库里本人却从未认为有什么不妥。他在发布会上不停地和女儿嬉戏打闹，场面非常温馨。库里还曾经表示，自己

和莱利彼此懂得对方，拥有这样的女儿是一种福气，并称莱利"为我的家庭带来了个性和勇气"。

2015年，阿耶莎生下第二个女儿瑞恩。三年后，小儿子卡农也出生了。库里成为三个孩子的父亲，篮球以外的生活也都被孩子填满。他一有时间就回家做全职奶爸，和阿耶莎一起照顾孩子，享受陪伴孩子玩闹的时光，也经常被妻子夸赞是个称职的好父亲："我最喜欢库里的就是他不会经常摆出一副很酷的样子。他会趴在地板上和孩子们玩耍，会为了孩子们把自己装扮得很特别。他很有耐心，而这正是我所欠缺的，我们两个人刚好能够达到一种平衡。"

对库里来说，家庭可以让他忘记外面的一切烦恼，不论多忙，他每天都至少要和家人在家吃一顿饭。而阿耶莎正是个爱美食、爱做饭、厨艺精湛的妻子，不仅在家为丈夫和孩子下厨，还主持了美食节目，开了自己的餐厅，出版了专属的家庭食谱。

此外，阿伊莎与库里在家中打闹、做菜的视频也被上传到网上，惹人发笑，库里完全没有认为这破坏了自己的形象，他很认真地说道："这就是我们的生活。"

这就是我们的生活
这就是我们的生活

13

家人眼中的库里

戴尔·库里

父亲戴尔·库里：他是个训练狂。

"很多人都问我是怎样帮助儿子进入NBA的，其实我并没有做什么，是他把自己奉献给了篮球。我在联盟打了16年，他一直跟着我练球，不时地健身，保持身体强壮，我从没有督促他去健身或者训练。"戴尔说。

尽管戴尔并不否认自己对儿子的影响，比如库里之所以喜欢投三分，就是因为1992年NBA全明星赛，库里坐在父亲的怀里观看了NBA三分大赛，他"目睹"了父亲追逐三分冠军的失败，也见证了霍奇斯的成功。在拿到常规赛MVP的新闻发布会上，库里说："爸爸，你在场内场外都是职业球员的典范，我记得你职业生涯中的很多比赛，这让我得以追随你的脚步，也意味着很多，非常特别。"

不过，这并不是库里成功的真正原因。戴尔还记得库里在8年级时便曾单场狂砍63分，为此他不得不提前离场，"我为另外一支球队感到难过，我无法目睹库里在场上继续这样对待那些孩子"。在父亲的描述中，库里是一个真正的训练狂。"他总是很'库里'，他很清楚自己的梦想"，"所以在训练场上，他总是非常卖命，为比赛做足各种准备，他就是一个训练狂。"

赛斯·库里

弟弟赛斯·库里：他是个"憨憨"。

弟弟赛斯·库里谈到哥哥，总是一副忍俊不禁的模样，眼神里流露出来的全是"你被他骗啦"。

正式进入NBA之前，赛斯曾不止一次地与勇士队签约，参加训练营和季前赛，在一次训练采访中，有记者问赛斯："你认为斯蒂芬的投篮有什么秘诀吗？"当时赛斯笑了："也许有，但他从来不和我说。"这当然不是库里有了绝活儿不告诉弟弟，而是他并不愿意在场外谈篮球。"在场下的时候，我们很少聊篮球，关于篮球的事情大概只占25%吧，他喜欢让自己的业余生活远离篮球。"赛斯说。

其实赛斯的表现，也证明"库里的成功源于基因"是错误的。赛斯比库里小2岁，两人从小便一块儿打球。当然，库里对赛斯的感情没话说，在赛季无球可打的日子里，他能代表勇士队打训练营和季前赛，也是库里给弟弟"开后门"。

塞斯对库里的训练也赞不绝口。"斯蒂芬练习最多的就是通过不同的方式在篮下得分，他要做的就是在防守队员跳起之前，将球用一个很高的弧度或者用很快的速度投向篮筐。"塞斯说，"此外他还会练习在很低的位置拨球投篮，弧线超级高。他还会利用各种假动作晃晕对手后抛投，还有很多不同类型的上篮动作，这些都是你在其他球员身上看不到的。"

而在训练中，塞斯也会扮演陪练的角色。"等到训练即将结束的时候，他会和我进行单挑，把所有练习的动作都用到实践中来。"塞斯说。

不过，和大多数球迷不同，塞斯从未将哥哥当成"神"。"他就是一个普通人，一个'憨憨'，"赛斯说，"他特别喜欢开玩笑，而且，在场下他看起来可不像在球场上那么精明。""他有点儿呆萌，也有点儿'傻'。"

妹妹西德尔·库里：他是我认识的最有趣的人。

"有时候他会躲在我的壁橱里，制造一些噪音，想吓唬我们。他当时才14岁，还没长大，有'愚蠢'的一面。他是我认识的最有趣的人，我听嫂子阿耶莎说，他现在依然会做很疯狂的事情。他有时跟他的女儿一样很'傻'、很天真，他会和女儿一样在地上打滚，就像他才6岁一样。

"平时他看起来很平静，但比赛开始前他总能兴奋起来。有一件事我印象深刻：在高中的时候，他和队友们在更衣室里准备圣诞节比赛，他上蹿下跳，试图找到兴奋的感觉。结果他跳得太高了，撞到了自己的额头，还因此受了伤。

"（只看外表）没人会认为他可以当MVP。这是我最喜欢他的一件事情，他从6岁到现在都没有改变，他有一颗如此善良的心，他在各方面都非常努力，并且一直在努力。对于我来说，我现在已经有了自己的家庭，没有和他在同一个地方，所以那些美好的回忆是我最珍视的东西。"

神
憨憨
呆萌
傻

天生一对

▶ 当地时间
2
0 9.21
1
5

美国纽约，库里和
妻子出席2K16首发
典礼。

16

▶ 当地时间
2
0
1
6
7.14

美国洛杉矶，库里和妻子出席2016年儿童体育选择奖。

17

法国圣特罗佩，库里和妻子享受浪漫假期。

美国奥克兰，库里和妻子庆祝夺冠。

2016－2017赛季NBA总决赛
勇士队4：1骑士队赢得总冠军

"感谢你一直让我变得更好，总是鼓励我，对我保持真诚，感谢你为每一间房间带来光明和能量，为我们的孩子诠释热情、关怀和爱心的含义，感谢你成为我的眼睛和耳朵，陪伴我经历高峰和低谷，最重要的是，感谢这个坚定的你，永远爱你。"

——斯蒂芬·库里

▲ 当地时间
2017 8.25

法国巴黎，库里和妻子看台观战。

2017-2018赛季法甲第4轮
巴黎圣日耳曼队3：0圣埃蒂安队

称职奶爸

2014－2015赛季NBA西部决赛
金州勇士队VS休斯敦火箭队

▲ 当地时间
2
0
1
5
5.19

◄ 当地时间
2
0
1
5
5.27

美国奥克兰，库里和女儿莱利出席发布会。

21

2015 7.16

美国洛杉矶,库里和女儿莱利出席2015年儿童运动选择奖。

2016 3.24

美国奥克兰,库里和女儿出席杜莎夫人蜡像馆的库里蜡像揭幕礼。

▶ 当地时间
2017 6.12

美国奥克兰,库里怀抱女儿庆祝。

2016－2017赛季NBA总决赛第5场,勇士队129∶120骑士队,总比分4∶1赢得总冠军。

"感谢我与最好的朋友阿耶莎的婚姻，感谢为人父母，感谢孩子们教会我的对我自己的认知和对生活美妙之处的欣赏。"

——斯蒂芬·库里

美国波特兰，2018—2019赛季NBA季后赛西部决赛第4场，开拓者队117：119勇士队，库里怀抱儿子庆祝。

23

籃球家族

24

"家庭对我来说意味着一切。作为一家人，对我们来说最重要的就是，永远互相支持并且永不缺席。"
——斯蒂芬·库里

2016－2017赛季NBA总决赛第5场，勇士队129∶120骑士队，总比分4∶1赢得总冠军。

25

2013－2014赛季NBA国际赛

▲ 当地时间
2
0   10.14
1
3

中国北京，库里与
父亲和弟弟合影。

2015－2016赛季NBA常规赛
勇士队116：99黄蜂队

◀ 当地时间
2
0   12.2
1
5

美国夏洛特，库里
与父亲拥抱。

26

▲ 当地时间
2018
7.15

美国内华达州,世
纪名人高尔夫赛,
库里与父亲合影。

▲ 当地时间
2018
9.11

日本东京,库里亚
洲行,库里与父亲
合影。

27

2018－2019赛季NBA常规赛
勇士队115：105开拓者队

2018-2019赛季NBA西部决赛第2场
勇士队114:111开拓者队

▲ 当地时间
2 5.16
0
1
9

美国奥克兰,库里
兄弟赛场相见。

29

PART

聚光
灯外

S.C.1S INC.

随着 新冠疫情的阴霾久久不散，美国许多家庭的生活都受到影响，2020年圣诞节前，库里带着妻子和孩子们在奥克兰体育馆为数千人分发了食物，帮助他们度过了一个温暖的圣诞节。

事实上，这早已不是库里第一次参加慈善活动。早在2010年，库里就入股了美国家庭慈善基金会，开始了自己的慈善事业，甚至在自己的婚礼上都设置了捐款环节，而这些年他在慈善事业方面的贡献也早已得到联盟和球迷的认可。2014年5月29日，库里荣获该赛季NBA年度社区贡献奖。2019年6月3日，库里当选埃尔文·阿特尔斯社区影响奖。同年9月，库里还赞助霍华德大学恢复了男子和女子高尔夫球项目。

在库里的诸多慈善事业中，他个人投入精力最多的或许就是与慈善组织Nothing But Nets合作的疟疾蚊帐活动。在非洲，平均每两分钟就有一个孩子死于疟疾，而蚊帐是当地预防疟疾的有效手段。早在几年前，尚未星光闪耀的库里便承诺，每投进一个三分球，就捐赠三顶蚊帐。2013年夏天，他还亲自前往非洲为坦桑尼亚难民提供援助，凡事亲力亲为，即使面对异常艰苦的条件也不曾抱怨。

价值

❖

除了投身慈善的坚决，球场外库里的商业价值也令人咋舌。据统计，截至2016年3月初，库里专属球鞋的商业价值已经超过除了迈克尔·乔丹之外的所有球员，包括勒布朗·詹姆斯和科比·布莱恩特，而库里本人对于其代言的Under Armour品牌的潜在价值则高达140亿美元。

❖

此外，库里还成立了自己的制作公司Unanimous Media，致力于开发和制作以家庭、信仰、体育为主题的影视作品。用该公司首席执行官杰伦·史密斯的话说："他正在利用他在球场上的创造力与能量，在球场之外扩展他的天地。"

"你没有理由去抱怨……当你看到四周发生的事情时，当你身处那个环境时，你不会有任何怨言，我们只是在那里住了一周，而他们却一直生活在那儿。"

——斯蒂芬·库里

32

慈善事业

▲ 当地时间
2013 7

33

非洲坦桑尼亚，库里与国际慈善组织Nothing But
Nets合作，为难民发放蚊帐并亲手挂上。

34

美国奥克兰，库里与国际救助组织 Feed the Children 合作，为困难家庭发放食物和日用品，与小球迷开心击掌。

35

36

美国洛杉矶，库里为赛格基金"投篮募捐"。

2017年NBA全明星三分大赛

37

美国奥克兰，库里参加Eat. Learn. Play.基金会公益活动，与萌娃游戏互动。

38

39

40

当地时间

2
0
1
9

8.19

美国华盛顿，库里
赞助霍华德大学恢
复男子和女子高尔
夫球项目。

"我想成为高尔夫球运动发展的一部分。我们希望能够为年轻人创造更多的机会，无论是在条件较差的社区，还是对高尔夫球运动的乐趣一无所知的人。我想找到让他们参与其中的办法。"

——斯蒂芬·库里

41

▲ 当地时间
2015
9.5

菲律宾马尼拉

菲律宾马尼拉，库里参加商业活动，亲自授课，上演反手扣篮。

43

SC

2017 ASIA TOUR

见高下

—成都—
CHENGDU

中国成都

中国成都，库里中国行成都站，库里亮相成都电子科技大学，与球迷亲密互动。

韩国首尔

47

韩国首尔，库里韩国行球迷见面会，库里收到球迷定制礼物。

中国上海

中国上海，库里4
亚洲限定版发布
会，库里与陈柏霖
吃月饼互动。

50

中国武汉

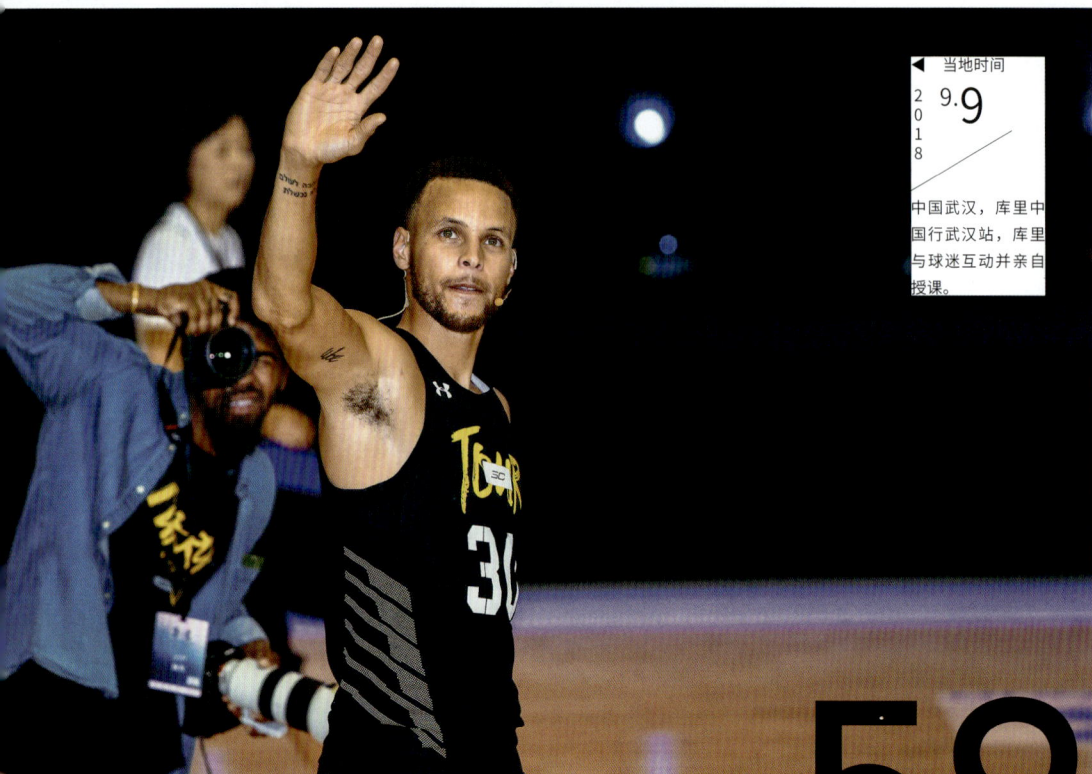

当地时间
2018 9.9

中国武汉，库里中国行武汉站，库里与球迷互动并亲自授课。

52

当地时间
2019 6.29

中国上海，2019年
UA（安德玛）篮球
中国行，库里担任评
委为扣篮大赛打分。

中国上海

影视制片

▶ 当地时间
2019 1.23

美国华盛顿，库里制作
公司Unanimous Media
为电影《Emanuel》举
办放映会，库里作为执
行制片人亮相发言。

"我们试图去寻找一些能够激励人们的故事，一些真实的故事，这是我们的工作。"
——斯蒂芬·库里

55

PART

不负
热爱

4

如果没有选择篮球，斯蒂芬·库里现在可能是个专业的高尔夫运动员。受到父亲的影响，库里从小就接触高尔夫，还曾经入选校队。即使进入NBA后生活被篮球占满，他也一直保持这份热爱，甚至和队友伊戈达拉成了高尔夫球友，被网友戏称为"被篮球耽误了的高尔夫运动员"。事实上，除了高尔夫以外，库里接触的运动相当广泛。在NBA赛场外，他不仅多次现身欧洲足球五大联赛，还曾坦言梦想拥有一支属于自己的橄榄球球队。

"我很早就开始接触高尔夫，并且很快就迷上了这项运动。有时候我在打篮球时还会思考下一轮高尔夫球赛该怎么打。我现在还会那样做，这其实有点奇怪。"

——斯蒂芬·库里

58

高 尔 夫

当地时间
2016 7·22

美国内华达州，库里与父亲一同参加高尔夫名人赛。

59

美国加州纳帕谷，库里与队友伊戈达拉一起参加当地举办的一场高尔夫职业一业余配对赛。

"作为一名职业高尔夫球手，你需要花大量时间去训练。我不知道在我篮球生涯结束后，我是否会选择高尔夫这条路，但你永远不能轻易说不。"

——斯蒂芬·库里

61

▲ 当地时间
2017
8.4

美国加利福尼亚州，库里参加艾莉梅精英赛。

"高尔夫和篮球就像是兄弟。"
——斯蒂芬·库里

62

美国亚利桑那州，
库里参加高尔夫慈
善赛。

64

足 球

65

2017－2018赛季法甲第4轮
巴黎圣日耳曼队3：0圣埃蒂安队

66

2017－2018赛季英超第5轮
切尔西队0：0阿森纳队

英国伦敦，库里现场观战。

**2018－2019赛季英超第5轮
托特纳姆热刺队1：2利物浦队**

▲ 当地时间

2018 9.15

英国伦敦，库里现
场观战。

68

橄榄球

▲ 当地时间
2013 11.10

美国旧金山，库里
携妻子观战。

2013－2014赛季NFL常规赛
旧金山49人队9：10卡罗莱纳黑豹队

69

美国加州圣克拉拉市，第50届超级碗，丹佛野马队VS卡罗莱纳黑豹队，库里赛前敲锣助阵。

"我的梦想就是可以拥有一支属于自己的橄榄球球队，虽然我现在还是一名NBA球员，但是我的团队也会帮助我完成我的愿望。"

——斯蒂芬·库里

71

当地时间
2018 6.23

美国加利福尼亚州，库里参加慈善垒球比赛。

乒 乓 球

▶ 当地时间
2
0
1
7
7·22

中国北京，库里
中国行北京站，
库里与丁宁切磋乒
乓球。

73

功 夫

中国北京，库里中国行北京站，库里学习
中国功夫。

77

健身

▲ 当地时间

2015 9.4

日本东京，库里出席活动做俯卧撑秀身材。

78

79

STEP

斯蒂芬·库里

HEN

CURRY

时代的宠儿

文/王仕鹏

中国男篮传奇巨星

说起斯蒂芬·库里，很多人应该和我一样马上就想到三分球，可以毫不夸张地说，库里和他的勇士队改变了NBA的潮流，影响了篮球运动过去十年间的发展。在过去那个内线肉搏的时代，三分球更像是"特殊武器"，承担的是出其不意的进攻任务；现在三分球已经成为一支球队的常规进攻手段，没有远投能力的球员的生存环境也变得更加恶劣。

作为一个球员，我深知库里对篮球运动的影响有多大。他是这个时代的弄潮儿，也是这个时代的宠儿。当我们面对身体素质强于自己的防守者并想要得分时，命中投篮几乎是唯一的机会，库里就把这一点做到了极致。而且他将这一点进行放大，因为不仅仅是两分球，库里的杀招，那是一记又一记的致命三分球，"杀人"于无形。

在我打球的时候，虽然三分球也是一大杀器，包括我个人在内，也非常喜欢投三分球，并且投进很多关键的三分球，但是从未出现过像现在这样的情况，三分球成为一个潮流，成为球场上风云变幻的刽子手。而当三分球遇上库里，这真是一个完美的结合。

为什么会有那么多球迷喜欢库里？我觉得他的出现给很多身体素质普通的篮球爱好者和刚参与篮球运动的

孩子们树立了榜样，同时也指出了一个方向。只要练出稳定的远投能力，就能够在球场上占据一席之地，"快、准、灵"的篮球风格一样也能战胜强大的对手。

三分球的热潮并不意味着每个人都要无脑地投三分，库里之所以伟大，是因为他的勤奋与无私。当队友拥有得分机会时，库里一样能送出精彩的传球，利用队友的掩护，他灵巧的跑动更让防守人难以预测。除此之外，库里的大心脏和责任感也是一般球员不具备的，越是关键时刻，库里的投篮越是果敢坚决，他的勇气、胆量、自信和责任心是他一如既往投得准的先决条件！

库里不是全力起跳投篮的那种队员，他的投篮是我们俗称的"颠投"，优势在于出手快，防守球员很难判断他什么时候出手。大家仔细看他的投篮动作（投篮的连续动作），从腿部开始发力，投篮动作一气呵成。想要练出这种又快又准的"颠投"，离不开训练场上千百次的磨炼。

可以说是千万次的锤炼，才成就了无与伦比的库里，成就了改变篮球风向的库里。阅读段冉的这本《库里传》，能让读者更详细地了解库里。

老派球员 "库日天"

文/管维佳

著名篮球评论员

管维佳

库里是个老派球员？不光您听着新鲜，当我在解说中表达这样的观点乃至于敲下这几个字的时候，都会觉得不可思议。

因为即便在NBA的历史长河中，你也很难再找到比库里更新潮的球员了。他何止是新潮，他简直就是新潮的引领者、代言人，在NBA走进新时代的过程中，如果说库里的推动力排名第二的话，你很难找到能够服众的第一。

但是，我还是要非常郑重地再说一次，库里，是一位老派球员。他拥有最现代化的技术，生活在一个由他引领的全新的时代，却拥有老派、传统、经典的内核。

库里是一位非常无私的球员。你很少见到一位超级明星如此频繁地给自己的队友进行无球掩护，更何况库里看上去根本没有作为掩护者足够的体形。你也很难见到一位常规赛MVP——而且还是历史上第一位全票MVP——那样顺从甚至主动地把自己的控球权、出手权以及球队的主导权统统交出去。2016—2017赛季，库里的场均出手比之前一个赛季减少了1.9次，场均得分降低了4.8分，场均触球少了7.5次，三分球平均每场也比全票MVP赛季少进了一个。

在2020—2021赛季刚开始的一段时间里，库里承受着巨大的压力，媒体和球迷对他的批评不绝于耳。人们在质疑

03

库里的所谓的带队能力，质问他为什么不能像其他外线巨星那样持球在手、发起挡拆、疯狂得分。库里真的不能吗？他很快就用自己的表现给予了回应。但他为什么会给人留下"带队能力不行"的印象？这还是因为他的无私、他的老派，为了让更多队友融入，为了球队的最高目标，他做出了牺牲。

没人逼库里成为这样一个完美队友，在如今这个时代的NBA，你也没法逼一位超级明星成为完美队友。过去几年，我们看到了太多的球星索要太多的特权，而他们的球队对于这样的索要，态度是包容一切、满足一切，要月亮不给星星。而库里，就像贝兹摩尔说的："库里完全可以要求地球围着他转，但他不是那样的人。"

库里是个怎样的人呢？我们看到了，他现代而又古典，他新潮却也老派。他身躯矮小，但有很大的心脏；他曾多次被轻视，可总能回击质疑。他是一个如此复杂的存在，而且能把所有的角色扮演得很好：巨星、队友、伙伴；他还是个好丈夫、好爸爸、所有父母都想要的"别人家的小孩"。那么，他是怎么做到的？

现在，就请翻开段冉的这本《库里传》，在里面寻找问题的答案吧。说到段冉，我与他十多年前相识于球场，他鲜明的打法当时就让我印象深刻。2017年他回国之后，我们又成了解说搭档，也算是缘分了。我看到有球迷批评段冉在解说时老蹦出英文，质疑他在装，这个我可以替他说一句：NBA毕竟是美国的联盟，很多专有词汇的英文表达更简练、更准确，我由于平时通过很多外媒获取NBA信息，解说时都会下意识先蹦出英文再翻译成中文，更别说常年泡在美国现场的段冉。而且在这里我可以跟所有人证明：段冉这个人最大的优点，就是永远想啥就说啥，从来不装。

凭借多年在前方的经历，段冉在NBA积累了丰富的人脉，其中就包括库里。虽然他家住洛杉矶，但每周至少都要飞往球队驻地一次，时间久了他与勇士队的球员越来越熟，所以我很期待段冉笔下的库里。

喜欢库里的朋友们，咱们一起去这本书里了解一下最真实、最生动的库里吧。

04

当三分成为信条

文/段冉

本书作者

库里改变了篮球，这是毫无疑问的。

你要知道，在他之前，从没有人那样投三分球，即便在史蒂夫·纳什领衔的太阳队取得一定成绩的时候，"小球打法"也被视为异类，没有个全明星内线你都不好意思争冠，"革命"得并不彻底。

而在库里和"勇士王朝"之后，出手越来越多的三分成为潮流，如今像库里一样的疯狂远射型后卫数不胜数，比如詹姆斯·哈登、特雷·杨、东契奇、利拉德、肯巴·沃克，以及欧文等。这里面有和库里同一时代的巨星，也有年轻后辈。

如果把时间轴拉回2014—2015赛季，也就是勇士队真正崛起的第一年，全联盟没有一人场均运球投三分命中数超过两次。命中数最高的、引领潮流的库里，也不过1.9次。就这已经掀起了波澜壮阔的"三分+小球革命"。

时至今日，我想大概所有人都有了共识，要提高效率，练出高效稳定的三分球是最直接的途径，但凡有点投射天赋就能练，见效也最快。打一简单粗暴的比方，投10个三分球进4个，相当于10个半截篮进6个，这个账各位肯定比我算得明白。

比如马刺队，如果你还记得，2019—2020赛季打得最好的一段，便是阿尔德里奇投出接近5成的三分命中率，让德罗赞在中近距离充分腾挪。

比如，布兰登·英格拉姆，2019—2020赛季打进全明星，最重要的一点改变就是成为三分球高手——2018—2019赛季33%的三分命中率场均投进0.6个，2019—2020赛季39.2%的三分命中率场均投中2.5个。

再比如，贝尔坦斯、马库斯·莫里斯为什么在交易市场上那么抢手？因为这两位有着霸榜一般的三分命中率。再比如，格雷厄姆隐隐然有"新蜂王"的样子，全凭一手顶级的运球投三分球。不然37.6%的整体命中率，该被扔到垃圾箱里一万次了。

所以说，库里改变了人们对篮球的认知。

在这个时代，库里成为一种篮球风格的引领者，也成为时代的宠儿。对于库里来说，三分球，就是他的信条，当然三分球也是库里身边绕不开的词语。曾有幸见证过库里的三分球训练，得出结论：再伟大的成就，都离不开他背后的付出。

2014—2015赛季，库里共命中286个三分球，再度刷新NBA单赛季三分球命中数纪录，之前的纪录是279个，是在2012—2013赛季创造的，而2013—2014赛季，库里也命中261个三分球。当然在2015—2016赛季，库里就将纪录提升到可怕的402个。亲眼见证库里的训练模式则发生在2015年5月。

库里在训练中，首先是在三分线跑动后接球投射三分球，随后又从中场处接球跑动至三分线直接干拔三分，紧接着又在左翼45度面对高压防守训练撤步跳投三分。而且库里在训练中同时面对两个不同的训练师，脚步移动非常迅速，三分命中率也极高。

在训练中，库里还分别在三分线外5个点（和三分大赛的投射点相同）进行三分球投射，每个点都要进10个球才更换至下一个点。此时就不难理解，为什么2014—2015赛季全明星赛三分大赛，库里能连续命中13球。而在训练中库里也曾创造100球命中94球的"神迹"，可见库里在比赛中的**"变态准"**并非随随便便取得，而是刻苦的训练所练就的。

不断地在三分线外出手只是最基础的投篮训练，只是库里全部训练当中的一部分而已。库里极其擅长运球后投篮，出手速度快，射程超远。为了强化三分球能力，库里需要各种不同的训练来提升自己的反应速度、判断力和身体控制能力。"我相信混合的训练对球员更有帮助，让他们打得更加高效。"库里的私人训练师佩恩曾经亲口告诉笔者。

另外库里的很多训练都是负重训练。比如他会绑上滑轮组进行负重投篮；会一只手运球然后另一只手投篮；会绑上阻力带然后练习运球后跳投。正是通过这种高难度的投篮训练，库里才能够在比赛中完成这么多不可思议的神奇进球。即便是最为简单的罚球训练，库里也有比其他球员更高的标准，他必须要空心命中才算。

从采访中，笔者还获悉，库里愿意去尝试各种新鲜的训练方式，他也会时常跟佩恩交流探讨新的想法和训练方式。"我从来都不是一个纯三分球投手，除了三分球我还希望能够找到突破禁区的方法，去完成上篮或者急停中投，所以你必须每天去练习这些看似枯燥乏味的项目。"库里说，"当你做完一套负重训练后，你就会

变

态

准

现自己能够创造出更大的空间，这是非常神奇的。"

熟悉库里的球迷都知道，库里在高中时期曾被父亲戴尔·库里纠正过投篮姿势。当时的库里虽然投篮很准，但出手点有点儿低。如果想要打到更高级别的联赛，他必须要提高自己的出手点。高中的那个夏天库里在父亲的督导下一直在苦苦适应新的出手点和投篮姿势，这最终为他的成功奠定了很好的基础。

库里曾在一次访谈节目中透露，他读高中时，到了夏天每天至少要练3个小时的三分球，每天要投进300个三分球。就是这样枯燥重复的训练让库里重新形成新的肌肉记忆，之后又经过不断的强化才拥有了"百步穿杨"的绝技。

到了大学和加入NBA后，库里的三分球训练强度还在提升。美国一家篮球训练机构的人士曾经透露，库里到了NBA休赛期每天要投中500个三分球，而赛季进行期间他每天要投中200到350个三分球。

我们平时只看到库里在比赛中展示他不可思议的投射，却看不到他在训练中为此挥洒出的汗水。正确先进的训练方法加上日复一日的苦练，就是库里三分神射的最大秘诀。也就在笔者写这一部分书稿的时候，库里三分球命中总数已经超过雷·阿伦、成为NBA历史三分王。

下面的内容，就是见证库里的"信条"时刻。

CONTENTS

目录

PART 1
信条
1

常规赛三分命中数
历史第一

北京时间2021年1月24日，勇士队客场108：127不敌爵士队，此役库里贡献24分7个篮板7次助攻，其中三分球10投5中。截至本场比赛，库里NBA生涯常规赛三分命中数共计2562个。至此，库里超越步行者队名宿雷吉·米勒，成为NBA常规赛三分球命中数第二多的球员，仅次于命中2973个三分球的雷·阿伦。

2021年12月15日，勇士队105：96击败尼克斯队，库里在比赛首节投进2个三分球后，生涯三分球总数达到2974个，由此正式超越雷·阿伦，成为NBA历史三分王。

各赛季三分命中数

赛季	三分命中数
2021—2022	285
2020—2021	337
2019—2020	12
2018—2019	354
2017—2018	212
2016—2017	324
2015—2016	402
2014—2015	286
2013—2014	261
2012—2013	272
2011—2012	55
2010—2011	151
2009—2010	166
总计	3117

02

排名	球员	三分命中数	三分出手数
1	斯蒂芬·库里	3117	7290
2	雷·阿伦	2973	7429
3	詹姆斯·哈登	2593	7176
4	雷吉·米勒	2560	6486
5	凯尔·科沃尔	2450	5715
6	文斯·卡特	2290	6168
7	杰森·特里	2282	6010
8	贾马尔·克劳福德	2221	6379
9	达米恩·利拉德	2143	5752
9	保罗·皮尔斯	2143	5816
11	勒布朗·詹姆斯	2140	6186
12	杰森·基德	1988	5701
13	德克·诺维斯基	1982	5210
14	乔·约翰逊	1978	5331
15	凯尔·洛瑞	1971	5349
16	J.J.雷迪克	1950	4704
17	JR·史密斯	1930	5178
18	克莱·汤普森	1912	4587
19	保罗·乔治	1852	4845
20	昌西·比卢普斯	1830	4725

截至：2022年6月17日

03

常规赛三分命中率

在NBA历史三分球命中数超过1000个的球员中，库里的三分命中率一度排名第一，但是随着出手次数的逐渐增多，在2021—2022赛季结束后，库里的命中率略有下降，目前排在第三位。在NBA历史三分球命中率排名中，排在第一位的是库里的恩师——史蒂夫·科尔，他的命中率是45.4%，而库里的弟弟——塞斯·库里排名也十分靠前，目前以43.95%的命中率排在第三位。

▲ 史蒂夫·科尔和斯蒂芬·库里

◀ 塞斯·库里和斯蒂芬·库里

NBA常规赛历史三分命中率
排行榜

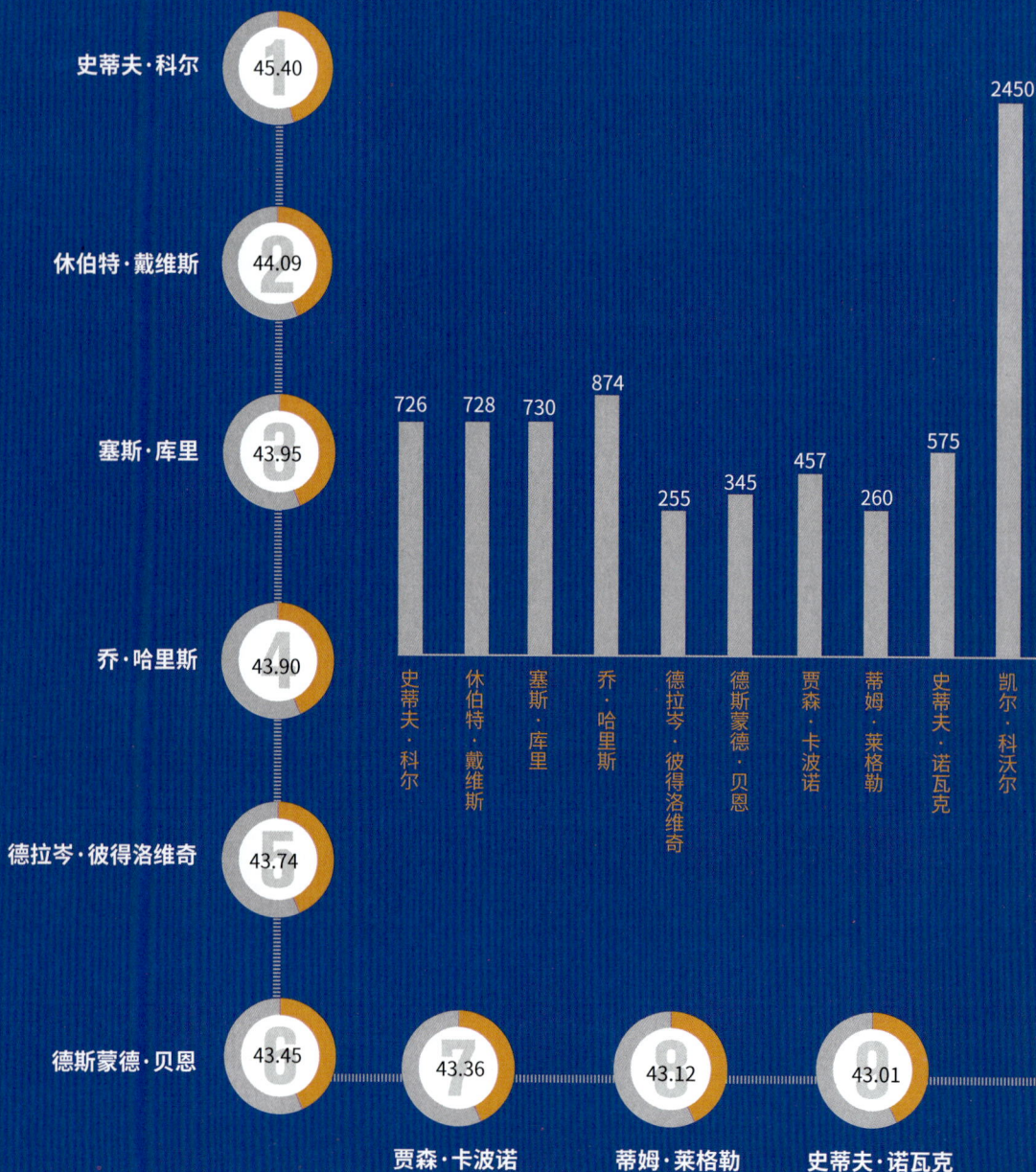

排名	球员	命中率
1	史蒂夫·科尔	45.40
2	休伯特·戴维斯	44.09
3	塞斯·库里	43.95
4	乔·哈里斯	43.90
5	德拉岑·彼得洛维奇	43.74
6	德斯蒙德·贝恩	43.45
7	贾森·卡波诺	43.36
8	蒂姆·莱格勒	43.12
9	史蒂夫·诺瓦克	43.01

球员	数值
史蒂夫·科尔	726
休伯特·戴维斯	728
塞斯·库里	730
乔·哈里斯	874
德拉岑·彼得洛维奇	255
德斯蒙德·贝恩	345
贾森·卡波诺	457
蒂姆·莱格勒	260
史蒂夫·诺瓦克	575
凯尔·科沃尔	2450

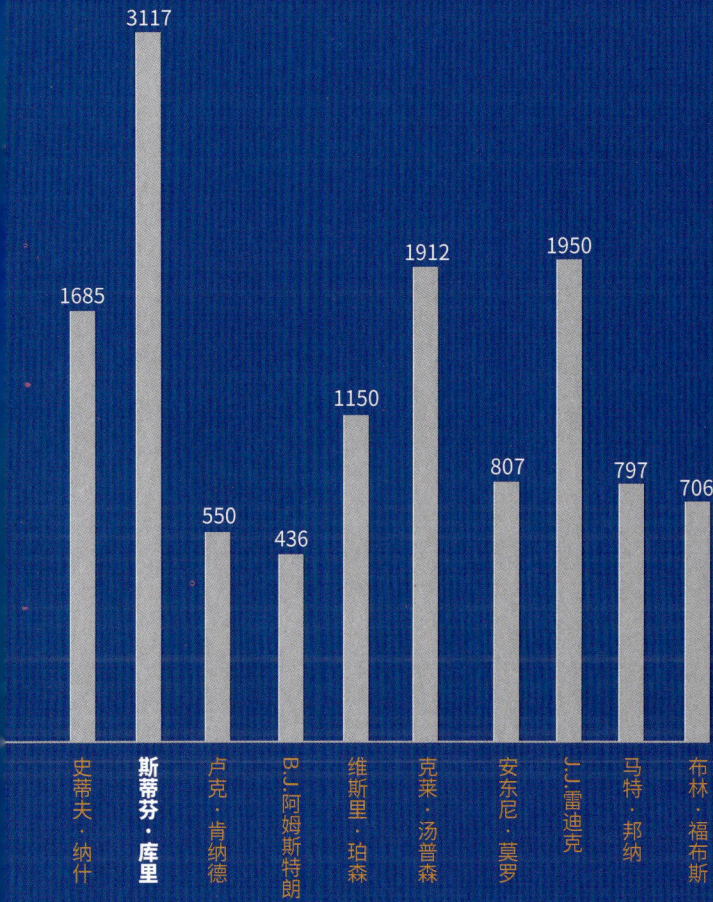

布林·福布斯 | 41.26 | 20

马特·邦纳 | 41.15 | 19

J.J.雷迪克 | 41.45 | 18

安东尼·莫罗 | 41.66 | 17

克莱·汤普森 | 41.68 | 16

维斯里·珀森 | 41.76 | 15

姓名	三分命中数
史蒂夫·纳什	1685
斯蒂芬·库里	3117
卢克·肯纳德	550
B.J.阿姆斯特朗	436
维斯里·珀森	1150
克莱·汤普森	1912
安东尼·莫罗	807
J.J.雷迪克	1950
马特·邦纳	797
布林·福布斯	706

10 | 42.87 | 凯尔·科沃尔

11 | 42.78 | 史蒂夫·纳什

12 | 42.76 | 斯蒂芬·库里

13 | 42.50 | 卢克·肯纳德

14 | 42.49 | B.J.阿姆斯特朗

截至：2022年6月17日

排行榜

NBA常规赛命中1000个以上三分命中率

1 42.87
凯尔·科沃尔

2 42.78
史蒂夫·纳什

3 42.76
斯蒂芬·库里

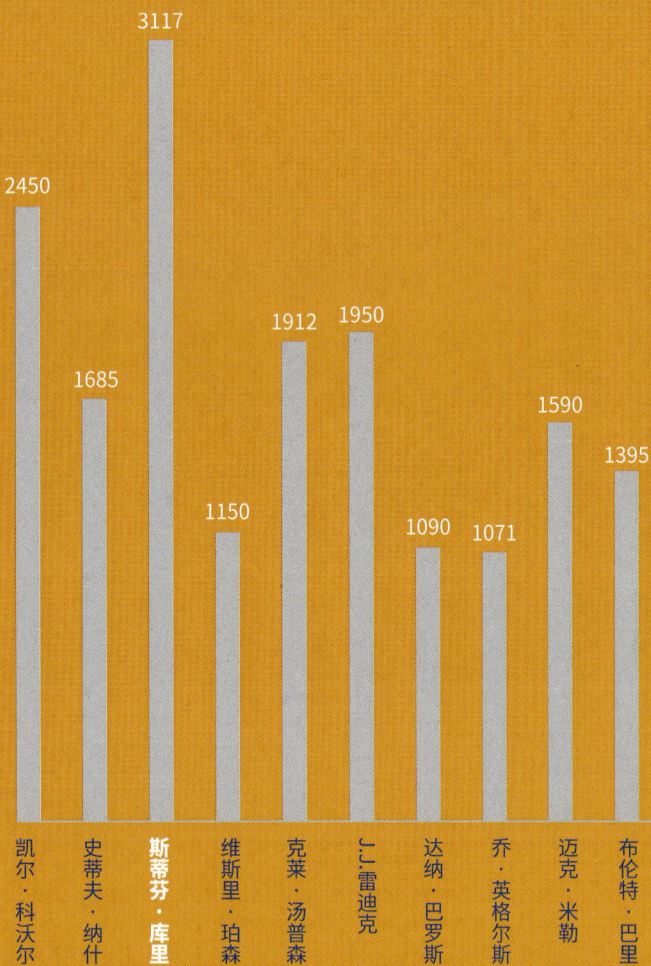

- 凯尔·科沃尔 2450
- 史蒂夫·纳什 1685
- 斯蒂芬·库里 3117
- 维斯里·珀森 1150
- 克莱·汤普森 1912
- J.J.雷迪克 1950
- 达纳·巴罗斯 1090
- 乔·英格尔斯 1071
- 迈克·米勒 1590
- 布伦特·巴里 1395

■ 三分命中率
■ 三分命中数

20 39.67
德尼斯·斯科特

19 39.77
巴迪·希尔德

18 39.94
丹尼·格林

17 40.02
格伦·莱斯

4 41.76
维斯里·珀森

5 41.68
克莱·汤普森

6 41.45
J.J.雷迪克

7 41.10
达纳·巴罗斯

8 40.85
乔·英格尔斯

9 40.67
迈克·米勒

10 40.53
布伦特·巴里

11 40.29
达勒·艾利斯

12 40.19
阿兰-休斯顿

13 40.19
戴尔·库里

1719 达勒·艾利斯
1305 阿兰·休斯顿
1245 戴尔·库里
1171 本·戈登
1760 佩贾·斯托亚科维奇
2973 雷·阿伦
1559 格伦·莱斯
1561 丹尼·格林
1417 巴迪·希尔德
1214 德尼斯·斯科特

16 40.02
雷·阿伦

15 40.07
佩贾·斯托亚科维奇

14 40.09
本·戈登

截至：2022年6月17日

单赛季常规赛命中402个三分
历史第一

- 命中数

波特兰开拓者队, 27

菲尼克斯太阳队, 23

洛杉矶快船队, 20

孟菲斯灰熊队, 20

萨克拉门托国王队, 19

俄克拉荷马城雷霆队, 18

新奥尔良鹈鹕队, 17　丹佛掘金队, 17　洛杉矶湖人队, 17

犹他爵士队, 14

圣安东尼奥马刺队, 14

达拉斯独行侠队, 14

明尼苏达森林狼队, 14

休斯敦火箭队, 11

西部球队

10

402个三分
命中球队分布情况

(2015-2016赛季)

东部球队

● 命中数

球队	命中数
奥兰多魔术队	17
华盛顿奇才队	17
波士顿凯尔特人队	14
多伦多猛龙队	14
夏洛特黄蜂队	13
印第安纳步行者队	11
纽约尼克斯队	11
底特律活塞队	10
布鲁克林篮网队	10
迈阿密密热火队	10
克利夫兰骑士队	8
费城76人队	7
芝加哥公牛队	6
亚特兰大老鹰队	5
密尔沃基雄鹿队	4

29 28 27 26 25 24 23 22 21 20 19 15 17 16 15 14 13 12 11 10 9 8 7 6 5 4 3 2 1 0

11

单赛季常规赛三分命中数
排行榜

排名	球员	三分命中数	赛季
1	**斯蒂芬·库里**	402	2015—2016
2	詹姆斯·哈登	378	2018—2019
3	**斯蒂芬·库里**	354	2018—2019
4	**斯蒂芬·库里**	337	2020—2021
5	**斯蒂芬·库里**	324	2016—2017
6	詹姆斯·哈登	299	2019—2020
7	保罗·乔治	292	2018—2019
8	**斯蒂芬·库里**	286	2014—2015
9	**斯蒂芬·库里**	285	2021—2022
10	巴迪·希尔德	282	2020—2021
11	巴迪·希尔德	278	2018—2019
12	克莱·汤普森	276	2015—2016
13	达米恩·利拉德	275	2020—2021
14	斯蒂芬·库里	272	2012—2013
15	巴迪·希尔德	271	2019—2020
16	达米恩·利拉德	270	2019—2020
16	邓肯·罗宾逊	270	2019—2020
18	雷·阿伦	269	2005—2006
19	克莱·汤普森	268	2016—2017
20	丹尼斯·斯科特	267	1995—1996

截至：2022年6月17日

12

常规赛单场命中
13个三分

2016年11月8日，勇士队击败鹈鹕队之战，库里再度创造一项历史纪录，他当场三分球17投13中，打破了由科比、马绍尔以及他本人共同保持的单场命中12个三分球的纪录。后该纪录被队友克莱·汤普森超越。

库里

17 投

13 中

14

排行榜

NBA常规赛单场三分命中

排名	球队/球员	三分命中数	时间
1	金州勇士队 克莱·汤普森	14	2018-10-29
2	芝加哥公牛队 扎克·拉文	13	2019-11-23
2	金州勇士队 斯蒂芬·库里	13	2016-11-7
4	金州勇士队 斯蒂芬·库里	12	2016-2-27
4	多伦多猛龙队 唐耶尔·马绍尔	12	2005-3-13
4	洛杉矶湖人队 科比·布莱恩特	12	2003-1-7
7	洛杉矶快船队 罗伯特·科温顿	11	2022-4-1
7	明尼苏达森林狼队 马利克·比斯利	11	2022-3-9
7	犹他爵士队 博扬·博格达诺维奇	11	2022-3-6
7	金州勇士队 斯蒂芬·库里	11	2021-5-8
7	金州勇士队 斯蒂芬·库里	11	2021-4-17
7	金州勇士队 斯蒂芬·库里	11	2021-4-14
7	金州勇士队 斯蒂芬·库里	11	2021-2-6
7	多伦多猛龙队 弗雷德·范弗里特	11	2021-2-2
7	波特兰开拓者队 达米恩·利拉德	11	2020-8-6
7	波特兰开拓者队 达米恩·利拉德	11	2020-1-20
7	波士顿凯尔特人队 马库斯·斯马特	11	2020-1-18
7	萨克拉门托国王队 巴迪·希尔德	11	2019-11-25
7	金州勇士队 斯蒂芬·库里	11	2019-3-29
7	金州勇士队 斯蒂芬·库里	11	2019-1-13
7	金州勇士队 斯蒂芬·库里	11	2018-10-24
7	金州勇士队 斯蒂芬·库里	11	2017-2-1
7	金州勇士队 斯蒂芬·库里	11	2016-2-3
7	克利夫兰骑士队 凯里·欧文	11	2015-1-28
7	金州勇士队 克莱·汤普森	11	2015-1-23
7	新泽西篮网队 德隆·威廉姆斯	11	2013-3-8
7	金州勇士队 斯蒂芬·库里	11	2013-2-27
7	丹佛掘金队 JR·史密斯	11	2009-4-13
7	奥兰多魔术队 丹尼斯·斯科特	11	1996-4-18

斯蒂芬·库里单场9+三分统计

单场13个	1次
单场12个	1次
单场11个	10次
单场10个	10次
单场9个	10次

截至：2022年6月17日

22次常规赛单场
10+三分

截至2022年6月17日，NBA历史上一共诞生了74场单场命中10+三分的比赛，库里一人占据22场，排名2-6位的依次是克莱·汤普森（5次）、詹姆斯·哈登（3次）、JR·史密斯（3次）、达米恩·利拉德（3次）和扎克·拉文（2次）。

NBA单场三分10+次数
·排行榜·

排名	球员	单场三分10+次数
NO.1	斯蒂芬·库里	22
NO.2	克莱·汤普森	5
NO.3	詹姆斯·哈登	3
NO.3	JR·史密斯	3
NO.3	达米恩·利拉德	3
NO.6	扎克·拉文	2

截至：2022年6月17日

时间	比赛	三分命中数
2013-2-27	勇士队 105：109尼克斯队	11个
2015-2-4	勇士队128：114小牛队	10个
2016-2-3	勇士队134：121奇才队	11个
2016-2-25	勇士队130：114魔术队	10个
2016-2-27	勇士队121：118雷霆队	12个
2016-4-13	勇士队125：104雷霆队	10个
2016-11-7	勇士队116：106鹈鹕队	13个
2017-2-1	勇士队126：111黄蜂队	11个
2017-12-30	勇士队141：128灰熊队	10个
2018-10-24	勇士队144：122奇才队	11个
2019-1-5	勇士队123：120国王队	10个
2019-1-13	勇士队119：114独行侠队	11个
2019-1-31	勇士队104：113 76人队	10个
2019-2-21	勇士队125：123国王队	10个
2019-3-29	勇士队130：131森林狼队	11个
2021-2-7	勇士队132：134独行侠队	11个
2021-2-12	勇士队111：105魔术队	10个
2021-2-7	勇士队132：134独行侠队	11个
2021-4-12	勇士队116：107掘金队	10个
2021-4-14	雷霆队109：147勇士队	11个
2021-4-17	凯尔特人队119：114勇士队	11个
2021-4-19	76人队96：107勇士队	10个
2021-5-8	勇士队136：97雷霆队	11个

截至：2022年6月17日

17

连续10个赛季常规赛
三分命中率超40%
历史唯一

41.1
2016—2017赛季

43.7
2018—2019赛季

43.7
2009—2010赛季

45.4
2015—2016赛季

44.3
2014—2015赛季

44.2
2010—2011赛季

42.4
2013—2014赛季

45.5
2011—2012赛季

42.3
2017—2018赛季

45.3
2012—2013赛季

三分命中率

18

赛季	2018—2019	2017—2018	2016—2017	2015—2016	2014—2015
比赛场次	69	51	79	79	80
	2014—2013	2013—2012	2012—2011	2011—2010	2009—2010
	78	78	26	74	80

三分命中数
三分出手数

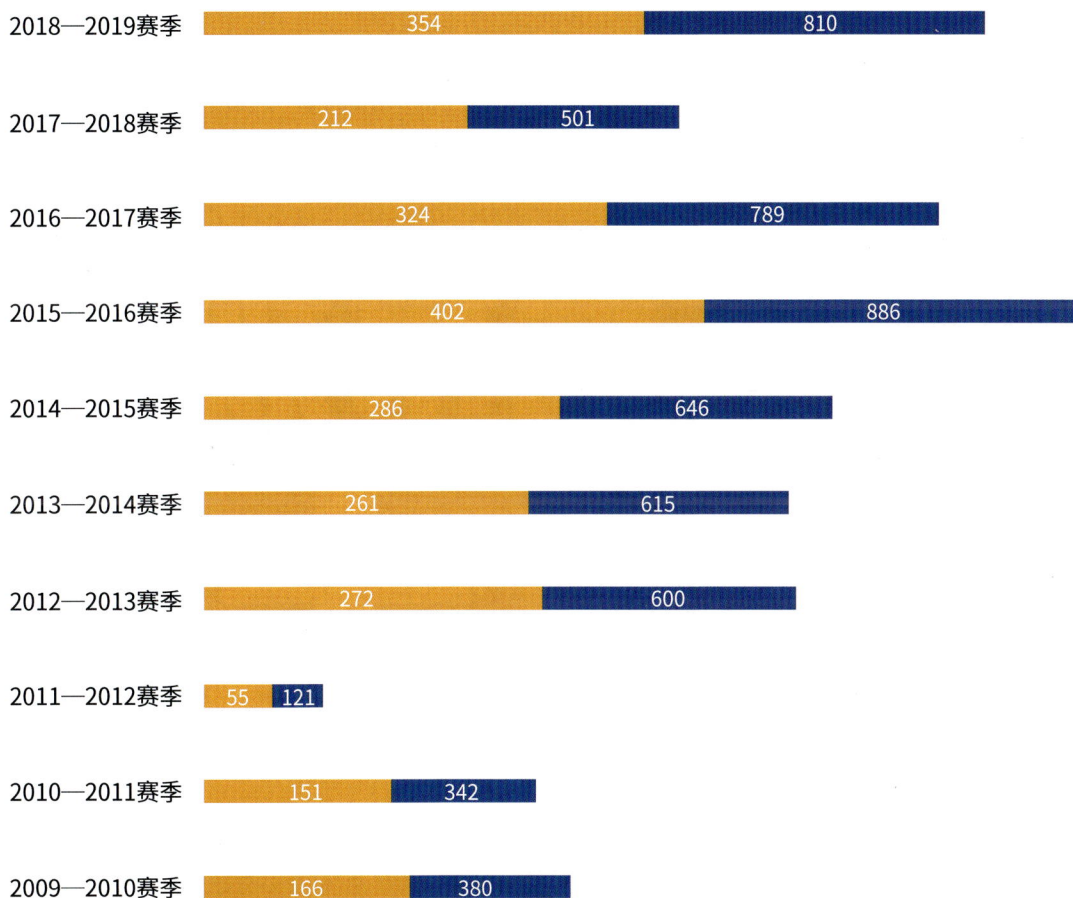

2018—2019赛季 354 810

2017—2018赛季 212 501

2016—2017赛季 324 789

2015—2016赛季 402 886

2014—2015赛季 286 646

2013—2014赛季 261 615

2012—2013赛季 272 600

2011—2012赛季 55 121

2010—2011赛季 151 342

2009—2010赛季 166 380

注：2009—2010赛季至2018—2019赛季

19

连续7个赛季常规赛命中至少 200个三分

赛季	比赛场次	三分命中数	三分出手数	三分命中率
2018—2019	69	354	810	43.70%
2017—2018	51	212	501	42.32%
2016—2017	79	324	789	41.11%
2015—2016	79	402	886	45.37%
2014—2015	80	286	646	44.27%
2013—2014	78	261	615	42.44%
2012—2013	78	272	600	45.33%

连续5届常规赛 三分王

自2012—2013赛季开始，至2018—2019赛季结束，库里每个赛季都至少命中200个三分球。在这期间，库里连续5个赛季获得三分王。库里还是历史上仅有的在9个赛季命中至少200个三分球的球员，紧随其后的是他的队友——克莱·汤普森，他在7个赛季命中了至少200个三分球。在他们之前，雷·阿伦生涯有5个赛季至少命中200个三分球。

NBA历史常规赛
三分王

赛季	球员	三分命中数	球队
2021—2022	斯蒂芬·库里	285	金州勇士队
2020—2021	斯蒂芬·库里	337	金州勇士队
2019—2020	詹姆斯·哈登	299	休斯敦火箭队
2018—2019	詹姆斯·哈登	378	休斯敦火箭队
2017—2018	詹姆斯·哈登	265	休斯敦火箭队
2016—2017	斯蒂芬·库里	324	金州勇士队
2015—2016	斯蒂芬·库里	402	金州勇士队
2014—2015	斯蒂芬·库里	286	金州勇士队
2013—2014	斯蒂芬·库里	261	金州勇士队
2012—2013	斯蒂芬·库里	272	金州勇士队
2011—2012	莱恩·安德森	166	奥兰多魔术队
2010—2011	多雷尔·莱特	194	金州勇士队
2009—2010	阿隆·布鲁克斯	209	休斯敦火箭队
2008—2009	拉沙德·刘易斯	220	奥兰多魔术队
2007—2008	贾森·理查德森	243	夏洛特山猫队
2006—2007	拉加·贝尔	205	菲尼克斯太阳队
	吉尔伯特·阿里纳斯	205	华盛顿奇才队
2005—2006	雷·阿伦	269	西雅图超音速队
2004—2005	昆廷·理查德森	226	菲尼克斯太阳队
	凯尔·科沃尔	226	费城76人队
2003—2004	佩贾·斯托贾科维奇	240	萨克拉门托国王队
2002—2003	雷·阿伦	201	密尔沃基雄鹿队、西雅图超音速队
2001—2002	雷·阿伦	229	密尔沃基雄鹿队

续表

赛季	球员	三分命中数	球队
2000—2001	安托万·沃克	221	波士顿凯尔特人队
1999—2000	加里·佩顿	177	西雅图超音速队
1998—1999	迪·布朗	135	多伦多猛龙队
1997—1998	威利斯·佩尔森	192	克利夫兰骑士队
1996—1997	雷吉·米勒	229	印第安纳步行者队
1995—1996	丹尼斯·斯科特	267	奥兰多魔术队
1994—1995	约翰·斯塔克斯	217	纽约尼克斯队
1993—1994	丹·马尔利	192	菲尼克斯太阳队
1992—1993	雷吉·米勒	167	印第安纳步行者队
	丹·马尔利	167	菲尼克斯太阳队
1991—1992	弗农·麦克斯维尔	162	休斯敦火箭队
1990—1991	弗农·麦克斯维尔	172	休斯敦火箭队
1989—1990	迈克尔·亚当斯	158	丹佛掘金队
1988—1989	迈克尔·亚当斯	166	丹佛掘金队
1987—1988	丹尼·安吉	148	波士顿凯尔特人队
1986—1987	拉里·伯德	90	波士顿凯尔特人队
1985—1986	拉里·伯德	82	波士顿凯尔特人队
1984—1985	达雷尔·格里菲斯	92	犹他爵士队
1983—1984	达雷尔·格里菲斯	91	犹他爵士队
1982—1983	迈克·邓利维	67	圣安东尼奥马刺队
1981—1982	唐·布斯	73	印第安纳步行者队
1980—1981	迈克·布拉茨	57	克利夫兰骑士队
1979—1980	布莱恩·泰勒	90	圣地亚哥快船队

截至：2022年6月17日

常规赛
三分效率王

库里在三分线外的超高效率体现在他达成1000个、2000个、2500个三分命中里程碑时所花费的场次数，他分别只用了369场、597场和702场比赛。

命中1000个三分最快排名

排名	球员	场次
1	巴迪·希尔德	350
2	斯蒂芬·库里	369
3	克莱·汤普森	372
4	达米恩·利拉德	385
5	罗伯特·考文顿	435
6	丹尼斯·斯科特	457
7	布拉德利·比尔	460
8	雷·阿伦	473

命中2000个三分最快排名

排名	球员	场次
1	斯蒂芬·库里	597
2	詹姆斯·哈登	760
3	雷·阿伦	824
4	凯尔·科沃尔	1015
5	雷吉·米勒	1077
6	贾马尔·克劳福德	1152
7	杰森·特里	1161
8	保罗·皮尔斯	1219
9	文斯·卡特	1318

命中2500个三分最快排名

排名	球员	场次
🥇	斯蒂芬·库里	702
🥈	詹姆斯·哈登	861
🥉	雷·阿伦	1050

面对29队常规赛单场命中至少
6个三分

库里在面对29支球队时都单场命中至少6个三分，他也成为NBA首位在面对29支球队时都单场命中至少6个三分的球员，没有一支球队能够躲过库里的"三分雨"。

顺序	时间	球队	单场最高三分命中数
第1队	2016-2-3 2018-10-24	华盛顿奇才队	11
第2队	2019-1-5 2019-2-21	萨克拉门托国王队	10
第3队	2019-1-31 2021-4-19	费城76人队	10
第4队	2016-2-25 2021-2-11	奥兰多魔术队	10
第5队	2016-2-27	俄克拉荷马城雷霆队	12
第6队	2013-2-27	纽约尼克斯队	11
第7队	2016-11-7	新奥尔良鹈鹕队	13
第8队	2019-3-29	明尼苏达森林狼队	11
第9队	2016-4-13 2017-12-30	孟菲斯灰熊队	10

24

顺序	时间	球队	单场最高三分命中数
第10队	2021-1-8	洛杉矶快船队	9
第11队	2021-4-12	丹佛掘金队	10
第12队	2019-1-13	达拉斯独行侠队	11
	2021-2-6		
第13队	2019-4-5	克利夫兰骑士队	9
	2021-11-18		
第14队	2017-2-1	夏洛特黄蜂队	11
第15队	2021-4-17	波士顿凯尔特人队	11
第16队	2021-11-16	布鲁克林篮网队	9
第17队	2021-11-8	亚特兰大老鹰队	9
第18队	2014-11-25	迈阿密热火队	8
	2014-1-2		
第19队	2015-11-27	菲尼克斯太阳队	9
第20队	2013-4-15	圣安东尼奥马刺队	7
第21队	2021-4-10	休斯敦火箭队	8
第22队	2013-4-12	洛杉矶湖人队	9
第23队	2016-4-3	波特兰开拓者队	9
第24队	2014-1-31	犹他爵士队	8
第25队	2016-1-16	底特律活塞队	7
第26队	2021-11-12	芝加哥公牛队	9
第27队	2016-1-22	印第安纳步行者队	8
第28队	2017-3-18	密尔沃基雄鹿队	6
	2015-3-28		
	2015-3-4		
第29队	2015-12-5	多伦多猛龙队	9

截至：2022年6月17日

25

连续233场常规赛命中三分

从2014年11月14日开始，库里连续157场有三分球进账，打破了科沃尔创造的连续127场命中三分的纪录，直到2016年11月4日，勇士队惨败湖人队，库里当场三分球10投0中，让这一纪录就此作古。此后，库里再次打破纪录，并将这一纪录延伸到了233场。

常规赛连续命中三分球场次数排行榜

排名	球员	场数
1	斯蒂芬·库里	233
2	斯蒂芬·库里	157
3	凯尔·科沃尔	127
4	斯蒂芬·库里	96
5	克莱·汤普森	95
6	达纳·巴洛斯	89
7	迈克尔·亚当斯	79
8	丹尼斯·斯科特	78
9	J.J.雷迪克	77
10	斯蒂芬·库里	75

季后赛、总决赛
三分命中数
历史第一

NBA历史季后赛三分命中数
排行榜

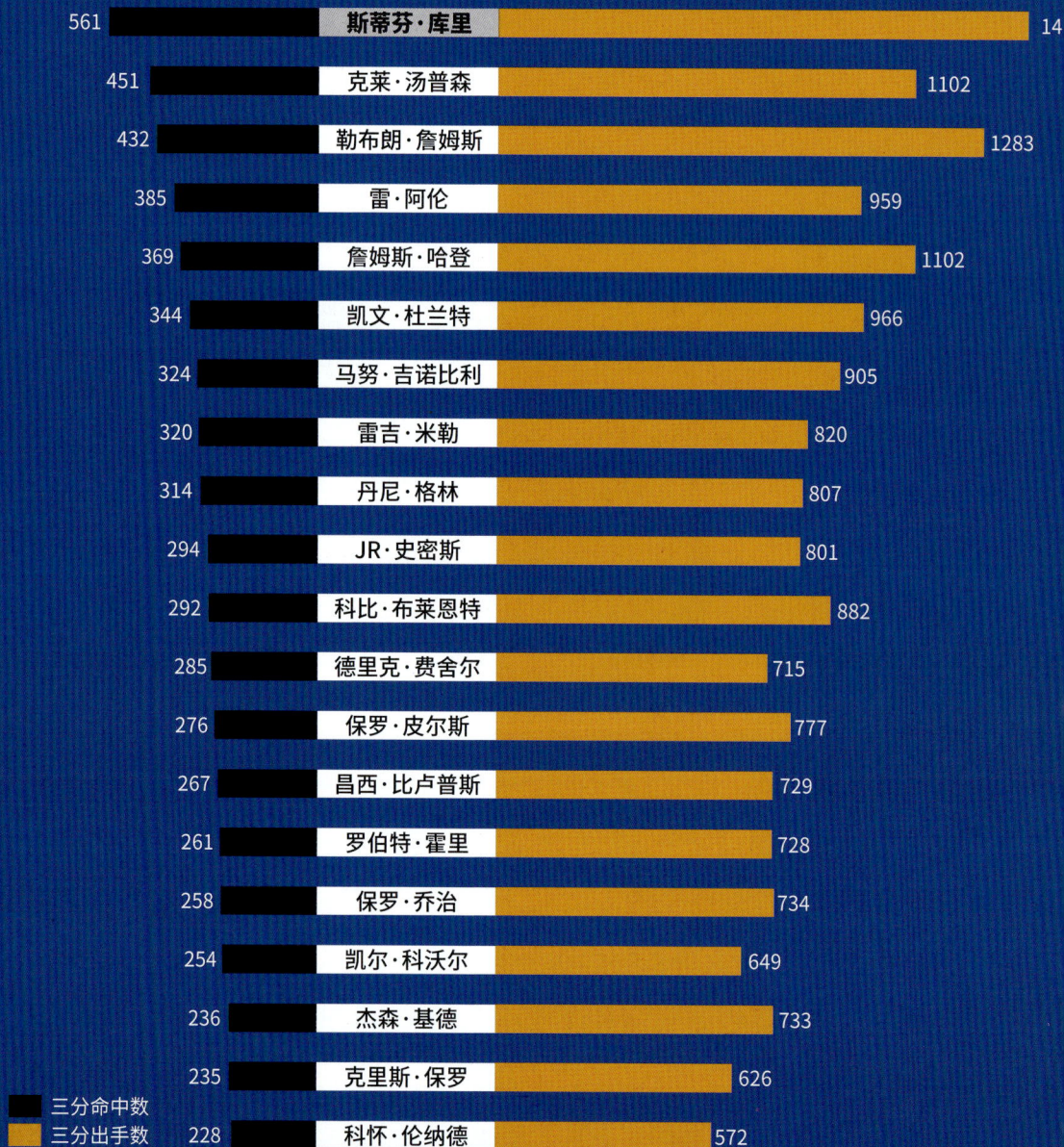

三分命中数	球员	三分出手数
561	斯蒂芬·库里	14
451	克莱·汤普森	1102
432	勒布朗·詹姆斯	1283
385	雷·阿伦	959
369	詹姆斯·哈登	1102
344	凯文·杜兰特	966
324	马努·吉诺比利	905
320	雷吉·米勒	820
314	丹尼·格林	807
294	JR·史密斯	801
292	科比·布莱恩特	882
285	德里克·费舍尔	715
276	保罗·皮尔斯	777
267	昌西·比卢普斯	729
261	罗伯特·霍里	728
258	保罗·乔治	734
254	凯尔·科沃尔	649
236	杰森·基德	733
235	克里斯·保罗	626
228	科怀·伦纳德	572

■ 三分命中数
■ 三分出手数

28

截至：2022年6月17日

NBA历史总决赛三分命中数
排行榜

截至：2022年6月17日

排名	球员	三分命中数	三分出手数
🥇	**斯蒂芬·库里**	152	385
🥈	克莱·汤普森	106	266
🥉	勒布朗·詹姆斯	101	287
4	丹尼·格林	59	140
	JR·史密斯	59	155
6	罗伯特·霍里	56	143
7	雷·阿伦	55	127
8	德里克·费舍尔	48	115
	科比·布莱恩特	48	153
10	凯文·杜兰特	43	96
11	迈克尔·乔丹	42	114
	马努·吉诺比利	42	120
13	安德烈·伊戈达拉	41	114
14	马里奥·查尔莫斯	36	97
15	迈克尔·库珀	35	92
	德拉蒙德·格林	35	125
17	科怀·伦纳德	34	84
18	凯里·欧文	30	76
	斯科蒂·皮蓬	30	117
20	杰·克劳德	29	78

单赛季季后赛
98个三分

在2014—2015赛季的季后赛里,库里在21场比赛里投中了98个三分,创造了NBA历史单赛季季后赛的三分命中纪录。在2015—2016赛季的季后赛里,克莱·汤普森在24场比赛里投中了98个三分,追平了库里的这项纪录。

斯蒂芬·库里

克莱·汤普森

30

NBA历史单赛季季后赛三分命中数排行榜

排名	球员	三分命中数	赛季
1	斯蒂芬·库里	98	2014—2015
1	克莱·汤普森	98	2015—2016
3	斯蒂芬·库里	92	2018—2019
4	斯蒂芬·库里	91	2021—2022
5	斯蒂芬·库里	80	2015—2016
6	杰森·塔图姆	77	2021—2022
6	克莱·汤普森	77	2021—2022
8	斯蒂芬·库里	72	2016—2017
9	克莱·汤普森	70	2018—2019
10	克莱·汤普森	67	2017—2018
11	JR·史密斯	65	2015—2016
12	斯蒂芬·库里	64	2017—2018
13	贾马尔·穆雷	62	2019—2020
13	邓肯·罗宾逊	62	2019—2020
15	克里斯·米德尔顿	60	2020—2021
15	杰伦·布朗	60	2021—2022
17	达米恩·利拉德	59	2018—2019
18	雷吉·米勒	58	1999—2000
18	雷吉·杰克逊	58	2020—2021
20	雷·阿伦	57	2000—2001
20	克莱·汤普森	57	2014—2015

截至：2022年6月17日

31

单赛季总决赛三分命中数
历史第一

NBA历史总决赛三分纪录同样是库里保持的，他在2015—2016赛季总决赛里命中了32个三分，打破了丹尼·格林创造的总决赛三分命中纪录（27个）。

32
个三分

斯蒂芬·库里

NBA历史单赛季总决赛三分命中数

排行榜

排名	球员	赛季	三分命中数
🥇	斯蒂芬·库里	2015—2016	32
🥈	斯蒂芬·库里	2012—2013	31
🥉	丹尼·格林	2012—2013	27
4	斯蒂芬·库里	2014—2015	25
5	克莱·汤普森	2018—2019	24
6	斯蒂芬·库里	2018—2019	23
7	雷·阿伦	2007—2008	22
	斯蒂芬·库里	2017—2018	22
9	克莱·汤普森	2015—2016	21
10	杰森·塔图姆	2021—2022	20
	克莱·汤普森	2021—2022	20
12	斯蒂芬·库里	2016—2017	19
13	凯文·杜兰特	2016—2017	18
	邓肯·罗宾逊	2019—2020	18
	JR·史密斯	2016—2017	18
16	德里克·哈珀	1993—1994	17
	克莱·汤普森	2016—2017	17
	丹·马尔利	1992—1993	17
19	杰伦·布朗	2021—2022	16
	杰·克劳德	2020—2021	16
	拉沙德·刘易斯	2008—2009	16
	克里斯·米德尔顿	2020—2021	16
	JR·史密斯	2015—2016	16
	约翰·斯塔克斯	1993—1994	16
	弗雷德·范弗利特	2018—2019	16

33

截至：2022年6月17日

季后赛18次单场
7+三分

季后赛单场三分
命中榜

排名	球员	三分命中数	时间	球队
1	达米恩·利拉德	12	2021-6-1	波特兰开拓者队
2	克莱·汤普森	11	2016-5-28	金州勇士队
3	达米恩·利拉德	10	2019-4-23	波特兰开拓者队
4	多诺万·米切尔	9	2021-6-18	犹他爵士队
	博扬·博格达诺维奇	9	2021-6-16	犹他爵士队
	达米恩·利拉德	9	2021-5-24	波特兰开拓者队
	贾马尔·穆雷	9	2020-8-30	丹佛掘金队
	多诺万·米切尔	9	2020-8-30	犹他爵士队
	贾马尔·穆雷	9	2020-8-23	丹佛掘金队
	斯蒂芬·库里	9	2019-5-14	金州勇士队
	斯蒂芬·库里	9	2018-6-3	金州勇士队
	克莱·汤普森	9	2018-5-26	金州勇士队
	杰森·特里	9	2011-5-8	达拉斯小牛队
	雷·阿伦	9	2009-4-30	波士顿凯尔特人队
	雷·阿伦	9	2001-6-1	密尔沃基雄鹿队
	文斯·卡特	9	2001-5-11	多伦多猛龙队
	雷克斯·查普曼	9	1997-4-25	菲尼克斯太阳队

截至：2022年6月17日

季后赛单场7+三分次数

斯蒂芬·库里	18
克莱·汤普森	11
雷·阿伦	7
詹姆斯·哈登	5
达米恩·利拉德	4
邓肯·罗宾逊	4
JR·史密斯	4

截至：2022年6月17日

总决赛单场9个三分
历史第一

在2018年总决赛金州勇士队与克利夫兰骑士队系列赛G2的比赛中，库里实现了一举命中**9个三分球**的壮举，成为NBA总决赛单场三分球命中纪录的保持者。

36

排名	球队 球员	三分命中数	时间
1	金州勇士队 斯蒂芬·库里	9	2018－6－3
2	波士顿凯尔特人队 雷·阿伦	8	2010－6－6
3	金州勇士队 斯蒂芬·库里	7	2022－6－10
3	金州勇士队 斯蒂芬·库里	7	2022－6－2
3	菲尼克斯太阳队 德文·布克	7	2021－7－8
3	迈阿密热火队 邓肯·罗宾逊	7	2020－10－9
3	金州勇士队 克莱·汤普森	7	2019－6－10
3	金州勇士队 斯蒂芬·库里	7	2018－6－8
3	克利夫兰骑士队 JR·史密斯	7	2017－6－12
3	克利夫兰骑士队 凯里·欧文	7	2017－6－9
3	金州勇士队 斯蒂芬·库里	7	2016－6－10
3	金州勇士队 斯蒂芬·库里	7	2015－6－14
3	金州勇士队 斯蒂芬·库里	7	2015－6－9
3	圣安东尼奥马刺队 丹尼·格林	7	2013－6－11
3	迈阿密热火队 迈克·米勒	7	2012－6－21
3	波士顿凯尔特人队 雷·阿伦	7	2008－6－17
3	芝加哥公牛队 斯科蒂·皮蓬	7	1997－6－6
3	休斯敦火箭队 肯尼·史密斯	7	1995－6－7

总决赛单场三分命中榜

截至：2022年6月17日

3次季后赛
三分王

NBA历史季后赛
三分王

赛季	球员	三分命中数	球队
2021—2022	**斯蒂芬·库里**	91	金州勇士队
2020—2021	克里斯·米德尔顿	60	密尔沃基雄鹿队
2019—2020	邓肯·罗宾逊	62	迈阿密热火队
2019—2020	贾马尔·穆雷	62	丹佛掘金队
2018—2019	**斯蒂芬·库里**	92	金州勇士队
2017—2018	克莱·汤普森	67	金州勇士队
2016—2017	**斯蒂芬·库里**	72	金州勇士队
2015—2016	克莱·汤普森	98	金州勇士队
2014—2015	**斯蒂芬·库里**	98	金州勇士队
2013—2014	保罗·乔治	52	印第安纳步行者队
2012—2013	丹尼·格林	55	圣安东尼奥马刺队
2011—2012	肖恩·巴蒂尔	42	迈阿密热火队
2010—2011	杰森·基德	43	达拉斯小牛队
2009—2010	雷·阿伦	56	波士顿凯尔特人队
2008—2009	拉沙德·刘易斯	52	奥兰多魔术队
2007—2008	雷·阿伦	55	波士顿凯尔特人队
2006—2007	迈克尔·芬利	44	圣安东尼奥马刺队
2005—2006	安托万·沃克	48	迈阿密热火队
2005—2006	蒂姆·托马斯	48	菲尼克斯太阳队
2004—2005	昌西·比卢普斯	44	底特律活塞队
2003—2004	拉特里尔·斯普雷维尔	37	明尼苏达森林狼队
2003—2004	昌西·比卢普斯	37	底特律活塞队
2002—2003	迈克尔·芬利	47	达拉斯小牛队
2001—2002	安托万·沃克	42	波士顿凯尔特人队

39

赛季	球员	三分命中数	球队
2000—2001	雷·阿伦	57	密尔沃基雄鹿队
1999—2000	雷吉·米勒	58	印第安纳步行者队
1998—1999	贾伦·杰克逊	31	圣安东尼奥马刺队
1997—1998	雷吉·米勒	38	印第安纳步行者队
1996—1997	马特·马龙尼	43	休斯敦火箭队
1995—1996	加里·佩顿	41	西雅图超音速队
1994—1995	丹尼斯·斯科特	56	奥兰多魔术队
1993—1994	约翰·斯塔克斯	47	纽约尼克斯队
1992—1993	丹·马尔利	54	菲尼克斯太阳队
1991—1992	特里·波特	37	波特兰开拓者队
1990—1991	埃尔文·约翰逊	21	洛杉矶湖人队
1989—1990	特里·波特	40	波特兰开拓者队
1988—1989	克莱格·霍奇斯	35	芝加哥公牛队
1987—1988	迈克尔·库珀	25	洛杉矶湖人队
1986—1987	迈克尔·库珀	34	洛杉矶湖人队
1985—1986	拉里·伯德	23	波士顿凯尔特人队
1984—1985	迈克·埃文斯	17	丹佛掘金队
1983—1984	迈克·邓利维	18	密尔沃基雄鹿队
1982—1983	约翰尼·摩尔	9	圣安东尼奥马刺队
1981—1982	布莱恩·温特斯	5	密尔沃基雄鹿队
	迈克·布拉茨	5	圣安东尼奥马刺队
	弗兰克·约翰逊	5	华盛顿子弹队
	安德鲁·托尼	5	费城76人队
1980—1981	斯科特·威德曼	9	堪萨斯城国王队
1979—1980	弗雷德·布朗	10	西雅图超音速队

截至：2022年6月17日

连续132场季后赛
命中三分

从2013年4月21日首次参加季后赛面对掘金队，到2019年6月14日总决赛不敌猛龙队，库里连续112场季后赛命中三分球，排名历史第一。此后，库里再次打破纪录，并将这一纪录延伸到了132场。

季后赛连续命中三分球场次数排行榜

名次	球员	场次
1	斯蒂芬·库里	132
2	斯蒂芬·库里	112
3	克莱·汤普森	46
4	雷吉·米勒	44
5	迈克尔·芬利	37
6	贾森·特里	35
7	昌西·比卢普斯	32
8	凯文·杜兰特	31
9	克莱·汤普森	31
10	蒂姆·哈达威	29

截至：2022年6月17日

场均命中三分数
历史第一

常规赛场均三分命中数

名次	球员	命中数
1	斯蒂芬·库里	3.8
2	巴迪·希尔德	3.0
	达米恩·利拉德	3.0
	克莱·汤普森	3.0
5	詹姆斯·哈登	2.8
6	保罗·乔治	2.5
	德安吉洛·拉塞尔	2.5
8	埃里克·戈登	2.3
	C.J.麦科勒姆	2.3
	雷·阿伦	2.3
11	凯里·欧文	2.2
	布拉德利·比尔	2.2
	罗伯特·科温顿	2.2
	佩贾·斯托贾科维奇	2.2
	扎克·拉文	2.2
	肯巴·沃克	2.2
17	小蒂姆·哈达威	2.1
	乔·哈里斯	2.1
	J.J.雷迪克	2.1
	德文·布克	2.1

截至：2022年6月17日

42

季后赛场均三分命中数

名次	球员	命中数
1	**斯蒂芬·库里**	4.2
2	安东尼·爱德华兹	3.8
3	卢卡·东契奇	3.5
4	多诺万·米切尔	3.3
4	达米恩·利拉德	3.3
6	克莱·汤普森	3.1
7	德斯蒙德·贝恩	2.9
8	贾马尔·默里	2.7
8	埃里克·戈登	2.7
10	贾森·理查德森	2.6
11	博扬·博格达诺维奇	2.5
11	克里斯·米德尔顿	2.5
11	詹姆斯·哈登	2.5
11	特雷·杨	2.5
15	保罗·乔治	2.4
15	邓肯·罗宾逊	2.4
15	雷吉·布洛克	2.4
15	芬尼·史密斯	2.4
15	马克斯·斯特鲁斯	2.4

总决赛场均三分命中数

名次	球员	命中数
1	**斯蒂芬·库里**	4.5
2	杰森·塔图姆	3.3
3	克莱·汤普森	3.2
4	邓肯·罗宾逊	3.0
5	凯文·杜兰特	2.9
6	丹·马尔利	2.8
6	安芬尼·哈达威	2.8
8	杰伦·布朗	2.7
8	克里斯·米德尔顿	2.7
8	弗雷德·范弗利特	2.7
11	尼克·安德森	2.5
11	帕特·康诺顿	2.5
11	艾尔·霍福德	2.5
11	雷吉·米勒	2.5
11	乔丹·普尔	2.5
11	丹尼·格林	2.5
17	德里克·哈珀	2.4
17	杰·克劳德	2.4
17	J.R.史密斯	2.4

截至：2022年6月17日

43

PART 2

数据

2

斯蒂芬·库里

常规赛数据

截至：2022年6月17日

赛季	2021—2022	2020—2021	2020—2021	2019—2020	2018—2019	2017—2018	2016—2017
比赛	64	63	34	5	69	51	79
首发	64	63	34	5	69	51	79
场均时间	34.5	34.2	34.1	27.8	33.8	32.0	33.4
场均命中	8.4	10.4	9.7	6.6	9.2	8.4	8.5
场均出手	19.1	21.7	20.3	16.4	19.4	16.9	18.3
命中率	43.70%	48.20%	47.80%	40.20%	47.20%	49.50%	46.80%
场均三分命中	4.5	5.3	4.8	2.4	5.1	4.2	4.1
场均三分出手	11.7	12.7	11.7	9.8	11.7	9.8	10.0
三分命中率	38.00%	42.10%	41.30%	24.50%	43.70%	42.30%	41.10%
场均两分命中	3.9	5.1	4.9	4.2	4.0	4.2	4.4
场均两分出手	7.4	9.0	8.6	6.6	7.7	7.1	8.3
两分命中率	52.70%	56.90%	56.70%	63.60%	52.50%	59.50%	53.70%
有效投篮命中率	55.40%	60.50%	59.70%	47.60%	60.40%	61.80%	58.00%
场均罚球命中	4.3	5.7	5.3	5.2	3.8	5.5	4.1
场均罚球出手	4.7	6.3	5.6	5.2	4.2	5.9	4.6
罚球命中率	92.30%	91.60%	93.80%	100.00%	91.60%	92.10%	89.80%
场均篮板	5.2	5.5	5.4	5.2	5.3	5.1	4.5
场均助攻	6.3	5.8	6.4	6.6	5.2	6.1	6.6
场均抢断	1.3	1.2	1.3	1.0	1.3	1.6	1.8
场均盖帽	0.4	0.1	0.1	0.4	0.4	0.2	0.2
场均失误	3.2	3.4	3.1	3.2	2.8	3.0	3.0
场均犯规	2.0	1.9	1.9	2.2	2.4	2.2	2.3
场均得分	25.5	32.0	29.5	20.8	27.3	26.4	25.3

总计	比赛	首发	出场时间	命中	出手	三分命中	三分出手	两分命中	两分出手
	826	820	28361	6875	14520	3117	7290	3758	7230

2015—2016	2014—2015	2013—2014	2012—2013	2011—2012	2010—2011	2009—2010	生涯数据
79	80	78	78	26	74	80	826
79	80	78	78	23	74	77	820
34.2	32.7	36.5	38.2	28.2	33.6	36.2	34.3
10.2	8.2	8.4	8.0	5.6	6.8	6.6	8.3
20.2	16.8	17.7	17.8	11.4	14.2	14.3	17.6
50.40%	48.70%	47.10%	45.10%	49.00%	48.00%	46.20%	47.30%
5.1	3.6	3.3	3.5	2.1	2.0	2.1	3.8
11.2	8.1	7.9	7.7	4.7	4.6	4.8	8.8
45.40%	44.30%	42.40%	45.30%	45.50%	44.20%	43.70%	42.80%
5.1	4.6	5.0	4.5	3.5	4.8	4.5	4.5
9.0	8.7	9.8	10.1	6.7	9.6	9.5	8.8
56.60%	52.80%	50.90%	44.90%	51.40%	49.80%	47.40%	52.00%
63.00%	59.40%	56.60%	54.90%	58.30%	55.10%	53.50%	58.10%
4.6	3.9	3.9	3.4	1.5	2.9	2.2	3.9
5.1	4.2	4.5	3.7	1.8	3.1	2.5	4.3
90.80%	91.40%	88.50%	90.00%	80.90%	93.40%	88.50%	90.80%
5.4	4.3	4.3	4.0	3.4	3.9	4.5	4.6
6.7	7.7	8.5	6.9	5.3	5.8	5.9	6.5
2.1	2.0	1.6	1.6	1.5	1.5	1.9	1.7
0.2	0.2	0.2	0.2	0.3	0.3	0.2	0.2
3.3	3.1	3.8	3.1	2.5	3.1	3.0	3.1
2.0	2.0	2.5	2.5	2.4	3.1	3.2	2.4
30.1	23.8	24.0	22.9	14.7	18.6	17.5	24.3

罚球命中	罚球出手	篮板	助攻	抢断	盖帽	失误	犯规	得分	三双
3197	3520	3838	5388	1367	187	2598	1981	20064	9

季后赛数据

赛季	比赛	首发	场均时间	场均命中	场均出手	命中率
2021—2022	22	18	34.7	9.2	20	45.90%
2018—2019	22	22	38.5	8.6	19.6	44.10%
2017—2018	15	14	37.0	9.1	20.3	45.10%
2016—2017	17	17	35.4	8.9	18.4	48.40%
2015—2016	18	17	34.1	8.2	18.8	43.80%
2014—2015	21	21	39.3	9.5	20.9	45.60%
2013—2014	7	7	42.3	7.3	16.6	44.00%
2012—2013	12	12	41.4	8.5	19.6	43.40%
生涯数据	134	128	37.3	8.8	19.5	45.20%

赛季	场均三分命中	场均三分出手	三分命中率	场均两分命中	场均两分出手	两分命中率
2021—2022	4.1	10.4	39.70%	5	9.6	52.60%
2018—2019	4.2	11.1	37.70%	4.5	8.5	52.40%
2017—2018	4.3	10.8	39.50%	4.9	9.5	51.40%
2016—2017	4.2	10.1	41.90%	4.6	8.2	56.40%
2015—2016	4.4	11.0	40.40%	3.8	7.8	48.60%
2014—2015	4.7	11.0	42.20%	4.9	9.9	49.30%
2013—2014	3.1	8.1	38.60%	4.1	8.4	49.20%
2012—2013	3.5	8.8	39.60%	5.0	10.8	46.50%
生涯数据	4.2	10.4	40.10%	4.6	9.1	51.00%

	比赛	首发	出场时间	命中	出手	三分命中	三分出手	两分命中	两分出手
总计	134	128	4999	1181	2615	561	1400	620	1215

赛季	有效投篮命中率	场均罚球命中	场均罚球出手	罚球命中率	场均得分
2021—2022	56.30%	4.9	5.9	82.90%	27.4
2018—2019	54.80%	6.7	7.1	94.30%	28.2
2017—2018	55.60%	3.0	3.1	95.70%	25.5
2016—2017	59.90%	6.1	6.7	90.40%	28.1
2015—2016	55.60%	4.2	4.6	91.60%	25.1
2014—2015	56.70%	4.6	5.5	83.50%	28.3
2013—2014	53.40%	5.3	6.0	88.10%	23.0
2012—2013	52.30%	2.9	3.2	92.10%	23.4
生涯数据	55.90%	4.8	5.4	89.20%	26.6

赛季	场均篮板	场均助攻	场均抢断	场均盖帽	场均失误	场均犯规
2021—2022	5.2	5.9	1.3	0.4	2.6	2.7
2018—2019	6.0	5.7	1.1	0.2	3.0	3.1
2017—2018	6.1	5.4	1.7	0.7	2.9	2.5
2016—2017	6.2	6.7	2.0	0.2	3.4	2.2
2015—2016	5.5	5.2	1.4	0.3	4.2	2.2
2014—2015	5.0	6.4	1.9	0.1	3.9	2.2
2013—2014	3.6	8.4	1.7	0.1	3.7	2.6
2012—2013	3.8	8.1	1.7	0.2	3.3	2.9
生涯数据	5.4	6.2	1.6	0.3	3.3	2.5

罚球命中	罚球出手	篮板	助攻	抢断	盖帽	失误	犯规	得分	三双
647	725	719	833	210	38	447	341	3570	2

常规赛单场得分40+
场次汇总

赛季	日期	比赛	投篮命中率	命中	出手
2020—2021	2021-1-3	开拓者队122：137勇士队	58.10%	18	31
2020—2021	2021-2-6	勇士队132：134独行侠队	61.30%	19	31
2012—2013	2013-2-27	尼克斯队109：105勇士队	64.30%	18	28
2015—2016	2015-10-31	鹈鹕队120：134勇士队	63.00%	17	27
2020—2021	2021-4-12	掘金队107：116勇士队	58.30%	14	24
2014—2015	2015-2-4	小牛队114：128勇士队	61.50%	16	26
2015—2016	2016-2-3	奇才队121：134勇士队	67.90%	19	28
2015—2016	2016-2-25	魔术队114：130勇士队	74.10%	20	27
2018—2019	2018-10-24	奇才队122：144勇士队	62.50%	15	24
2021—2022	2021-11-8	老鹰队113：127勇士队	50.00%	14	28
2017—2018	2018-1-27	凯尔特人队105：109勇士队	66.70%	16	24
2020—2021	2021-5-8	雷霆队队97：136勇士队队	53.80%	14	26
2020—2021	2021-4-19	勇士队107：9676人队	50.00%	14	28
2018—2019	2019-1-13	独行侠队114：119勇士队	53.10%	17	32
2012—2013	2013-4-12	湖人队118：116勇士队	54.80%	17	31
2013—2014	2014-4-13	开拓者队119：117勇士队	55.20%	16	29
2021—2022	2022-3-14	奇才队112：126勇士队	64.00%	16	25
2020—2021	2021-4-17	勇士队114：119凯尔特人队	55.60%	15	27
2015—2016	2015-11-12	森林狼队116：129勇士队	60.00%	15	25
2015—2016	2016-2-27	雷霆队118：121勇士队	58.30%	14	24
2015—2016	2016-4-13	灰熊队104：125勇士队	62.50%	15	24
2016—2017	2016-11-7	鹈鹕队106：116勇士队	61.50%	16	26
2020—2021	2021-5-16	灰熊队101：113勇士队	44.40%	16	36
2021—2022	2021-12-23	灰熊队104：113勇士队	59.10%	13	22
2014—2015	2015-4-9	开拓者队105：116勇士队	73.90%	17	23
2017—2018	2018-1-6	快船队105：121勇士队	52.40%	11	21
2021—2022	2021-10-21	快船队113：115勇士队	64.00%	16	25

50

三分命中率	三分命中	三分出手	得分	篮板	助攻	抢断	盖帽	失误	犯规
50.00%	8	16	62	5	4	0	0	5	0
57.90%	11	19	57	2	5	2	0	3	3
84.60%	11	13	54	6	7	3	0	4	3
57.10%	8	14	53	4	9	4	0	2	3
55.60%	10	18	53	6	4	0	0	5	3
62.50%	10	16	51	4	4	1	0	3	3
73.30%	11	15	51	7	2	3	0	7	3
66.70%	10	15	51	7	8	0	1	5	1
68.80%	11	16	51	4	3	0	1	2	1
47.40%	9	19	50	7	10	4	1	2	0
61.50%	8	13	49	4	5	2	0	1	2
52.40%	11	21	49	5	2	1	0	1	2
58.80%	10	17	49	3	5	0	0	6	2
57.90%	11	19	48	6	5	1	2	0	5
60.00%	9	15	47	6	9	3	0	1	3
50.00%	7	14	47	1	5	4	0	4	3
50.00%	7	14	47	6	6	1	0	2	1
57.90%	11	19	47	7	3	0	0	5	2
61.50%	8	13	46	5	4	2	0	3	3
75.00%	12	16	46	3	6	2	0	3	1
52.60%	10	19	46	4	6	2	0	2	2
76.50%	13	17	46	5	5	2	0	4	2
40.90%	9	22	46	7	9	1	1	7	2
57.10%	8	14	46	4	4	2	0	3	2
61.50%	8	13	45	2	10	0	0	4	2
50.00%	8	16	45	6	3	3	0	2	2
61.50%	8	13	45	10	1	1	1	6	2

截至：2022年6月17日

51

常规赛单场得分40+
场次汇总

赛季	日期	比赛	投篮命中率	命中	出手
2013—2014	2014-1-31	爵士队90：95勇士队	53.80%	14	26
2015—2016	2015-12-5	猛龙队109：112勇士队	58.30%	14	24
2017—2018	2018-2-22	快船队127：134勇士队	73.70%	14	19
2013—2014	2013-12-9	山猫队115：111勇士队	43.80%	14	32
2016—2017	2017-1-28	快船队98：144勇士队	65.20%	15	23
2009—2010	2010-4-14	开拓者队116：122勇士队	52.00%	13	25
2015—2016	2016-2-24	热火队112：118勇士队	48.30%	14	29
2016—2017	2017-4-2	奇才队115：139勇士队	68.20%	15	22
2016—2017	2017-4-5	太阳队111：120勇士队	60.00%	15	25
2018—2019	2018-12-5	骑士队105：129勇士队	55.00%	11	20
2018—2019	2018-12-23	快船队127：129勇士队	54.50%	12	22
2018—2019	2019-1-5	国王队123：127勇士队	53.80%	14	26
2020—2021	2021-4-14	勇士队147：109雷霆队	70.00%	14	20
2015—2016	2015-11-27	太阳队116：135勇士队	55.00%	11	20
2015—2016	2016-3-7	魔术队113：119勇士队	58.30%	14	24
2018—2019	2019-1-16	鹈鹕队140：147勇士队	50.00%	11	22
2018—2019	2019-1-31	76人队113：104勇士队	51.90%	14	27
2020—2021	2021-5-3	勇士队123：108鹈鹕队	53.80%	14	26
2020—2021	2021-4-6	雄鹿队121：122勇士队	66.70%	14	21
2014—2015	2014-11-25	热火队97：114勇士队	63.20%	12	19
2015—2016	2015-10-27	鹈鹕队95：111勇士队	53.80%	14	26
2015—2016	2015-11-19	快船队117：124勇士队	50.00%	11	22
2015—2016	2015-12-2	黄蜂队99：116勇士队	77.80%	14	18
2016—2017	2017-1-6	灰熊队128：119勇士队	55.60%	15	27
2018—2019	2019-4-5	骑士队114：120勇士队	57.10%	12	21
2020—2021	2021-2-11	魔术队105：111勇士队	53.80%	14	26
2021—2022	2022-1-31	勇士队122：108火箭队	56.50%	13	23
2021—2022	2021-11-18	勇士队104：89骑士队	55.60%	15	27
2021—2022	2021-11-12	公牛队93：119勇士队	62.50%	15	24

52

三分命中率	三分命中	三分出手	得分	篮板	助攻	抢断	盖帽	失误	犯规
61.50%	8	13	44	2	4	0	0	2	0
60.00%	9	15	44	2	7	0	0	3	4
72.70%	8	11	44	6	10	2	0	4	4
31.20%	5	16	43	6	9	0	2	4	4
60.00%	9	15	43	9	6	0	0	2	1
66.70%	4	6	42	9	8	2	1	2	0
50.00%	6	12	42	7	7	1	1	7	0
64.30%	9	14	42	1	8	1	0	1	3
66.70%	8	12	42	4	11	2	2	3	0
64.30%	9	14	42	9	7	1	0	2	1
40.00%	6	15	42	6	2	1	0	0	4
50.00%	10	20	42	5	2	2	0	6	2
68.80%	11	16	42	6	8	0	0	0	2
56.20%	9	16	41	6	8	2	0	6	2
53.80%	7	13	41	13	3	4	0	5	3
52.90%	9	17	41	5	3	1	0	2	3
55.60%	10	18	41	4	6	1	0	6	1
44.40%	8	18	41	4	8	1	0	4	2
50.00%	5	10	41	6	4	0	0	4	2
72.70%	8	11	40	6	7	3	1	2	2
41.70%	5	12	40	6	7	2	0	2	1
42.90%	6	14	40	11	4	3	0	7	2
72.70%	8	11	40	3	5	0	0	5	2
38.50%	5	13	40	3	6	1	1	4	1
75.00%	9	12	40	6	7	0	1	4	1
52.60%	10	19	40	8	5	4	0	6	1
50.00%	7	14	40	5	9	1	1	1	0
56.30%	9	16	40	4	6	2	0	3	4
52.90%	9	17	40	4	5	1	1	6	1

截至：2022年6月17日

53

季后赛单场得分40+
场次汇总

赛季	时间	比赛	投篮命中率
2018—2019	2019-6-5	猛龙123：109勇士	45.20%
2012—2013	2013-5-6	马刺129：127勇士	51.40%
2014—2015	2015-4-23	鹈鹕119：123勇士	34.50%
2014—2015	2015-5-23	火箭80：115勇士	63.20%
2015—2016	2016-5-9	开拓者125：132勇士	50.00%
2016—2017	2017-5-14	马刺111：113勇士	53.80%

命中	出手	三分命中率	三分命中	三分出手	得分
14	31	42.90%	6	14	47
18	35	42.90%	6	14	44
10	29	38.90%	7	18	40
12	19	77.80%	7	9	40
16	32	31.30%	5	16	40
14	26	43.80%	7	16	40

篮板	助攻	抢断	盖帽	失误	犯规
8	7	2	0	3	1
4	11	2	0	6	3
5	9	0	0	3	3
5	7	2	1	4	2
9	8	0	0	4	2
7	3	3	0	3	0

截至：2022年6月17日

55

常规赛
单场之最

比赛时间/结果	2021-1-3 ▶ 开拓者队122：137勇士队
得分	62

比赛时间/结果	2015-12-28 ▶ 国王队103：122勇士队
篮板	14

比赛时间/结果	2013-12-27 ▶ 太阳队86：115勇士队	2014-4-6 ▶ 爵士队102：130勇士队
助攻	16	

比赛时间/结果	2010-4-7 ▶ 勇士队116：107森林狼队	2016-12-7 ▶ 勇士队115：98快船队
抢断	7	

季后赛 单场之最

比赛时间/结果	2019-6-5 ▶ 猛龙队123：109勇士队	
得分		47

比赛时间/结果	2019-4-13 ▶ 快船队104：121勇士队	
篮板		15

比赛时间/结果	2014-4-24 ▶ 快船队98：96勇士队	
助攻		15

比赛时间/结果	2015-5-26 ▶ 火箭队86：115勇士队	2016-6-13 ▶ 骑士队112：97勇士队
盖帽	3	

比赛时间/结果	2015-3-13 ▶ 灰熊队78：98勇士队	2017-5-20 ▶ 马刺队108：120勇士队
抢断	6	

得分　篮板
助攻　盖帽
抢断

高阶数据

赛季	2021—2022	2020—2021	2020—2021	2019—2020	2018—2019	2017—2018	2016—2017
年龄	33	32	32	31	30	29	28
比赛场次	64	63	34	5	69	51	79
出场时间	2211	2152	1158	139	2331	1631	2638
效率值（PER）	21.4	26.3	25.2	21.7	24.4	28.2	24.6
真实命中率	60.10%	65.50%	64.80%	55.70%	64.10%	67.50%	62.40%
三分出手占比	61.30%	58.70%	57.50%	59.80%	60.40%	58.00%	54.70%
罚球出手占比	24.30%	28.90%	27.80%	31.70%	21.40%	35.00%	25.10%
进攻篮板率	1.7	1.5	1.5%	3.0%	2.2%	2.7%	2.7%
防守篮板率	14.4	15.4	15.1%	17.8%	14.2%	14.4%	11.4%
篮板率	8.30%	8.50%	8.4%	10.1%	8.4%	9.0%	7.3%
助攻率	30.40%	30.50%	32.6%	42.3%	24.2%	30.3%	31.2%
抢断率	1.9%	1.7%	1.7%	1.7%	1.9%	2.4%	2.6%
盖帽率	1.0%	0.3%	0.2%	1.3%	0.9%	0.4%	0.5%
每百回合失误率	13.2%	12.2%	12.1%	14.6%	11.6%	13.3%	13.0%
球权使用率	30.8%	34.8%	32.3%	33.6%	30.4%	31.0%	30.1%
进攻WS	4.6	6.5	3.5	0.2	7.2	7.2	8.7
防守WS	3.4	2.5	1.4	0.1	2.5	1.9	3.9
胜利贡献值（WS）	8.0	9.0	4.9	0.3	9.7	9.1	12.6
WS/48	0.173	0.201	0.204	0.103	0.199	0.267	0.229
进攻端正负值	5.4	8.3	7.3	4.5	7.1	7.8	6.7
防守端正负值	0.4	0.4	0.0	-0.6	-0.5	0.0	0.3
正负值	5.8	8.7	7.4	3.9	6.6	7.7	6.9
球员替换价值	4.4	5.8	2.7	0.2	5.1	4.0	5.9

2015—2016	2014—2015	2013—2014	2012—2013	2011—2012	2010—2011	2009—2010
27	26	25	24	23	22	21
79	80	78	78	26	74	80
2700	2613	2846	2983	732	2489	2896
31.5	28.0	24.1	21.3	21.2	19.4	16.3
66.90%	63.80%	61.00%	58.90%	60.50%	59.50%	56.80%
55.40%	48.20%	44.50%	43.20%	40.90%	32.50%	33.20%
25.00%	25.10%	25.20%	21.00%	15.90%	21.60%	17.50%
2.9%	2.4%	1.8%	2.3%	2.3%	2.3%	1.8%
13.6%	11.4%	10.9%	9.1%	11.3%	10.9%	12.0%
8.6%	7.0%	6.4%	5.8%	6.8%	6.5%	6.8%
33.7%	38.6%	39.9%	31.1%	32.3%	28.1%	24.6%
3.0%	3.0%	2.2%	2.1%	2.8%	2.2%	2.5%
0.4%	0.5%	0.4%	0.3%	0.8%	0.6%	0.5%
12.9%	14.3%	16.1%	13.7%	17.0%	16.4%	16.5%
32.6%	28.9%	28.3%	26.4%	24.0%	24.4%	21.8%
13.8	11.5	9.3	8.4	1.8	5.4	3.0
4.1	4.1	4.0	2.8	0.4	1.3	1.6
17.9	15.7	13.4	11.2	2.2	6.6	4.7
0.318	0.288	0.225	0.180	0.144	0.128	0.077
10.3	8.2	6.3	5.3	4.1	3.0	1.1
1.6	1.7	1.1	0.1	0.3	-0.7	-0.5
11.9	9.9	7.4	5.4	4.3	2.3	0.7
9.5	7.9	6.7	5.6	1.2	2.7	2.0

截至：2022年6月17日

投篮分布及命中率

赛季	2021—2022	2020—2021	2019—2020	2018—2019	2017—2018	2016—2017
平均出手距离（英尺）	19.8	19.3	19.8	19.7	18.4	18.4
篮下命中率	59.90%	66.30%	70.60%	64.90%	66.90%	64.20%
场均命中	2.6	3.5	2.4	1.8	2.0	2.6
场均出手	4.6	5.8	3.4	2.8	3.0	4.0
占比	12.00%	14.80%	20.70%	14.30%	17.50%	21.90%
近距两分命中率	53.00%	53.20%	40.00%	48.80%	42.90%	40.00%
场均命中	0.6	0.8	0.4	0.9	0.5	0.5
场均出手	1.2	1.4	1.0	1.9	1.1	1.3
占比	13.40%	13.60%	6.10%	9.60%	6.50%	6.90%
中距两分命中率	52.30%	54.90%	100.00%	41.90%	54.00%	45.10%
场均命中	0.6	0.8	0.2	0.4	0.7	0.4
场均出手	1.6	1.8	0.2	0.9	1.2	0.9
占比	6.20%	6.90%	1.20%	4.60%	7.30%	4.90%
远距两分命中率	41.40%	45.70%	60.00%	43.90%	61.30%	45.50%
场均命中	4.4	5.9	1.2	0.9	1.1	1.0
场均出手	11.7	12.6	2.0	2.1	1.8	2.1
占比	7.10%	6.90%	12.20%	11.00%	10.80%	11.60%
三分命中率	38.00%	42.10%	24.50%	43.70%	42.30%	41.10%
场均命中	4.5	5.3	2.4	5.1	4.2	4.1
场均出手	11.7	12.7	9.8	11.7	9.8	10.0
占比	61.30%	58.70%	59.80%	60.40%	58.00%	54.70%
真实命中率	60.10%	65.50%	55.70%	64.10%	67.50%	62.40%
投篮效率	55.40%	60.50%	47.60%	60.40%	61.80%	58.00%

命中率

2015—2016	2014—2015	2013—2014	2012—2013	2011—2012	2010—2011	2009—2010
17.4	17.6	18.1	18.5	18.0	16.2	16.5
69.60%	68.70%	62.50%	58.30%	56.30%	61.80%	59.90%
3.2	2.1	1.5	1.0	0.7	1.5	1.6
4.6	3.1	2.5	1.8	1.2	2.4	2.7
22.50%	18.60%	13.90%	10.00%	10.80%	16.90%	19.00%
42.20%	45.80%	41.20%	34.30%	26.70%	43.90%	37.60%
0.7	0.8	0.7	0.6	0.3	0.7	0.4
1.7	1.6	1.7	1.8	1.1	1.7	1.1
8.40%	9.80%	9.50%	10.30%	10.10%	11.70%	7.40%
44.70%	51.50%	55.70%	45.70%	29.20%	38.30%	38.80%
0.4	0.6	0.8	0.8	0.3	0.6	0.6
1.0	1.2	1.4	1.8	0.9	1.6	1.6
4.80%	7.20%	7.70%	9.90%	8.10%	10.90%	11.30%
44.30%	39.40%	46.60%	43.80%	64.00%	49.50%	45.20%
0.8	1.1	2.0	2.1	2.2	2.0	1.9
1.8	2.7	4.3	4.7	3.4	4.0	4.1
8.80%	16.30%	24.50%	26.50%	30.10%	28.00%	29.00%
45.40%	44.30%	42.40%	45.30%	45.50%	44.20%	43.70%
5.1	3.6	3.3	3.5	2.1	2.0	2.1
11.2	8.1	7.9	7.7	4.7	4.6	4.8
55.40%	48.20%	44.50%	43.20%	40.90%	32.50%	33.20%
66.90%	63.80%	61.00%	58.90%	60.50%	59.50%	56.80%
63.00%	59.40%	56.60%	54.90%	58.30%	55.10%	53.50%

截至：2022年6月17日

全明星数据

命中
出手
命中率（%）

| 2021—2022赛季 | 2020—2021赛季 | 2018—2019赛季 | 2017—2018赛季 | 2016—2017赛季 | 2015—2016赛季 | 2014—2015赛季 | 2013—2014赛季 |

56.7 / 30 / 17
52.6 / 19 / 10
26.1 / 23 / 6
28.6 / 14 / 4
50.0 / 16 / 8
55.6 / 18 / 10
37.5 / 16 / 6
28.6 / 14 / 4

16 / 27 / 59.3
16 / 16 / 50.0
4 / 17 / 23.5
3 / 11 / 27.3
5 / 11 / 45.5
6 / 13 / 46.2
3 / 10 / 30.0
2 / 11 / 18.2

三分命中
三分出手
三分命中率（%）

62

2011年全明星
技巧挑战赛冠军

2015年、2021年全明星
三分球大赛冠军

赛季	2021—2022	2020—2021	2018—2019	2017—2018	2016—2017	2015—2016	2014—2015	2013—2014
年龄	33	32	30	29	28	27	26	25
出场时间	36分15秒	22分00秒	29分25秒	26分35秒	28分18秒	28分50秒	26分36秒	27分36秒
篮板	5	4	9	6	4	5	9	3
助攻	2	4	7	5	6	6	5	11
抢断	1	2	0	1	1	4	1	1
盖帽	2	0	0	0	0	0	0	0
失误	5	1	2	6	0	2	5	2
犯规	1	0	0	0	3	1	1	1
得分	50	28	17	11	21	26	15	12

63

薪资

斯蒂芬·库里

薪资汇总

赛季	球队	薪资（美元）
2009—2010	金州勇士队	2710560
2010—2011	金州勇士队	2913840
2011—2012	金州勇士队	3117120
2012—2013	金州勇士队	3958742
2013—2014	金州勇士队	9887642
2014—2015	金州勇士队	10629213
2015—2016	金州勇士队	11370786
2016—2017	金州勇士队	12112359
2017—2018	金州勇士队	34682550
2018—2019	金州勇士队	37457154
2019—2020	金州勇士队	40231758
2020—2021	金州勇士队	43006362

当前合同

2021—2022	金州勇士队	45780966
2022—2023	金州勇士队	48070014
2023—2024	金州勇士队	51915615
2024—2025	金州勇士队	55761216
2025—2026	金州勇士队	59606817

65

PART 3

荣誉

NBA荣誉

3届总冠军

2014—2015赛季总冠军

2016—2017赛季总冠军

2017—2018赛季总冠军

2021—2022赛季总冠军

2届常规赛最有价值球员

2014—2015赛季常规赛MVP

2015—2016赛季常规赛MVP

1届总决赛最有价值球员

2021—2022赛季总决赛MVP

8次全明星首发

2013—2014赛季

2014—2015赛季

2015—2016赛季

2016—2017赛季

2017—2018赛季

2018—2019赛季

2020—2021赛季

2021—2022赛季

2015—2016赛季得分王
2015—2016赛季抢断王
2020—2021赛季得分王

69

2020—2021赛季最佳阵容一阵
2021—2022赛季最佳阵容二阵

10次月最佳球员

2013年4月月最佳球员
2014年4月月最佳球员
2014年11月月最佳球员
2015年11月月最佳球员
2016年2月月最佳球员
2017年1月月最佳球员
2018年1月月最佳球员
2021年4月月最佳球员
2021年5月月最佳球员
2021年11月月最佳球员

3次月最佳新秀

2010年1月月最佳新秀
2010年3月月最佳新秀
2010年4月月最佳新秀

18次周最佳球员

截至：2022年6月17日

国家队荣誉

2010年土耳其世锦赛冠军

2014年西班牙篮球世界杯冠军

荣誉

其他荣誉

2011年 NBA体育道德风尚奖

2015年 ESPY最佳男运动员奖和最佳NBA运动员奖

2015年 美联社2015年最佳男运动员

2015年 《体育画报》2015年度最佳NBA运动员奖

2016年 ESPY年度最佳破纪录表现奖

2016年 青少年选择奖最佳男性运动员

2017年 劳伦斯世界体育奖最佳男运动员奖提名

截至：2022年6月17日

PART 4

评价

一千个人眼中有一千个**哈姆雷特，**那么在其他人眼中，库里到底是一个怎样的**存在呢？**

不要被他的笑容欺骗 ▶

　　"我告诉你们，库里非常强，他是一位凶猛的竞争者，你们千万不要被他的笑容欺骗，他在比赛中凶狠强悍。我们都出生在俄亥俄州阿克伦，这对于我来说意味着很多。"

勒布朗·詹姆斯

无解的谜题 ▶

　　"他的投篮都是对手防守希望看到的方式，但他却能投得那么舒服，库里的投篮就是无解的谜题。"

科比·布莱恩特

孩子们的榜样 ▶

　　"我认为他正走在通往历史最佳射手的道路上，他创建出属于自己的风格，人们经常拿他和我以及米勒相比，但我觉得他独树一帜。现在的孩子们看库里打球，都会产生苦练那些技术的想法，会有像库里那样打球的念头。"

雷·阿伦

平平无奇与极度疯狂 ▶

"库里就是最伟大的射手，无论投篮速度、命中率、连续投进能力还是关键球，他都无懈可击，他的投篮看起来平平无奇，但实际上极度疯狂，他的投篮远胜于我，他用投篮改变比赛，做到了我们从未做到的事情。"

史蒂夫·纳什

史无前例的球员 ▶

"这个孩子很独特，他在NBA不算强壮，你看看詹姆斯和哈登，他们打球都很会利用自己的身体和力量，库里没有这个条件，但他却能统治比赛，库里这种类型史无前例，投篮快得不可思议，打比赛天马行空、难以置信。"

杰里·韦斯特

距离不是问题 ▶

"我们可以将三分线扩大，也可以拉到更远的距离弄出个五分线，但问题在于库里可能还是会投进，这就是搬起石头砸自己的脚了。他与众不同，真的非常特别。"

格雷格·波波维奇

76

小个子的统治力 ▶

"我从来没有见过一位小个子后卫拥有库里那样的赛场统治力，从未见过有人能像他那样打球，库里拥有掌控赛场的所有技能，我是如此嫉妒他，他总是能够用最正确的方式打球。"

沙奎尔·奥尼尔

这个时代的乔丹 ▶

"库里与乔丹是一样的，他们与联盟其他球员完全不是一种类型，可以说他们自成一派，打法特立独行却完美无瑕。"

凯文·加内特

观赏性最强 ▶

"库里是我见过的最伟大的射手，是巅峰乔丹之后，比赛观赏性最强的球员，他的身高和我相仿，却能在赛场上打出那么令人惊叹的表现。他已经达到了非常高的水准，但还在继续提升自己，这是非常罕见的。他是一位很棒的年轻人，非常有趣。"

美国前总统奥巴马

77

他和球的关系与众不同 ▶

"仔细观察库里，你会发现无论是赛前热身、训练还是比赛，他和球的关系与众不同，他的身体和意志永远和球处于同一个频率，我也渴望能够像他那样，与球之间建立起那样的关系。"

足坛巨星梅西

扣篮？我更想像他那样投篮 ▶

"他在篮球场上的发挥真是不可思议，我可以扣篮，但我更渴望能够像库里那样投篮，那是难以置信的篮球技术，是真正可以称霸赛场的最强武器。"

NFL巨星纽顿

那些投篮简直是荒谬的 ▶

"库里对NBA的影响是我个人从未见过的，库里的那些投篮简直是荒谬的，他出手充满难度，却总能轻松得分，他一直都是一名令人难以置信的投手，他投篮的能力几乎是深不可测的。"

史蒂夫·科尔

78

库里就是篮球上帝 ▶

　　"不得分的库里更可怕，库里可以用任何方式帮助球队。库里就是篮球上帝，凡人助攻都需要触球，只有上帝才能不触球助攻。库里使篮球受益，库里重新定义了篮球。"

雷吉·米勒

一名举世瞩目的球员 ▶

　　"库里是一名极其出色的球员、一名举世瞩目的球员，金州勇士队仍然是其他球队想要击败的那支球队。"

拳王梅威瑟

我是他的追星族 ▶

　　"斯蒂芬（库里）在我看来是NBA最好的球员之一，而对我来说，他是极少数的那种可以让我变成追星族的球员！"

足坛巨星内马尔

斯蒂芬·库里/ Stephen Curry

国籍：美国

生日：1988年3月14日

身高：1.91m

体重：83.9kg

球队：金州勇士队

号码：30

位置：控球后卫

NBA选秀：2009年首轮第7位被勇士队选中

CURRY

ZB 直笔巨献

蛰伏 库里传

段冉——著

典藏版

北京时代华文书局

STEP

斯蒂芬·库里

HEN
CURRY

倾情推荐

这
就是真实的段冉

文/张卫平

中国篮球传奇巨星
著名篮球评论员

段冉这个孩子，我跟他一起共事了多年，对他太了解了。之前他在美国时我们经常一起出差，一起去球馆，我俩还做了一档名为《段张取义》的专题节目。

在长期的共事中我们互相帮助，形成了很多默契。今天我不说工作中那些"高大上"的事，跟大家聊点我们生活中的琐事吧。比如在吃饭这个事上，我俩的偏好大相径庭，我爱吃的菜他都不碰，他爱吃的那些我也不碰。比如他爱吃清蒸鱼、爱吃龙虾、爱吃青蛙、爱吃羊肉、爱吃西红柿炒鸡蛋，巧了，这几样我从来不吃。所以我俩每次去饭馆点菜都是点自己能吃的，然后吃饭时非常默契，谁也不碰对方的菜。他老劝我尝尝他点的，但他那几样我从来不吃，所以再怎么劝，我也一筷子都不夹。

除了吃饭，我俩性格上也有互补的地方。比如赶飞机这个事，对于我俩这种常年出差的人来说是家常便饭。最开始我都是和他约在登机口，但是慢慢地我发现了，他赶飞机每次都"压点儿"，什么叫"压点儿"？比如飞机9点关舱门，他一般8点59分能狂奔到登机口。但我受不了这种，一般9点起飞的飞机，我愿意8点就坐在登机口等着，那样我踏实。

　　所以每次等他，逐渐成了对我的一种折磨。于是我干脆跟他约好，以后我直接在飞机上等他。结果有一次，我俩从休斯敦回洛杉矶，全飞机的乘客都登完机了，他也没出现，我给他发微信，他说把脖枕落在摆渡车上回去找了，让我跟机长说等会儿他。

　　这事别说没干过，听我都没听说过，让一个飞机的乘客等他？但是耐不住他没完没了地求我，我还是跟机组人员说了。那天正好是他儿子胖头的生日，段冉微信里让我跟机长说，必须让他搭上这趟航班，否则他没法陪儿子过生日了。结果还真神了，机组还真决定为他晚几分钟关闭舱门。结果他呼哧带喘地来了，上来就感谢机组、感谢我、感谢全飞机的人。

　　这，就是真实的段冉。

　　这次段冉出了关于库里的新书，作为与他共事多年的伙伴和搭档，我在这里送上对这部书的祝福。希望大家都能从段冉这部书里得到更多关于库里的信息，了解更多关于库里的故事。

段冉打球不像库里更像克莱

文/苏群

著名篮球评论员

段冉请我来给他的新书写"序"，我就想，讲点关于他的什么故事呢？那些老故事讲了一遍又一遍，什么开着奔驰面试，什么去印第安纳看雷吉·米勒，很多球迷朋友都听过了，这次我讲点别的吧。

既然这是一部关于库里的书，我就讲讲生活里段冉打球的风格吧。他投三分，痴迷于投三分，实战当中的命中率在非职业层面也相当可观，属于你完全不能放的对手。但是他的风格和打法并不像库里，反而更像库里的后场搭档克莱·汤普森。

2004年那会儿，随着《篮球先锋报》的成立，"格林小镇篮球队"也成立了。之所以叫格林小镇篮球队，是因为打球的地点在亦庄的格林小镇，每个周末我都会带着报社的小兄弟和体育圈的一些朋友一起在这里打球。当时段冉去了印第安纳看他心爱的米勒，但是每个休赛期回国时也都会来打球。

我第一次看他打球时，就明白了他为啥那么喜欢米勒。

当时他也瘦，打球风格跟米勒一模一样，三分线外百步穿杨，一场比赛下来进十几个三分不在话下，这在野球

003

场可是无敌的存在。有一次我和段冉一队，杨毅老师在另一队，我们打一场比较正式的比赛，他们实在受不了段冉在外线的杀伤力，杨老师叫停比赛，召集全队直接用Box-1的防守策略来对付段冉。之后效果确实有，但也没能完全锁死他，最终我们还是大胜，段冉进了差不多15个三分……

但他属于典型的比赛"人来疯"型选手，我们每次正式比赛打完，我就拉着他比三分球。别说，我还真赢过他。一到这种完全没人防守的三分球大赛里，他的神奇似乎就不在了，对此，段冉自己的说法是：雷吉·米勒整个职业生涯也没得过三分大赛冠军。

当然了，当年我们一起打球时，库里和克莱还都没进NBA（美国职业篮球联赛）。如果非要让我在现役球员里找一个他的模板，或者说如果在"水花兄弟"里选，我觉得他的球风更像克莱，更多地是通过无球跑位去创造出手机会。当然，克莱作为这样级别的球员，也是非常无私的。段冉也是如此，最难能可贵的地方在于，即使他状态爆棚正在三分线外"抽疯"，如果队友有更好的机会，他也乐于并且有能力把球迅速地传过去。

但是段冉没写克莱，没写米勒，他写了库里。这个原因我是知道的，因为他之前几年在美国时与库里的接触最多，对场上场下的库里也最了解。如果你是勇士队和库里的粉丝，想收藏一本关于库里最全面的书，我推荐段冉这部《库里传》。

段冉写的库里
才是真正的库里

文/杨毅

著名篮球评论员

　　我们体育评论员，都喜欢讲故事。我爱讲故事，更爱听段冉讲故事。

　　段冉自己的故事很特别，以前我就讲过很多。我还和很多朋友讲过2004年他开着奔驰来《篮球先锋报》面试的故事。段冉是当初我们那张报纸的"黄埔一期生"，那时他留着长头发。当时我不知道的是，在来报社面试之前，他曾经独立创建了腾讯NBA的页面。之所以选择辞职来《篮球先锋报》应聘，原因只有一个：他热爱雷吉·米勒，想去现场看米勒。

　　因为想留下段冉，我们甚至单设了驻美的一站——印第安纳波利斯，因为段冉只想去印第安纳报道步行者队和米勒。从那时候起，段冉就踏上了驻美之路。

　　这条路一走上去，没想到就走了十多年。这条路太长了，段冉也太能走。先走到米勒退役，那天他在步行者队的更衣室里拥抱了米勒，就此也完成了从一名米勒"死忠粉"向职业工作者心境的转变；之后又遇到媒体形态的巨变，纸媒日暮西沉，互联网兴起，然后又是移动互联网的时代。《篮球先锋报》不在了，段冉加盟腾讯；再走到篮球时代的更迭：马刺队的大幕落下，詹姆斯开启热火队之旅，库里的"变态准"改变了篮球。段冉在美国NBA现场摸爬滚打数年，积累了大量电视转播现场直播采访的经验之后，不但早已成家立业、做了父亲，也重新回到家乡，成了一名篮球解说员，开始坐在演播室里解说比赛。

这份经历，就是段冉在讲述者这个行业里最大的优势——能够坐在镜头前表达的人很多，经历才让你不同。没有几位中国的NBA解说员，拥有段冉如此漫长的驻美生涯。那意味着他不只能在屏幕前说出名字——他真正认识他们，与他们交谈过，掌握大量你只坐在屏幕前无法掌握的细节和背景资料。

时代在改变，但工作的规律不会变。我们体育评论员这一行的泰山北斗宋世雄老师，他说他有一个重要的工作习惯，就是"下队"——要到队里去，要和教练员、运动员交谈，看他们的训练，你才能清楚球队真正的情况。用宋老师的话说，段冉就是在NBA"下队"最多的中国解说员。

因此，当段冉写出一本书的时候，我永远有更多的期待，我永远期待着段冉告诉我镜头之外更多的故事。腾讯体育曾经拍摄过一部库里的纪录片，段冉就是纪录片的主持人，你在纪录片里看到的内容，也许不足他和库里交谈内容的十分之一。你可以想见，在多年前方的积累后，段冉会在这本《库里传》里告诉你多少以前未曾听说，或者一知半解的细节。

你究竟应该怎么定义库里？库里是"变态准"，库里是MVP（最有价值球员），库里是勇士队之魂。但当我翻开这本书，我的期待就是，只有"段冉写的库里，才是真正的库里"。

段冉对篮球的热爱超越物质条件

文/于嘉

著名篮球评论员

我第一次见着段冉是在2005年的丹佛，那应该是我第三回去采访NBA全明星周末，那边高原的人民和我们的高原朋友一样热情淳朴，加上巴特尔曾效力过掘金队的加持，我们所到之处都受到了礼遇和关照，心理上自然就比较放松。吃媒体餐时忽然有人拍我肩膀："你是于嘉吧！"

我激灵一下子，脑子里飞快过电，是否有我亲近或得罪过的哪位……慢慢回头，一位长头发、大眼睛、深色皮肤的小伙儿好奇地看着我："是吧？你是吧？"我有点儿受惊吓地点头称是。"嘿，我是《篮球先锋报》的段冉啊，我跟你原来的老同学XX是朋友，听说过你中学不少糗事儿！"

这……我多少有点儿意外，没见过这么聊天儿的，又不好撅人家，心说这都啥情况啊，这位别是个二愣子吧？后来穿梭在全明星采访会的圆桌之间，这老弟和不少球员的熟悉程度（尤其是步行者队），以及他流利而标准的美语发音倒是让我挺佩服，虽然没啥机会再交流。

回国之后和他当时的领导们交流，苏群说段冉是第一个开着车到《篮球先锋报》应聘的，说干这个"不为谋生，就为喜欢"；杨毅说段冉有种"混不吝的劲儿"，这个形容词翻译过来就是"天不怕地不怕"，确实是去美国前方跟队的必备素质之一；孟晓琦老师说段冉比他外在的状态"更能吃苦,也更容易得罪人",不挑活儿,心里有啥就说啥,直来直去。

很多人出国都奔中国人多的地方去,图的是同胞多、有照应,自己也能找到更多机会。但段冉偏不,因为他从小喜欢雷吉·米勒,远远胜过迈克尔·乔丹,所以他无所谓同胞多不多,他的执着完全扑在能为大家带来最原汁原味的篮球报道上。因为采访回家晚被黑人抢劫过,因为采访对象输了球气儿不顺,被直接撅过,当然也因为同胞少而被种族歧视的环境包围过……可段冉不在乎这些,因为他热爱他所做的事。后来我听说他的偶像米勒甚至跟他成了好朋友,很开心他的这份坚持得到了回报。

说到米勒,他一直是我们这一代球迷心中桀骜不驯的典范,也是我们对"大心脏"投手最典型的认知,即使雷·阿伦出现也没有颠覆我们的认知,直到有了斯蒂芬·库里。

以后会不会再出现又一个库里这样的球员,我不知道。但以往颠覆篮球传统的都是内线的巨无霸,库里却是用他的三分投射和他的球队一起,彻底把篮球传统击个粉碎。面对着库里和他呼啸而出、箭如雨下的远投,整个传统篮球世界都体现出极大的不适应,他的最有价值球员适配度和向着历史三分王挺进的速度似乎有点儿过高,高到大伙儿还都没来得及调整,于是伴随着这些,争议不期而至。但争论的人并不愿意去和人讨论库里训练如何刻苦,源于热爱的拼搏如何发自肺腑……似乎这一切都是顺理成章,直到"勇士王朝"坍塌,他们发现库里还是那个库里,没有杜兰特和克莱,库里依然能率领球队勇往直前,依然能翻江倒海、驰骋赛场,勇士队可能会受困于伤病,但库里没问题。

说回到段冉,他离开报纸步入新媒体,成了我不折不扣的同行,我才知道他曾经在自己就读的美国大学里担任过球队经理助教,业余时间继续奔跑于各个赛场之间,包括在那边也没什么人看的WNBA(美国女子职业篮球联赛),他会兴致勃勃地写下一行又一行文字,讲述一个又一个故事,哪怕带着老婆孩子从美国回到中国,也依然凭借着对篮球最本源的热爱,继续自己的努力。他对篮球的这份热爱可以超越物质条件,可以不计较得失,可以混不吝。

这么说来,段冉和库里,还真是挺像的,更何况段冉超爱投三分。他邀请我给他这本书写序,我很荣幸。这本书里面,带着段冉和库里对篮球的满满的爱。

因为库里
说几句掏心窝的话

文/段冉

著名篮球评论员
本书作者

写一本库里的书是酝酿很久的事情了。之前写过一本《科比全传》，有球迷朋友问我：你是"科蜜"、是"库蜜"吗？我实话实说：既不是"科蜜"，也不是"库蜜"，但这不影响我用心去写他们。反而站在比较客观的视角，也许写的东西更无偏颇。

记得还有朋友问我，为啥不写我真正喜欢的雷吉·米勒、罗德曼以及汉密尔顿？其实原因很简单，我是这三位的粉丝，但由于时代原因，我跟这三位接触的时间非常有限，远不及与科比和库里接触的1/10。所以从某种程度来说，我不是不想写自己更喜欢的、也是仅有的三位篮球偶像，只是自觉不够资格。既然与科比和库里接触的时间更多，大家又想看场上场下的他们是什么样子的，那我就顺势而为，写完科比写库里。

在这里首先要感谢库里，作为一个大众偶像，他在与我的接触中平易近人，丝毫不端架子。无论是对一个来自大洋彼岸媒体工作者的尊重也好，还是他本身待人接物的方式也好，库里从没让我感到过半点不适。这一点，不是所有的球员都能做到，对此，我感谢库里。

还要借这个机会感谢所有为本书写序的同行们，他们当中有的是我的良师益友，有的是我的工作搭档。感谢你们平时对我的帮助与包容。我只想说：邀请各位帮这本书写序，一是证明了各位在我心里的地位，二是证明各位与我的交情。这两条缺一，我不会张嘴。

还要感谢北京时代华文书局，是他们的慧眼识珠，让我写的库里有机会呈现在大家眼前。这本书在制作过程中的每一个细节都倾注了出版社老师的心血，在此对所有为这本书出力的老师们表示感谢。

最后要感谢现在正在看这本书的朋友，无论你是因库里而买还是因支持段冉而买，我都把你视为知己。作为回报，我说几句掏心窝子的话，这些话我平时不会说。

大家看过篮球辩论节目《有球必应》吗？很多朋友私信问我为啥突然不上这个节目了。之前各种猜测，我也没有回应。今天告诉大家，就是因为库里和勇士队。在2020—2021赛季开始前的一期预测节目里，我预测勇士队今年进季后赛费劲儿，甚至立下赌约：勇士队若能进前六将穿女装上一期节目。

首先告诉大家，这些并非节目安排，纯粹临时起兴。甚至穿女装这个赌注也是当时大家现提的。作为一个职业的媒体人、一个评论员，在节目里给出自己对某支球队的预期展望本来无可厚非，但由于我给出的方向于勇士队不利，那期节目之后我被很多勇士队球迷误解为"勇黑""库黑"。而且更可怕的是，当你心里给一个人贴上标签之后，无论他说啥你都觉得是这个标签的显现。所以之后在比赛直播和自媒体评论勇士队相关的内容时，我一旦指出勇士队的问题和不足，就被很多人视为是继续"带节奏""黑"勇士队。这甚至影响到了我正常的工作，每次提到勇士队相关的话题时都要多想一道，这不符合我心直口快的性格，让我感到冤枉且不舒服。

很多朋友不知道，当年勇士队"黑八奇迹"时，我就在博客上呼吁全国球迷来喜欢勇士队，"宇宙勇"时代我在解说勇士队的比赛时，当他们打出让人看得如痴如醉的流畅进攻时，我还效仿国王队现场评论员多次说"如果你不喜欢现在这支勇士队的攻防，也许你真的不喜欢篮球"。但一支球队有高峰和低谷很正常，很多热血球迷听不得任何一句对己队不利的话，只要有一句，就是"黑"，就是带节奏。那期预测节目后我甚至受到很多私信的咒骂甚至死亡威胁，虽然跟自己说不用在意，但全家老小就因为一个预测被骂得那么难听，总会感到憋屈和难过。所以我决定，退出《有球必应》。

我从来不是勇士队的粉丝，但给我扣上"勇黑""库黑"的帽子也着实让我感到恶心。借这个机会我最后跟各位知己重申一遍：解说员也是可以不喜欢也不讨厌任何球队的，这真不是一个非黑即白的世界。"不蜜既黑"的理念我能理解，因为我也是从热血球迷过来的，但长大后你会明白一个道理——哦，原来真的可以"不蜜"也"不黑"地欣赏篮球比赛。

所以我写这本书的立场和视角，是站在一个没有情感倾向的旁观者角度，记录库里的生平，记录我接触到的真实的库里。如果你认为我哪句话是在"舔"他，那大可不必，我平生谁都不"舔"；如果哪句话你认为我是在"黑"他，也同样不可能——我都打心底里认为他是一个比我最爱的米勒伟大得多的球员，何"黑"之有？

这些话之前从未说过，之后也不会再说。因为我认为现在能读到这篇序的朋友都是我的知己，起码愿意去了解我真实的想法，才决定说给你们听。之后我还会继续陪你们看勇士队，看库里。请记住：我的每一句对他个人和对他的球队的评论，都不带任何感情色彩，只从职业评论员的角度去讨论问题。

再次谢谢你们的支持和理解。

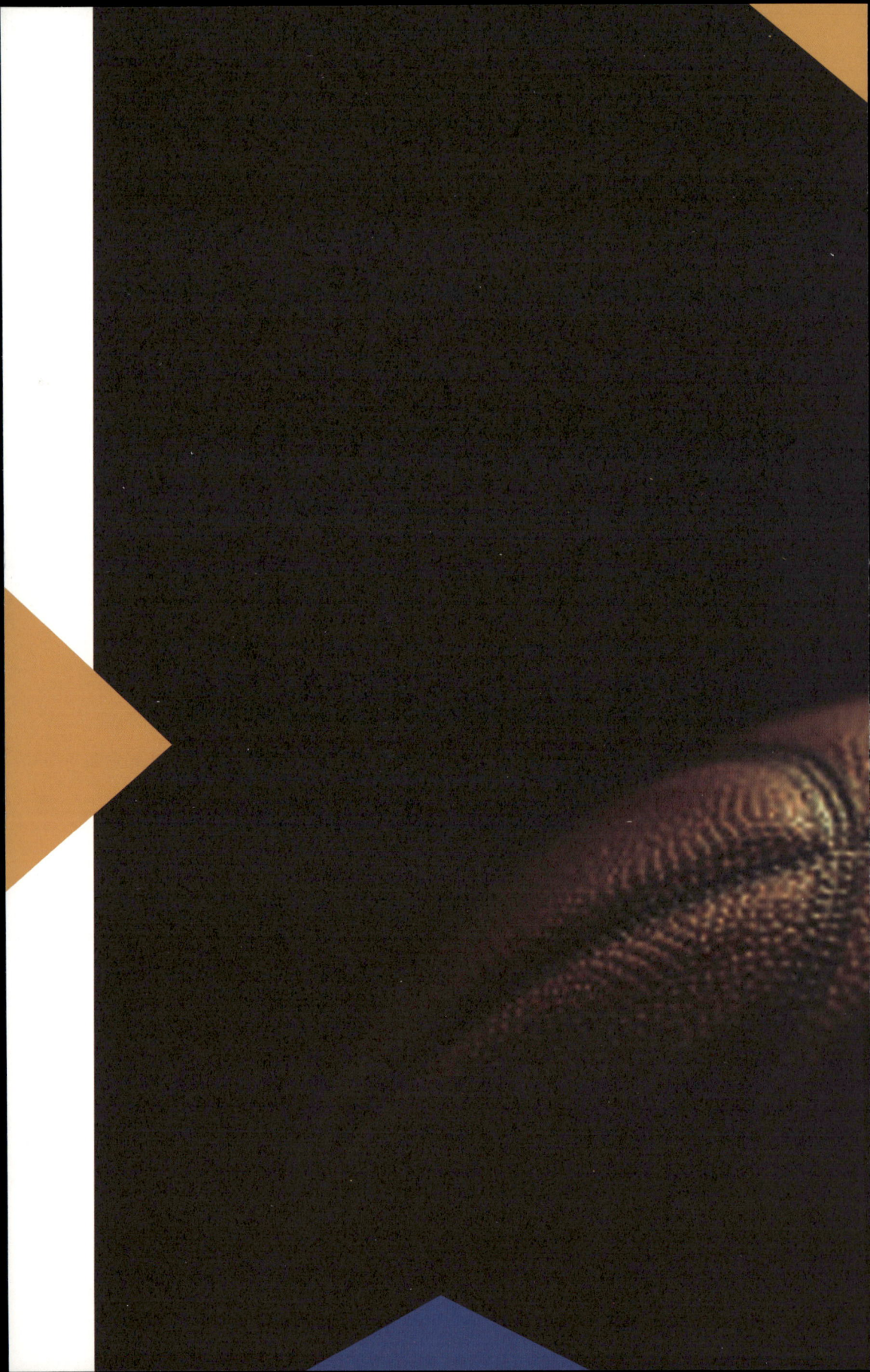

CONTENTS

PART

GOLDEN STATE

1

WARRIORS

青出于蓝
而胜于蓝

天赋，
既是遗传
也是恩赐
TALENT

"我内心对俄亥俄州的人有很特别的情感，没有任何不尊敬勒布朗的意思，但是，我想成为第一个为那个地方带去总冠军的球员。"

——斯蒂芬·库里

第1章

1892年，阿克伦创立了一家医院，这家医院是当地心脑血管疾病和妇产科的权威，当地首例心脏直视手术就在此进行。

一条算不得主干道的小马路和茂密的绿树，将一座巨大的、红砖色的现代化多功能综合建筑环绕在中心。而这座由巨大的玻璃幕墙、一条空中走廊和写着"Summa Health System"字样的指示牌构建成的"苏马阿克伦城市医院"，孕育了NBA历史上两名伟大的超级巨星。

❖

在1988年3月14日，彼时正效力于克利夫兰骑士队的戴尔·库里，在异常焦急的心情中，等到了人生中最美好的消息之一——妻子桑娅就在苏马阿克伦城市医院为他生下了一名可爱的男婴。当然，那时的医院名字还只是阿克伦城市医院，建筑物也远没有现在漂亮、豪华，而那时的戴尔，也还只是二年级新秀，那个赛季他的场均得分刚好到10分，刚刚成为队中很重要的轮换球员。

没有人会想到，他会在六年之后获得最佳第六人的奖项，会在十年之后成为黄蜂队（原黄蜂队搬迁至新奥尔良后更名为鹈鹕队，而之前在黄蜂队的历史被并入现今的夏洛特黄蜂队队史，因而他的队史得分纪录被沃克超越）的队史得分王和NBA得分最多的替补球员（现被路易斯·威廉姆斯超越）。

同样，也没有人会想到，他的大儿子库里，在进入NBA六年之后，从一名饱受脚踝伤病困扰，背负软弱、只会投三分的刻板印象的"玻璃人"，成为2014—2015赛季的MVP和总冠军得主；而进入NBA十年之后，库里成为改变NBA发展潮流的超级巨星，MVP两连庄（包括2015—2016赛季的全票MVP）得主，更是四年三冠的"勇士王朝"的奠基人和核心。更没有人会想到，四年前与库里出生在同一家医院的勒布朗·詹姆斯，将先库里一步，成为历史级别的超级巨星，也成为库里职业生涯巅峰期连续四年的劲敌。

在一次采访中，时任阿克伦城市医院妇产科的副教授爱德华·菲利斯医生非常直白地说，在媒体报道这件事情之前，几乎没有人知道库里也出生在这家医院，当地人对生于此养于此、两次效力于克利夫兰骑士队的詹姆斯的认可程度，显然高过于生长在夏洛特的库里。

勒布朗·詹姆斯身高2.03米，113千克；库里1.91米，高中、大学和初入联盟时期都异常瘦弱，即便是现在也只不过是86千克。但小体形并不能妨碍他被中国球迷戏称为"金州饿汉"。库里的饭量很大，在媒体的长枪短炮下，我们经常可以看到库里手拿四个饭盒上飞机——同队的克莱、格林等都只是一两个。

"金州饿汉"
中国球迷戏称为

"每天早上我都会为家人准备早餐，不过真是忙得有点晕乎。"库里的妻子阿耶莎说。库里每天早上都会喝一杯奶昔，而她则会做些营养早餐，随后例行公事，每天都要在数个甚至是十个盒子中，分别装上蔬菜、肉和土豆或红薯。她偶尔也会犒劳犒劳辛苦持家的自己，给自己做一杯特制饮品。而谈及这些食物时，她说："库里经常把这些当作零食吃……七点、七点半才能吃晚饭，此前他得垫垫肚子。"

意大利面、牛油果吐司和三明治是库里最爱吃的主食，也是阿耶莎经常烹煮的。在烹饪培根和调配意大利面酱汁的时候，阿耶莎偏爱加入一些红糖，就像库里带动队友那样，阿耶莎认为红糖能更好地释放其他食材的能量。她的烹调手艺极好，2016年自主出版了一本与烹饪有关的畅销书籍，此后主持一档以本人名字命名的烹饪节目，现在已经成为在餐饮行业具有千万净资产的大咖。

当然，比起精湛的厨艺，细致入微的关心显然是更难能可贵的。库里的脚踝伤病一度十分严重，阿耶莎说，家里经常烧制一些鸡肉，而在做鸡肉的时候，她会特地撒一些姜黄粉，她认为这能够起到消炎作用（实际上姜黄粉只能消除内脏炎症，对外伤作用不大）。

纵观勒布朗·詹姆斯的职业生涯，在加入湖人队以前，他可以说是从未受过大伤，哪怕扭伤脚踝也能坚持比赛，只是偶尔轮休。而戴尔·库里的职业生涯，也没有受到太多的伤病困扰，他打了16个赛季，直到37岁才选择退役。除去黄蜂队史第六人、NBA替补得分王和神射手这三个名号，身体素质过硬、爆发力强，也是伴随着老库里的职业生涯的标签——他扣篮很轻松，而库里在实战中扣篮，简直跟"玩儿"一样。在进入NBA之前，他还曾经被棒球大联盟的金莺队在第一轮第14顺位选中。

比起老库里，大小库里的身体素质就显得没那么出色，尤其是他们的静态身体素质。尽管他们的妈妈桑娅曾是一名大学排球运动员，他们是强强联手的产物。库里和塞斯的职业生涯，各自受到过极其严重的伤病困扰，他们并没有遗传到父母的一切——戴尔1.96米，库里1.91米，塞斯则只有1.88米。

身高上的差距似乎还不是全部，在库里父子的合影中，很轻易就能发现他俩的臂展的差异。库里的臂展只有1.92米，对于一名篮球运动员而言，这样的臂展显然是不占据任何优势的，2018—2019赛季的雄鹿队球员就是出了名的长手长脚。

库里VS2018—2019赛季的雄鹿队身高、臂展图

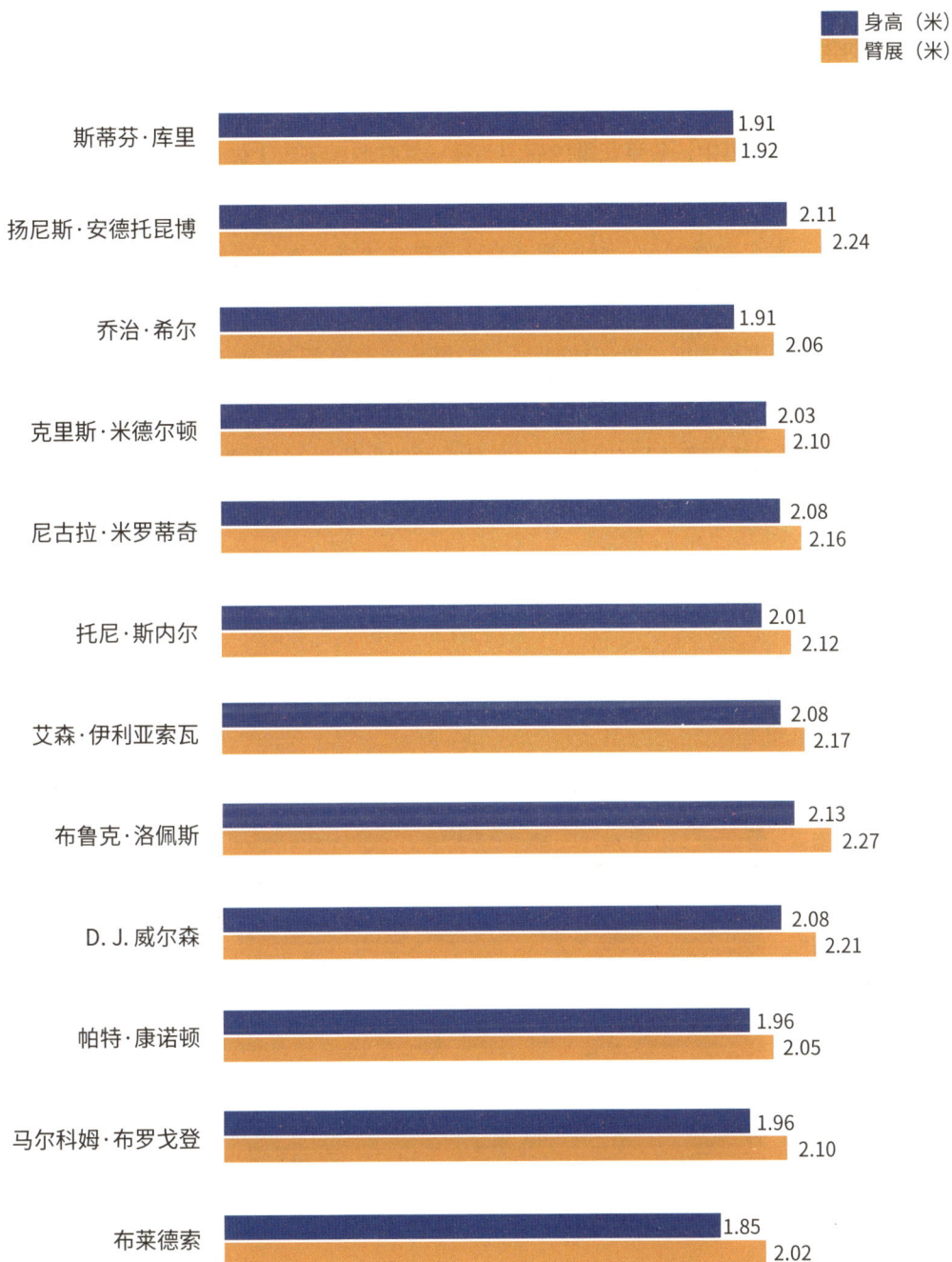

图例:
- 身高（米）
- 臂展（米）

球员	身高（米）	臂展（米）
斯蒂芬·库里	1.91	1.92
扬尼斯·安德托昆博	2.11	2.24
乔治·希尔	1.91	2.06
克里斯·米德尔顿	2.03	2.10
尼古拉·米罗蒂奇	2.08	2.16
托尼·斯内尔	2.01	2.12
艾森·伊利亚索瓦	2.08	2.17
布鲁克·洛佩斯	2.13	2.27
D. J. 威尔森	2.08	2.21
帕特·康诺顿	1.96	2.05
马尔科姆·布罗戈登	1.96	2.10
布莱德索	1.85	2.02

拥有一双大手和长手臂，在多数情况下是好事情。长臂便于做出更大幅度的拉球，在投射时更不容易受到防守球员的干扰；而在防守时，更广阔的防守面积和更大的干扰范围也是长臂展的优势。所以，布登霍尔泽教练利用"大洛"的禁区防守能力、"字母哥"的协防和一众后卫与锋线的长臂，构建起了一套锁篮下、放三分、利用臂展尽可能完成干扰的防守体系。在雄鹿队对阵火箭队的常规赛比赛中，长手长脚的后卫与锋线就在收缩夹击上做得很好。

正因此，臂展在多数人眼中恐怕是越长越好，然而现实却并非如此。

历史上有名的神射手，臂展都不会比身高多太多。在现役球员中，库里的同队队友，无球历史级别的神射手克莱·汤普森，身高2.01米，臂展2.06米；而前些年退役的前"第一神射手"雷·阿伦，身高不过1.96米，他的臂展也只有2米不到。当然，这样的规矩也会在特定案例前被狠狠地打破，比如身高2.11米（官方登记身高只有2.06米，但他合照时一般比2.10米的中锋都高）、臂展2.25米的杜兰特，又比如身高2.01米、臂展2.21米的莱昂纳德——这二位都是不可多得的中距离神射手，在三分线上也有不俗的命中率。

■ 身高（米）
■ 臂展（米）

球员	身高	臂展
克莱·汤普森	2.01	2.06
雷·阿伦	1.96	2.0
杜兰特	2.11	2.25
莱昂纳德	2.01	2.21

换言之，库里虽然臂展比父亲短，但这阴差阳错却更好地激发出了他体内流淌着的射手基因。

老库里职业生涯三分球命中率40.2%，场均投进1.1记三分球。在他16年的NBA职业生涯中，有8个赛季，能够以超过40%的命中率场均命中1记以上的三分。而1998—1999赛季，戴尔·库里在雄鹿队出战42场，投出了个人职业生涯最高的赛季三分命中率——47.6%。

弟弟塞斯，战术地位一直不太高，没有打出璀璨星光，但依然能够在三分线上彰显出家族遗传的射手天赋。2015—2016赛季的塞斯，在国王队以45%的命中率投了50记三分；2016—2017赛季，他在独行侠队又用42.5%的命中率投进了137记三分，一度成为独行侠队稳定的首发球员；2018—2019赛季，他成为开拓者队重要的替补火力，再度以45%的命中率场均投进1.5记三分球。

命中率
43.6
3.6 记三分

而库里，更是早已被众多球迷、球员和名宿们冠上了NBA历史第一神射手的称号，不论是他的投射难度、准心、产量还是距离，都是冠绝历史的存在。前10年职业生涯，没有一个赛季场均三分进球数低于2记，命中率从未低于41%。至今，他能够以**43.6%的命中率场均投进3.6记三分**，是NBA历史上，尤其是在三分球投射方面，产量与效率保持得最完美的球员，没有之一。

NBA

库里的家族并不只有父子三人，他们的母亲桑娅，曾是弗吉尼亚大学的排球运动员。也正是在弗吉尼亚大学，戴尔认识了同为校友的桑娅，这才有了库里的诞生。

库里有个妹妹——西德尔·库里，她和两位兄长一样，也遗传到了家族的天赋。她和母亲桑娅一样，成为NCAA（全国大学体育协会）的一名女子排球运动员。更有趣的是，她很快就和曾效力于亚特兰大老鹰队和NBDL（NBA发展联盟）圣克鲁斯勇士队、现效力于金州勇士队的达米恩·李走在了一起。

不过，库里家族的壮大，并不局限于达米恩·李。

求婚，向来是一件庄严重大的事情，而NBA球员的恋爱，或者说NBA家族之间的恋爱与婚姻，更是夺人眼球。

2019年的情人节，也就是全明星期间，夏洛特的茹丝葵牛排餐厅（Ruth's Chris Steak House）迎来两位不一样的客人。用餐期间，一位高大的男子在众人的见证下向着自己约会已久的女友郑重地求了婚。兴许大部分人都知道，这二位是塞斯·库里和他的女朋友凯莉——也是现在的妻子小库嫂，更是时任快船队主教练老里弗斯的大女儿，还是当时火箭队后卫小里弗斯的姐姐。这场恋爱和婚姻，不仅仅使得库里家族多纳入一位美女，更使得库里家族和里弗斯家族完成联姻，成为一家人。

在2019年的季后赛之旅中，中国球迷又给库里起了一个谐音梗绰号——"弑弟芬"。

弑弟芬

金州勇士队　洛杉矶快船队

4 : 2

首轮，勇士队对阵快船队，库里和杜兰特携手带队4：2解决洛杉矶快船队，亲手淘汰了弟弟的老丈人老里弗斯教练。次轮，勇士队在艰难困阻中打出了强硬的表现，最后两场，库里又用超凡的个人表现以总比分4：2送走了休斯敦火箭队和小里弗斯，和塞斯的小舅子说了拜拜。而西部决赛中，缺少杜兰特的勇士队仍然展现了自己的实力，库里场均36.5分8.25个篮板7.25次助攻，横扫弟弟所在的开拓者队。

这一趟西部季后赛之旅，就成了库里的"**弑亲之旅**"。

❖

天赋这种东西，并不只在长大成人后彰显，真正有天赋的人，往往在很年轻的时候就崭露头角了。

1760年，4岁的莫扎特在父亲的引导下开始学习钢琴，并在潜移默化中练习作曲。有一次他的父亲看到他正在五线谱上写写画画，就问他在做什么。小莫扎特语出惊人，说自己在作曲，本使得在场的大人们忍俊不禁的回答，却在父亲观看完他的作品后成为莫扎特的天赋的佐证——他并不是在乱涂乱画，他是真的谱写出了远超其年龄水准的曲子。此后，莫扎特成为世界顶级的音乐家，不再赘述。

同样，被称为高尔夫球场上的"黑色莫扎特"的泰格·伍兹，也早早地展露出天赋。2岁时，彼时还是"小老虎"的伍兹在父亲的陪伴下参加了"迈克·道格拉斯秀"，在电视节目中表演高尔夫；3岁的"小老虎"，在万众瞩目中打出48杆9洞的成人成绩；5岁时，他登上《高尔夫大师》杂志……24岁时的伍兹已经创造多项纪录，荣登世界第一高尔夫球员宝座。他的成功不仅仅象征着天赋，更象征着黑人在高尔夫领域的立足。

虽然不比伍兹，但库里的高尔夫球天赋却一点儿也不差。他在幼儿时期就跟着老库里一同打高尔夫球，8岁时就展现出极高的天赋，赶上了自己的父亲。如果不是因为篮球生涯的开始，库里现在有可能成为一名高尔夫球运动员。伍兹在评价库里的挥杆技术时说："库里挥杆的姿态格外优雅，看看他从事的是什么职业，竟然还能够在高尔夫球场上打得如此优雅，看起来很轻松，他有着很不错的运动能力。我现在可以理解，为什么他会收到邀请，来参加我们的一些高尔夫球比赛了，动作真的很优雅。"

与这二位天赋异禀的奇才相同，库里的篮球天赋，在他孩童时期就已经为人所称道。库里在出席《球星看台》节目时，曾经提到自己的孩童时期，在6岁那年，库里意识到自己未来很有可能和父亲一样，成为一名职业篮球运动员。小小的库里那时正在北卡罗来纳州打业余联赛，看台上只有寥寥几个观众，在与同龄人的较量中，库里的天赋充分显露了出来。在一次二打一的快攻过程中，持球下快攻的库里面对着防守球员，并没有选择保险且寻常的传球路线，而是用一次精彩绝伦的背后换手传球，将球传给了准备上篮得分的队友。场边的观众被这一次"白巧克力"般的传球惊到了，疯狂地为他欢呼庆祝，而那个时候的库里开始意识到，在篮球场上的他，有着无尽的创造力和灵感，篮球就好像是他的**缪斯女神**。

> **"篮球是很有趣的，我喜欢打球，就是这样。"**

6岁时的背传，就好像是库里的代名词一样，将伴随着他的整个职业生涯。背传和背运，是库里进入联盟以来常用的技巧。这些技巧成就了他的创造力和灵动，将他塑造成篮球场上的精灵，使得他成为最难防守的外线球员之一。但他的背传，也成为他2015—2016赛季最后时刻的绊脚石，成为他的"梦魇"，此处暂且不表。

❖

2016年4月4日，也就是库里蝉联MVP、带领金州勇士队拿到历史最佳的73胜战绩的那个赛季，库里和队友们坐镇主场迎战开拓者队。是役，库里砍下39分，三分球13投9中带队取胜。赛后，德雷蒙德·格林拿着一杯水边走向更衣室，边回头和库里说着什么。

也许是德雷蒙德的玩笑话让库里决定耍他一耍，只见库里用右手将擦汗的毛巾看似随意地向身后一甩，正中德雷蒙德手中的水杯，水洒了他一身。和所有看到这一幕的观众的反应差不太多，德雷蒙德呆若木鸡。信手一抛，能命中身后三四米远的水杯，扔的还是一条毛巾。俗话说，张飞扔羽毛，有力使不出。库里能把一条毛巾都当作带着瞄准镜的狙击枪一样，我们有理由相信，他的投射天赋，是深深印刻在基因里的。甚至不只是投射，高尔夫球、射箭、射击、飞镖，我想一切与准心有关的运动，库里都能做到极致。

这样的镜头在库里的职业生涯中并不少见。

金州勇士队的副总经理圣·克鲁兹曾和库里打过一个赌，如果库里能够在球员通道命中一记三分球，他就请库里吃大餐；反之，则需要库里请客买单。很显然，这样的赌约是极其不公平的，对于普通球员而言，想要命中离三分线三五步的超远距离三分，即便是在训练中也不是易事，更何况中场Logo三分？而球员通道三分的难度，显然比中场Logo三分还要高，毕竟距离更远，这不仅需要更强大的臂力，对于出手姿势的稳定更是有着近乎苛刻的要求。

库里看起来瘦弱、可爱，但他骨子里是个不服输的硬汉，在场上，他想要赢得比赛；在场下，他也想赢下这个赌约。于是，通道成为库里训练中的一个常规点位，他在通道中多次练习超远距离三分，只为了能够赢下这个赌约。通过一段时间的练习，通道三分对于库里而言不再遥不可及，在他连续五场主场比赛前命中通道三分之后，这个点位成了他每场主场比赛前的常规投篮点位。这样的一记三分，不仅仅能够迅速找到手感，更能够在赛前为库里建立起更自信的心理状态。对于射手而言，**除去机会，最重要的必然是信心。**

机会
信心

但，超远三分并不只有库里会。

2017年2月2日，库里做客夏洛特黄蜂队，老库里身着西装，在场边与儿子闲聊。不一会儿，老库里似乎是耐不住手痒，也不脱外套，接住库里抛来的球，直接在离三分线三米左右的地方出手一记超远三分，打板命中。命中这记三分后的老库里故作镇定地扭过身子离开，却一秒"破功"，开心地庆祝起自己宝刀未老。而库里见到这一幕后，也笑得前俯后仰。

这就是骨子里的射手基因，流淌在血液里，亘古不变。

❖

投射是天赋，运球也是天赋。如果说库里和塞斯的投射天赋来源于老库里的话，那库里灵动的、富有创造力的、极具律动感的运球，则来自他的母亲桑娅。桑娅虽然是排球名将，但在进入大学以前，她是高中篮球队的控球后卫。

如果你有幸看过戴尔·库里的比赛，你就会发现这不假，老库里打球简洁、快速，旨在完成最后终结的那一下——无论是攻筐还是投射。当然，网上流传的"一旦我运球四次就到达极限，我只能立刻投篮或是传球"这句话，只是老库里的谦辞。作为NBA历史上最优秀的第六人之一，这种极具夸张效果的话显然荒谬至极，但有一点是对的：老库里是最棒的射手之一，但他不是最棒的控球手。而库里综合了他父亲的投射和他母亲的运球，真正做到了人球合一，用他灵巧、鬼魅的三分球引领了NBA的新潮流。这是勒布朗·詹姆斯和科比·布莱恩特都做不到的事情。

在库里9岁的时候，他在社区中赢得了一个绰号——"**区域联防克星**"。精准的投射本就是小孩子难以掌握的技能，如果搭配上一手蝴蝶穿花般机敏、华丽的运球，那么这样的小球员一定可以称霸球场。于是，每当对手摆上联防时，教练或是场边的指导者就会换上库里，这是他的舞台，即便他是场上年龄和身形最小的球员，他依然可以完成这看似不可能的艰巨任务。

记者斯科特·奥斯特勒曾经采访过库里，库里说自己儿时的偶像是绰号"**白巧克力**"的杰森·威廉姆斯。

"白巧克力"并不是什么顶级球星，甚至都不算一流球星，但是他风骚的球风，尤其是令人眼花缭乱的传球与假动作——尤以其手肘传球为最，为他吸引了一大批球迷。11岁的库里第一次看到了"白巧克力"的传球，从那一天起，"白巧克力"的风格就在他心中深深扎根了。进入联盟十年来，"射手"一直是库里最具盛名的标签，但很多人却忽视了，他不仅能投，还是一名不可多得的组织大师，一名能够清楚判断球场形势、用意想不到的方式传球、完成组织任务的、优秀的"组织后卫"。

组织、传球，这二者靠的是阅读比赛的能力；是预判队友和对手走位的能力；是在电光火石间做出判断，抑或是凭借直觉选择合适的路线和传球方式的能力。当然，比起"白巧克力"风骚的球风，库里似乎更像是他的另一名前辈——勇士队的球队发展顾问、同为小球战术代表人物、效率型球员、射手的史蒂夫·纳什。纳什和库里很相似，他们的身体素质都不算好，库里在2015—2016赛季单赛季完成过7次扣篮，是他职业生涯目前单赛季最高的一年。而纳什，则从未在NBA比赛中完成过扣篮。纳什的职业生涯，也存在着和库里一样被人误解的地方，但他俩恰恰相反，人们认为库里只会投三分，不会传球；而认为纳什只会传球，不会得分。实际上，纳什是NBA历史上进攻最无死角的球员之一，巅峰时期的纳什可以做到所有区域的命中率都远高于联盟平均水平，在库里横空出世之前，纳什就是效率至上的代表人物。

和纳什相似，在库里手感不佳的夜晚，他仍旧可以通过突破、中距离，甚至是半截篮抛投、高擦板上篮等高难度方式得分，也可以利用自己的视野和预判，为队友们送出精妙的传球助攻。而这一切的基础，都是桑娅教给库里的一手漂亮、精湛、灵动的运球。

❖

如果说投射和运球是来自遗传的天赋，那么库里的大局意识、视野、阅读比赛能力，兴许是一种**上天的恩赐**吧？

但库里，这名在"长人林立"的NBA中，用别具一格的方式牢牢占据着一席之地，未来势必会入选名人堂，被公认引领NBA一个时代的潮流的历史级巨星，不仅仅拥有这些，他还有一颗被人低估、被人诟病、被人诋毁，但从来不想输、不认输、不服输的大心脏。他可能会一次次地摔倒，但他一定会凭借自己的努力，一次次站起来。

再好的射手，状态也会有起伏，而当他们的手感火热、无法阻挡时，我们往往会称他们进入了"ZONE"。

显而易见，库里作为NBA最棒的神射手，他必然也有独属于他的"ZONE"，而且他的"ZONE"比其他人维持得更长久，威力更巨大，开始得更早——请允许我将这段时间称之为"库里时刻"。早在他八年级的时候，他就已经充分地展现出"库里时刻"的强大，似乎可以从场上的任何一个位置投出不可思议的进球，很少会失手。

老库里回忆起库里的中学时期时，想起一件事情。

有一天，老库里去看库里的比赛，但在比赛途中，他离开了球馆。他说："所有观众都走到球场观看，到底发生了什么，场面十分混乱，他好像完全停不下来。我得离开那个地方，我为另一支球队感到难过，我没办法看着他对那些孩子做出那样的事情。"那个晚上，库里得到了**63分**，几乎可以说是以一己之力"屠杀"对手，而他的父亲戴尔在他拿到40分时就悄悄地离开了球馆。

63分

如果说"ZONE"在库里八年级时逐渐为人所知，那"ZONE"的诞生，实际上可以追根溯源到他6岁时——正是他用背后换手传球开启篮球人生的时刻。

那个时候，尚且年幼的迷你库里加入了他篮球生涯中的第一支常规队伍。在夏洛特这支队伍中，小小年纪的库里从不被看好，但一跃成为队内翘楚后，附近的人们会慕名而来，蜂拥而至，只是为了观看这名瘦瘦小小的孩子打一场比赛。那个时候的小库里，就已经展现出了连续不断命中进球的能力，只不过可爱的小库里尚不知道，这就是日后他赖以成名的绝技，是他用来"打垮、屠杀、毁灭"对手的"库里时刻"的雏形。

ZONE

9岁时的库里成为星星队的一员,参加了业余体育联合会的巡回赛。在万众瞩目的迪士尼世界体育中心里,面带稚气的小库里带领着球队走进球场,他们杀入了最后的冠军赛,只要赢下比赛,他们就会加冕为王——即便是小孩子,也摆脱不了冠军的诱惑。

马尔科姆·桑德斯是当时的见证人之一,在他的印象中,库里带领球队几乎领先了全场,直到最后时刻对手才奋起直追,扳平比分并完成了反超。在暂停期间,教练布置了掩护墙,设计了跑位路线,库里在右侧获得了一次三分机会,他没有投进,但获得了三次罚球的机会。

然而,库里罚丢了第一球。

尽管他沉着冷静地命中第二球,试图故意罚丢第三球,完成补篮追平,但现实总是比理想更加骨感,毫无疑问,年幼的库里第一次在赛场上遭遇到严重的打击和挫折。和其他孩子不同,库里的好胜心使得他在情绪上一度无法接受这样的结局。在这种局面下,只有两种结果——要么是无法接受,从今往后篮球、绝杀将成为他的心魔;要么就是直面这次失败,勤学精进,发奋图强。

"那个时刻也许定义了我的童年,接下来整整一年的时间,我都在想那次投篮。我觉得在此之后,我有两个选择:一个是永远逃避那种时刻;另一个是再来一次。"

毋庸置疑,库里说

"**我决定继续**"

"我期待进入NBA打球"

NBA球员的孩子总是要随着父亲奔波，老库里在职业生涯末期与多伦多猛龙队签约，之前提到了，在那儿，库里第一次体会到了"ZONE"的强大。

肖恩·布朗和詹姆斯·莱基，或许是库里家族以外，头两个发现库里天赋的教练。在库里加入**Queensway Chirstian College**后，他入选基督圣徒篮球队，莱基成为他当时的教练。进入篮球队第一天，瘦弱的库里就被队友的背传给砸中鼻子，流了不少鼻血。那个时候的库里就有着雄心壮志，在年鉴上，库里写下他的愿望："**我期待进入NBA打球**。"

第一堂训练课上，库里就展示出与年龄不符的高水准，漂亮的变向过人、精准命中空心入网的跳投和高级脚步的运用，这一切都要归功于戴尔。毕竟，库里是在NBA球员的环绕中，是在夏洛特和多伦多的球馆中长大的。因此，库里对莱基教练说："老师，你能教授我真正的篮球技巧吗？"那个时刻，莱基就意识到，他必须毫无保留地培养好这个出色的苗子，他从未遇见任何一个比库里更认真、更专注的少年。

库里一直很瘦弱，但他的实力一直不容忽视，在下定决心继续篮球这项事业之后，他就没有想过要逃避关键时刻的出手。在他加盟之后，球队战绩从胜负参半变成一路高歌猛进的连胜，几乎每一场比赛，他们都能够稳赢对手数十分。不仅是库里，塞斯和哥哥一起在Queensway Chirstian College读书，同样加入了基督圣徒篮球队——他甚至比哥哥还小两圈，但他和哥哥一样，有着远超同龄人的水准。在场上，他也可以轻松地命中远距离投篮，他和哥哥成为当时最棒的后场球员之二——初中时期的库里兄弟似乎是"水花兄弟"的第一版本。

不出意外，有了库里的他们轻松打进决赛。在最后一场比赛的关键时刻，基督圣徒队落后对手6分，莱基作为教练，甚至都已经准备放弃比赛——"库里当时只有1.6米出头，防守球员逼近1.9米，他们通过给库里施加高强度的身体对抗，给他带来巨大的麻烦，这是他此前所未曾遇见的。我甚至都觉得我们没有机会了。"但身为教练，莱基没有办法直接认输，他想在暂停期间告诉孩子们"Be Tough"，要打出自己的风采，不过在心里，他默认他将失去这场比赛，将冠军拱手让人。

就是那个时刻，库里喊出他篮球人生的第一句名言："**把球交给我，我带你们赢球。**"

回想起那个瞬间，在场的人似乎都有同感——库里忽然变得严肃起来了。这种与生俱来的感染力说服了莱基教练，他准许库里操办接下来的所有进攻，将球队的生死全权交付给库里。于是，如同35秒13分的麦迪时刻一样，瘦弱的库里身着"宽松且肥大"的球衣，在最后时刻投进3记三分球，拿到了最后12分中的9分。最终，基督圣徒队完成扳平、反超，赢了6分，收割比赛，完成12分大逆转。

在稚气未脱、萌萌的脸庞下，库里蕴藏着无比强大的能量，这是他第一次明确地展现出他的领导能力、心理素质和坚韧不拔的信念。正是这样的信念和精神，让库里能够在13岁时就完成如此不容易的成就；更是这样的信念和精神，让他在夏洛特投丢那记罚球之后，在多伦多完成了人生路上的第一次自我救赎。

"把球交给我，我带你们赢球。"

◆

　　这就是库里，在孩童时代就展现出无与伦比的天赋——家族遗传的投射与运球，上天恩赐的大局观、视野、阅读比赛能力，以及永不言败、永不放弃的精神和一颗大心脏。

　　当然，这个世界上有天赋的人并不少，但归于平庸者何其多也。王安石笔下的仲永，曾是才高八斗的天才少年，提笔写诗信手拈来，端的是天赋异禀。可是，他的父亲没有送他去私塾，也不曾为他创造良好的教育环境，他自己也未曾继续不懈努力，结局自然注定——无可避免地泯然众人矣。

　　因此，库里能有今日的成就，并不仅仅归功于天赋，更需要感谢他父母对他的教育和他自身锲而不舍的拼搏与努力。

BE
TOUGH

环境，
造就不世出
的奇才
ENVIRONMENT

"我总觉得，对于篮球的热爱与知识
是父辈传给我的，想想一切都是从那
个破旧篮筐开始的，真是疯狂。"
——斯蒂芬·库里

第2章

弗吉尼亚州是个美丽的地方，温差很大，夏天有耀眼的太阳和广阔沙滩，冬天有结冰的湖泊和漫天飞雪。戴尔·库里的老家就在这里，就是在这儿，老库里入选弗吉尼亚理工大学乌鸟队；也是在这儿，他结识了自己的爱人桑娅。

特殊的篮筐

这里不仅是爱情和职业生涯的起点，在戴尔还是个小孩儿的时候，他就是在这里练出一手百投百中的中远投——在他的母亲，也就是库里的奶奶的家门口，有一个倚靠着电线杆做成的小小的篮筐。这个篮筐承载着无数次空心入网，也经历过无数次"打铁"，它是库里家族的天赋的见证者，更是一种传承。篮球运动员的假期和学生们的假期高度重合，每当休赛期时，老库里都会带着库里和塞斯回到老家。

岁月会给一切留下痕迹，弗吉尼亚家门口的那个篮筐也不例外，慢慢地掉了漆，看起来有些老旧了。但热爱篮球的库里兄弟绝对不会在意这些，他们会急不可耐地互相催促着去练习投篮，去一对一单挑，在训练中寻求快乐，在快乐中寻找未来。每每提到两个小孙子，奶奶的脸上总是洋溢着幸福、快乐，带着一丝丝无奈的笑容，她说，每次想要亲吻库里兄弟，都必须在他们下车到篮筐的路上拦截住他们。

这个篮筐是库里的爷爷杰克·库里打造的，起初，爷爷的目的超级单纯——他只是想给放暑假的戴尔找点儿事做。在格罗托斯，有一些动物会在丛林中出没，他的家中除了戴尔以外还有几个更大的孩子。爷爷并不希望戴尔一直与动物和玩具为伴，因此他在电线杆子上装了一个篮板和一个篮筐，尽管总是发出一些"摇摇欲坠"的声音，但这却成功地激发了戴尔的篮球兴趣。当爷爷和奶奶离开家去工作时，戴尔的姐姐们会不由分说地塞给他一个篮球，并把他连哄带骗地赶出家门，以保证玩游戏不被弟弟干扰。戴尔没辙，他只能用这颗篮球和这个简易的篮筐来为自己的夏天创造不一样的乐趣。

狭窄的篮板、不那么稳定的篮筐，只有空心入网才是最完美的进球方式，任何磕磕绊绊的投篮都很有可能被它"拒之筐外"。日复一日、年复一年，戴尔就在这里，用一次次空心入网换来弗吉尼亚理工大学的奖学金，换来自己16年的NBA生涯和神射手的名号，还有自己的孩子的更伟大的成就。

天赋 热爱

❖

天赋与**热爱**是库里能获得今日成就的基石，但这绝对离不开戴尔和桑娅夫妇对他的教育和培养。

奥多姆，曾经被称为"左手魔术师"，能在不同位置扮演不同角色，有投射能力，能拼抢篮板，在内线有脚步，又有着一手策应和组织的能力。尽管在十几年前，这样的角色并不一定是最吃香的，但现如今这恰恰是内线球员的标准化进步流程——从没有射程的肉盾重型中锋，慢慢变成有中距离、有三分甚至是有策应、能担当球队组织核心的全能型或投射型中锋。然而，奥多姆的职业生涯一直伴随着毒品和女人，毒品毁掉了他的大脑和身体。我无意对他和卡戴珊的人生进行评价，但作为一名职业球员，奥多姆没有表现出自己的职业素养。

同样，和库里同一届选秀的**泰瑞克·埃文斯**，当年新秀赛MVP和最佳新秀的得主，曾经被誉为"**小勒布朗·詹姆斯**"，在新秀赛季就展现出极强的实力，出道即巅峰，成为历史上第四位（继奥斯卡·罗伯特森、乔丹和詹姆斯之后）新秀赛季就能够取得场均20分5个篮板5次助攻的全面数据的球员。

奥多姆 "**左手魔术师**"

"**泰瑞克·埃文斯**"

"小勒布朗·詹姆斯"

尽管库里在新秀赛季的后半段也打出极佳的表现，但最终仍旧是埃文斯力压库里，成为最被人看好的新秀。然而，埃文斯自新秀赛季后不进反退，直到2017—2018赛季才在灰熊队打出职业生涯第二春，有了稳定的输出和三分命中率。好景不长，2019年5月18日，埃文斯被爆涉毒，经过调查之后，他被取消比赛资格两年，假使他返回NBA，那个时候的他也已经31岁，还会有球队选择他吗？

这二位天赋球员，这二位"天之骄子"，都堕落了。他们的天赋绝对高人一等，比绝大多数NBA球员都高，然而缺乏好的成长环境，没有接受好的家庭教育，缺乏对自己的要求和上进心，使得他们最终为毒品所拖累，成为NBA的弃子，也成为他们自己人生的弃子。

❖

2018年5月21日，对阵火箭队的季后赛G3中，库里在第三节7投7中，9分钟内砍下18分。由于前两战打得太"梗"，越打越有火气的库里在特雷沃·阿里扎的防守下完成了突破得分，随即对着主场观众大吼：

"This is my fucking house."

在万千球迷眼中，这是一种霸气的表现，热火名宿德维恩·韦德就曾经跳上技术台发出过类似的怒吼。可是，在桑娅的眼中，库里的行为是粗鲁的，"FUCKING"这个单词并不应该从他嘴里说出，尽管他已经是个成年人，是两个孩子的父亲，是一个有了伟大成就的有血性的NBA球员了。

霸气 粗鲁

"她已经发了两段视频给我，让我看了当时的影像，她说我需要把嘴巴洗干净，要用肥皂洗干净，我之前就听她这样说过。"显然，对于库里的粗鲁言辞，母亲非常不满，甚至勒令他要用肥皂洗干净嘴，这样近乎苛刻的教条，库里对此却欣然接受。**"我当时昏了头，她是对的，我应该做得更好，我不能那样说话。"**

在NBA中，F打头的这个词儿，实在是再常见不过了，任何一次身体对抗，任何一次神仙球的命中，都会使得当事球员血脉偾张，飙出一句脏话，蹦出一两个脏词儿，这着实是司空见惯的事情。当然，桑娅如此大发雷霆并非毫无缘由，当天，阿耶莎带着女儿莱利也来到了现场观看比赛，库里的脏话很有可能会给小莱利带来不好的影响。

很久之前，桑娅就开办了一所学校，她信奉的是蒙台梭利式的教育方法，对待库里兄妹也是如此。

在妈妈的眼里，库里一直以来都是典型的**"任务导向型"**男生，通过设定任务来鞭策、引导他学习、努力，向着更高的目标出发。且不谈库里妈妈的教育方式是否足够专业，仅仅是她在教育上花费的时间和精力，就是大部分父母无法做到的，而她达成的成就更是难以企及。老库里作为NBA球员，不仅会时常搬家，即便安定在一个地方，也必须跟着球队奔波，在一个个客场之间穿梭。库里和塞斯的童年是美好的，他们比大多数NBA球员有着更优渥的家境；但同样，他们不能每一天都拥有父亲的陪伴，桑娅在这个时刻承担起了教育孩子的重任。

库里现在的无私、谦逊，萌萌的外表下蕴藏着的与外貌不同的坚韧、强硬，和父母的教育有着密不可分的联系。

任务导向型 TASK-BASED

这种良好的教育和家风，不仅体现在库里的身上，也让库里学到很多，并运用在了对小莱利的教育上。

2015年，库里曾经在新闻发布会上带着自己的大女儿莱利出场，可爱的莱利第一次出现在媒体的长枪短炮下就博得了众多的关注。莱利一时间获得了大量粉丝，许多人都开始关注她的生活动态，她成了库里家族，甚至是美国最年轻的"网红"小孩之一。多数的父母对此一定是表示支持的，但库里站在了另一个角度看待这件事情。他表示自己有一些后悔，不应该带莱利出席新闻发布会，这固然使她获得了关注，实际上却不一定是莱利想要的，她并没有自愿选择这样的生活。过早地让孩子获得高曝光度，库里心中有些自责。

目前来看，莱利还挺享受这样的生活，她不怯场，也不介意出现在媒体面前，但库里的自我反省，恰恰是库里家族的**家风**和**教育**的体现和延续。

家风

教育

❖

当然，库里取得了今日的成就，仅仅有好的人品和球品是不够的。**在竞技体育中，实力永远是第一要务，输赢就是胜负**。在这个成王败寇的世界里，好人不见得能体面地生存，但能游刃有余地展现自我的，一定都是强者。

2017年选秀的状元郎马克尔·富尔茨，一直没有打出让人信服的表现，但他糟糕的投篮表现使得更多的人开始关注他。不管是易普症、肩膀伤病，还是一场摩托车车祸，或者上述全都有，富尔茨的投篮表现不好是板上钉钉的事实。如果看过他在76人队的比赛，就不难发现富尔茨的问题——投篮手型，他的投篮手型和姿势有着极大的问题。和榜眼朗佐·鲍尔不一样，他的投篮姿势看起来并不奇特，但极其不固定，前后两次罚球间隔不过10秒钟，但他的出手点、手型，都截然不同。

同样，NBA拥有大量跳投姿势奇特的球员（马特·邦纳和凯文·马丁等人的姿势虽然不是很常规，但仍然是可以接受的，邦纳的姿势偏向于欧洲式的三个九十度肩上推，马丁则是第一代甩狙射手，是朗佐·鲍尔投篮姿势的鼻祖），例如肖恩·马里昂、迈克尔·基德·吉尔克里斯特。马里昂三分最好的时期是2002—2003赛季，单赛季以38.7%的命中率场均命中1.7记三分球，换到现在这个年代兴许会更多，但他职业生涯的三分球命中率只有33.1%，场均只能命中0.7记三分。而黄蜂队的迈基吉则从来不以投射见长，中距离水平尚可，三分球基本不出手。他们的跳投姿势严重地制约了投射水准，马里昂的胸前推射出手点极低，容易受到干扰；迈基吉更不用多说，投篮手向内扭曲的投篮姿势根本不可能命中远投。

库里的神奇之处在于，他在任何地方，用任何姿势，都能够投进三分。时常看勇士队比赛的朋友们和库里、勇士队的球迷们对此绝对是烂熟于心，他投进过数不胜数的Logo三分、半场三分，射程遍布全场，在科比退役那年的全明星赛上更是展现了"只要你给我瞄准的时间，我能无压力投中半场最远距离三分球"的能力，也用各种诡异、失去平衡的姿势投进过不少惊世骇俗的"神仙球"。

因此，射程如此之远、三分技能如此娴熟的库里，离不开老库里对他的**"改造"**。

改造

　　高中之前的库里，投篮姿势和马里昂有异曲同工之妙，瘦弱的他由于力量不足，总是偏爱在胸前，甚至是腰位就出手，用一种类似推球的方式将球投进。詹姆斯·莱基曾误认为库里会是一名身材高大、拥有着大块肌肉和一双大手的壮汉，因为他是NBA球员戴尔·库里的儿子。然而，莱基见到库里时才发现，他真的很瘦弱，投篮姿势也异于常人，尽管真的非常精准。

　　"他把任何球都投进了，所以我就告诉他，如果你觉得这样的训练太没有挑战性了，你可以尝试远一点投。到了训练结束时，库里已经在距离三分线外三五步的位置出手了，而他的进球数仍然远远领先队内其他球员。那个时候我们就意识到了，这个孩子是有点儿特别的。"

　　但使得莱基教练满意的，并不能使得他的父亲满意，也不能使得他自己满意。戴尔花了一个暑假的时间，为库里做特别训练。对于一个尚未读高中的孩子而言，改变投篮姿势完全是来得及的——优秀的球员在NBA打了几年，都仍旧能够从容不迫地改变投篮姿势。然而，让一个孩子改变投篮姿势，一定是痛苦且漫长的过程，坚持下来，不一定能让这个孩子的篮球生涯走得更远，反而有可能磨灭他对篮球的热爱和兴趣；但坚持不了，选择放弃，当下似乎不一定有什么体现，却一定会让这个孩子的篮球梦在未来的某个时刻破灭。

　　每天加练1000个球，一个暑假的时间，其实主要是三周的突击训练，库里完成了他的篮球生涯中最重要的蜕变之一。比起老库里练习跳投的糟糕环境，库里得更加庆幸他能在夏洛特练习，而不是格罗托斯。爷爷打造的篮筐充满了爱和长辈的严厉，那是库里家族步入篮球殿堂的"**引路人**"和"**灯塔**"，泥泞的地面、遍地的小石子和因受力不均而凹凸不平的路面，使得到了桑娅的指导的库里迅速地掌握了牢牢把球掌握在手里的能力——一个不小心，不那么适合练球的环境就会让库里不得不跑很远去捡球。库里说："这里只有进或不进两种选择，而如果你不进，那简直太恐怖了。所以你不能投丢任何球。甚至可能在你还不太懂事的时候，你就在潜移默化中被灌输了某种'**我要当好一名射手**'的理念了。"

　　在库里眼中，那是他人生中第一次厌恶投篮。但短暂的痛苦磨砺出了他

快
快
快

现在的投篮姿势，虽然跳得不高，出手点依然不高，但胜在一个"**快**"字，只需要0.4秒就能完成一次对他而言标准、完整且连贯的投篮动作。

他的出手是NBA历史上最快的，甚至没有之一。

"这是一项宏伟的工程，尤其是对年龄很小的孩子而言，不过他很相信我。在我看来，假使我不曾成为一名NBA球员，而只是一个普通的父亲，小孩子也许会对我提出质疑。不过我的孩子们都信任我，无论我对他们说什么或者给予他们什么建议，（让库里改变投篮姿势）是很重要的一件事情。现在，我看到他成为一名如此优秀的投手，我的意思是，这依然是一件值得我骄傲的事情，我可以说是我改变了他的投篮，因为如果我当初不那么做，谁知道未来会发生什么呢？"

在任何媒体面前提及此事，老库里总会很开心，他很开心自己的建议能够帮助儿子走得更远。不过实际上，这位NBA名宿父亲给库里带来的帮助并不局限于"**投篮姿势**"这一点。

"孟母三迁"是中国人耳熟能详的故事，故事中孟母屡次搬家的做法，恰好佐证"**环境塑造人**"这个观点。再好的种子，如果没有合适的环境和土壤去培育，也无法长成一株参天大树；而即便是没有过人天赋的孩子，给他提供良好的教育、温暖的家庭氛围，未来的他也很有可能成为一名不可多得的人才。

库里3岁多时，也就是1992年，戴尔·库里参加了当年的全明星三分大赛，尽管老爸最终并没有赢下三分大赛冠军的头衔，但能够从小就在这样的环境中，对于任何一名未来想要成为NBA球员的小朋友而言，都是有利无弊的。

效力于猛龙队时（戴尔·库里职业生涯末期），库里正处在青少年时期。尽管那个时候的库里已经是在学校里小有名气的球员了，但瘦弱的他绝对不是NBA球员们的对手。我敢打包票地说，球员们一定都留了一手，没必要和队友的孩子们来那么认真的。即便如此，能够获得和NBA球员一对一的机会，也让库里受益匪浅。除去"白巧克力"，库里的偶像还包括"小虫"博格斯，他也曾经是老库里的好队友和好朋友——黄蜂时期和猛龙时期，这二位合计一同共事过十二个赛季。青少年时期的库里经常和"小虫"博格斯单挑，仅从身型上来看，这样的对决似乎更加合理，毕竟"小虫"只有1.6米的身高，和当时的库里差不了多少——库里大概是1.66米或1.67米的样子。

博格斯在NBA打了十四个赛季，完成过单赛季场均10分10次助攻以上的壮举，五次做到单赛季场均8次助攻且失误少于2次——历史上一共7次，另外两次属于前不久还在征战的何塞·卡尔德隆。别看他只有1.6米，但他的弹跳出色，盖过尤因；防守凶悍，单赛季最高场均2.07次抢断，生涯场均1.54次抢断，并不是很多人印象中的"**防守漏勺**"。在和"小虫"的一对一单挑中，库里经受了人生第一次"**降维打击**"，这也是他现如今有如此成就的另一项重要因素——自幼就接受NBA级别的洗礼，尽管对方略微放了水，却仍旧逃不过败北的结局。

但是，对于这么一个尚未发育完全、没有经受过最职业的训练的少年来说，只要能够做到不放弃，继续努力，就足够了。

在对库里父子的一次采访中，老库里提到了自己对孩子的训练方式。

很多人以为，库里和塞斯之所以能够投出如此精准的三分球，是因为他们从小就疯狂练习三分。这样的观点确实是对的，然而现实并不是如此简单。库里的横空出世和独具一格的球风使得整个世界都为之改变，在全世界范围内，掀起了一波又一波的三分潮流。上至NBA三十支球队，下到野球场和学校，越来越多的篮球爱好者开始出手更多的三分球。然而，对于这样的现象（特指篮球爱好者们出手更多三分的现象），老库里却认为这样的打法会"毁掉"比赛。采访中，他提到，在孩子们小的时候，他和桑娅是禁止两兄弟投三分球的。他认为那些模仿库里的孩子们并没有意识到，库里并不是一朝一夕之间就获得如此强大的三分能力的，他也是一步一步脚踏实地练就的。

"我们让他们待在三秒区里，从而训练出好的投篮手型和习惯。孩子们，不要急着投三分球。当你们的肌肉逐渐发达，当你们的肌肉记忆逐渐形成，你就可以扩大你的射程。因为自信心在任何运动中、在人生中，一直都非常重要，你需要自信心去克服一些困难。如果你看着你的投篮空心入网，你的自信心就会从中得到增长，这比从小时候就开始投三分来得更加重要。"

库里的回答也佐证了父亲的训练方式，主持人问及库里什么时候投进了自己的第一记三分时，他的回答是"七岁"。这个答案一定出乎绝大多数人的意料，但却和老库里的训练方法相互印证。库里说自己用一记非常规、不标准的姿势扔进了第一记三分，尽管超出多数球迷对他投进第一记三分的预期年龄，但仍旧远胜同龄人。

作为一名"二代"，库里的生长环境是大部分人小时候所无法企及的。但在这样的环境中，很容易"造就"出"二世祖"——**迈克尔·乔丹**是篮球界的"GOAT（Greatest of all time）"，这是全世界公认的，但他的两个儿子就没那么省心了。尤其是他的二儿子马库斯·乔丹，在社交媒体上公开约会色情女明星；"误打误撞"发布一条自己的不雅照片，还发社交媒体进行解释；在马路上与他人发生激烈的争执，在警察到后拒绝配合警方工作，事后不得不参加听证会并缴纳罚款，为此还被NCAA禁赛。这就是很多"二代"在生活中的样子，他们完全把自己活成了一个"二世祖"，专门"吸父亲的血"的"二世祖"。

而"二代"中，能够有所成就，为绝大多数球迷所熟知的，无外乎是科比·布莱恩特、克莱·汤普森、库里兄弟和小萨博尼斯了。

❖

实力不只是球技，更是精神上的强大，有很多有实力的球员，因为关键球和关键战役的发挥欠佳而饱受诟病；也有一些兢兢业业的角色球员，却因为关键时刻的大心脏而俘获了一大片球迷的爱戴。凯尔特人队名宿皮尔斯曾经撰文*Missing The Big Shot*，文中写道：**"职业生涯中，我之所以能在投丢一些球后，还能命中关键的投篮，其中一个原因就是即使我遍体鳞伤，但是我从不轻言放弃。篮球这项运动可以说是关于意志力的较量，我只是告诉自己下次我一定可以投进，更重要的是，我真的很相信这句话。"**

库里13岁时，已经是AAU（业余体育联合会）全国锦标赛的"老兵"了，那个时候的他已经刷新了很多人对于篮球的认知。三年前，刚刚步入AAU的时候，他就用别具一格的投射震惊了他未来的队友凯文·杜兰特。彼时10岁的杜兰特看见比自己大不了多少（但个子小了不少）的库里正在中线附近练习超远距离的投篮，命中率极高，甚至比很多优秀的投手的普通三分球命中率都高一大截。打法传统的杜兰特对此并不感兴趣，他认为这是离经叛道的招式，严格的训练和保守的篮球理念让杜兰特轻视了库里的球风。直到比赛开始后，杜兰特才意识到自己犯了一个巨大的错误，库里不停地出手远投，轻轻松松就拿下35分——当然，当时的杜兰特并不知道面前这个肤色浅得像白人、瘦瘦小小、热衷于投篮尤其偏爱投三分球的小子是谁。

而三年后，库里遭遇到9岁之后篮球生涯的第二次重大失利，甚至可以说是一场惨败、溃败。他打得很糟糕，没有把握住一年一度证明自己的实力的机会，他错失了绝佳的机会。很少有人能够在遭遇失败之后面不改色心不跳地继续生活，这样的人多半对胜负并不在意，他们没有好胜心。13岁的库里不同，他比同龄人更争强好胜，他更渴望证明自己，而这样的失利对他而言，是一次重大的打击。

他意识到：他还不够好。

"所以，就只能这样了吗？所以说我根本不够好？篮球这件事情，对我来说，就要这样结束了吗？"

如果库里的篮球之旅在此处结束的话，NBA将会少一道亮丽的风景线，下一次时代性的变革不知道何时才会出现，詹姆斯的王座可能无人能够撼动，整个NBA也决计不会如此重视三分球和射手。

郁闷、恼火、愤怒、委屈、难受、自我怀疑、失望，可以用一切负面的词语来形容当时库里的情绪。老库里打进NBA，成为优秀的第六人，是不可多得的神射手，而库里发现自己似乎连AAU这种青少年比赛都打不赢，又何谈进入NBA征战四方呢？这样的打击是致命的，仅凭借他自身的力量，恐怕很难在短时间内就恢复过来。而拥有一名职业球员父亲，和一名懂教育、有运动经历的母亲，是库里人生中最大的幸运之一。认为自己的篮球之旅就到此为止的库里，被父母"约谈"了。

库里复述戴尔和桑娅的话："**除了你，没有人能够撰写你的人生。**"

老库里夫妇告诉他，每个人的篮球之旅都是自己来书写的，并不会因为是谁的儿子而有改变，不会被一份球探报告或一次锦标赛的失利决定。年幼的库里在这段对话中学会了要将命运牢牢地把握在自己的手中，这是他的篮球人生，任何人都没有办法左右他的未来和成就，唯一掌控那个按钮的，恰恰是库里自己。这些话，陪伴他成长；陪伴他走进NCAA，走进NBA；陪伴他达到一个又一个的里程碑，成为更好的自己。他的整个职业生涯都伴随着

除了你，没有人能够撰写你的人生。

AAU NCAA NBA

"**轻视**"和"**被低估**"，他用这段话激励自己——父母的爱和肺腑之言就好比是烧不尽的燃料一般，促使着发动机高速运转，督促着他不停努力，不停地用行动和日益增长的实力，以及他堪比老牌硬汉的意志力，回应那些屡战屡败却又卷土重来的质疑者。

❖

在库里的职业生涯中，他遭受过无数次轻视和看低。

历史级别的三双王，奥斯卡·罗伯特森说："库里投篮这么好，只是因为在现在篮球比赛的环境。在过去，也有不少优秀的射手。但在我们那个年代，如果你在外线的投篮手感很热，接下来的时间里，你就会遭遇到极其强硬的防守，甚至对手在半场范围内就开始对你施加防守压力，而现在，你根本看不到这些，这些教练根本不懂比赛。"言下之意，是认为现在的防守强度不那么高，给了库里更好的出手环境，却并不认可他的实力和荣誉。

迈克尔·乔丹的好帮手、公牛队曾经的二当家、历史级别的防守者斯科特·皮蓬也曾大肆贬低过库里："库里是一位远远被高估的球员，他的身体是致命缺陷，打法限制了他成为一名具有统治力的球员，他只是一个体系球员，在勇士队都不是最好的球员，更别说超越詹姆斯了！"

"**飞猪**"查尔斯·巴克利，现任TNT（特纳电视网）评论员则是一如既往的"勇黑"。

库里打球太软了，他从来没有在总决赛中证明过自己。上个赛季，如果不是杜兰特在西部决赛和总决赛上逆天改命，勇士队已经输给了火箭队。勇士队一旦失去手感，他们很可能连第二轮都过不了。

跳投球队永远无法赢得总冠军。

毫无疑问，库里不能称为超巨，你要知道在我们那个时代三分球根本就不可能那么盛行。虽然他投三分看上去很轻松，但我想说的是，在我们那个时代，他可能连全明星都进不去。

勒布朗·詹姆斯、凯文·杜兰特、扬尼斯·安德托昆博、詹姆斯·哈登、科怀·莱昂纳德。这是我认为的最好的五个球员。他（库里）排在这些人之后。

他只是一个伟大射手，他跟我们完全不同。他并非伟大的组织者，他就是一个伟大的射手。

查尔斯·巴克利

但这些糟糕的言论，却在慢慢消失。

2018年，"大O"获得了NBA官方颁布的终身成就奖，在接受采访时，他夸赞了库里。提及"灯泡"组合，他认为库里比他俩高出"一个头一个肩"，在前两年对库里连续的否定和贬低之后，"大O"对他的实力表达认可。美国媒体也很"好事儿"地分析了"大O"早年为什么一再否定库里——可能是害怕自己的历史地位，尤其是在控球后卫位置上的地位遭受到库里的动摇。但该来的总会来的，近年，库里已经成为联盟和球迷们心中基本公认的历史第二控球后卫，而威斯布鲁克连续三年场均三双的成就也给"大O"的"三双王"称号带来极大的冲击，现在的"大O"只能屈居库里之后了。

曾经轻视库里的皮蓬，也逐渐扭转看法："他乐于为KD（杜兰特）做出牺牲是历史上最伟大的故事之一。如果你了解这个比赛，了解NBA，你就会知道，想要成就伟大，就必须有人做出牺牲。所有的伟人都必须牺牲一些东西，否则你就不会获得胜利。当球到了迈克尔·乔丹的手里时，他就需要去得分，因为得分他才能获胜。而对我而言，那意味着我不能出手过多的投篮，但是我并不认为这样的行为影响到了我的伟大。而对于库里而言，他为KD让出了一个位置，这同样也没有影响到他的伟大，他应该被看作这个运动中从未出现过的最伟大的后卫之一。"

在结束了2018—2019赛季对阵火箭队和开拓者队的西部季后赛后，皮蓬更是将对库里的夸赞上升到一个令人意想不到的高度：**"这很不可思议，我们都把杜兰特放在勇士队的首要位置，但是勇士队的一切都还是因为有库里。他每场比赛都不停地给对手压力，在迫使对方扩大防守面积的方面，前无古人，在我看来没有人能够阻挡他。"**

他甚至认为库里有可能超越詹姆斯的成就："在没有杜兰特的情况下，勇士队却能够做到4∶0横扫开拓者队，这一切离不开库里，如果库里今年夺冠的话，他将超越詹姆斯的历史地位。"

反倒是受到了好一阵夸奖的库里本人，感到有点儿不好意思："詹姆斯就是詹姆斯，就算他0冠也非常伟大，我并不认为我超越了詹姆斯。"

而一向以大嘴巴著称、以"黑勇士"为主的巴克利也在这几年慢慢改变了想法，从坚如磐石的**"勇黑"**变成**"偶尔要创造流量的墙头草"**。

> 库里把自己的名字重新放回这个讨论中……我们在讨论世界上最好的球员，我们会谈到凯文·杜兰特、扬尼斯、莱昂纳德、詹姆斯……库里证明了他是那个两度荣获MVP的人，他的表现极为出色。我还想向科尔和他的教练组公开表示敬意。他们让板凳席上的球员从对火箭队的比赛开始站出来，表现得非常棒。

> 首先，我承认错误，我要对这支勇士队致以敬意。即使杜兰特受伤了，他们依然很强，依然可以赢球。

巴克利

这些名宿、评论员对库里的质疑，不免有为了流量而创造话题、创造热度的因素在内，但其中必然包括他们对库里的轻视。而这些糟糕的言论之所以正在消失，除了更多的人意识到了库里的强大与伟大，更是因为他在不断进步，他在用一场又一场的胜利和一座又一座的总冠军奖杯疯狂地**"打脸"**那些质疑者。

而这样的成就，离不开库里本人刻苦、努力的训练。

酬勤，
要做最刻苦
的球员
DILIGENCE

"如果你愿意花点时间，弄清楚你的梦想是什么，你的人生真正想要的是什么，无论是什么，是体育也好，或是其他领域的东西也好，你得明白，你必须为之付出努力。而且不管是从事什么，你都要成为最刻苦最勤奋的那一个，然后你就会把自己放进一个迈向成功的位置。你必须对自己所做的事情充满热情，而我的热情就是篮球，是它带着我走到今天。"

——斯蒂芬·库里

第3章

一直以来，库里的球风都备受质疑。体育是和平年代的战争，容易激发出雄性荷尔蒙，充满了身体对抗和肌肉的碰撞。在这么一个长人林立的联盟中，有一个长相萌萌且偏瘦的球员异军突起，他用一种前所未有的方式统治了比赛——三分球。

NBA刚刚诞生时，还没有三分线，即便引入三分线，这种远距离投篮也只是多数比赛中的配角，在库里之前很少有人能将三分作为核心手段统治比赛。"上古时期"，拉塞尔取得冠军和胜利，张伯伦取得数据和声名，他们都是内线霸主；随后是"魔术师"和伯德二分天下，是四大中锋的争夺，是迈克尔·乔丹如网络小说般"开挂"的生涯。毫无疑问，内线球员打天下靠的是篮下的强攻和防守；"魔术师"靠的是全能和组织；伯德虽然是三分大赛冠军，但实际上他的三分产量远远无法和现代球员相比；而"乔帮主"，则是用一手后仰跳投、翻身中距离投篮征服了全世界。即便是进入21世纪，四大分卫争雄，也从没有一名超级巨星依靠三分血洗了全联盟，三分只是辅助，中投和篮下才是基石。哪怕是以投射见长、同样被"保守"的人认为球风"偏软"的诺维茨基，2011年夺冠，靠的也是一手金鸡独立后仰跳投。

在这样的大环境下，库里职业生涯场均投进3.6记三分，命中率43.6%；巅峰的2015—2016赛季，场均5.1记三分，命中率高达45.4%；单赛季402记三分打破由自己保持的纪录，同时叩开单赛季400记三分的大门。他不像麦迪和卡特那样，能腾空而起，在比赛中完成一记漂亮的大风车扣篮，实战勉扣对他而言，都是一桩难事；也不像乔丹和科比那样，一招背身单打，翻身跳投，就打得全联盟胆战心惊，他的身材让他没有办法掌握背打技巧；更不像奥尼尔、奥拉朱旺那样，能够在篮下玩出漂亮的脚步，

命中率
45.4
——
5.1 记三分

402 记三分

或是蛮不讲理地一屁股撅进去，转身就是一扣。可以说，三分球是库里立足于联盟的最根本保障，是他最大的杀招，与其他超级巨星相比，可谓"**反其道而行之**"。

对此，老库里也表示了儿子将三分球提高到了另一个层次："我已经退役很久了，对于证明三分球是一项相当重要的武器，我想我算是做了一些贡献。我当然希望在自己的职业生涯中能够投进更多的三分球，但是我并不知道自己能不能做到，因为库里和我是截然不同的球员。库里可以在运球过程中完成急停跳投，而我只是接球投篮，所以我不知道自己能不能投进更多三分球。现在，球队的进攻战术里必须拥有三分球策略，如果没有，你就很有可能会落后。"

❖

作为一名NBA球星的孩子，库里并不会像其他NBA球员那样，有一段辛酸、穷苦，甚至是颠沛流离的童年。戴尔虽然是球员，但他修完四年的大学学位，手握千万美金，是第一批通过篮球改变命运的人。库里从小不用忍饥挨饿，他生长在一个富裕的家庭，在这样的家庭环境中，他本可以不那么拼命的。

我们都知道"**洛杉矶凌晨四点**"是用于褒奖科比刻苦的训练，但很少有人知道，库里也是一个训练狂魔。老库里曾说过，世人只看到了库里的投射、天赋，但实际上很多人都忽视了他长久以来刻苦的训练："他总是很'库里'，他很清楚自己的梦想，所以在训练场上，他总是非常卖命，为比赛做足各种准备，他就是一个训练狂。"

前两年，我们都听说过一件事情，就是库里在训练中三分球100投94中，包括一次77连中。实际上，他在之前的训练中，虽然命中率已经很高，但并不会有如此之高。他会从一侧零度角投到另一侧零度角，历经两个45度角和弧顶，每个点投10次，第一遍投完之后再反向投回来。他之所以会不断磨砺自己的定点三分，是因为时任勇士队的助理教练布莱恩·斯卡拉布莱恩（也就是著名的"白曼巴")向库里提到,他或许是世界上最好的投手,但最棒的定点投手可能是自己在芝加哥公牛队时的队友凯尔·科沃尔。科沃尔能够在五个点上各出手10记三分,再反向来一次,最高纪录是命中其中的99记,而命中94记对于科沃尔而言则是稀疏平常的事情。这句话让库里很生气,但同样也激起了他的好胜心,他没日没夜地练习定点三分,直到自己投出近乎完美的结果为止——至少延续了两年。但在他完成了这项任务之后,训练中的定点三分命中率就又有所下滑了,命中率可能只比80%高一些罢了。显然,他需要新的挑战来激发他的热情和竞争心。

不仅如此,库里的篮下终结也颇为不错,在控球后卫中名列前茅,这与他灵活的控球、敏锐的手感有关,但同样离不开他出色的核心力量。在勇士队内,库里的拉力测试成绩为181千克,仅次于前队友艾泽利——但艾泽利是中锋,他只是一名1.91米的控球后卫。训练师提到,库里在训练时总会绑上铅袋,尝试拖累自己,在"有累赘"的情况下打磨出过硬的体能、腰腹核心力量。因此,在比赛中卸下铅袋的库里,就好比是放出笼子自由、轻松地飞翔的鸟儿一般,他显得更加灵巧、敏捷,一次次不可思议的进球能让全场观众起立惊呼。

❖

在库里小的时候,他就展现出了自己"**训练狂魔**"的一面,老库里说,他时常能看见库里一整个下午都在投篮。他经常带库里去猛龙队球馆,但每每他不让库里随行,库里就会显得很生气——这种生气并不是因为他不能去"玩儿",而是因为他失去了和职业球员一起练球、更快地进步的机会。中学时期,他到家总是很晚,让家人免不了有些担心。实际上,他是为了能够加练几百次投篮而自愿留在训练馆内,一遍又一遍打磨自己的技巧。这样规律且严格的自我鞭策构成了库里的高度自律,对他的肌肉记忆和投射稳定性来说大有裨益。即便是在放学回家的路上,他都会选择一边运球、一边走路,这有助于锻炼"**人球合一**"的能力和平衡感、球感。

这样的刻苦和勤奋，伴随着库里的整个职业生涯。

库里在比赛中特别喜欢背传、背运等技巧，相比于其他控球能力、人球结合能力一流的球员（如保罗、欧文），他的运球重心显得非常高。高重心确实更适合他快速地出手三分，更好地利用他的三分威胁为他的运球和突破创造空间和机会。同时，高运球重心也是他克服脚踝伤病的法宝之一，不过度使用脚踝的力量，更多地使用臀部发力，通过臀部肌肉分担压力，减轻脚踝受伤的可能性。时任勇士队竞技表现主管的科克·利勒斯说："他控制身体的能力和我见过的其他任何人都不同。他的速度超级快，但是他在整个过程中能够完全控制好身体，无论是加速还是减速。"

运球方法和重心的变化，只是库里众多改变和进步中的一小项。

2011年的时候，库里已经有了"**新一代纳什**"的绰号，但随之而来的，是对他防守能力的极大质疑和批判。受限于身材，控球后卫的历史长河中，只有"手套"佩顿曾经夺得过最佳防守球员的殊荣。这可以说是小个子天生的劣势，不论你防守多么好，面对比你高大，力量更强的其他位置的球员，你很难限制住他们的发挥。很多球员，尤其是明星们，在防守端并不下苦功，教练会允许他们叉腰防守、眼神防守。但在勇士队，这是不被允许的，库里本人也绝对不会如此纵容自己——在防守端可以失位、被过、被颜射，但不能不认真、不努力、不拼搏。

2015—2016赛季，库里荣膺第二座MVP奖杯的同时，还凭借场均2.14次抢断获得了抢断王这个荣誉（2014—2015赛季就达到场均2.04次）。虽然抢断并不代表着防守好，但仍然不失为对他的抢断能力、对他的传球线路判断能力、对他的拼搏和认真的防守态度的一种褒奖和肯定。同样，由于在总决赛被当作防守弱环（他的防守并不差，只是在克莱、格林、伊戈达拉和杜兰特等人

2.04次　　　　2.14次

2014—2015赛季　2015—2016赛季

身边显得弱）点名针对，库里选择增肌、增重。这两个赛季的库里比起MVP两连庄那两年，壮实了不止一圈；而MVP赛季的他，也比刚进联盟时更加具有对抗性。生涯前五年，库里的篮下命中率分别为59.9%、61.8%、56.3%、58.3%和62.5%，而自2014—2015赛季起至2018—2019赛季，他的篮下命中率分别为68.7%、69.6%、64.2%、66.9%和64.9%。**命中率的直观提升，就是他增肌、增重后对抗能力显著提升的最好佐证。**

2017—2018赛季，他又增大了自己的中投比例，虽然中投数量仍旧不能和当时队友杜兰特和克莱相比，但效率恐怖得惊人。魔球理论认为，40%的三分命中率相当于60%的中投命中率，这是从数学角度得出的简单结论。那个赛季，库里出手了130次中距离，命中78球，命中率高达60%，相当于通过"低效"的中投获得了堪比"高效"的三分的效果。这种打破效率壁垒的精准度，实在是让人叹为观止。纵观库里的整个职业生涯，他的中距离水准也保持在顶级水平——近距离两分球命中率保持在41.5%，中距离两分球45.3%，远距离两分球则是46.5%。和多数球员投篮越近越准不同，库里反而是越远越准。

■ 生涯前五年
■ 2014—2015赛季至2018—2019赛季

| 59.9 | 61.8 | 56.3 | 58.3 | 62.5 | 68.7 | 69.6 | 64.2 | 66.9 | 64.9 | 篮下命中率 |

在日常的训练中，库里并不满足于常规点位和方式的训练，前文中就曾经提到过他的Logo三分训练、通道三分训练。他很喜欢用一种近乎"自虐"的方式，用常人永远无法企及的标准来要求自己。库里是NBA历史上最棒的射手，同样也是最棒的罚球手，在训练中，他要求自己每罚10次球，都必须保证有5球可以做到空心入网。在高标准严要求之下，库里成为单赛季季后赛罚球次数超过100次中罚球命中率第二高的球员（第一位是186罚175中，命中率94.1%的诺维茨基），目前为止，库里100次罚球命中94球。

在赛前训练中，库里时常会和队友们配合着玩儿一些奇奇怪怪的花样。他会用各种方式——冰球、棒球等，增加训练中的乐趣，同时用非常规的投篮方式训练，比如高速奔跑到底角后接球投篮——即便是在训练中，他也保持着失去平衡的姿势去投篮，这有助于他在实战中更好地发挥出类似的战术配合的威力。最近几个赛季，库里和他的掩护者，也就是乔丹·贝尔、凯文·鲁尼等，做了很多交球后多挂一次掩护，多绕一次掩护，切到底角的三分战术。

除去三分，高打板和抛投也是库里在杀到禁区附近和深处时惯用的终结手段。我丝毫不怀疑他在训练中成千上万次练习过这样的出手，2017—2018赛季的西部决赛G5中，他就在保罗的防守下打出一记惊人的高抛神仙球。而在2018—2019赛季10月25日对阵奇才队时，由于库里发烫的手感难以阻挡，奇才队球员不得不在他弧顶持球时提前战术犯规，企图中止他火热的状态。被犯规之后，库里并没有刹车，依旧向前并信手扔出了一记超出镜头拍摄范围的超级高抛球——随后空心入网。这一举动点燃了全场球迷的热情，从这次出手我们不难看出库里在训练中所下的功夫，或许他的实力和荣誉与乔丹、科比仍旧有差距，但他的努力和拼劲绝对不比他们差。

如此近乎严苛的标准，可能并不是库里的专利，从某种程度上来说，这仍旧和他的父亲戴尔有关。2002年，老库里选择退役，但他仍然会保持健身和锻炼的习惯，偶尔也会在夏洛特的后院里投投篮，如果命中率没有能够达到他对自己设立的预期标准，他会惩罚自己做一些俯卧撑。

这样的好习惯自然也延续到库里的身上——他和母亲打赌，允许他每场比赛最多出现3次失误，每多1次，他就要付给母亲100美金；而如果少于三次，则可以从总数中扣掉支付给母亲的"罚款"。对此，任务导向型人格的库里并不认为这是一种压力，反而将此视作为一种挑战和鞭策："我是一个争强好胜的人，我乐于接受挑战，这是一个相当不错的办法。对我而言，这是一种双赢，输了可以给母亲买礼物，赢了则能有效减少自己的失误次数。比赛时，我会因为这个赌局时刻保持专注度，只要失误超过3次，我的母亲就会发短信给我，告诉我她要用我输给她的钱买些什么。"

当然，惩罚制度的另一面则是奖励制度。库里不仅和自己的母亲有赌约，也和自己的妻子阿耶莎有约定——只要他能够在比赛中命中5记以上的三分球，回家之后阿耶莎就会给他"特殊奖励"。

❖

库里的刻苦，不仅仅体现在具体的技术手段上，更体现在他的无球进攻和可以无缝切换的体系适配性上——只有无球大神才可以做到适应绝大多数体系。

2010—2011赛季，彼时还被称为"小皇帝"的詹姆斯选择将天赋带到东海岸，和德维恩·韦德、克里斯·波什组成新世纪最负盛名的三巨头组合之一。虽然这样的举动势必要背负骂名，但豪华的阵容配置也使得全联盟、全体球迷和媒体专家都看好迈阿密热火队夺得当赛季的冠军。但西部的独行侠队，在诺维茨基的带领下一路扮演黑马角色，过五关斩六将，湖人队的加索尔和拜纳姆，雷霆队的杜兰特、伊巴卡，并不能阻挡"老司机"的金鸡独立。在几乎不被任何人看好的情况下，诺维茨基带领着独行侠队和热火队相遇。

在这个系列赛中，詹姆斯场均出场时间将近44分钟，几乎打满全场，而在如此大量的时间中，场均数据却只拿到17.8分7.2个篮板6.8次助攻，最为人诟病的是他单场8分的低迷表现，这是任何一名超级巨星都不曾出现过的迷失——库里常常被诟病季后赛不够强硬，但季后赛单场得分从未低于10分，且时常面临双人包夹的防守待遇。深究其原因，詹姆斯无球能力的欠缺难辞其咎。

2018—2019赛季加盟湖人队时，詹姆斯曾经声称要加大自己的无球进攻比例，然而他并没有能够履行自己的承诺，甚至没有做出有效的改变。通常而言，无球进攻由空切、定点突投、手递手进攻、二次进攻、挡拆无球人（挡拆掩护人，包括顺下和外拆）和绕掩护接球投篮这几个方面组成。

2017—2018赛季，也就是他在骑士队的最后一个赛季，詹姆斯的无球进攻是这样的：

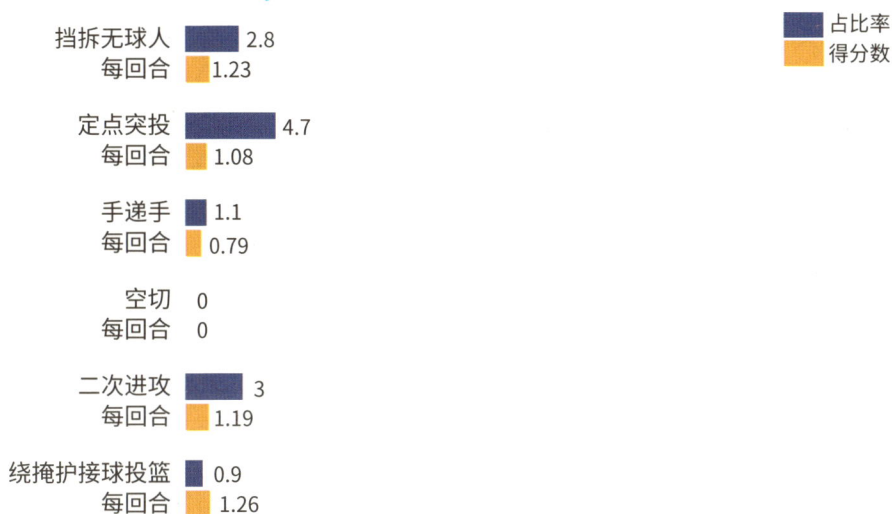

挡拆无球人 ■ 2.8
每回合 ■ 1.23

定点突投 ■ 4.7
每回合 ■ 1.08

手递手 ■ 1.1
每回合 ■ 0.79

空切 0
每回合 0

二次进攻 ■ 3
每回合 ■ 1.19

绕掩护接球投篮 ■ 0.9
每回合 ■ 1.26

■ 占比率
■ 得分数

而2018—2019赛季，即"多打无球赛季"，是这样的：

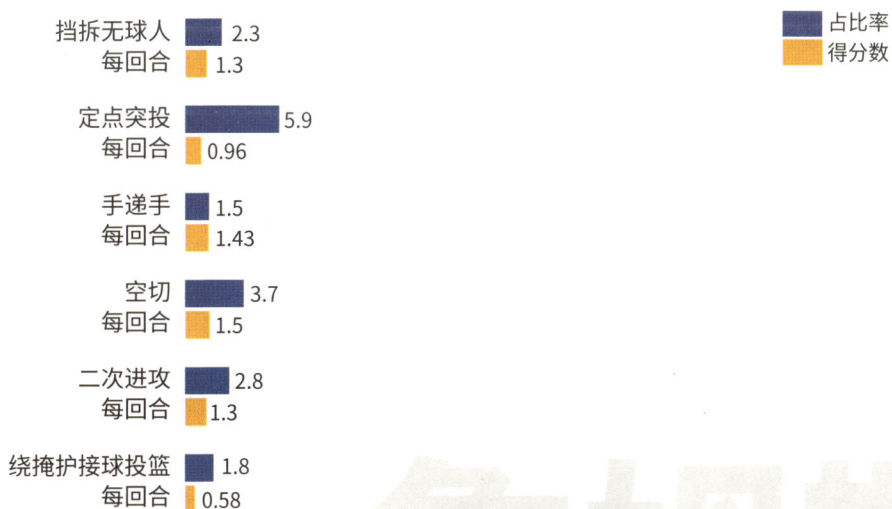

挡拆无球人 ■ 2.3
每回合 ■ 1.3

定点突投 ■ 5.9
每回合 ■ 0.96

手递手 ■ 1.5
每回合 ■ 1.43

空切 ■ 3.7
每回合 ■ 1.5

二次进攻 ■ 2.8
每回合 ■ 1.3

绕掩护接球投篮 ■ 1.8
每回合 ■ 0.58

■ 占比率
■ 得分数

詹姆斯

也就是说，在骑士队的最后一个赛季，詹姆斯纯粹的无球进攻占比在12.5%左右；来到湖人队后的第一个赛季，无球进攻占比大约为18%。虽然从数据上来看，确实有所进步，但这仍旧是不太正常的数据——5.5%的涨幅非常小，依旧无法达到"无球进攻"的平均水平。对于无球大神而言，将近50%的进攻是无球进攻；对于持球型球星而言，也会有30%到40%的无球进攻比例。譬如说吉米·巴特勒，他的无球进攻占比就达到35%，这也是他当年能够在费城76人这支有恩比德和西蒙斯两位球权大户的队伍中打得游刃有余的关键因素之一。即便是众所周知不擅长无球进攻、不持球则进攻能力拦腰斩断的威斯布鲁克，无球进攻比例也超过20%了。可想而知，詹姆斯空有一身高效的空切、手递手、挡拆无球人水准，却没有合理地运用，是多么可惜。

库里的队友克莱是一名历史级别的无球球员，而凯文·杜兰特和他一样，也是一名持球和无球能力兼备的历史级巨星。以2018—2019赛季来看，"海啸三兄弟"的无球进攻占比是这样的。

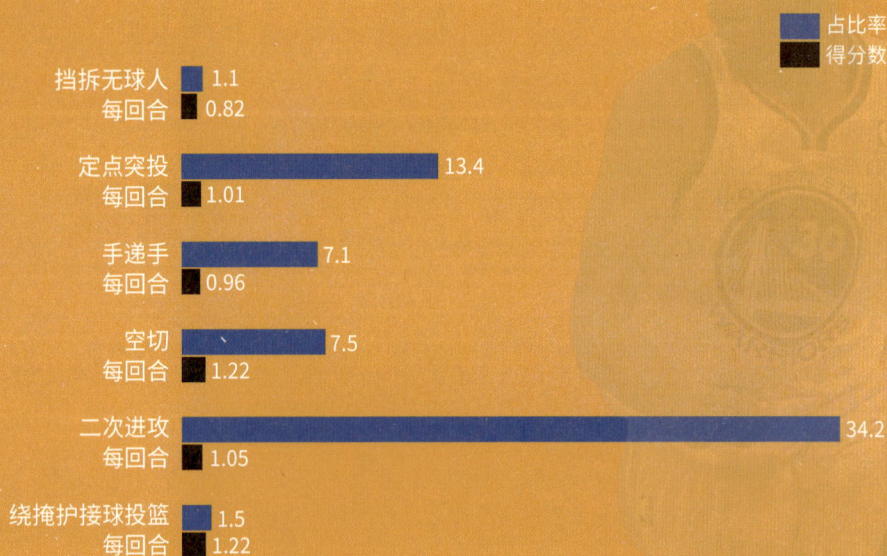

- 占比率
- 得分数

挡拆无球人　1.1
每回合　0.82

定点突投　13.4
每回合　1.01

手递手　7.1
每回合　0.96

空切　7.5
每回合　1.22

二次进攻　34.2
每回合　1.05

绕掩护接球投篮　1.5
每回合　1.22

克莱·汤普森

占比率
得分数

挡拆无球人　2.1
每回合　1.18

定点突投　8.8
每回合　1.35

手递手　3.7
每回合　1.1

空切　4
每回合　1.53

二次进攻　8.9
每回合　1.11

绕掩护接球投篮　1.2
每回合　1.09

凯文·杜兰特

占比率
得分数

挡拆无球人　2.3
每回合　1.4

定点突投　13
每回合　1.23

手递手　5.5
每回合　1.09

空切　4.5
每回合　1.23

二次进攻　20.1
每回合　1.29

绕掩护接球投篮　1.4
每回合　1.52

斯蒂芬·库里

根据上述数据统计，克莱的无球进攻占比64.2%，每回合得分效率不俗，属于NBA历史长河中独领风骚的历史级无球进攻大师；杜兰特的无球进攻占比28.7%（2018—2019赛季由于格林投射效率的进一步降低，库里必须多跑无球以消解格林带来的空间问题，而更多的持球球权就交给了杜兰特），是持球型球星兼具很强无球能力的代表人物，无球效率很高；而库里的无球进攻占比竟然高达46.8%，基本和持球进攻对半开，效率极高，即便是对控卫而言很困难的挡拆无球人和二次进攻，他也保持着超高的效率。

这种持球、无球无缝切换，效率极高，产量联盟顶尖的球员，NBA历史上只此一人，至少他已经做到了前无古人，很有可能会在未来相当长的一段时间内做到"**后无来者**"。

想要做到无球、持球双利，并不简单，尤其是无球进攻，对于球员的体能、跑位、手眼协调能力，有着较高的要求。在持球进攻时，球星可以通过指挥队友跑位的方式在原地调整三五秒，甚至更久，随后呼叫挡拆或是选择单挑。其体能消耗主要在于篮下终结的身体对抗、高难度投篮的强起和加速、变向这几项上。而无球进攻的体能消耗，不仅对加速与变向有要求，同时还聚焦于高强度的无球跑动、不间断的拉扯与被侵犯。

通常情况下，譬如杜兰特的背身单打，哈登的后撤步三分，体能消耗都是相对较少的进攻方式——杜兰特背身三秒，转身，调整状态，起跳出手；哈登胯下运球，找到节奏，后撤步出手。**而库里的无球进攻，不论是从直观感受上，还是从理性角度考量，很有可能都是更加"劳累"的——一个24秒的进攻回合，兴许有20秒他都在走位，跑动范围几乎遍布整个半场；** 在无球跑位的过程中，受到的侵犯和拉扯容易遭到裁判的忽略，这种对于非法防守的"**视而不见**"会给无球人带来更大的防守压力，加重他们的体能消耗。

在赛前和训练中，库里经常会同时用两个球练习，这种难度对于NBA球员来说可能还比较低。但很多人都看过他的另一段训练视频，视频中，他戴着墨镜，一边拨开从各个方向扔来的网球，一边运球。这种借助高科技实现的高难度训练，目前并没有看到其他人效仿过。戴着墨镜，能见度和感光度急剧下降，在这样黑暗的环境中用最短的时间拨开抛向自己的网球，可以帮助他提高自己的敏捷性和反应能力。在实战中眼观四路、耳听八方，敏捷地护球，就是这项训练所体现出的最佳效果。又比如在训练中，训练师会用软垫从侧边拍击他，他要在拍击中完成技术动作，这成就了他实战中高强度防守下仍旧流畅的运球和失去平衡、被打手后依然稳稳命中的投篮。

❖

天道酬勤——这个"**勤**"兴许不单单是勤快、刻苦，更是一种谦虚和自律。

球星们普遍是骄傲且自信的，但他们同样也是谦虚和自律的——骄傲和谦虚不冲突，正所谓"**人不可有傲气，但不可无傲骨**"，赛场上他们自信无人能敌，但场下他们会虚心向其他球员讨教自己不会的技能。

科比和詹姆斯这二位，都曾经报名参加过奥拉朱旺"梦幻脚步"的课程，通过这两项课程的学习，科比练就一身漂亮的篮下脚步，增加了他背身进攻的多样性和欺骗性；詹姆斯则大幅度提高自己背身进攻的威胁程度，使得背身进攻在自己职业生涯的中期成为一种常规进攻手段。

同为"09双雄"的另一位巨星詹姆斯·哈登也是如此。大学时期，轻盈的哈登打法神似科比、乔丹，有大量的急停跳投、撤步漂移等高难度动作，球风十分飘逸。初入联盟时，他是雷霆队靠谱的第六人，在那儿，他学会了控制比赛节奏，稳定局势。到火箭队之后，他从被人诟病的"**夜店登**"成了名副其实的"**哈基石**"。欧洲步、后撤步中距离（曾凭借这一招连续单打克莱五次）、后撤步三分、近筐抛投等，哈登的武器库随着球龄的增长不断丰富。

而库里作为历史上最棒的投手，在自己的巅峰时期，竟然仍旧在修正自己的投篮姿势。用轻盈灵巧的方式使得双脚触地，减轻脚踝压力，臀部肌肉紧绷，膝盖在起到稳定作用的同时做好起跳准备，躯干尽可能保持平衡，手肘和手腕准备发力。和大多数射手屈膝下压重心后奋力起跳不同，他的投篮准备非常细微，难以察觉，一般来说，最后一次运球会稍稍高一些，便于出手。而这些细节上的改动，偷师于湖人名宿、勇士队的前顾问杰里·韦斯特，更来自库里本人的谦虚与好学："我喜欢他关于投篮的一切。最完美的投篮状态是，从双脚接触地面到球离手、飞向篮筐的过程中，全身都处于舒适的节奏中，流畅和简洁是第一要务，就好像是完成了一次很自然的波动一样。这个过程十分具有美感，我很享受。"

他强大的投射能力，使得他在很多情况下遭遇到了不公正的待遇，美国的网友曾经做过他遭受到侵犯却不被吹罚的集锦——很多情况下连个回放都没有。在如此高压甚至越界的防守环境下，他能常年投出41%—45%的三分命中率，着实难能可贵，如果严加判罚防守球员的非法动作，恐怕他将变得无可阻挡，效率甚至会有进一步的飞跃。

每一名球员的成功，都离不开天赋和刻苦；但想要维持足够长久的巅峰期，就更加离不开自律这一点。

巨星们的自律是与众不同的，很多时候，我们误把自律当成一种"**教条**"。**实际上，自律是有目的性的，你必须为达成某一个目标而自律，"为了自律而自律"是不可取的。**坚持锻炼的人是为了更养眼的身材，努力减肥的人是为了更健康的身体，坚持需要毅力，但更需要清晰的目的。混乱的自律只会影响自身的精神状态，使得自己处于情绪低谷，而这样的情绪对于时刻要保持亢奋的NBA球员来说是不利的。

詹姆斯为了保持自己的巅峰期，将近十年时间不吃猪肉，其中三年不吃红肉；雷·阿伦自进入联盟起就为自己制定了食谱，其中就包括只吃更富含维生素C的生肉；而纳什的食谱更是惊人，作为一名患有严重脊椎疾病、身体素质"非常平庸"的球员，他依靠着极度苛刻的饮食，时刻保持身体的良好状态和竞争性——麦片粥（无谷物蛋白）、坚果类、水果、糙米饭、生胡萝卜与芹菜、鱼和鸡肉，同时几乎完全杜绝油盐和糖分。格兰特·希尔曾经加入纳什的"饮食计划"中，他们约定互相监督，但很快希尔就放弃了。希尔的饮食在众多球员中已经算是健康的了，可依旧比不上纳什。纳什曾经为了更好地摄入食物而专程拜访过相关领域的专家，通过一些技术手段，了解到自身对哪些食物的吸收更加敏感，从而在特定时刻摄入这些食物以补充特定的营养成分。

库里的自律并不建立在饮食上，而是建立在训练、比赛和日常生活中。许多个夜晚，在上床睡觉前他都会做一些拉伸动作，放松自己的肌肉、关节和韧带，减轻比赛后的疲劳。即便是在休赛期，即便是夺冠之后，他都不曾放松自己——他曾说想要给自己放一个月的长假，不接触篮球，但两周多之后他就回到了训练场。而在更衣室里，他会不厌其烦地穿上厚实的护踝；赛后，冰敷和高科技减压更是司空见惯。高中与大学时期，或者说生涯早期的库里，对于变向、过人可谓得心应手，不过现在的比赛中你越来越难看到他运用一些更具有观赏性的动作了。并不是他不会，而是因为这样的动作会给他的脚踝施加严重的负荷，为了职业生涯的长久和更高的出勤率，他克制住了自己。

千万不要小瞧这种"**自我保护**"，这恰恰是典型的"**自律**"表现之一。

"雨人"肖恩·坎普曾经是NBA暴力美学的代表人物，曾在超音速队完成连续六个赛季场均两双的成就。但在NBA停摆期间，过度的饮酒使他逐渐肥胖，运动能力大幅度下滑，最终在四年后黯然退役。曾被湖人队寄予厚望的"洗剪吹"拜纳姆，在膝盖受伤期间，玩起了高空跳伞，在夜店中肩扛美女，尽管这样的行为不见得对他的膝盖造成更大的损伤，但显然是不利于恢复的，更是对自己的身体、对队友、对湖人队和全体球迷的不负责。

❖

有一个问题叫作"是时代成就了库里，还是库里开创了时代"，我相信这个问题不仅困扰着我，也困扰着万千库里的球迷，甚至是全世界的球迷。

奈·史密斯发明篮球的时候，是为了考察运动员的综合身体素质，而随着规则的逐步完善，篮球成了风靡全球的运动。篮球的初衷是简单的，它的本质完全可以用一句话概括——把球投进筐内。在NBA的历史长河中，出现了大量迫使规则改变的球员，比如干扰球规则的设立、三秒区的扩大、联防等等，和乔治·麦肯、威尔特·张伯伦、沙克·奥尼尔和迈克尔·乔丹等人有着紧密的联系。

"巨无霸"中锋们告诉大家："**得篮下者得天下。**"

乔丹领衔的锋卫摇摆人告诉大家："篮下不是唯一手段，得中距离也可得天下。"

在库里之前，"小球风暴"其实就曾经在联盟中风靡过，史蒂夫·纳什领衔的太阳队就是小球阵容的忠实执行者。火箭队前教练德安东尼、勇士队教练科尔，都是小球潮流的支持者。不过，太阳队的进攻虽然已经远胜当时同期的球队，可略显薄弱的防守成为他们季后赛中的命门。在纳什退役、小球渐渐呈现没落之势时，库里这个毛头小子忽然间冒了出来，他用不讲理的三分征服了整个世界。

他告诉我们："**得三分，也可得天下。**"

直到现在，许多人仍旧对库里这位划时代的球员、这位具有开拓意义的历史级别超级巨星存在偏见。人都是"先入为主"的，在每个人的心里，或许都有对"篮球"的定义和标准。如果你采访一位从小就看球的百岁老人，兴许他最爱的就是那个内线只手遮天的"巨无霸"时代，他钟情于盖帽和勾手；假使你和一位看了三十多年球的老先生聊天，兴许他会不厌其烦地告诉你，乔丹的扣篮和后仰多么有魅力；而倘若你在赛场上和一个二十来岁的年轻小伙儿交流起来，兴许他会喜笑颜开地告诉你，他最爱的是那个无所不能、霸气十足的"小皇帝"。

" 小皇帝 "

时代在进步，篮球也在进步，库里将跳投、三分做到了极致，纳什是小球的先驱者，他给了库里一个模板，而库里是集大成者，他在前人的肩膀上开创了这个精彩纷呈的时代。

更重要的是，他让人们重新审视篮球。

暴力的扣篮、飘逸的后仰、纵贯全场的四分卫式长传、眼花缭乱的crossover，最终的目的只有一个——**把那个该死的球放到篮筐里。**

而库里做到了。

天赋、环境和训练，他做到了。

天赋　　　训练

环境

这是一张很久远的图，当时年轻的我，偶像就是雷吉·米勒。他是NBA历史中数一数二的超级三分神射手。在库里横空出世之前，雷吉·米勒和雷·阿伦一直是三分纪录的霸榜者。不过如今都变成了库里。

也就是在笔者写这本书的过程中，库里NBA三分总命中数超越了雷吉·米勒，成为NBA历史第二，当然历史第一也只是时间问题。

在超越雷吉·米勒的比赛后，库里发文："感谢这一时刻。雷吉·米勒是我成长过程中的最爱，他的投篮、扩大射程、无球跑动让我感到十分有趣。今晚不得不把31号（雷吉·米勒球衣号码）抛到身后并且继续向榜单上爬升。对米勒有很多的尊重……赶超雷·阿伦之前还有更多的事情要做。赞美上帝。"

段冉小语

作为NBA历史名帅，尼尔森与勇士队和库里之间有太多故事。在NBA浩瀚的历史长河中，季后赛"黑八"神迹实在不少，但是2007年那一次则让很多球迷无法忘记，如日中天的诺维茨基和达拉斯独行侠队（当时译为达拉斯小牛队），被钉上耻辱柱。制造者正是尼尔森率领的勇士队。

而在两年之后的2009年，尼尔森又做了一件改变NBA历史的事情。那一年NBA选秀，诞生了布莱克·格里芬、詹姆斯·哈登等超级明星，同样也包括库里，选中库里的正是主帅尼尔森。

尼尔森如此评价库里："我为库里感到骄傲，当年我选中他，但我当时没有想到他有朝一日能够成为MVP，谁又能想得到呢，我只觉得他会成为全明星控卫。我原先以为库里会成为史蒂夫·纳什那种类型的球员，但库里更加注重进攻和投篮，纳什更加注重传球。我为库里以及勇士队打球的方式感到骄傲，看他们打球是一种享受。"

段冉小语

MVP

功不唐捐
玉汝于成

成长，
皇后大道
与夏洛特
GROWING

"我总是篮球队里最小的那个小孩。在我14岁时，我还不够力气在头顶出手，因此，我的投篮很糟糕。在夏天里，我花了三个月来重塑我的投篮，那是我人生中最糟糕的三个月。你可能觉得，打篮球对我来说是一帆风顺的事情。但事实是，即使是高中时期，我也没有进入排名。没有人来敲门，跟我说，请你来跟我们学习打球吧。"

——斯蒂芬·库里

第1章

'06

STEPHEN CURRY

KNIGHTS
20

STEPHEN CURRY

JERSEY RETIREMENT - JANUARY 24, 2017
CHARLOTTE CHRISTIAN SCHOOL

　　不知道有多少人，在自己的学生时代拥有多次转学的经历。转学，对于大多数中国学生而言，是非常重要的事情——正所谓牵一发而动全身，在无比注重学习的中国，多次转学只有两种可能：要么是父母的工作迫使他们带着孩子举家搬迁到不同省市；要么是这个孩子实在学习不如意，被迫辗转于各个学校。

　　但这个世界上，还有一批孩子，他们属于前者，他们的父母是职业运动员。不论是足球还是篮球，不论是CBA（中国男子篮球职业联赛）还是NBA，职业球员的孩子们都有很大的可能性得跟着父母搬迁到他们效力球队所在的城市。如果不搬过去，就意味着孩子们要和祖父母生活，和自己的父母分离很长一段时间。

　　多数NBA球员的孩子都有这样的体验——父亲是角色球员、是靠谱的轮换、是优秀的第六人，但毕竟不是顶级巨星、不是队魂、不是不可交易的。即便是科比这种历史前十级别的历史巨星，也曾经闹出过转会风波、交易流言，他的女儿们虽然没有转学，但也面临过转学的风险。

　　中国和北美有不一样的地方——比如转学的重要性；但也有相似的地方，不论是在哪个国家，步入一个新的环境，总是会面临一些问题的。更不用说，从国内搬到国外了，即便两国有许多类似的文化，互为邻里，仍旧无法消除必然存在的区别和差异。

　　好就好在，只要找到了共同语言，找到了一种融入当地的方式，就能让孩子们很好地适应当地的生活。

　　有一个风靡全球的游戏，叫**Football Manager**，当你作为主教练引进一名不会说本国语言的外籍球员时，可能会被记者提问到下面的问题，而往往主教练可以选择的五个回答中，就有这么一句。

他不会说英语、西班牙语、法语，这会是一个问题吗？

记者

教练

足球是世界上通用的语言，我相信他可以很好地融入。

同样，多伦多是加拿大的商业城市，而夏洛特是全球最宜居的城市之一。这两座城市有着不同的文化底蕴，对于很多事情似乎都会有不同的看法。但篮球，是他们共同的语言。对于库里来说，更是如此。

❖

Queensway Christian College，位于多伦多，有许多不同的翻译，皇后大道基督学校、昆士威基督学校，是最常见的两种。在皇后大道，库里代表学校的基督圣徒篮球队参加了人生中第一次较为正式的、有正规赛制的青少年职业洲际比赛。

当时的库里远胜同龄人，借了当时在多伦多猛龙队效力的老库里的光，库里经常和卡特、麦迪单挑。显然这是不可能胜利的"小比赛"，但在面对猛龙队控球后卫马克·杰克逊（2000—2001赛季曾经短暂地为猛龙队出场54场比赛）的投篮比赛中，他已经可以做到不落下风了。做个小小的猜测，在21世纪初的这段时日里，马克·杰克逊已经被库里的投射、球风震惊了，这可能早就在他的心中埋下了一颗变革的种子。自古以来，身体对抗、强悍的身体素质，都是超级巨星必备的，他们多半在初高中时期就高出别人一个头，比多数队友更加健壮，兴许在初中就能够完成很多曼妙的扣篮动作。库里不是这样的球员，1.6米刚出头的他看起来十分瘦弱，是很难完成这种Impossible Mission的——即便是现在，对于他而言，扣篮都是件难事儿。

年幼的库里在多伦多，得到了人生中第一批来自NBA职业球员的肯定。

他曾经和猛龙队球员杰罗姆·威廉姆斯（2000—2001赛季中段起至2002—2003赛季，两个半赛季效力于多伦多猛龙队）打赌，说自己可以连续命中5记三分球。在那个年代，三分球是完全不受重视的，早先就说过了，那是奥尼尔和四大分卫的时期，中投、背打、后仰、干拔，才是最流行的，也是当时基本公认最有效、最难掌握、最具有杀伤力的进攻手段。杰罗姆虽然不是什么天王巨星，但他好歹也在NBA打了9年球，2002—2003赛季场均出场33分钟，得到9.7分9.2个篮板近乎两双的数据，算得上是靠谱的角色球员。他坦言，当时的他并不认为库里能够做到连续命中5记三分球，他甚至认为自己得等上一整天，才有可能等到库里完成这样"**伟大的壮举**"。

然而，库里在那个时代就已经具备了划时代的投射本领，他轻轻松松就完成了自己说出来的"大话"。杰罗姆非常惊讶，库里的精准和迅速颠覆了他对投射的认知，他认为当时的库里的射术，已经超过了许多职业球员了。确实如此，当年有许多职业球员是坚决不投三分球的，比如杰罗姆本人，职业生涯中只进过1个三分球。

库里在皇后大道的照片，至少在国内并不多见。在为数不多的照片中，我们可以看到库里穿着黄色的、鲜亮的、肥大的球衣，摆出"酷酷"的姿势。谁都没有想到，圣徒队的12号球衣下，竟然蕴藏着如此富含激情和能量的灵魂。

照片能反映很多事情，除去他的弟弟塞斯以外，圣徒队中似乎没有人比库里更加瘦弱和矮小了。基本上，每个人都比库里高小半个头以上（只有一名10号球员比库里还矮一点点）；每个人的手臂都比库里粗上至少一两圈。他当时的队友安德鲁说："我们都认为他真的太矮小了，在面对更大一些的孩子的时候，他的很多投篮都有可能被封盖，好在他总是能寻觅到出手空间。"即便是在那样小的年龄阶段，他仍然可以让所有事情看上去非常简单。他并不惧怕和比自己大一些的孩子打球，这在他眼中，这只不过是一次小小的随堂考罢了。他花了很多课余时间和自己的父亲打球，向高中和大学球员讨教，甚至去学习NBA球员的经验和技巧。

❖

年少时的刻苦训练，终于在圣徒队试训时得以彰显。

不只是在中国，即便是在篮球文化非常浓厚的北美，也有大把大把的青少年，他们掌握了一两样自以为拿手的技巧，实际上却并没有练到极致——当然，以他们的身体素质、刻苦程度和对篮球的理解，也不可能练到极致。只要给他们施加低强度的对抗，他们的技术动作就会变形。更糟糕的是，他们除去所谓的"**拿手好戏**"以外，严重偏科。

以三分精准著称的小孩子，可能篮下终结能力极差；以突破见长的青少年，可能完全不会中远投。投射、突破和运球、背打不一样，前者是几乎每一名球员都可以掌握的；而运球和背打，对体形有更高的要求。大个儿运球势必更困难，小个儿背打也很不现实，但掌握基本的突破和投射，算得上是每一位球员，哪怕是业余球员的底子。想必很多朋友都看过奥尼尔在全明星赛前单挑乔丹的画面，还有他在湖人和科比单挑、单骑快攻的经典镜头。而在退役之后举办的训练营视频中，奥尼尔的空位三分虽然称不上是百发百中，但十进六七仍然是常有的事儿。

这说明了什么？

这说明每一名NBA职业球员，即便是"奥胖"这种职业生涯从未进过三分，公认"**投射能力为零**"、不可能持球发起挡拆、很少外线一对一单挑的内线霸主，也具备极强的运球能力和投射能力。职业球员的基本功和身体素质就是如此，"小乔丹"的运球、贾马尔·克劳福德（非常瘦）的力量、迈基吉的投射、小托马斯的防守、克莱的持球单打、"大锤"安德森的速度、"小虫"博格斯的背身单打——这些球员最弱势的技能，对于业余爱好者而言，都是顶级的存在。

而参加圣徒队试训的库里，就给詹姆斯·莱基教练带来了这种感觉。当时，莱基教练对所有队员的考察标准，是能否运球到罚球线命中跳投。对于从小就浸淫在篮球氛围中的北美少年而言，这似乎并不难，但是之前提到过了，他们太偏科了——没有人能够做到在各个区域都保证高命中率。会投篮的，不会篮下终结；篮下终结有一手的，甚至连跳投动作都不固定。只有库里能够做到从内线到外线、从篮下到三分、从三分线上到中圈弧附近，都保持着极高的命中率。

而另一位能达成类似成就的，是他的弟弟塞斯·库里。

❖

刻苦，是每一名NBA球员获得成功的根本，也是每一位超级巨星的共同点。

每一个比赛日，某位球员都会在常规训练完成后，做高强度的被戏称为"自杀式"俯卧撑的训练。他会在躯干部分远离地面的时候，用手拍胸——通常而言，是在俯卧撑离地过程中击掌，而用手拍胸相当于在狭小的空间内做更加复杂、消耗体力的动作，这种"自杀式训练"的难度不言而喻。

有些时候，某位球员还会像个"老神棍"一样，念念叨叨的，就好像做着戏剧学院的"无实物表演"一样。他手里并没有球，但他的头脑并没有停歇，仍旧在孜孜不倦地指挥自己完成投射、终结、空切、运球和无球跑动。他在和自己较劲儿，他在用一切可行的方式提升自己。

在上飞机之后，多数人会刷刷手机、打打牌，但某位球员会阻止队友们的行为，呼喊他们一起去研究比赛录像，甚至和队友们一起商讨应该如何打球。他才不会管你在干什么，打牌也好、睡觉也罢，他会把自己想到的一切都告诉你，期盼你做得更好。在保持竞争性和激情方面，没有多少人能做得比他更好。

某一个夏天，某位球员想要"百尺竿头，更进一步"，他想要在每一个方面提高自己。人体的极限是难以估量的，汤姆·克鲁斯为了拍摄《碟中谍5》，下苦功学习潜水、屏息，最终完成了六分钟的水下屏息镜头。而这一次，他也像汤姆·克鲁斯一样，将重点放在了自己的呼吸上，放在了摄氧量上。和大多数人一样，我们都习惯了利用自己的肺和胸腔呼吸，吸气时横膈膜上提，胸腔变大，吐气时横膈膜归位，胸腔复原。不过，学会腹式呼吸法，可以显著地提升自己的摄氧量，毕竟腹腔能够容纳更多的氧气——这一点，研究音乐和发声方式的音乐家们也是专家。常运动的人都知道，在氧气充足的情况下，身体状态显然是更好的，能够更顺利、流畅地完成技术动作；而在大口喘息、体能耗尽、需要高频率吸气的时候，技术动作往往都无法做得完美。提高摄氧量，能够为肌群提供更多的氧气，让自身的肌肉得到更充分的调动。在专业人士的指导下，他会持续用腹式呼吸法呼吸5分钟以上，通常是6-8分钟，甚至会平躺下来，在横膈膜上放一些重物，以此达到负重训练的目的。

这四则故事，最著名的当属第二和第三个，分别出自奥尼尔的自传和慈世平口中。可能很多人都会以为，这些都是科比的故事，但并非如此。第一、第二、第三个，确实是科比刻苦训练的事迹；但第四个，却是库里的故事。

在詹姆斯·莱基教练的眼里，当时尚年幼的库里，像极了科比。

一样的刻苦、一样的拼命、一样的坚忍不拔，只是，他们选择了不同的方式去彰显。最终，科比成为第一位科比——**偏执、杀手本色、永不放弃**；库里成为第一位库里——**无私、谦谦君子、永不言败**。

科比

库里

❖

库里能够加入圣徒队，莱基教练有幸执教他，实际上得归功于库里家族没能为库里找到合适的、位于多伦多的蒙台梭利学校。

退而求其次，最终，库里和塞斯才入学皇后大道基督学校。皇后大道基督学校坐落于多伦多市的艾托比克科区，是一所名不见经传的小学校，唯一的优势在于离当时猛龙队的主场加拿大航空中心球馆非常近。大城市总是繁华，但在不知名的小角落里，寒冷的冬天只会带来冷冷清清的气氛和看起来残破不堪的体育设施。莱基教练说，库里是个很安静的孩子，算不上沉默寡言，但也不是很爱说话，友善和安静，是他对库里性格的第一印象。当然，坚韧、认真、刻苦，则是他见识过球场上的库里后得出的结论。对于莱基教练而言，场上和场下的库里，简直就是两个人，你无法想象场下如此和蔼谦逊的人，会在比赛的关键时刻爆发出极其热烈的情绪，就好像是冰人突然喷出了火一样，反差极大。

见惯了加拿大航空中心球馆的高级设备的库里，并没有不尊重皇后大道，他很乐意在这里"成就"自己的第一段篮球生涯。由于库里和塞斯兄弟的加入，皇后大道一时间所向披靡，堪称天下无敌——尽管他们的天下就是这么一亩三分地，但对于从来都不能轻松赢球的圣徒队而言，这种无敌就够了。人怕出名猪怕壮，库里兄弟的名气扶摇直上，好处当然很明显，有人看他们的比赛了，他们可以赢球了；但坏处并非没有，库里开始被对手当作重点盯防对象，紧逼、包夹、身体对抗。当然，作为一名潜在的NBA球员，库里当然不可能被这样的防守限制住，他依然可以在人群中游刃有余地抓住一丝缝隙，完成得分。

终于，场均可以拿到40分的库里，带领着这支在他到来之前并不能取得胜利的圣徒队，完成赛季不败的壮举，夺得了少年组的冠军。

回想起那段时光，老库里认为，这对库里而言是一段很好的经历："多伦多那儿的整体篮球竞技水准，并没有美国本土那么高。不过，我认为让库里、塞斯去和没那么出色的孩子们对抗，对他俩而言是一段有好处的经历。"那段时光，让库里知道了怎样才能取得胜利，什么样的打球方式才是真正正确的，值得推崇的是，他学会了带动队友一同前进。

这种和"较弱的队友"相处的经历，使得库里从小就养成了"**宽容**"的性格，这是他和科比最大的不同。科比不会允许队友们懈怠，他讨厌队友们无法命中简单的空位机会，他会鞭策队友们和自己一起努力。总有人批评科比、乔丹，说他们不顾及队友的感受，拿自身的标准去要求队友，逼迫他们和自己一样努力。这些看客们，是实打实地站着说话不腰疼，他们不知道失败和输球的滋味儿有多么难受，他们无视了那些败北于分区决赛、总决赛的球员们脸上的落寞，他们什么都看不见。他们只看见科比和乔丹的"**偏执**"和"**强权**"，他们急不可耐地以为自己抓住了历史前两位得分后卫的把柄，疯狂地诋毁他们。

而提及库里，他们又将科比、乔丹的"偏执"和"强权"拿出来当论据，批判库里没有把球队扛在肩上。在杜兰特加入勇士队后，更是不惜挑起各种口水仗，争论谁才是队内老大，认为就应该分出个三六九等，就应该有一个球员站出来统领全队，就应该在关键时刻出手命中关键球。他们抨击库里不够强硬，没有科比和乔丹的狠劲儿，没有办法在球队中立威、在更衣室中掌握绝对的话语权。

实际上，这两种做法都无可指摘，他们只是在用自己的方式领导球队而已。为什么会招致如此的骂声呢？

这些看客，只为自己喜欢的球星说话，却决不承认乔丹、科比和库里的伟大。

❖

库里高中生涯的起点，和乔丹有些类似。

1978年11月，26岁的克里夫顿·赫林主教练，开始选拔威尔明顿兰尼高中新一届的篮球校队成员。乔丹并不被看好，当时他的身高只有1.78米，在一大帮早已发育到1.9米甚至更高的肌肉男中，他显得非常矮小。考虑到乔丹家族并不高，赫林主教练不将乔丹招入一队的两个理由非常充分——他们的一队个子普遍不算高，他急需要2.01米的勒罗伊·史密斯（乔丹高中时期的好友）来提高一队的尺寸；况且，篮球毕竟是高个儿的运动，NBA历史上身高矮于1.8米的球员屈指可数。

因此，伟大的乔丹，在高中一开始只入选了二队。直到他的身高猛蹿，超过了1.9米，且技艺愈发娴熟之后，他才被征召入一队，开启了自己所向披靡的篮球之旅。

同样，库里加入 **Charlotte Christian School**（国内译为夏洛特基督学校）时，也只是被征召进校队的二队，似乎没有人重视他。直到他在二队屡屡打出亮眼表现，才被慧眼识珠地挑进一队，并且开始承担队长的职责。

在夏洛特基督学校，库里穿的并不是30号球衣，而是20号，因为他心仪的30号球衣太过于宽大了，不合身——尽管到现在我都不太明白为什么球衣的尺寸不是根据球员定制的，兴许夏洛特基督学校和皇后大道一样，挺缺钱的。

"当时的我是个瘦得皮包骨头的小孩。"

初次入选二队，教练们给他的理由很简单——他凭借着出色的技巧，尤其是逆天的投射能力，入选校队；但他还没过1.7米，体重甚至低于60千克，在旁人眼中极其缺乏对抗性、瘦小、矮，因而只能进入二队。当然，这并不只是教练们的意思，库里本人在参与校队选拔的时候，小心翼翼地去参加二队的选拔，而非一队。如果他去了一队，兴许就会更早地被教练们记住和挖掘。在他的高中球衣退役仪式上，库里就提及了在选拔时所遭受的非议："我当时听到了许多质疑声，他们质疑我是否可以在校队打球。但是，我很希望当时的我能鼓励鼓励自己，那教会了我很多。努力去争取自己想要的并勇敢地自我挑战，绝不要让质疑声或是别人对你的评价，比如说你太矮或者太瘦，不要让这些东西来影响你追求的目标。"

库里的另一个中学教练**肖恩·布朗**，和很多人一样，看到这位瘦小的后卫，就认为他并不适合高强度的篮球比赛。但在看过库里的比赛之后，布朗教练成了库里的头号拥趸。

"我也曾经犯过以貌取人的错误，但是如果你只是通过他的外表来衡量他的能力，那绝对是错误的。"在布朗教练看来，库里确实瘦弱，但是身体上略微瘦弱并不要紧，他的身体对抗实际上并不输给那些壮汉。更为重要的是，他有着远胜同龄人、远胜那些壮汉的坚定的意志力和刻苦的精神品质。那个时候的库里没有胡子，留着一头短发，细胳膊细腿的，任谁也不会觉得他有着超凡的篮球水准。

篮球是一门体育运动，不过，篮球也可以是一种艺术。

有些球员的比赛，看起来就像是势大力沉的刀法，一刀接着一刀，霸道且沉重；有些球员的风格，看起来则像是醉拳，花样百出，极具观赏性。自高中起，库里就自成一派，他既不像詹姆斯那样，总是重拳出击；也不全像乔丹、科比那样，有一手高难度的后仰。**如果硬要类比的话，他就好比是半个纳什和半个科比的结合体——他具备着科比的飘逸和纳什的流畅。他的比赛永远是那样的行云流水，充满令人愉悦的艺术气息，"灵动"二字，似乎成为他球风的第一个标签。**

在提及现今的库里时，布朗教练坦言，他当时完全没有预料到如今的库里会成为联盟的招牌人物，成为全世界范围内最具影响力的运动员。不过，对于库里灵动的风格和高人一等的篮球智商，布朗教练早有领会。比赛中，他总是能够在正确的时刻做出正确的抉择，传给正确的队友，而当他自己该进攻的时候，他也毫不手软。那位当时以杀入NBA为人生理想的库里，和现在并没有太多两样——他依然还是那样灵动、聪明、无私和谦逊。

❖

提起金州勇士队，在杜兰特加入之前的"三巨头"——斯蒂芬·库里、克莱·汤普森和德雷蒙德·格林，是总也绕不开的三位关键球员。这三名球员，从某种程度上来说都是非常另类的，都是非常规的：库里是开创时代的超级巨星，他更新了人们对篮球的理解；克莱是这个联盟中顶级的3D球员，是历史级别的无球大师；而格林，则是"水花兄弟"身边最好的二传手、小球防守体系的构建者、新世纪最棒的无限换防执行者之一。

他们不仅"另类"，同样都曾经被轻视。

提起克莱和库里，又绕不开哈登。2009年选秀时，他和库里同届，现在这二人被并称为"09双雄"；而在高中时期，哈登和克莱又是竞争对手——当然，这其中定然有媒体在克莱和哈登功成名就后回头去翻历史资料，搞出点儿话题性的缘故。但不可否认的事实是，比克莱大一岁的哈登，确实在高中时期力压克莱一头。

"三巨头"

斯蒂芬·库里
克莱·汤普森
德雷蒙德·格林

斯蒂芬·库里
詹姆斯·哈登

"09双雄"

14岁的某一天，克莱显得非常不高兴，闷闷不乐。他和库里一样，都是星二代，他的父亲是迈克尔·汤普森，曾经在开拓者队担任过绝对主力，拿到过单赛季20.8分11.7个篮板的两双数据，也是1986—1987赛季和1987—1988赛季的总冠军得主。这样的"二代"不愁吃喝，他完全没有必要为了一件随随便便的小事而生闷气——不就是从圣玛格丽塔天主教校队首发被降级到了新生队吗？但对于热爱篮球，甚至将篮球视作自己人生中第一目标的克莱而言，他很失落，迈向职业赛场的道路上，任何一道坎儿，都能让他很受伤。不过，和库里一样，克莱安静的外表下有着狂野的内心，他胆子很大，也足够拼搏。

老汤普森说："我儿子认为他就应该代表校队出战，甚至应该是一名首发球员，即便他只是一名新生。我只能告诉他，要保持耐心，'属于你的时间会到来的'。"除了保持耐心和自信以外，就是不停地训练，杰瑞·德布斯克是当时圣玛格丽塔校队的教练，他感受到克莱正在不断进步。从单纯的射手，变成了攻守兼备的射手，再从攻守兼备的射手，成为一名能客串控球后卫的万金油球员，克莱逐步地变得更加全能，尽管在NBA中他并没有展现出playmaker的属性，但在高中时期，他也是个极具创造力的球员。

2006年，加利福尼亚州高中联赛校际联盟决赛，才高二的克莱并没有赢下哈登所带领的阿蒂西亚高中。三十分惨败、被血洗，克莱在末尾阶段只能坐在替补席上看着哈登表演，看着阿蒂西亚的球员们庆祝夺冠的喜悦。那个时候，不论是实力、名声还是直接的对话，哈登都碾压了克莱，这种对位的单点爆破和全方位的包围，使得克莱下了绝对的苦功。现在的克莱虽然在个人荣誉和带队战绩上落后于哈登，但他已经找到属于自己的定位和方向，如果说哈登是进攻端的大杀器，那么克莱就是一触即走的冷箭手和刺客：单节37分；2015—2016赛季西决G6用11记三分击溃了雷霆队；90秒持球时间，52次触球，33次出手，29分钟，11次运球——60分。

克莱说："这里奠定了我很多的根基，圣玛格丽塔所赋予我的，我无限感激。"

❖

在夏洛特，库里打出了三个堪称全满贯的赛季——**三次球队MVP、三次赛区MVP、三次全州MVP、三次赛区冠军。**他带领着不出名、没有其他强力球员的夏洛特基督学校，完成三连冠的伟业。

在高中三连冠的路上，强硬是必不可少的。

桑娅认为，篮球可以是休闲、是娱乐，但更加是比赛、是竞技。塞斯和库里就曾经在球场上产生高强度的对抗，甚至动起手来。她说："激烈的对抗总是会非常自然地产生，这是库里两兄弟必须学会适应和接受的事情。在他们打架之后，我和戴尔会问他们从中是否学到了一些什么。"在母亲的眼里，只要两兄弟正走上一条有发展前景的好道路，只要他们有一个光明的未来，发生一些在常人眼中"**过度**""**出格**"的事情，很正常。

杰里·韦斯特说："永远不要认为他长着一张娃娃脸，就是一个没什么好胜心的人，他的内心对胜利有着强烈的渴望和欲望，这是任何人都想象不到的事情。"

从初入高中时无法入选一队，到高中结束时取得了三连冠的成就；从一开始不被教练们看重，到高中快毕业时被教练视作瑰宝，库里的高中之旅和他的整个职业生涯保持着同样的进程——被质疑，随后努力提升自己，强力地回应，直面回击那些质疑者。最后一年高中生涯时，很多大学都派出了球探，去各所高中考察年轻球员，肖恩·布朗会经常在那些大学球探们面前夸库里。与其说是"夸"，不如说是陈述事实："我那个时候总是对那些教练们和球探们重复说，'库里的运动能力确实没有那么棒，可是，他绝对可以成为你们队伍中最完美的射手'。我有时候甚至恨不得去拽着那些教练和球探，让库里在他们面前投篮、训练，某些时候我甚至产生一些念头：这些教练和球探是不是真的能慧眼识珠呢？"

全州MVP

赛区MVP、冠军

球队MVP

"我那时候每一天都会向上帝祈祷，我希望他能够保佑我的儿子，别让他穿着48码的鞋子，却只有1.8米的身高。这是实话，我不骗你。我确实非常担心，我担心我的儿子长着一双大大的脚，却个子不高。"这是库里的母亲桑娅在孩子蹿到1.91米之前长久以来的担心。这彻头彻尾地贯穿了他的整个高中生涯。

❖

2004年，库里上高二，那一年对于库里来说，非常重要。

前文提及，就是那个时候，库里在老库里的帮助下，修正自己的投篮姿势，练就了一手快速、精准和灵动的远投技巧。

同样是在那一年，人们开始意识到团队的重要性。

科比和奥尼尔尚且没有分道扬镳，前一年（2002—2003赛季）他们虽然败给了由蒂姆·邓肯和大卫·罗宾逊率领的"小马刺"（那个时候的邓肯、波波维奇和吉诺比利还很年轻），但依然是最有力的争冠队伍。2003—2004赛季，他们引进了加里·佩顿和卡尔·马龙，虽然这二位已经年老，但仍旧是不可忽视的主力球员——佩顿全勤首发，场均14.6分4.2个篮板5.5次助攻的数据并不差；马龙打了42场，场均13.2分8.7个篮板3.9助攻，依然不容小觑。这样的"四大天王"阵容，最终被看起来平民化的铁血活塞队击败了。

活塞队的季后赛之旅是这样的：

——首轮4：1绅士横扫密尔沃基雄鹿队。

——次轮直接横扫新泽西篮网队。

——东部决赛，苦战七场，最终淘汰由雷吉·米勒率领的步行者队。

——总决赛，马龙重伤、科比被普林斯不停地干扰、"怒吼天尊"和"大本钟"强强联手尝试去封锁奥尼尔和梅德韦登科、佩顿被比卢普斯单点爆破，最终击败了内忧外患的湖人队。

也是在那一年的夏天，纳什离开了当时的小牛队，加盟太阳队。当赛季纳什就拿到MVP，第二年更是蝉联，他在太阳队掀起NBA历史上第一次小球风暴。纳什的横空出世，让越来越多的人意识到**空间、三分、投射能力**的重要性；更多的教练认识到**节奏、提速**的必要性；很多富有先见之明的管理层，也在心中埋下了一颗种子，日后，以帕特·莱利为首的先驱者，逐步开始研究起未来篮球的发展趋势。

但，谁也没有意识到，这个正在父亲的帮助下改变投篮姿势的瘦弱小子——"弑弟芬"，就是改变未来联盟格局，引领世界篮球走向，开创一个新潮流、新时代、新纪元的划时代超级巨星。

那个夏天在库里眼中是最残酷的夏天，但同样也是最让他难以忘怀的夏天。

但没多久，另一个夏天到来了，那是他篮球人生中遭受到的又一次质疑和轻视，他没有太多情绪上的波澜了，但这并不代表着他习以为常了，他依旧在反抗这种质疑和轻视。

在库里众多欣赏和喜爱的球员中，就有一位不算太知名的小角色，**拜伦·拉塞尔**。拜伦从来没有因为自身的实力而取得过什么伟大的成就，他最好的一个赛季，场均数据也只不过是14.1分5.2个篮板1.9次助攻1.56次抢断。对于一个首发侧翼而言，还挺不错的，但这并不足以帮助他在历史上留名。

真正使他流芳百世、名传千古，或者说"臭名昭著""遗臭万年"的，是他对乔丹的轻蔑和不尊重。1993—1994赛季，拜伦刚刚进入NBA，而乔丹刚好夺得了人生第一次三连冠，之后的故事大家都很熟悉，他选择了退役，按照父亲的遗愿，去打棒球了。当时的拜伦已经不能用年少轻狂来形容了，他简直是目中无人。

拜伦·拉塞尔

"你为什么选择退役？是因为你知道，我能够防住你。如果你让我看到你穿上球裤，哈，那么我会打爆你。"拜伦完全是在大放厥词，新秀赛季场均5分2.7个篮板，我不知道他为什么有勇气和乔丹在场下喷垃圾话——乔丹在复出之后，不停地教拜伦做人。其中就包括乔丹在生涯最后一个赛季，面对爵士的那记绝杀，他晃倒的人，正是**拜伦·拉塞尔**。

提起拜伦，库里总是觉得很无厘头，他说不清楚自己到底喜欢拜伦什么——他不是什么大赢家，不是什么巨星，甚至都不是全明星；他没有过人的技术，也没有顶级的身体，更没有聪明的头脑和出色的篮球智商。我们不知道为什么库里会喜欢他，也许，他喜欢的是那份**不服输、打不败、不屈不挠的精神**。

拜伦·拉塞尔没有善用这份精神，他以此去挑衅乔丹；而库里则真正掌握了永不言败的精神内核——**自我挑战**。

不服输　　不屈不挠
打不败
自我挑战

大学，
戴维森学院
梦起飞
UNIVERSITY

"我从两三岁起就开始打篮球了，一路风雨走过来，这就像梦想成真一样。我们真的毫无保留，达到了那样的高度，我们让八强的旗帜在学校的球馆上飘扬，这是我们一直都会铭记的征程。"

——斯蒂芬·库里

第2章

经过一番努力后，他很顺利地进入了**利波提大学**。大一新秀赛季，他出战35场，其中首发场次高达34场，场均出场36.5分钟，20.2分4.4个篮板2.3次助攻1.37次抢断，是当仁不让的首发控球后卫。

显然，他不满足于利波提大学这一亩三分地，以跨入NBA这座最高殿堂为目标的他，绝对不会满足于此。因而，他选择转学去了**杜克大学**——其中有一些小坎坷，但最终还是顺利入学了。初入杜克，他无法占据首发位置，但至少捞到了一个稳定的轮换席位，虽然场均只有9分，但却维持着43.5%的三分命中率。在首发控卫凯里·欧文受伤之后，他开始成为首席控球后卫，并在之后两年稳住了自己的首发宝座——2011—2012赛季，场均13.2分2.6个篮板2.4次助攻；2012—2013赛季，场均17.5分2.5个篮板1.5次助攻。

如果给一个不熟悉库里的球迷看，他或许会信以为真的吧？

但对于熟悉库里的人来说，他们一眼就能看出，这并不是库里的大学生涯，而是他弟弟塞斯·库里的。

❖

高四的库里，带领球队拿到了33胜3负，遗憾的是他们输掉了最后的决赛。不过他们拿下了所有可以拿到的荣誉，这依然是伟大的成就。对于肖恩·布朗而言，这是他人生中执教的最大牌的球员，也是他教练生涯中最成功的一段日子。

尽管库里在高中打出惊世骇俗的表现，已经震惊他的队友、教练、现场观众，却始终没有能够打破大学教练和球探们的刻板印象和固有观念。在他们眼里，只有身高臂长的魔鬼筋肉人才适合打职业篮球，才有机会到NBA发展。因此，NCAA球队只愿意招收那些天赋肉眼可见的高中生——要么有风驰电掣的速度；要么有翻江倒海的力量；要么有一飞冲天的弹跳。他们追求的球员，他们认知内的明星球员，模板都是固定的，无外乎是迈克尔·乔丹、阿伦·艾弗森和"大鲨鱼"奥尼尔这几位。

作为戴尔·库里的儿子，库里在报考大学这件事情上，其实是有着很多优势的。老爹是前NBA球员，那么自己自然也会沾光。不论是看中老爹的面子也好，还是看中老爹的遗传天赋也罢，至少，会有几所名校愿意卖老库里一张薄面，收下库里的吧？

然而，你永远无法想象，这些大学教练和球探有多么固执。

"首先，他很难过得了第一印象这一关，一个高四的18岁青年，看起来竟然还像是个刚进高中的14岁孩子。他的小身板儿看上去也实在太过于瘦弱了，在那些人（大学教练和球探）的眼里，他无法适应高强度、高对抗性的大学比赛。"肖恩·布朗直言不讳，指出当时库里没有被名校看中的核心原因。

老库里为了库里的前途，拜访了几乎所有愿意见见他和他儿子的NCAA名校，其中就包括最具盛名的**杜克大学**、乔丹的母校**北卡大学**和老库里本人的母校**弗吉尼亚理工大学**。不仅仅是名校，甚至是一些普普通通的大学，都不太愿意接收库里，他们甚至认为这名当时就已经崭露头角的神射手，不如那些个只会蹦蹦跳跳扣篮的糙汉。在多数人看来，身体素质是第一要务，投射可以练、意志可以磨砺；但挂不上肉就是挂不上肉，身高太矮就是太矮，手短就是手短。

实话实说，他们的观念倒也不算错，身体素质极其出色的状元郎、被戏称为"养生曼巴"的威金斯，榜眼秀英格拉姆，被国人寄予厚望的周琦，他们进入联盟后固然增过重，但涨幅不算大，没有达到预期。而现下能找到的完美的挂肉范例，只有雄鹿队的当家球星、2018—2019赛季的MVP得主扬尼斯·安德托昆博。

当然，一定会有练不出投射和篮球智商、意识的球员。比如西蒙斯，到现在都不会中远距离投射；比如迈基吉，糟糕的投篮手型让他无法在射术上有所进步；比如辗转多队的迈克尔·卡特·威廉姆斯，这几年，他打过控卫、分卫和侧翼，但始终没有稳定的三分表现。

杜克大学　北卡大学
弗吉尼亚理工大学

但相比练不出来的，练得出来的球员显然是更多的。2018—2019赛季大放异彩的雄鹿队中锋布鲁克·洛佩斯，生涯前六个赛季没有三分球进账；2014—2015和2015—2016赛季开始玩票性质地投个几次；2016—2017赛季开始，三分成为他的常规进攻手段，连续三个赛季命中超过100记三分。2018—2019赛季，更是以36.5%的命中率，投进了职业生涯新高的187记三分。又比如活塞队的新当家布雷克·格里芬，生涯前六个赛季，三分球总共投了155次，命中42球；2016—2017赛季直接攀升到113投38中；此后，三分球成为常规武器，2018—2019赛季，合计出手了522次三分，以36.2%的命中率投进189球。

因此，我们很难为此去苛责那些大学教练和球探"瞎了眼"，他们只是没有能够跳脱出固有观念和刻板印象，去看待库里这名划时代的新型球员。

❖

但，对于库里而言，这样的"轻视"是具有决定性意义的，这使得他失去了去更好的大学学习和训练的机会。

同样，对于某几位教练而言，这也堪称他们大学执教生涯中最严重的损失。

库里曾经参加过杜克大学举办的训练营，而杜克大学的教练就是美国奥运会前男篮主教练——门生故吏遍布天下、享誉全美的功勋教头"老K"教练。"老K"一向以慧眼识人著称，他不喜欢带有商业性质的NBA，因此从未执教NBA球队，但曾效力于他麾下的NBA球员，已经远远超过百人。刨除"老K"教练在美国队执教的球员，仅在杜克大学，他就培养出了至少五十位以上的NBA球员。其中包括好几名曾经和现在的巨星球员或潜力新秀，格兰特·希尔、欧文、英格拉姆、塔图姆、"胖虎"蔡恩、巴雷特；也包括很多次一级的主力和轮换，比如说普拉姆利兄弟、肖恩·巴蒂尔、塞斯·库里和卡洛斯·布泽尔。

一直以来，杜克大学都是NCAA最强的球队之一，"老K"教练几十年如一日的执教使得杜克大学几乎没有低谷。这位育才无数的名教头，可谓"智者千虑，必有一失"，他错过了库里——而到目前为止，库里的成就已经超过了所有曾效力于杜克大学的现役或退役球员。可以说，"老K"教练让这名超级巨星，从自己的眼皮子底下溜走了。当然，库里如果去了杜克大学，是否仍然能有今日的成就，那就是另一个问题了。

除去杜克大学，北卡大学和弗吉尼亚理工大学也和库里无缘，整个大西洋海岸联盟的高校，没有人看好库里。如果说北卡大学是单方面直接地拒绝了库里的话，那么弗吉尼亚理工大学，则值得我们翻翻旧账。

高中毕业的库里，身高1.83米，体重刚过70千克，仍旧是个瘦小子，但比前几年已经好得多了。老库里曾经是弗吉尼亚理工大学的明星球员，母亲桑娅也是其排球队的重要成员，在父辈的帮助下，弗吉尼亚理工大学表达了对库里的兴趣。这无疑是件好事，因为这是第一所对库里感兴趣的名校，这意味着他可以和父亲一样，可以有更大的可能性走上职业的道路，可以离NBA更近一步了。弗吉尼亚理工大学派了一位可能是助理教练，也可能是带有敷衍性质的、某位不知名球探和球队边缘人物，让他来到夏洛特基督学校，和库里见上一面。我相信，那个时候的弗吉尼亚理工大学，对库里的认知并不是未来的NBA球员、完美的射手、优秀的控卫，而是本校校史篮球队明星、前NBA最佳第六人戴尔·库里的大儿子。

年幼的库里显然没有发现这其中的门道，他很高兴地认为：弗吉尼亚理工大学对自己是真的有兴趣吧？他把这些都当作真的，很认真地对待着这次足以决定他未来的"会见"。

在食堂中，弗吉尼亚理工大学的工作人员来和库里会面了，全校都在关注着他们，这是夏洛特基督学校百年一遇的场景——这儿从没有出过什么优秀的运动员，或许库里将为他们开创历史。以后，他们可以逢人就说："不知道了吧，库里是我同学！"但现实总是比丰满的想象骨感得多，工作人员委婉地表达了弗吉尼亚理工大学对库里的欣赏，并道出了此行的重点——他们只愿意让库里作为后备队员加入学校。这意味着，库里需要全额支付自己的学费且没有奖学金，他也无法入选校队，为学校南征北战，或许他头一年只能做一个饮水机管理员。在弗吉尼亚理工大学负责人的眼里，库里至少还需要一年时间打磨自己的身体，才能获得一点上场机会。

时任弗吉尼亚理工大学主教练塞斯·格林伯格的言辞丝毫不留情面："你儿子的身板，打不了NCAA比赛。"

小小的梦想，就这么破灭了。

他意识到，弗吉尼亚理工大学只是卖了父亲的一份薄面，才派人来象征性地招募他，他们并没有重视自己的实力，他们这是在"开后门"。对于一生要强的库里来说，这简直就是一种"羞辱"。

于是，他拒绝了弗吉尼亚理工大学。

或者说，弗吉尼亚理工大学用自己的"傲慢"赶走了库里。

❖

当然，此处不留爷，自有留爷处。

是金子总会发光的，库里最终选择了**戴维森学院**，那儿成了库里梦想起飞的地方。

现在提起戴维森学院，库里总是很开心，那是发自内心的、由衷的快乐。看得出，他很怀念那段时光，他称赞戴维森学院是一所很厉害的大学，球队也很给力。学院强调，他们的第一身份是学生，第二身份才是运动员，努力学习是必须的事情。不过，和库里的初高中一样，戴维森学院也有那么点儿"穷哈哈"，寒酸得很。篮球队和排球队共用场地，训练设施不新，可能还有点儿破旧。每年，学校会给每位球员发放几件球衣和两双球鞋，以及一双护踝，这是他们全部的福利。比起那些名校随时可以有盈余更换装备的宽裕，戴维森学院必须过精打细算的日子。

库里承认，自己是比其他球员都瘦弱，但他丝毫不认为自己比别人差，他认为自己是合格的球员，甚至是优秀的即战力首发球员。这种观点极具自信，而和他抱有相同看法的戴维森学院，俘获了库里的"芳心"。

NBA矮小型球星代表

NBA矮小型球星代表

■ 身高/米
■ 体重/千克

博格斯	1.6
艾弗森	1.83
内特·罗宾逊	1.75
小托马斯	1.75

NBA高瘦型球星代表

NBA高瘦型球星代表

马努特·玻尔	2.31 / 90
利文斯顿	2.01 / 84
字母哥	2.11 / 95

　　时任助理教练吉姆·福克斯，是当时力主招募库里的重要人物之一，他和库里就有着类似的观点——瘦弱是一码事儿，能不能打是另一码事儿。篮球不是拳击、不是格斗，身材确实很重要，但并不会起到一锤定音的作用。库里的偶像"小虫"博格斯只有1.6米；艾弗森注册身高1.83米，但实际上可能不足1.8米；内特·罗宾逊是1.75米的扣篮王（真实身高兴许只有1.65米）；小托马斯是地表最强一七五。马努特·玻尔身高2.31米，是NBA最高的球员之一，体重方才超过90千克；2.01米的控卫利文斯顿，体重不过84千克；初入联盟的字母哥，顶着2.11米的内线身高，却只有95千克。

　　此外，吉姆还有两项与众不同的观点。第一项是他和戴维森学院共同的坚持，他们致力于寻找父母都曾经是运动员的孩子，他们认为这不仅让孩子有更好的天赋，他们从小的体育氛围也一定比普通球员更好。第二项则是吉姆个人的看法，他认为库里遭到各大名校拒绝，尤其是弗吉尼亚理工大学的"傲慢"，会给他更大的动力，这些"轻视"会鞭策库里成为更优秀、更完美的球员。

　　事实证明，吉姆·福克斯具有一双过人的慧眼。

当然，助理教练同意没什么用，主教练鲍勃·麦基洛普才是最后拍板的那位。如果麦基洛普像格林伯格和"老K"教练那样，那么吉姆再推崇库里，都只是无用功。好在，麦基洛普认为库里具有无与伦比的比赛影响力，对于注重速度和投射的戴维森学院而言，库里的加盟就好像是鱼儿与大海、鸟儿与天空，堪称天作之合。

在他的大学队友安德鲁·勒弗代尔口中，库里很强，但给人的第一印象仍旧是其身材带来的质疑："我和他第一次见面，大概是在高四的时候。当时，他来找我们一起打球，他给我带来的最大印象，就是瘦弱，我曾经和别人讲过这件事情。"他也不明白，为什么教练会招募这么一位球员，并将他视作队内最棒的球员。直到库里打起比赛，安德鲁才意识到教练的做法绝对是正确的。这样的球员，如果是自己的对手的话，自己绝对会被打出心理阴影的。

麦基洛普说："我从他身上看到了一些特质，这么解释吧，库里的眼中有快速反应肌肉，他能看到那些还没有发生的事情。同时，他可以做出快速反应，因此他总能比别人领先一步。他一直都拥有极强的**阅读挡拆、传球、运球、防守**和**进攻**的能力。"这位面目和善的戴维森学院主教练，对库里简直是赞不绝口，他可以说是库里篮球生涯中第一位无比赏识他、呵护他，同时又对他有高标准、严要求的伯乐。

我们总说，千里马常有，而伯乐不常有。麦基洛普就是库里的伯乐，他给库里的大学生涯带来了极大的帮助。

好的教育者，懂得如何去引导学生，一味地压迫只会达到物极必反的效果，而一味地放纵则会使得天才堕落。同样，好的教练懂得给球员适当的权限，他们允许球员在场上自行做出决策，也允许他们失误、犯错。每一名球员，职业生涯中都投丢过球、出现过失误、有过不合理的出手，甚至有过梦游的表现，但是，如果因为球员的一次错误，或一场比赛甚至是一段时间的低迷，就直接放弃这名球员，不再信任他，对于这名球员而言，才是毁灭性的打击。

麦基洛普就是这样的好教练，算得上是除了父亲以外，库里的第一位恩师。他看中了库里的超人般的意志力，这是他能够坚持每天加练的理由，是他一步一个脚印回击质疑者的贬低的底气，也是他获得成功并在**NCAA**和**NBA**大杀四方的根本。对于新生而言，没有人能够从第一分钟开始就百分百适应NCAA的比赛强度，但麦基洛普给了库里足够的信任和权限。

而这些权限和信任的根本，来源于长时间的接触。

麦基洛普很久以前就认识戴尔·库里，他的儿子布兰登在斯蒂芬·库里10岁时就经常和他一起打棒球。麦基洛普刚认识库里，就发现他过人的坚韧和努力，并认为这个小孩儿未来一定颇有成就，或许会成为一名很棒的棒球运动员。但他选择了篮球，此后8年时间，麦基洛普见证了库里的成长和进步。如果说在库里进入大学之前，除去他的家人，有谁不会轻视他的话，那这个人一定是鲍勃·麦基洛普教练。

❖

库里的戴维森学院第一战，做客密歇根州安阿伯市克莱斯勒球馆，对阵东密歇根大学，他的表现堪称冰火两重天。

寥寥无几的观众席上没有喝彩声、掌声，观众们三三两两，不知道在做什么，瞌睡、聊天才是他们想做的事情，场上的比赛只不过是背景音乐罢了。上半场，库里在昏昏沉沉中交出了8次失误的糟糕答卷，球队落后18分，大量的身体对抗和NCAA的比赛强度确实让库里不太适应。如果说你能拿到40分12次助攻，同时伴有8次失误，那你的教练只会提醒你"**注意控制失误**"；但如果你的得分差点挂零，却出现8次失误，你的教练会如何评价你的半场表现呢？

我想，即便是老里弗斯执教小里弗斯，他都不会对其他正向数据挂零，反而出现8次失误的小里弗斯好言好语："你别以为你是我儿子，我是你老子，我就会饶了你！你个小屁孩半场8次失误？你想不想打NBA了？你能不能认真点？能不能硬气一点？别给你老子丢脸！下半场你再有一次失误，你就别打了！"

但麦基洛普没有批评库里，他反而不停地鼓励他、安慰他。

库里就是这么一位能够回馈信任的球员，在麦基洛普的鼓励和提点下，他怀着更自信的心态走上了球场。上半场被强对抗和高强度折腾得七荤八素的库里，已经开始适应并习惯这种级别的比赛了。当库里进入"ZONE"，即"**库里时刻**"时，他是无法阻挡的明星。下半场，东密歇根大学傻了眼，他们成为NCAA第一支被"库里时刻"打爆的球队，成为NCAA第一支领略到被库里支配的恐惧的球队。他轻描淡写、闲庭信步地取下13分，惊煞对手，也惊艳了队友。

人们第一次见识到了库里式的篮球，风一般的跑位和无球移动，蝴蝶穿花般的运球和控球，灵动机敏的过人和节奏，神一般的战斗意志，外加精准制导、自带瞄准设备八倍镜、突施冷箭般却又狂轰滥炸的三分球。东密歇根大学被打垮了。这是戴维森学院自1969年以来的第一场胜利，久旱逢甘霖，大逆转使得整支球队陷入狂欢。库里证明了自己的实力，也证明了麦基洛普没有看走眼，他顺理成章地成为队内核心。

勒弗代尔说："他是个很好的队友，因为他知道什么时候应该鼓励大家，什么时候应该站出来说点儿什么。"

库里的篮球生涯一直是这样的，小时候错失绝杀后敢于带领球队前进；高中时被轻视后完成三连冠伟业；从被名校屡屡拒绝到入选理念相同的戴维森学院；被老K和格林伯格轻视，但被麦基洛普视为瑰宝；NCAA大学生涯第一战上半场8失误，下半场关键13分强行逆转比赛——库里的篮球路一直是低开高走的旅程。

❖

"我们的基础，就是我们所有球员都努力维护的荣誉准则，荣誉准则是，相信自己能够做到更好，承诺自己会尽自己的最大努力，关心身边的每一个人并表现出来。信任、承诺和关怀贯穿一切，贯穿于库里的生活中，他一直以此为信条和准则。所以，他把这些文在了自己的手腕上，这是他的第一个文身。"

麦基洛普知道，库里当时还不算太稳健，容易出现大量的失误，每次他传球都让人心惊肉跳。对于一名后卫而言，能否控制失误是非常重要的一项指标。如果他不能维持较好的助失比（助攻失误比例），是很难成为一名优秀的控卫或双能卫的。作为球场上的指挥官和大脑，没有好的大局观、视野，是无法带领球队前进的——那个时候组织前锋的说法才刚刚兴起不久，人们对控球后卫和双能卫的要求还比较传统。

"当时库里的比赛，就好比是电脑游戏，每次他传球时我都赶紧扭过头去，我不想再看他失误了。"

恩师对此直言不讳，坦诚地讲出了他的看法。当然，库里如果只是在那儿不停地失误的话，是不可能成为现在这么伟大的球员的。从大学时期开始，他就和现在一样，能够很好地控制自己的情绪（当然，在遇到极端判罚的情况时也会失控，这无可厚非），尽管他没有得到很公平的对待，但他很少会主动去找裁判抱怨。更难能可贵的是，他不会因为自己是队内核心，且身体瘦弱，就放弃防守，让队友给自己擦屁股。相反，他很热衷于鼓励队友，自己努力完成自己分内的防守任务，然后积极地参与到防守端一切需要他的地方。他不惜在防守端花费大量的体力和精力，尽管这有可能会妨碍他进攻端的表现，他仍然不在乎。

除去拼搏精神之外，麦基洛普认为库里是个很听话的球员。他会在教练们的指导下反思自己的表现，提炼出其中的精髓，尽可能摒弃那些糟粕。很多球员在赛场上，会陷入一种情绪上的结界，导致一切外界因素都无法影响他们——好处很明显，他们不会受到任何场外事件的干扰；但坏处也存在，教练的指示、队友的要球、安排的战术，他都会忽视。在这类球员的眼中，把球**"干进篮筐"**就行了，盲目的自信促使他们不停地干拔、冲击篮筐，哪怕对方布置下了防守陷阱等着他攻筐、跳投，他也会不惧刀山火海，直接出击。

拼搏精神

实际上，在对阵东密歇根大学的上半场结束之后，很多教练组成员都建议麦基洛普把库里给换下来。不过，考虑到8年来对库里成长的见证和对其实力的认可，包括对他调节自我状态的能力的信任，麦基洛普力排众议，坚定地派上了库里。"教练组的其他成员，在中场休息的时候就和我讨论过这个问题。我们在考虑，是不是应该在下半场比赛中不让他登场，因为他甚至当得上'**球队黑洞**'这一称呼。不过，当时我想起了我观看过的库里的比赛，还有他出色的反思与调整能力，最终我们决定把他留在场上。"事后，回想起当时的决定，麦基洛普显得非常庆幸，庆幸自己做出了正确的选择，也庆幸自己可以为库里伟大的篮球人生做出一些微小的贡献。

当然，他给库里的信任，和库里给他的回馈，完美地印证了招募库里时麦基洛普说过的那句话："**你们就等着看库里吧，他绝对是一个很特别的球员！**"

库里的身体并不差，他的核心力量高过绝大部分队友，但从外表上来看，从静态身体素质来看，他确实属于"身体素质差"的那批球员。在很多人心中，库里比起勒布朗·詹姆斯、迈克尔·乔丹更容易接近，他是万千球迷心中的"**平民神话**"。

"**平民神话**"虽然带着"**平民**"二字，但他带领戴维森学院取得的吸人眼球、引人注目的战绩，是绝对的"**神话**"。

大学第一战，库里拿到15分13次失误；不过第二场比赛，他就强势轰下了32分4次助攻，带队取胜。整个大一赛季，他场均得到21.5分4.6个篮板2.8次助攻1.82次抢断，是那个赛季NCAA南部赛区的新秀得分王；在所有刚刚步入大学的新秀中，他的场均得分仅次于他日后的队友凯文·杜兰特。提到这一点的时候，库里表示，当时的自己很不服输："我们是大学同届生，所以在我的大一赛季，我一直在追逐杜兰特的数据。在新秀赛季的任何时刻，只要我打出一场精彩的表现，我就知道杜兰特也会一样。我们的场均得分非常接近，不过，在赛季收官阶段，他彻底爆发了，当时我就猜到了，杜兰特可能只会打一年大学篮球，他会直接去NBA的。"不出所料，效力于德州大学的杜兰特在大一赛季结束后就宣布参加选秀，并以榜眼的身份被当时的超音速队选中。

比起数据更重要的，是胜利。几十年没有品尝过胜利的滋味的戴维森学院，终于在库里的带领下，成为一支胜多负少的球队。库里出战的34场比赛中，戴维森学院29胜5负。同时，他投进122记三分球，刷新了新秀三分纪录。

❖

大一赛季的库里已足够让人惊艳，但大二赛季的库里取得了更好的成绩。

身高蹿升到1.91米的他，场均可以拿到25.9分4.6个篮板2.9次助攻2.03次抢断，命中率高达48.3%，三分命中率高达43.9%，同时带领球队取得26胜6负的好战绩，分区19战保持全胜。好战绩并非是一帆风顺的，他们在赛季前10场比赛中输掉了大半，是依靠着后期的突击才拿到如此棒的战绩。这样的表现使得他们强势杀入了戴维森学院从未涉足过的NCAA锦标赛——这是几乎所有大学都期盼着的赛事，而戴维森学院则凭借着库里的一己之力，杀入了NCAA锦标赛。

戴维森野猫队是当赛季NCAA中西赛区的10号种子球队，这是校史上的最高纪录。

2008年3月22日，64强赛，NCAA锦标赛第一场，库里带领10号种子戴维森学院挑战7号种子冈萨加大学。赛前，冈萨加大学的前锋奥斯汀·戴耶难掩对戴维森学院的轻视。似乎，这场比赛已经是冈萨加的囊中之物了："戴维森？这是哪所学校？我们是冈萨加，我们是强队，首轮比赛面对戴维森，我们的想法就是击败他们，杀入下一轮，这应该会很简单。"实际上，我们不能怪罪奥斯汀的轻视——在库里加盟之前，戴维森39年没有拿到过胜利了，他们不知道戴维森学院，实属正常。不仅是他们，绝大多数的媒体和球迷都更加看好冈萨加，戴维森从没赢过锦标赛，谁会看好他们呢？由于南部赛区整体实力在全国偏弱，所以很多人都认为戴维森的战绩有着很大的水分，他们期待冈萨加能把戴维森学院打回原形。

好事者曾经在赛前把奥斯汀的话告诉了杰森·理查德斯，彼时球队的控球后卫（库里在大学生涯初期打的是得分后卫、双能卫角色），但他似乎对奥斯汀的大话满不在乎："冈萨加确实是强队，他们是我们的榜样，每年他们都能赢下很多比赛。不过我们有库里，所以我们很有自信！"是役，库里出战39分钟，**22投14中**，其中三分球10投8中，以惊人的高效拿下了**40分3个篮板2次助攻5次抢断**——下半场得到30分。库里神挡杀神、佛挡弑佛的精彩演出，帮助戴维森学院成功杀入32强，也获得了校史上**第一场NCAA锦标赛胜利**。

库里做到自己赛前说的："**我们非常自信，如果我们专注于比赛，我们的表现足以震惊世界。**"

比赛的过程绝非一帆风顺，杰里米·帕戈在库里头上飙中一记三分，这个时候的冈萨加已经领先11分。"我们觉得这个分差并非不可逾越，只要我们能够严格执行赛前的计划，把握住投篮机会，把属于我们的比赛'魔法'给找回来，就有机会逆转。"麦基洛普却显得气定神闲，他们没什么输不起的，他们以挑战者的姿态站上NCAA的舞台，没有包袱，只有无尽的战意。当时的库里已经习得了除三分球以外的一些绝技，比如他的抛投和主动倚人找对抗后的篮下终结。同现在的库里一样，当时的他就已经是无球和持球结合得最棒的大学球员之一，接球后不停顿的追身三分、借掩护直接投、手递手干拔三分，库里强行追平了比分。

这个时候的冈萨加，已经完全收起了他们对戴维森学院、对库里的轻视，他们发现眼前的对手似乎并不好解决，是个硬茬儿。大量的高强度盯防和全场紧逼、高风险的包夹，甚至不惜祭出联防，他们也没能解决库里。托

22投 14中

40分

3个篮板　2次助攻　5个抢断

马斯·桑德尔，作为库里的队友，给了他充足的信任。就像是在勇士队，当库里、克莱和杜兰特出手时，队友们提前庆祝的样子一样，库里在托马斯的高位策应手递手之后坚决地出手。托马斯回头看了眼篮筐，球还没有入网，他开始向后退，替补席在球出手后就陆续站了起来。应声入网的那一刻，整个戴维森替补席都沸腾了，哪怕是教练们都按捺不住激动，挥舞起双臂。

此后是长时间的胶着，最后两分钟，仍旧是杰里米为冈萨加追平比分。库里的队友马克斯·戈瑟兰出了一记三分，但遗憾地弹筐而出，好在勒弗代尔，这位和库里打过野球、最早认识库里的大学队友抢到篮板。这个篮板的难度极大，他是在两人围堵中拼下来的，随后甩手将球塞给已经退防却及时刹车并赶往三分线的库里。"我没有压力，我对待每一场比赛的态度都是一样的，我一直会全力以赴赢得比赛。我不会因为现场的气氛而感到紧张，我仍然会依照自己习惯的投篮方式和节奏投篮。"

这一回，替补席癫狂了，他们快要赢下这场比赛了，39年来第一场锦标赛胜利，这是戴维森学院野猫队队史上最值得纪念的时刻之一。

伴随着冈萨加的多次出手不中，以及犯规战术后库里的两罚全中，冈萨加以7分的劣势被戴维森学院淘汰。

这一刻，戴维森学院开启了新的篇章。

"我们都喊他娃娃脸杀手，但是，他绝对是我见过的最凶残的竞争者，他已经向全国展示了自己的能力。"15分9次助攻，杰森·理查德斯是队内第二号得分手，他给库里送出最多的助攻。

戴维森学院
新的篇章

锦标赛第二场，面对2号种子乔治城大学，戴维森学院整体实力并不占优势，他们曾经一度落后17分。可别小看17分的分差，虽然对于现在的NBA来说，17分并不是不可逆转的分差，因为如今比赛节奏加快，双方得分超100是家常便饭，超120也随处可

戴维森学院　乔治城大学

74：70

见，但是NCAA向来比分不高，八九十分就算是很高的得分了，而17分的分差对于大多数球队而言，相当于"宣判死刑"——他们要被淘汰了。不过，库里并不是一般人，上半场仅得5分的他下半场狂轰25分，总计30分5次助攻的精彩表现，直接带领戴维森学院完成大逆转，**74：70淘汰了乔治城大学**。那一战，让人们意识到这个瘦弱的小个子，并不是昙花一现，面对冈萨加的40分更不是什么运气，而是他独树一帜的风格和实力的彰显。

这是库里，也是戴维森学院的一大步，他们杀入16强。

第三战，面对中西赛区3号种子威斯康星大学，库里继续着自己火热的手感。那场比赛，詹姆斯也到场观战，他绝对不会想到，眼前这名娃娃脸大学生，竟然会是自己日后的大敌——甚至堪称一生之敌。库里在球场上里突外投，三分、突破、拉杆上

戴维森学院　威斯康星大学

73：56

篮，可谓无所不能，不由得让场边的队友和观众们为他欢欣鼓舞。此役，他拿到33分，带领**戴维森学院73：56大胜威斯康星大学**，成为NCAA历史上第四位前四场锦标赛都能得到30+的球员（其中包括大一赛季参加的第一场锦标赛，那次库里拿到了30+的得分，但最终却输掉了比赛）。

这个时候的库里，不说名满天下，也已经是享誉全美，尤其是NCAA了。戴维森学院杀入八强，就好比2010—2011赛季诺维茨基率领着年迈的独行侠队夺冠一样，完全没有人能够想到这样的局面。

戴维森学院　　堪萨斯大学

57 ： 59

不过，戴维森学院的阵容确实比不过那些豪门强队，在争四强的比赛中，戴维森学院遭遇到了当年的NCAA总冠军堪萨斯大学，最终**57：59憾负**。高强度的防守大幅度消耗了库里的体力，前三战的高压也使得他的体能进入瓶颈。不过，库里并没有将这些客观因素放到台面上来说，他认为，他们是有机会赢下比赛的。最后时刻，在对手决定包夹他时，他没有坚定地出手，反而传给了身处空位的队友。25分的得分绝对不算差，但库里认为自己可以做得更好，他需要更加坚定地出手最后一投，磨砺出更靠谱的关键球能力。

好就好在，尽管被淘汰，但他们已经超越了自己。库里创纪录地刷新了NCAA球员单赛季三分球进球数，将这一数字提高到了162记；戴维森学院里程碑式地杀入NCAA锦标赛八强，这是学院最好战绩；库里本人也成为中西赛区最杰出球员，这是20多年来第一次出现球队没有进入四强，队员却获得最杰出球员荣誉的情况。

NCAA球员单赛季三分球纪录

1622 记

位置，
控卫与分卫
的抉择
POSITION

"每件事情的发生，都有其原因；每个瞬间，都有一个故事可以讲述。我一直认为，成功的人都是追赶、奉献和充满欲望的。但对我来说，它也是关于自信和信心的故事。那个夏天，我把失败当作自己前进的动力，我尽全力打出属于我自己的球风的比赛。"

——斯蒂芬·库里

第3章

短短十几天内，库里声名鹊起，他成为全美最炙手可热的大学生运动员。人们开始意识到，有一手完美的投射技巧，也可以左右比赛、决定胜负。这种特立独行、独树一帜的比赛风格颠覆了人们对传统篮球观念的坚守——要篮下、要中距离，三分球只是锦上添花而已。

在夏洛特山猫队对阵克利夫兰骑士队的比赛中，库里来到了现场观战，这时候的他，已经不再是那个跟在戴尔·库里屁股后头，屁颠儿屁颠儿跑到加拿大航空中心，和博格斯、卡特、麦迪单挑的小孩儿了。他的名声，已经超过了一些不太知名的NBA球员，他是冉冉升起的新星，是大家崇拜的对象了。在夏洛特，甚至有狂热的球迷要求尚未进入NBA的库里为他们签名，不得不说，在很多美国人的眼中，NCAA比NBA更具有观赏性，是更值得大家欣赏、呐喊、欢呼和助威的竞技体育。

不过，已经有足够的底气参加NBA选秀的库里并没有宣布参选，他想回到大学，他要再打一年。他知道，在NBA中想要打得分后卫，是多么吃亏。NBA历史上最伟大的得分后卫之一德维恩·韦德，就曾经被人称作"**矮了5厘米的乔丹**"。可想而知，身体，尤其是包括身高、臂展的静态身体素质是多么重要。随着时间的推移，你的速度和弹跳会和你的膝盖、脚踝健康一起离你而去，巅峰时期迅捷的反应也将不复存在。为数不多能够陪着你一辈子的，是身高、臂展、投篮手感、力量和意识。对于库里而言，本来就不以身体素质见长，又偏偏要去打极其考验身体素质的得分后卫，显而易见，是一笔不划算的买卖。

现役打出名堂的得分后卫，没有一个身体素质不好的。德文·布克的身体素质虽然不显山不露水，最大弹跳高度只有87厘米，但他的底线折返跑速度高达10.22秒，是同届新秀中最快的；克莱各项身体数据都不太出彩，但2.01米的身高和极强的韧性是他引以为傲的资本，多次带伤上阵和全方位笼罩式的高大身材足以彰显他身体的坚韧；多诺万·米切尔和维克托·奥拉迪波，都是蜘蛛人类型，能跑能跳，在2017—2018赛季步行者队面对骑士队的季后赛中，奥拉迪波就是凭借一手中线起手的高速突破拆解掉了骑士队对他的包夹。

　　反观得分能力超强的利拉德，他的速度已经很快了，但仍旧不如奥拉迪波，因此，他只能依靠埃内斯·坎特、柯林斯的高位挡拆破掉雷霆队、掘金队的包夹，更不用提哈登这个怪物了，别看哈登平时打法慢吞吞、软绵绵的，但他的上肢力量堪称得分后卫中的顶级，下肢力量是可以单防内线背身单打的存在——他的防背打效果在外线球员中绝对排得上前十，甚至是前五。

❖

　　库里很聪明，他做出了合适的选择，如果以得分后卫的身份参加选秀，即便他拥有史上最强大的外线得分能力，也依然不会获得太大的成就。

　　其中逃不开的一点，就是小个子在防守端的天然劣势。

　　在防守端，身高劣势会被暴露得一览无余。比如说利拉德的队友麦科勒姆，他是联盟中最会利用节奏过人的中投小王子，有着非常精湛的技术和进攻能力，我想这一点，没有人会否认。然而，他和利拉德组成的后场双矮，让开拓者队的外线防守屡屡遭到挑战。他们的防守态度很端正，身体素质也不赖，都是能轻松扣篮的主儿，比库里好很多。不过，他们的防守效果却一直不太好，在开拓者队对阵勇士队的系列赛中，克莱就用一手背身单打，打得麦科勒姆没了脾气。身高上的优势让克莱可以轻松碾压快比他矮了10厘米的麦科勒姆，这种硬性条件上的劣势，会让球员的内心非常受伤——"我明明已经那么努力了，可我为什么就是防不住他的背打呢？"

　　因此，库里改行控卫，绝对是明智的。

　　在联盟中，只有一位控球后卫获得过DPOY（美国职业篮球联赛年度最佳防守球员奖），那就是加里·佩顿。他生涯的代表作就是曾经有效地限制过迈克尔·乔丹，当然，这少不了队友的协防和夹击。但这无法磨灭佩顿在防守中巨大的贡献，乔丹面对佩顿时，确实效率最低。不过，加里·佩顿有着1.93米的身高和2.03米的臂展，远超同位置平均。臂展这一项，虽然对于投射没什么好处，但对于防守的好处实在是太过于显著了，凭借硬天赋就能轻轻松松扩大防守面积，这对于每一名防守者而言，都是一件没有争议的好事。

比如说，曾经在面对湖人第一代"F4"时有效限制科比的命中率的泰肖恩·普林斯，就有着2.18米的臂展，在已经退役的锋卫摇摆人中排名历史第二位——第一位是皮蓬，他的臂展达到2.21米，8次一防、2次二防（他没有拿到过DPOY，和邓肯一样，非常可惜）。毋庸置疑，皮蓬是NBA历史上最棒的侧翼防守者之一，公牛队的两个三连冠不仅依靠三角进攻和乔丹的个人能力，乔丹、皮蓬构筑的外线防守也是一等一的功臣。

现役球员中，以防守著称的控球后卫寥寥无几，保罗和贝弗利二人算是个中翘楚。但是，这两位球员的职业生涯，一直都充斥着各类小动作，贝弗利更是自称"**垃圾狗**"（Junk Yard Dog），曾经在过大幅度的对抗中致使多名球员受伤，其中就包括库里和威斯布鲁克。实际上，控球后卫多半做不到攻防一体，这是非常正常的事情，对于控卫而言，即便他们能有效限制对位的控卫，但一旦换到其他位置的球员面前，他们就处于"**人为刀俎，我为鱼肉**"的境地。自主进攻能力再差的中锋，都能凭借着体形和体重的优势，轻松背推大部分控卫，完成最基本的篮下终结。对于那些有一手的锋线，甚至是顶级球员，想要单点爆破对手的控卫，实在是太简单不过了。

在2018—2019赛季的西部季后赛首轮中，贝弗利一度让杜兰特极其拧巴——但这是精神方面的斗智斗勇。一旦杜兰特开启个人进攻模式，贝弗利拿他根本没有任何办法。杜兰特只需要借助一个简单的无球掩护，就能轻松甩开贝弗利；即便不借助掩护，强行背打或者直接干拔，贝弗利都无法干扰到他。

库里的整个职业生涯，一直萦绕着"防守不好"的评价，但这实际上是一项无端指责。对于大部分控卫而言，无法防住凯里·欧文，甚至是错位的詹姆斯，都是百分百正常的事情。欧文的个人进攻技巧极强，堪称"**进攻博物馆**"，他的无差别单打能力是联盟顶级的。想要掐死欧文，就和防库里一样，至少得上一些包夹，在出手前布置一些协防和干扰，控卫一对一完全封锁欧文，是不可能的任务。

而防不住詹姆斯，那更是再正常不过的事情了。任何超级巨星都不可能被锁死，更何况，那是历史上进攻稳定性排名前三、突破能力冠绝历史的詹姆斯——别忘了他历史级别的身体素质。伊戈达拉、莱昂纳德、德雷蒙德·格林，再好的外线防守人都无法完全守住詹姆斯，能有效干扰他个人进攻的防守体系必须做到外线大闸和内线高塔兼备——譬如莱昂纳德和蒂姆·邓肯，格兰杰、保罗·乔治和希伯特，马里昂和钱德勒。

而库里无法防守住詹姆斯，却成了他的一项缺点，真是滑天下之大稽。

在控卫中，库里的防守即便称不上顶级，也稳居一流水准。在锋线球员的帮衬下，詹姆斯错位针对库里的效率正在逐年下降。如果说2014—2015赛季詹姆斯面对库里还有机可乘，那么在2017—2018赛季，詹姆斯对上他时，则基本无法获得好机会。与洛瑞、范弗利特这种具有侵略性的钢炮类球员不同，库里的防守之道在于中庸——不是很依靠掩护，绕掩护速度尚可；防低位能力在控卫中不错，比不过矮壮类球员，但不算很吃亏。他在防守端全情投入，拿到过抢断王，有着很好的协防、预判意识，多数情况下能够做到不失位。

对于控卫而言，能有这样的表现，就很不错了。

防守端的"吃力不讨好"，让现在很多坐拥优异的身体素质的球员，完全提不起对防守端的热情。又比如哈登，他防背打确实一流，但他在外线防守时根本没有专注度可言，随随便便就能被过掉。詹姆斯，防守端日常叉腰防守，甚至连伸个手干扰一下的欲望都没有。如果说詹姆斯年纪大，哈登有哮喘，他们的体能都下滑了，那威斯布鲁克又该如何解释呢？雷霆队时期，他经常跑到篮下等篮板，如果说收篮板推反击是雷霆队的一套常用战术，那无可厚非。但不论如何，放弃自己对位的进攻球员去抢板，或者说没有认真按照对手特点改变防守策略（2018—2019赛季季后赛首轮面对利拉德，多次放空利拉德，或者收缩几步防守），总算不上"认真防守"了吧？

改打控球后卫，是库里篮球生涯中又一项重要的决定，其意义完全不亚于改变投篮姿势。

　　大三赛季，库里场均28.6分4.4个篮板5.6次助攻2.53次抢断，助攻数据的大幅度蹿升足以证明，他已经可以担任一名控球后卫了。确实，这样的判断略微肤浅，但在"刷数据"还不是常态的年代，在有教练压制着的时候，助攻数据的水分并不大，还是具有较高的参考意义的。

　　不论是在NBA还是在NCAA，库里打控球后卫，都是对传统篮球理念的一种挑战。在当时的固有认知内，控球后卫是负责运球过半场、组织队友得分、传球给处于空位的队友以及梳理进攻的球员。重要的是得分后卫，他们负责得分、单挑、强打；重要的是中锋，防守、篮板、内线强攻。即便是身高只有1.83米（实际上只有1.78米）的艾弗森，也因为其出色的个人进攻能力和略低一些的组织能力而被划分为得分后卫，这才有了所谓"四大分卫""西科东艾北卡南麦"的说法。

❖

什么是传统控球后卫？什么是新时代的控球后卫？

　　近年，传统控球后卫这个词和保罗密不可分，确实，保罗是这几年最接近传统控球后卫定义的球员了。衡量一名球员是否是传统控球后卫，很重要的一点，即"是否将组织和串联放在了得分之前"，对于传统控卫来说，他们会更加注重组织、串联。他们很少会有高出手、高得分的比赛，对于他们来说，给队友做球，在合适的时机把球交给有机会的队友们，才是第一要务。他们在挡拆后偏向于分球给顺下和外拆的队友；有些粘球，但其运控技术首先都是为传球，而不是为创造自己的进攻空间而存在。保罗职业生涯有六个赛季助攻上双；2007—2008和2008—2009两个赛季，拿到场均20分10次助攻的两双数据；截至2020年底，职场生涯场均助功9.5次。单赛季场均得分也从未超出过22.8分。不得不说，保罗是现在为数不多，甚至是最后一位传统控卫的代表球星了。

在他之前，纳什、基德，老牌诸如斯托克顿，都是传统控卫的代表。传统和现代其实非常难分，艾弗森虽然被归为得分后卫，但按照现在的定义，能不能叫作现代控卫呢？隆多是现代球员，但因为其欠缺得分能力，所以算是传统控卫。沃尔，以速度为代表的球员，进攻能力不差，助攻数据更是时常领跑全联盟，他传统吗？他也是经常拿到单场20+10，赛季场均两双的球员，为什么从没有人把沃尔称作传统控卫呢？又比如说康利、加里·佩顿，他们都是什么类型的控卫呢？

大伤前的保罗，从没有人称他为传统控卫，那个时候的保罗也是飞天遁地的一把好手，后仰中距离是拿手好戏，暴力扣篮更是屡屡上演。

当然，近些年也有人，包括名宿伊赛亚·托马斯——"刺客"，指出了传统控卫的"骗局"。

"我对常理很是藐视，当我听到'全世界最传统控卫'或是'最纯正控卫'的说辞，对我来说，这些说法等于在暗示这是一个不完整的球员，说明他在技术方面有欠缺，有一些事情是他做不到的。""刺客"对此非常直白，确实，基德、纳什、斯托克顿，在进攻方面实际上都有欠缺。基德的问题是低效低产；斯托克顿的问题是低产；纳什虽一直保持着极其高的效率，但产量有限。而且，这三位都很少在关键时刻强行接管比赛。在这一点上，"刺客"就做得更好，库里、威斯布鲁克（虽然一直被诟病低效，但确实敢打），包括改打控卫时的哈登，都做得非常好。

提到库里，"刺客"则是止不住地赞赏："当你看到一个像库里一样的球员时你会发现，他是一个非常完整的球员，而这恰恰是我想要成为的球员。我想要自己做到既能传球又能投射，成为一名出色的决策者，所有一切事情都能做。我希望自己不管在哪个球场打球，都可以做到运筹帷幄。库里将自己的天赋最大化了，让自己成为一个非常完整的球员。他不是什么纯正控卫，或是什么传统控卫，当你是这种类型的球员时，意味着你在技术上有缺陷，但他没有。他的技术非常完善，他是一个完整的球员。"

转行打控球后卫，不只让库里更好地在NBA立足，更是让他磨砺出了比大一、大二更稳定的传控技巧、大局观和视野。此外，库里在控球后卫的位置上取得了无与伦比的成就，现在业内基本公认库里是历史第二控球后卫，只落后于伟大的"魔术师"。"魔术师"的硬荣誉太过于强大，他是历史前五级别、总统山级别的球员，能称得上稳稳压他一头的，只有更伟大的迈克尔·乔丹。

库里打控卫的意义尚不只于此，他在控卫上的成就，打破了"**跳投队无法夺冠**"这句很久以来被奉为真理的名言，更是打破了"**以控卫为核心无法夺冠**"的诅咒。如果说杜兰特加盟之后的冠军并不是单纯以控卫为核心的话，那么库里的第一冠，则完完全全是以库里为绝对核心、首要核心、唯一核心得到的。2014—2015赛季总决赛，克莱场均仅15.8分而已，只有一场34分高光表现，还有两场不足10分（G4得9分，G6得5分）；那个赛季刚坐稳首发的德雷蒙德·格林，总决赛场均13分8.3个篮板5次助攻；拿到FMVP（总决赛最有价值球员）的伊戈达拉也只不过是场均16.3分5.8个篮板4次助攻（后三战分别是22+8、14+8+7、25+5+5）。可以说，那支夺冠的青年勇士队，是一直完完全全以库里为核心的"单核多功能化"球队。

和2018—2019赛季的猛龙队与2010—2011赛季的小牛队相似，当时的勇士队内没有第二位能够场均得到20分以上的球星。有的，更多的是各司其职的功能化球员——但某些时候，极致的功能化球员也能为核心分担压力，也能做得非常好。比如克莱，他负责三分和防守；比如伊戈达拉，他负责限制和干扰詹姆斯，以及零打碎敲的得分和副攻职责；比如格林，负责挡拆掩护、二传、串联、防守体系的构建。再看猛龙队和小牛队，也是类似：洛瑞是策动者，是节奏的掌控者，负责发起战术和主导比赛；小牛时期的基德，也是同理。洛瑞、丹尼·格林和范弗利特，还要负责定点三分和一些简单的持球三分。钱德勒，现在的"老拳王"，当年是小牛队内线的擎天一柱，遮天蔽日的防守帮"司机"镇守了内线，分担了防守压力；正如同小加索尔，这位前DPOY得主，负责镇守内线，同时大规模参与对库里的夹击。（注：小牛队后改

名为独行侠队）

在这一点上，库里的优势正如"刺客"所说的那样，他的技术很完善，他在进攻端几乎没有太多短板。这使得他既可以组织队友，也可以利用自己的投射威胁拉开空间；他既可以跑跑无球，用雷吉·米勒的方式完成得分任务，又可以在关键时刻接管比赛，利用强大的个人能力打进许多关键球和高难度持球投篮。

❖

实际上，以超级控卫为核心无法夺冠的谣言，之所以能够轻而易举地甚嚣尘上，还是因为这些被称作"**超级控卫**"的球员实力略微弱了一些。

拿保罗举例，毋庸置疑，他是伟大的控卫，更是库里年轻时的导师、榜样和引路人。他俩曾经多次在一起训练，库里多次称赞过保罗："他是一个很棒的导师，并且让我明白，像他这种级别的球员如何通过休赛期，来为新赛季做好准备。他的纪律性、他的职业态度，在2009年夏季联赛结束之后，我近距离地接触了他，从他身上看到了这些。他首先强调的就是如何能够在这个联盟中，成为一名伟大的球员，那个夏天真让我大开眼界。和他一起训练和交手，让我在新秀赛季就拥有了很强大的自信。"

在保罗加入火箭队之前，他是快船队当仁不让的核心。他的身边有布雷克·格里芬、德安德烈·乔丹、JJ.雷迪克，也有克劳福德。"克六"命中率不高，但是一直是全联盟最棒的第六人之一；格里芬是合适的二当家，攻防有度，尽管早几年还爱玩点儿无谓的运球，但仍旧是实力不容小觑的联盟前列的大前锋；"小乔丹"不是自主进攻型球员，但他的空接和防守能为球队提供极大的帮助。就好像是2018—2019赛季的猛龙队和2010—2011赛季的独行侠队，快船也是类似的"单/双核多功能化"球队（格里芬可以被称作球队第二核心）。他们没有取得更好的季后赛成绩，没有杀入过西部决赛，伤病和运气确实有一定的影响，但更重要的是保罗的实力有没有达到能够带队做到"**百尺竿头，更进一步**"的地步。

很遗憾地说，保罗离真正的"超级控卫"还差一点。保罗球迷不要骂我，因为我认为历史上，控卫位置上的超级巨星，百分百确认的只有两位——"魔术师"和我们的主人公库里。在他们之后，才是"大O"、"刺客"、保罗、斯托克顿、纳什等人。而以"魔术师"和库里为核心，是可以夺冠的。

也就是说，与其制造"以超级控卫为核心无法夺冠"的谣言，不如去思考：到底哪些球员可以被称之为"超级控卫"。

❖

不仅仅是位置上的改变，从大学时期开始，库里的无球能力就得到了很好的彰显，他也形成了持球与无球结合、可以担任主攻手也愿意分享球的球风。在前文中，我已经拿出他和队友克莱、杜兰特的无球数据对比，但这仍旧不能体现库里职业生涯贯穿始终的强大能力，因此，我决定罗列一些数据（2015—2016赛季直到2018—2019赛季的常规赛无球进攻数据、季后赛无球进攻数据）。

- 占比率
- 得分数

	占比率	得分数
挡拆无球人	0.7	
每回合		0.93
定点突投	9.1	
每回合		1.5
手递手	4.7	
每回合		1.18
空切	6	
每回合		1.32
二次进攻	1.6	
每回合		0.94
绕掩护接球投篮	14.2	
每回合		1.2

2015—2016赛季常规赛

挡拆无球人　0.8
每回合　1.2

定点突投　11.2
每回合　1.33

手递手　3.9
每回合　1.1

空切　4.8
每回合　1.17

二次进攻　1.6
每回合　1.03

绕掩护接球投篮　14.8
每回合　1.18

■ 占比率
■ 得分数

2016—2017赛季常规赛

挡拆无球人　1.1
每回合　1.58

定点突投　11.3
每回合　1.28

手递手　4.7
每回合　1.15

空切　5.3
每回合　1.37

二次进攻　1.2
每回合　1.07

绕掩护接球投篮　17.8
每回合　1.27

■ 占比率
■ 得分数

2017—2018赛季常规赛

占比率
得分数

挡拆无球人 2.3
每回合 1.4

定点突投 13
每回合 1.23

手递手 5.5
每回合 1.09

空切 4.5
每回合 1.23

二次进攻 1.4
每回合 1.52

绕掩护接球投篮 20.1
每回合 1.29

2018—2019赛季常规赛

占比率
得分数

挡拆无球人 0.2 （样本极小，效率溢出）
每回合 3

定点突投 11.3
每回合 1.1

手递手 3.9
每回合 1.47

空切 3.2
每回合 1

二次进攻 12.9
每回合 1.32

绕掩护接球投篮 14.2
每回合 1.2

2015—2016赛季季后赛

挡拆无球人　1.2
每回合　1.4

定点突投　10.2
每回合　1.6

手递手　1.9
每回合　0　（数据波动，非正常实力水平）

空切　4.1
每回合　1.41

二次进攻　1.7
每回合　0.86

绕掩护接球投篮　10.9
每回合　1.27

占比率
得分数

2016—2017赛季季后赛

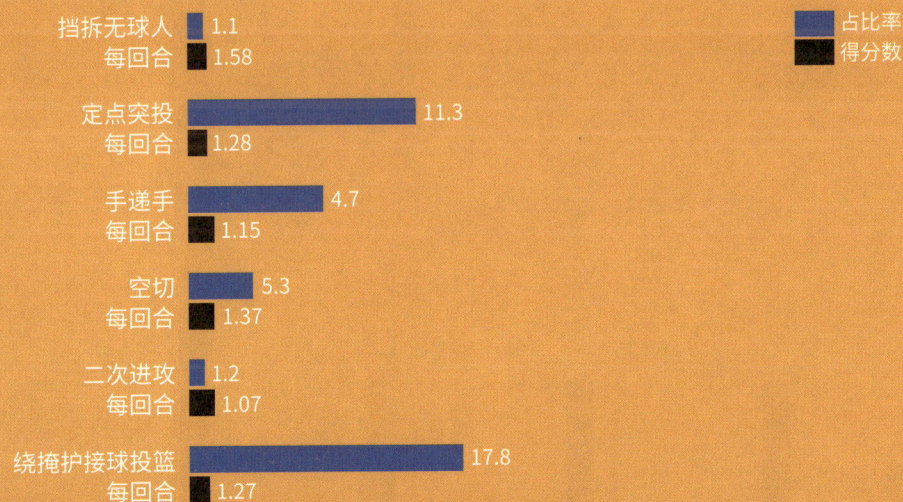

挡拆无球人　1.1
每回合　1.58

定点突投　11.3
每回合　1.28

手递手　4.7
每回合　1.15

空切　5.3
每回合　1.37

二次进攻　1.2
每回合　1.07

绕掩护接球投篮　17.8
每回合　1.27

占比率
得分数

2017—2018赛季季后赛

挡拆无球人 ▮ 2.3
每回合 ▮ 1.4

定点突投 ▮ 13
每回合 ▮ 1.23

手递手 ▮ 5.5
每回合 ▮ 1.09

空切 ▮ 4.5
每回合 ▮ 1.23

二次进攻 ▮ 1.4
每回合 ▮ 1.52

绕掩护接球投篮 ▮ 20.1
每回合 ▮ 1.29

▮ 占比率
▮ 得分数

2018—2019赛季季后赛

常规赛，2015—2016赛季的库里，无球进攻占比**36.3%**；2016—2017赛季，无球进攻份额**37.1%**；2017—2018赛季，库里的无球进攻达到**41.4%**，在持球球星中稳居于第一梯队，其无球能力的强大使得他的队友们能够更多地持球；2018—2019赛季，其无球进攻比例更是达到**46.8%**，近乎对半开。

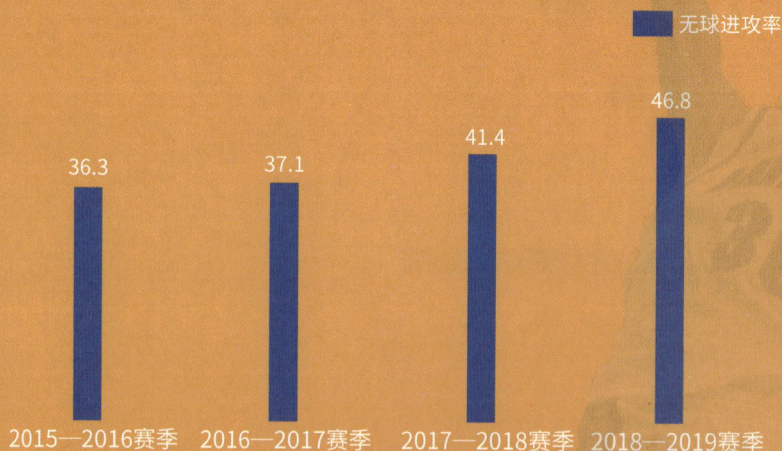

▮ 无球进攻率

46.8

41.4

37.1

36.3

2015—2016赛季　　2016—2017赛季　　2017—2018赛季　　2018—2019赛季

2018—2019赛季的季后赛，尤其是面对多伦多猛龙队的总决赛中，杜兰特的受伤，克莱的数次缺阵，伊戈达拉和格林射术的不断下滑，导致勇士队中出现"除了库里，几乎没有一个靠谱的射手"的情况。奎因·库克、杰雷布科，在强度不大的比赛中，尚且可以做到时不时进几个三分，为球队分担压力。但你若是指望着他们在总决赛的舞台上大放异彩，难度确实不小——库克已经贡献过三分三连击了，也算可以了。

因此，勇士队中除了库里，并没有一个稳定的、保质保量的射手。尽管伊戈达拉、格林处理球的能力确实比多数球员强，但这并不能解决勇士队全队进攻能力贫乏的状况。在总决赛这个NBA最高的舞台上，猛龙队竟然祭出了只有小学、初中才用的"**BOX-1**"战术。这套战术在中文解说的嘴里，简称为"**一盯四联**"，即"**一名球员盯防，四名球员联防**"。战术的根本在于对方只有一名有巨大进攻威胁力的持球人，其余四名队友都欠缺自主进攻能力或射术。如果猛龙队面对的是火箭队，那么他们绝对不敢祭出这样的战术，即便保罗缺阵，包夹哈登的后果也相当严重——戈登、PJ.塔克，没一个好惹的。一旦放纵他们养出手感，后果不堪设想，火箭队将化身为B2轰炸机，让加拿大人见识一下NBA的力量。

然而，勇士队的阵容并不是这样的，勇士队的角色球员和格林、"一哥"，更加偏向于组织者和防守尖兵的角色，进攻不是他们擅长的。即便没有"BOX-1"，猛龙队也会非常大胆地利用勇士队的空间弊端，在多数时刻选择夹击库里。在此之前，他已经历经数年夹击了，从理论上来说，夹击对他而言并不难处理——挡拆可破，分球也可破。问题在于，当莱昂纳德和西亚卡姆防守格林和伊戈达拉时，库里和他们的挡拆，相当于在无形之中就被轻松扼杀了。同时，有小加索尔参与的包夹，让库里的出球难度再上一个档次，洛瑞和范弗利特足够强壮，可以对他施加大量的身体对抗，而小加索尔的身高臂展，可以更好地干扰他的出球路径。同样，由于面临着莱昂纳德和西亚卡姆，"一哥"和格林的接球难度也很高。

而在这种山穷水尽的情况下，库里仍旧可以通过自己的"**库有引力**"吸引猛龙队防守球员的注意力，甚至空手跑动时，都能轻松带走两到三个人。而一旦猛龙队的防守阵型出现松动和位移，格林和"一哥"就可以及时发现机会，杀入篮下。不仅如此，他的无球实力也在这个时候得到了彰显。在屡屡受到包夹的情况下，库里会选择跑无球得分，通过绕定位掩护、交叉掩护等等，获得空位接球机会，迅速出手，完成得分。这种动作实际上非常难，联盟中不乏好的定点射手，但想要找出很好的绕掩护射手，相当难——绕掩护接球投篮的最大难度在于没有节奏。持球投三分，只要不是压哨接锅球，你都有足够的时间去创造空间，去决定何时出手。

但接球投的问题就在这里，多数情况下，你只能在接到之后就选择起跳、调整姿势后出手，是没有时间给你调整自身节奏、创造更多空间的。库里能够在这样的严防死守之下，场均得到30.5分，实属不易。我敢断言，在面对双人包夹，甚至是"BOX-1"之类的防守时，几乎没有一名现役球员能够做得比他更好——他的持球、无球结合，不仅仅是现役球员中最棒的，更有机会竞争历史上的TOP3，甚至是持球、无球结合的"**GOAT宝座**"。

此处必须说明的是，其他球员无法做得比他更好，不代表他们之间就有实力的高低之分——每个人的风格不一样。詹姆斯可以手臂上挂着人上篮，杜兰特可以在贴脸防守下轻松完成颜射，这都是超级巨星们不同的风格所致。如果你执意要用包夹去防守杜兰特、詹姆斯或其他球员，那他们的数据也一定会大打折扣，当然，他们出球后可以依靠队友们赢下这场比赛。**我无意去争论谁才是联盟第一人、谁比谁的历史地位更高，但毋庸置疑，库里的持球、无球结合能力是百年难遇的。**

在很多球迷的眼中，巨星是什么，要负责持球单打、策动挡拆、发起进攻、打关键球之类的。这固然不错，但这些并不是巨星的根本任务。巨星的根本任务，是带领球队，带领自己的队友们赢球。奥尼尔，是一等一的天王巨星，但他不会策动挡拆，他确实能扛起球权、终结进攻，但你指望他像外线一样发起，是不是太不切实际了？比如关键球，从没有人会对一位中锋的关键球横加指责，因为多数情况下，球根本传不进去。接不到球，何谈命中关键球呢？库里可能是太过于谦逊，总有人对他施加无端的指责和谩骂。在对阵猛龙队的总决赛中，很多人指责他在G6的第四节隐身、发挥不佳——但是，根本没有机会接到球，如何寻觅出手机会？即便拿到球，对手贴防，协防球员离自己一步之遥，或者直接上了包夹，又该如何出手？球迷们总是立于不败之地，除非你顶着包夹强投命中，否则他们总能找到机会谩骂你——面对包夹强投不中，那叫"独""进攻选择有误"；面对包夹选择传球，那叫"没心气""不敢投"。他们从来不会考虑奥尼尔有效地改变了对手的防守阵型和体系，逼迫对手收缩，为湖人队的外线创造了机会；他们也从来不会考虑库里的射术迫使对方越防越靠外，为其他球员创造了多打少和空位机会。

当然，成王败寇是竞技体育的风向标，我们只能期望库里多赢球，用胜利去堵住那些好事之徒的嘴。

❖

持球、无球结合，就是库里所形成的球风：无私、谦逊、不争夺球权。

以他多跑无球为诱饵拉开空间，为弧顶持球的格林创造进一步处理球的空间和余地。2015—2016赛季是公认的格林巅峰时期，防守端从一号位防守到五号位，进攻端能拉开投三分，可以说是空间型五号位，甚至是空间型内线的引领者、典范人物。"水花兄弟"和他，在科尔的率领下（还有巴恩斯和巅峰尾巴的伊戈达拉），一同创造了令人闻风丧胆的"**死亡五小**"——其中非常重要的一环就是格林，当格林在充当五号位的时候，对手的五号位无法攻破他的防守，这便是"死亡五小"得以存在的关键。

纳什率领的太阳队曾经一度是联盟中快打旋风的代表，他们是21世纪以来掀起小球风暴的第一代祖师爷。但最终，他们没有能够获得更好的成绩，固然有伤病、运气等各项因素影响，但同样也和他们的"防守"有关系。德安东尼教练一直以来，都非常注重进攻，他使用核心后卫、开发进攻的本领绝对是数一数二的，但如果无法解决问题，迟早是会被打败的。常规赛看进攻，季后赛看防守，总决赛尤其如此。在纳什的巅峰时期，太阳队的常规赛战绩一直很好，但是进入季后赛之后总是会磕磕绊绊，这就是很大的缘故，他们在防守端表现不佳。

勇士队做得比太阳队更好，其中就离不开格林，他在防守端的作用堪称无可比拟。尤其是在季后赛中，格林的防守从来没有让人失望过。

然而，格林的进攻能力却在逐渐下滑。

2015—2016赛季，场均14分9.5个篮板7.4次助攻，命中率49%，三分命中率38.8%，格林在进攻端不仅不拖后腿，还是优质射手。但此后，事情就不太一样了。2016—2017赛季，他的场均数据下滑到10.2分7.9个篮板7次助攻——这尚且可以解释为杜兰特加盟之后，他的得分任务减轻、篮板多了一个2.08米的杜兰特保护、杜兰特腰位背身做轴的战术瓜分了他的助攻。那么，他的命中率下滑到41.8%，三分命中率下滑到30.8%，如何解释？

对于多数球员而言，产量的减少意味着可以挑选更好的进攻机会，效率理论上将会有所提高。即便不提高，似乎也不太会出现这种断崖式的下滑吧？但这还不是最惊人的，2017—2018赛季，德雷蒙德·格林场均数据为11分7.6个篮板7.3次助攻，比上赛季没有太大变化，45.4%的命中率有所回升，但三分命中率进一步下滑到30.1%。2018—2019赛季，场均7.4分7.3个篮板6.9次助攻，完全没有全明星球员的水准，命中率44.5%，三分命中率更是堪比威斯布鲁克的28.5%。

看客们总爱说金州勇士是"**五星勇士**"，但实际上，2018—2019赛季的勇士队，只有"海啸三兄弟"入选全明星。考辛斯缺席大半个赛季，季后赛再度受伤，他不仅没有打出全明星中锋的水准，有时候尚且不如普通的首发中锋。当然，并非是责怪他打得不好，能从跟腱伤势中恢复过来，就是不幸中的万幸。只是，对待这样的球员，强行将他算作"一星"，实在太过于勉强。同样，常规赛中，格林即便在防守端偶尔"划水"，也依然是一流水准；但他进攻水平的下滑太大了。

但凡是他站在弧顶持球，对手基本都会放空他，甚至连专职盯防他的人都没有——他还是不敢投。也就是说，他28.5%的三分命中率，多半是在被完完全全放空的情况下投出来的。可想而知，空位三分命中率都如此之低，在防守下，他的三分球能沾筐就挺不容易的了。进攻端再度断崖式跌落的格林，很难再入选全明星。防守很重要，但是没有进攻，不可能决定或左右比赛。

而勇士队之所以可以让格林在弧顶持球，之所以可以让这么一位无限拖空间的"除进攻外万金油"球员一直占据绝对主力位置，就是因为库里的牺牲。他不需要太多的球权和挡拆进攻，他可以去跑无球，吸引防守球员的注意力，改变对方阵型，让格林去支配球。换到任何一支其他球队，这都是难以想象的。

试想，格林站在弧顶，大吼着："你！说的就是你！跑！快跑起来！绕过掩护来接球！可以投了！"

吼哈登还是保罗？他们在对方持球的时候，一般是站在弱侧拉开，并没有无球战术。

吼隆多？隆多的投射果断性还用多说吗？

吼詹姆斯？谁敢吼他呢？某些程度上，詹姆斯和格林的功效略有重合，一个弧顶，不可能站两名球员。

吼威斯布鲁克？不，这绝对不可能，多诺万会把格林摁在板凳上。

套用格林说的一句话送还给他，希望他本人能够在未来做得更好，至少别在进攻端那么拖后腿："如果在库里身边你都不能变好，那就是你太烂了！"

❖

在大学时期就已经成功转型控卫，并习得出色的持球与无球技巧的库里，在参加选秀时，理论上应该备受关注，被很多球队和管理层看好吧？

但这只是我们的一厢情愿，当时，看好库里的人并不多。

当时的球探报告中就曾经写道："库里的运动能力在NBA平均水平之下，他在篮下的终结能力并不突出，他正在升级自己的控球技术，但面对强硬的防守，他会表现得相当挣扎。库里必须打控球后卫，才有可能在这个联盟生存，他没什么潜力，很难达到更高的级别，而且千万别指望他能够担任球队的进攻指挥官。"

事实并非如此，在前文中已经提到过了，库里在篮下的命中率相当高，在控卫中名列前茅。从新秀赛季开始，分别为59.9%、61.8%、56.3%、58.3%、62.5%（前五个赛季，其中2011—2012赛季遭遇严重伤病，只出战了26场比赛，出手次数严重不足，导致56.3%命中率的样本极小，属于意外波动）、68.7%、69.6%、64.2%、66.9%和64.9%。可见，他刚进入联盟时的篮下终结能力就不差，现阶段更是节节攀升，后五个赛季的命中率已经比前五个赛季提高了不止一个档次。

再说他的身体素质，库里确实瘦弱，但他的身体不算差，他只是身高、臂展和其他超级巨星相比吃了亏。原地弹跳达到74厘米，最高助跑弹跳可以超过90厘米，这项数据和扣篮王格里芬、暴力控卫代表威斯布鲁克差不多，完全不吃亏。库里之所以无法像他们那样轻松地扣篮，就是吃了身高、臂展的亏——格里芬身高2.08米，威斯布鲁克臂展2.03米，远胜库里。

生涯前五年

2014—2015赛季至今

严重伤病，样本极小，属于意外波动。

| 59.9 | 61.8 | 56.3 | 58.3 | 62.5 | 68.7 | 69.6 | 64.2 | 66.9 | 64.9 | 命中率（%） |

论力量，他做了10个84千克卧推，这一数据远超很多内线球员。如果没记错的话，后来在2013—2014赛季获得过DPOY奖项，号称"**法国野兽**"的防守策应型中锋**乔金·诺阿**，也只做了12个。而杜兰特参加选秀时，一个卧推都没有做起来，这也并不妨碍杜兰特在新秀赛季就打出不错的表现。在无限开火权的喂养和自身的努力训练之下，杜兰特成为史上最完美的大个子外线进攻者。

论速度，禁区往返跑速度11.07秒，四分之三场地冲刺3.28秒，身材也是一绝，体脂含量5.6%（这个体脂含量的测算方法是NBA界定的，与健身届的测量方法不太一样）。

他之所以在比赛中不显山不露水，还是吃了臂展的亏。很多臂展足够长的球员，可以通过扣篮完成终结，而扣篮恰恰是篮下终结方式中得分率最高的一项。**库里无法轻松地完成扣篮，就势必要找到其他方式终结，比如高打板、高抛、擦板、挑篮等等。**同时，库里由于脚踝伤困扰，改用臀部肌肉发力，这从一定程度上有效地保护了他的脚踝，但也让他失去了一些爆发力。速度快，不代表爆发力好，过人非常看爆发力，爆发力好的球员，过人只在一瞬间。比如麦迪为人称道的"**最快第一步**"，就是爆发力、步幅和运球技术的综合性体现，当然，三者缺一不可。这一点，不可否认，库里比较吃亏，随着脚踝发力次数的减少和体重的增加，他干净利落的过人自然也就越来越少了。

但是，比赛的目的就是比对手得到更多的分，只要把球投进，得分，就是好事儿，至于有没有精彩的过人，并不是最重要的。

得分

登场，
划时代的
选秀之年
DEBUT

"你要学会甄别信息，以帮助自己做出
选择，并且对你所做的选择和事业充满信
心，每天都在变得更好，你不能错失一次
变成更好球员以及享受乐趣的好机会。"

——斯蒂芬·库里

2009年NBA选秀，前十顺位是这样的：

快船队状元布雷克·格里芬，在早几年确实在发展上遇到了一些瓶颈，但巅峰时期的他，完全对得起状元的身份。

灰熊队榜眼哈希姆·塔比特，新秀赛季场均3.1分3.6个篮板，这就是这位榜眼的巅峰了。2013—2014赛季他短暂效力于雷霆队，随后就淡出联盟，淡出人们的视野。

雷霆队探花詹姆斯·哈登，不用多介绍了，从第六人蜕变成火箭队基石，从火箭队基石再次蜕变到联盟炙手可热的超级巨星。

第四顺位，泰瑞克·埃文斯，是历史上为数不多的第一年就能拿到场均20+5+5的球员，更是荣获最佳新秀。但谁能想得到，他是典型的出道即达巅峰，随后缓慢下滑，2017—2018赛季在灰熊队焕发职业生涯第二春。然而，他在2018—2019赛季不仅打得很糟糕，还在赛事结束后因违反禁毒条例而被禁赛两年，不出意外的话，基本就和NBA告别了。

第五顺位，里基·卢比奥，西班牙金童，外号"卢一中"。"路标"的组织相当出色，梳理进攻能力极好，防守也并不吃亏，就是进攻效率实在太低。职业生涯至今，命中率从未高于41.8%，场均得分最高的赛季也只不过是13.1分。

第六顺位，乔尼·弗林，新秀赛季场均13.5分2.4个篮板4.4次助攻，作为新秀而言表现不错。尽管身高只有1.83米，但想要成为合格的首发或是重要轮换，当是无虞。不过命运总是爱开玩笑，臀部伤势使得他的实力大幅度下滑，而卢比奥在被选中之后并未立刻加入森林狼队，他加入的时候恰恰是乔尼陷入低谷的时候。最终，乔尼被交易到火箭队，卢比奥坐稳森林狼队首发控卫的位置。而在火箭队，洛瑞和德拉季奇占据着一号位的时间，乔尼的身高让他不太可能以其他位置的身份出现。最终，他沦为可有可无的球员，2013年加入CBA四川队。

第七顺位，也就是我们的主人公，库里，后文细说。

第八顺位，乔丹·希尔，本准备选库里的尼克斯队，被金州勇士队截和，最终，他们选择了乔丹·希尔，一名整个生涯都表现平平的球员。2014—

2015赛季，在湖人队打出了生涯最佳的场均12分7.9个篮板1.5次助攻，但终究还是难以有更大的发展。2017年被森林狼队裁掉后，再无音信。

第九顺位，猛龙队史极其重要的一位，德玛尔·德罗赞。尽管这么说不是特别公平，但乌杰里将他和莱昂纳德互换东家的这笔交易，客观上为猛龙队带来了队史上第一座冠军奖杯。当然，德罗赞虽然季后赛表现略差，但依然是具有全明星实力的球员。考虑到他患有严重的抑郁症，打出这样的表现更加不易。

第十顺位，布兰顿·詹宁斯，2014—2015赛季之前发展非常稳定，得分稳定在15+，助攻数量在4.8–7.6次之间浮动。但由于左腿跟腱撕裂，2015—2016赛季之后，布兰顿的出场时间飞速下滑，很快就从首发变成替补，而后辗转多支海外球队，包括CBA山西队。

如果现在重新排列2009年选秀的话，我想库里将会毫无疑问地当选状元；而哈登会上升一位，成为榜眼；而原本的状元郎格里芬则会下滑两位，成为探花。 当然，这样的排法是根据他们现如今的职业生涯成就来排列的，兴许过几年排名还会更改。如果确实按照这样的顺位选秀，快船队选库里，灰熊队选哈登，雷霆队选格里芬，那这三位是否能够获得现在的成就，就无法确定了。

"状元"
斯蒂芬·库里

"榜眼"
詹姆斯·哈登

"探花"
布雷克·格里芬

抛开马后炮的话不提，当时，库里为什么会在第七顺位被金州勇士队摘走，才是我们需要讨论的重点。

首先必须明确的是，没有人能够预料到当年的库里会发展成两连庄MVP和三届总冠军得主。因此，在不开天眼的情况下，确实不可能有人用状元、探花等签位来选走这位看起来运动能力平平、身体瘦弱的小后卫。在库里大三的选秀报告中，球探曾经罗列出他高达十五项的缺点，而这些缺点，多数已经被库里本人给否决：

F 不是真正的组织后卫

"刺客"已经说过了，并不存在什么"真正的组织后卫"，大多数声称传统控卫、真正控卫的情况，都是因为球员本身技术上有一些小缺点，无法真正承担起主攻职责。如果能够扛起得分大旗，控球后卫也可以成为球队的主攻手，会得分的控球后卫不够传统，是一个非常荒谬的说法。而组织球队也有多种多样的方式，发起挡拆给顺下的内线喂球是一种；突破分球是一种；有极好的视野和足够的传球能力完成四分卫式快攻长传或强弱侧转换传球，也是一种。只要能够在合适的时机，把球以合适的路线，交给合适的队友并创造出进攻机会，我觉得就是很棒的组织者。

F 有时候会失去控制

实话实说，我并不太明白什么叫"失去控制"，库里一直都是一个比较听话、愿意服从战术安排的球员，不乱打、不胡来。同样，在遭受极端判罚的时候可能会比较情绪化，但多数情况下，他不会过多地向裁判抱怨，更不会和其他球员起冲突。

F 投篮选择糟糕

由于他的射程在半场内都有准心保证，在全场范围内都有一定可能性命中跨半场三分球，所以，"投篮选择糟糕"这一点对他而言，并不存在。他不喜欢选择强投，偏爱多跑一次无球，找到更好的出手机会。考虑到他的射程和创造机会能力，只要是库里出手的球，多半都算不上"投篮选择糟糕"。

F 一号、二号位之间不知所终

这也是控球后卫、得分后卫的定义问题，不再赘述。

F 防守能力不好

尽管他不是防守悍将，但在控球后卫中，他的防守水准名列前茅，比较稳定。生涯前期或许因为体重较轻、比较瘦弱，而容易被针对。但在经历过詹姆斯的点名错位单打战术之后，他成功地完成了增肌，在队友的帮衬下，即便是詹姆斯，在他面前也占不到便宜了。

F 横向移动速度不够

与"防守大闸"相比当然不快，不过绝对够用。除去那些速度极快或已经完成挡拆加速的球员，在赛场上，很少看到库里会被一步过。同样，库里的横移速度让他可以帮助队友协防，快速干扰对方。这几年我们时常可以看到，库里在队友一对一防守的时候快速协防、夹击，和队友一起完成抢断，推反击得分。

F 防守多样性不足

单防能力控卫中名列前茅；协防夹击能力出色，下手极快，但裁判对库里防守端的哨子一直很紧，这导致他容易陷入犯规麻烦而不自知；低位防守能力自然比不过洛瑞这种"小钢炮"，但能够保证中游水准，不被轻易得分，在队友协防的帮助下可以逼迫对手传球。

Ｆ 上限有限

如果说上限是指能否成为乔丹这类的球员，那确实有限；但库里已经成为一名超级巨星，高居历史第二控卫，如果说这样的上限还算有限的话，要求倒也是真不低啊！

Ｆ 边缘首发

这几年一直是全明星首发。

Ｆ 大学系统让他难以评估

确实难以评估，尽管他已经展现了"库里时刻"的威力，但似乎并没有太多人看好他，他的整个职业生涯都在不断地被低估。

Ｆ 运动能力平平

上述已经列举他的体测数据，绝不平庸。

Ｆ 身体条件平平

实际上，控球后卫中，库里的身高并不吃亏。只是最近，联盟中才逐渐出现高个子控卫，比如西蒙斯、拉塞尔等等。联盟中有名的控卫利拉德、保罗、小托马斯、欧文等等，都比库里矮，有几位还矮了不止一星半点儿。

(F) 臂展平平

这确实是他唯一吃亏的，短臂展使得他的防守、攻筐、终结、强投都不如那些"长臂猿们"来得轻松。

(F) 容易受伤

早期确实如此，脚踝伤困扰了他许久，这几年的伤病情况好了很多。当然，他仍旧受伤并缺阵过几次，但多半是"运气不好"和"积劳成疾"，而不是因为他本身的"玻璃"体质。

(F) 太依赖外线投篮

稳定并整体呈上升趋势的篮下终结能力；效率极高的中距离和各式非常规终结方式，足以证明他不是一个只会外线三分的球员。同样，他的三分已经成为他的绝招，依赖三分不是什么坏事，投开了的库里几乎无人可敌。只需要保证他在手感不佳的情况下，能够找到其他方式完成进攻，不一味痴迷于投三分即可。

MVP

球探报告中的十五项缺点，除去臂展，现在基本都已经被或多或少地否决了。

必须承认的是，在选秀时这些问题还是存在的，选择库里是需要承担一些风险的"高风险、高收益"型"投资"。

快船队选格里芬毋庸置疑，他的身体和技术已经证明他是优秀的即战力；雷霆队选哈登也很正常，杜兰特是小前锋、威斯布鲁克是控球后卫，他们选择哈登当第六人，没问题。比较搞笑的是灰熊队选择的塔比特，此君从新秀赛季开始，就打得像个快退役的老将，数据平平，也没有展现出长足发展的空间，堪称当年最失败的选秀。

当年的灰熊队，康利、洛瑞和梅奥占据后卫线，小加索尔刚成为内线支柱，盖伊则是锋线首选，灰熊队唯一需要考虑的位置就是大前锋。当时的"09双雄"都没有展现出极强的运动能力和极高的上限，塔比特的身体天赋更好，大学时期统治防守端，大三场均**13.5分10.9个篮板4.27次封盖**的数据很亮眼，灰熊队对他很看好。但由于单薄的身体和粗糙的进攻，尽管被寄予厚望，却完全没有

13.5 分

10.9 个篮板

4.27 次封盖

兑现过自己的天赋，最终淡出人们的视野。当年ESPN的篮球专家查特·福特是这么评价他的："迈克尔·海斯利（灰熊队老板）很想提高球队的防守水平，而塔比特确实能做到这一点，他是选秀中最好的盖帽选手。如果他能在进攻方面有所提高，他将会成为一名有统治力的内线。我对这个选择有所怀疑，但能够理解他们为什么这么选。"

比起需要大前锋的灰熊队，森林狼队显得更加"哈士奇"，当年他们手握第五、第六和第十八顺位总共三个选秀权。他们不仅用这三个选秀权都选了控球后卫，还错过了库里和德罗赞这种未来的球星，分别选择了"金童"卢比奥、乔尼·弗林和泰·劳森。

抛开劳森不提，森林狼队为什么选择卢比奥和乔尼呢？

在选秀之前，卢比奥甚至有当选状元的呼声，不过由于他还想在欧洲磨砺一年，导致他的选秀顺位下滑，最终在第五位被摘走。ESPN认为，森林狼队不可能在第五顺位挑到比卢比奥更好的球员了。正在重建的森林狼能给卢比奥更大的舞台，卢比奥可以成为队内的招牌球星，合理的打法让他的未来值得期待。U16欧锦赛上，卢比奥曾经拿到51分24个篮板12次助攻7次抢断的爆炸性数据，一战成名。在场均15分钟的时间内，他在尤文图特可以拿到10分6次助攻2.2次抢断，攻防兼备，组织一绝。

而选择乔尼·弗林则又是森林狼队的一项"骚操作"。在疯狂三月中，锡拉丘斯（雪城大学）通过六个加时赛战胜了康涅狄格大学，乔尼·弗林在比赛中打出决定性表现，带队获得最终的胜利。和卢比奥一样，他也是一战成名的典范，通过这场六加时经典战役，他开始被更多球队关注，最终被森林狼队摘走。不过，作为投射欠佳、视野狭窄，只凭借身体素质打球的球员，臀部伤势使得他失去了爆发力，逐渐平庸化。

当年，曾经有一项"**本年度新秀中谁能成为巨星**"的调查，这份调查可以很好地反映当时观众们的想法。其中有9414票，41.5%的人认为卢比奥会成功；也有8168票，36%的人认为格里芬会成才；选择塔比特的人占比11.6%；选择哈登的人仅有6.2%；其他选项占比4.7%。可见，当时的库里确实不被看好，甚至可以称得上是"不配拥有姓名"，在选项中只能被归结为"其他"。

卢比奥 ████████████████████ 41.5%

格里芬 █████████████████ 36%

塔比特 █████ 11.6%

哈登 ███ 6.2%

其他 ██ 4.7%

" 本年度新秀中谁能成为巨星 "

不过，和森林狼队连续选择两名控卫（皆低于预期，乔尼甚至淡出NBA了）相比，金州勇士队在第七顺位选择库里，也是一桩非常玄妙的事情。

库里和整个库里家族，包括库里的经纪团队，都更青睐于尼克斯队，甚至拒绝金州勇士队的试训。不只是金州勇士，实际上，库里只参加了国王和尼克斯两队的试训，国王队喜欢泰瑞克，尼克斯队喜欢库里，这本是水到渠成、情投意合的事情，为此，他甚至无视灰熊队发来的邀请（如果灰熊队想，是可以直接选中库里的，但他们还是更加青睐塔比特，因此库里没有参加试训，他们就断绝了签约他的念头；森林狼队同理）。这并不奇怪，当年的尼克斯队打法前卫，有活力，纽约又是全美第一大都市，市场之大足以让库里获取更大的商业价值。与之相比，"榜眼"显得没什么诱惑力，只不过是一个虚名罢了。

当时看中库里的，其实只有三个人——太阳队的总经理，也就是近年勇士王朝的冠军教头史蒂夫·科尔；一向以跑轰打法闻名天下，偏爱核心后卫的德安东尼；金州勇士队时任主教练老尼尔森。

尼克斯队气定神闲，他们认为拒绝试训邀请的库里不会被其他球队选中。毕竟在不试训的情况下就强行选择某位球员，是要冒一定风险的。尼克斯队本身是有机会向上交易选秀权，巩固自身选到库里的概率的。然而，他们并没有这么做，他们认为自己是为数不多看到他的价值的球队。更何况，勇士队当时的当家球星蒙塔·埃利斯也对选秀提出自己的看法，他公开表示不希望球队这么做——两名小个子后卫固然可以让球队整体进攻提速，但在防守端会被人打爆。蒙塔·埃利斯本人，就是一名身材偏小的得分后卫，让他和当时防守一般、甚至不太好的库里合作，确实不够明智。然而，老尼尔森和管理层短暂商议过后，毅然决然决定在尼克斯队之前截和，第七顺位摘下库里。

NBA

库里被金州勇士选中后，尼克斯队陷入短暂的失望，他们满心欢喜期待着库里，最终却被勇士队横刀夺爱。宣布这一消息的时候，戴尔·库里不自觉地抱头，他难掩自己的失望，谁都想不到，勇士队竟然这么强硬。连不试训和蒙塔·埃利斯的"狠话"，都没法劝退他们。史蒂夫·科尔在选秀大会结束之后，仍旧没有放弃希望，不惜提出以斯塔德迈尔为主体的交易，唯一的目的就是把库里交易到太阳队来。

"这笔交易在当时已经非常接近达成了，尽管我们并没有完全敲定，但事实上，真的非常接近了。但是，斯塔德迈尔当时存在着膝盖伤病的问题，这是很多球队都会顾虑的一点。我们当时在想，如果库里掉到第七顺位或以下，我们就有更大的机会完成这笔交易。我们把他当作下一个纳什，他会成为控球后卫的未来。我们想得到他，就是希望他能够来接纳什的班。当时，我们坚定地以为我们最终可以换来库里，所以我们才在第十四顺位选择了厄尔·克拉克，而不是霍勒迪。很简单，我们已经拥有了纳什和德拉季奇这两名控球后卫，如果得到了库里，我们球队就完全不再需要控卫了。我第一次看到库里打球时，他还效力于戴维森学院，当时的他还没有现如今那么疯狂的投射水平，不过他打球时的感觉和传球，实在是太特别了。当时我就猜到了，这个小子能成为第二个纳什。"

这段话出自**史蒂夫·科尔**之口，是他在担任太阳队总经理时的肺腑之言，愿意将斯塔德迈尔作为筹码出售，可想而知，他有多么看好库里。

史蒂夫·科尔

史蒂夫·科尔

NBA 2009
首轮选秀名单

首轮	选中球队	球员
1	洛杉矶快船	布雷克·格里芬
2	孟菲斯灰熊	哈希姆·塔比特
3	俄克拉荷马城雷霆	詹姆斯·哈登
4	萨克拉门托国王	泰瑞克·埃文斯
5	明尼苏达森林狼	里基·卢比奥
6	明尼苏达森林狼	乔尼·弗林
7	金州勇士	斯蒂芬·库里
8	纽约尼克斯	乔丹·希尔
9	多伦多猛龙	德玛尔·德罗赞
10	密尔沃基雄鹿	布兰登·詹宁斯
11	新泽西篮网	特伦斯·威廉姆斯
12	夏洛特山猫	杰拉德·亨德森
13	印第安纳步行者	泰勒·汉斯布鲁
14	菲尼克斯太阳	厄尔·克拉克
15	底特律活塞	奥斯汀·戴耶

首轮	选中球队	球员
16	芝加哥公牛	詹姆斯·约翰逊
17	费城76人	朱·霍勒迪
18	明尼苏达森林狼	泰·劳森
19	亚特兰大老鹰	杰夫·蒂格
20	犹他爵士	埃里克·梅诺
21	新奥尔良黄蜂	达伦·科里森
22	波特兰开拓者	维克多·克拉夫
23	萨克拉门托国王	欧米·卡斯比
24	达拉斯独行侠	拜伦·穆伦斯
25	俄克拉荷马城雷霆	罗德里格·布博瓦
26	芝加哥公牛	泰·吉布森
27	孟菲斯灰熊	德马雷·卡罗尔
28	明尼苏达森林狼	韦恩·艾灵顿
29	洛杉矶湖人	托尼·道格拉斯
30	克利夫兰骑士	克里斯蒂安·艾恩加

作者与NBA巨星詹姆斯·哈登一起打台球

段冉小语

在库里掀起的小球时代，哈登也是绝对的追随者。哈登的得分能力丝毫不亚于库里，两人在这个时代可以说是不分伯仲，有意思的是，两人都是2009年参加选秀的球员。在勇士队和骑士队争夺总冠军的那几个赛季，在西部对勇士队最大的威胁就是当时哈登率领的火箭队。

哈登和库里的交锋有很多故事，两人惺惺相惜。曾经哈登在接受采访时表示："在如今的NBA，库里是唯一一个我不喷垃圾话的球员。"由此可见哈登对库里的欣赏。

而且哈登和库里都是三分高手，库里的三分潇洒、飘逸、出手快，哈登的后撤步三分也是独树一帜。这两种风格，在如今的联盟中，都有大批的追随者。

段冉小语

段冉小语

　　格里芬和库里以及哈登，都是2009年参加选秀。格里芬的起点要比库里高很多，因为他是2009年的选秀状元，而他爆炸的身体天赋以及超具观赏性的扣篮，让他也早早地拥有了超高人气。

　　但是随着库里的崛起，以及格里芬的伤病等原因，两人的职业生涯开始出现巨大改变。如果现在重排2009年选秀的话，格里芬肯定不会是状元，而库里则是最佳的人选。

　　当格里芬被快船队交易离队的时候，库里还说过这样的一段话："当谈到续约和球员在自由市场上的选择时，人们都说球员要忠诚，要愿意牺牲。但反过来，对球队却没有这些要求。"

MVP

PART

GOLDEN STATE WARRIORS

3

所有过往
皆为序章

拯救，
天才阿喀
琉斯之踵
SAVE

"我时常会告诉别人，人生中最重要的事情，就是活出自我，并且尽可能创造独属于我自己的故事。成功，得来不易，必须克服种种困难和挑战；它伴随着信念、无尽的热情和永不止息的努力精神。"

——斯蒂芬·库里

第1章

20世纪末和21世纪，超级巨星虽然谈不上数不胜数，但倒也不算少了。除去库里，还有几位能够与他并驾齐驱，甚至更胜一筹的，如科比、詹姆斯、奥尼尔、邓肯、诺维茨基等等，尽在此列。

超级巨星的成功，并不只需要实力，有实力的球员非常多。比斯利曾经是被寄予厚望的天赋球员，就读于堪萨斯州立大学，大一赛季场均26.2分12.4个篮板，拿到了全美最佳新人奖项、内维尔年度最佳内线球员奖项。2008年选秀，比斯利以榜眼的身份被迈阿密热火队选中，新秀赛季81次出场，19次首发，场均24.8分钟，可以得到13.9分5.4个篮板1次助攻，命中率47.2%，三分命中率40.7%。这样的表现，对于一位新秀而言，虽然称不上惊艳，但已经展现出了自身的天赋和发展前景。

2009—2010赛季，场均数据小幅提升，14.8分6.4个篮板1.3次助攻；2010—2011赛季转投森林狼队，19.2分5.6个篮板2.2次助攻的数据却成了他的巅峰。此后，比斯利一路下滑，这种下滑不是实力上的，而是因为个人行为的不端正和心态的问题。2008年夏天，吸大麻违反禁毒条例，遭到罚款；同年11月，超速驾驶被传唤；次年夏天，再次被查出吸食大麻，30天强制戒毒治疗；2011年，因携带大麻被捕；2013年5月，卷入性侵案件，最终无证据表明其有犯罪行为；同年8月，早已宣称自己浪子回头的比斯利再度因为大麻被逮捕……

热火队的记者曾经爆料，2013—2014赛季，比斯利和詹姆斯同时效力于热火队，队中训练时，比斯利可以一对一击败詹姆斯。他的好兄弟杜兰特曾经夸赞比斯利，称他的技术绝对不比任何人差。

当然，除去这种"走上邪路"的球员，在迈向球星、巨星、超级巨星的路上，有更多天赋异禀的球员倒在伤病的问题上。

没有球员能抵挡得了伤病，一次小小的手指脱臼，就能大幅度影响球员终结的手感；一次短暂的抽筋，就可以让球员痛不欲生。这不仅是遏制球员们发展的罪魁祸首，同样也是全人类都在对抗的"**天敌**"。很多人半夜睡觉时会忽然惊醒，感觉到小腿抽筋，然后止不住地翻滚、哀号，极难忍住这种暂时性的肌肉痉挛。但对于职业球员来讲，疼痛从来都不是最令人困扰的，无法痊愈的毁灭性伤病和会对今后的职业生涯造成长远影响的关节伤、反复的肌肉和筋脉伤及可怕的骨折才是他们最害怕的。

2018—2019赛季，对于勇士队而言，是一个极其糟糕的时期。

季后赛期间，杜兰特小腿拉伤，总决赛强行复出后遭遇跟腱断裂，和科比、威尔金斯一样，这是毁灭职业生涯的伤病。细数历史上，遭受到跟腱伤病的球员，能够恢复到巅峰状态的，只有威尔金斯一人。即便是素来以意志力、拼劲闻名的"自虐狂"科比，也抵挡不住跟腱伤带来的断崖式下滑。

同样，克莱在快攻落地时扭伤了膝盖，经过检测，他遭遇到的是十字韧带断裂的伤病。韧带伤同样也是非常可怕的伤病，杜兰特赛季报销，克莱也好不到哪儿去，他只能在来年的2-3月之间复出。

杜兰特有着柔和的手感、历史级别的身材，精通于无球、脚步等等，他复出后很有可能可以继续保持极高的水准，事实也是如此。同时，对于右手球员而言，主力发力脚是左脚，右脚的跟腱伤病或许不会对他产生最大的影响。

兴许杜兰特和克莱的伤病，能让他们依然保持极高的水准，但也有很多伤病，毁掉了本可以获得更高成就的天赋球员。

如果要评选出21世纪以来最可惜的球员，我想，一定会有这几位的名字：

德里克·罗斯

特雷西·麦克格雷迪

布兰登·罗伊

格雷格·奥登

不妨来看一看罗斯，这名最年轻MVP得主，曾经的芝加哥公牛队大当家，巴特勒的老大哥，21世纪以来最棒的"**暴力美学**"代表人物之一。职业生涯中，罗斯经受了20次以上的伤病，缺席近300场比赛。

2008—2009赛季，2月23日，罗斯职业生涯第一次伤病，右手腕受伤，缺阵1场；2009—2010赛季，3月11日，左手腕扭伤，缺阵4场；2010—2011赛季，11月26日，背部僵硬，再次缺阵1场——这几次只是无关痛痒的小伤。2011—2012赛季，是罗斯人生中的最低谷，就是从这个赛季开始，他不再是那个飞天遁地、随时随地拉弓暴扣的公牛新王了。

2011—2012赛季，1月10日与14日，左脚拇指扭伤；同赛季，2月6日，背部痉挛，缺阵5场；3月14日，腹股沟拉伤，缺阵12场；4月10日，右脚踝扭伤，缺阵1场；4月16日，右脚酸痛，缺阵3场；4月28日，ACL（前十字韧带）撕裂，罗斯职业生涯遭受到的最严重的伤病，使他缺阵99场，2011—2012赛季和2012—2013赛季直接报销。职业生涯前三年，罗斯分别出场80、78和81场；此后，他单赛季出场次数再也没有高于66场。

2013—2014赛季，11月15日，右腿腿筋酸痛，缺阵1场；11月22日，职业生涯第二次毁灭性伤病，半月板撕裂，缺阵76场。整个2013—2014赛季，罗斯只出战了10场比赛。

这些还只是他职业生涯中一部分伤病，并非全部。2013—2014赛季开始，罗斯场均得分再也没有超过20分，助攻也一直低于5次。对于不擅长投射、三分球不是特别靠谱、中距离很吃手感的"铁榔头"而言，这种膝关节的伤病（ACL和半月板撕裂）影响太大。直到他在2018—2019赛季修炼出一手精准的三分，才重新成为球队的重要轮换。在森林狼队的这一个赛季，堪称罗斯的职业生涯第二春，场均18分2.7个篮板4.3次助攻，命中率48.2%，仅次于他的二年级赛季，职业生涯第二高；三分命中率37%，职业生涯最高，称得上是一名不错的射手了。最令人惊讶且感动的是，这个赛季罗斯追上了曾经的自己，完成单场50分的惊人壮举——**这是他职业生涯第一次拿到50分**。赛后他止不住地流泪，他不停地训练，只是为了能够保持竞争力，站在NBA的舞台上继续发光发热。

终于，他再次找到了那个曾经的自己，50分，这是他凭借自己的努力和刻苦得来的，这是对他的肯定和褒奖，也是对所有拼搏者最好的激励。

当然，罗斯，还是不可能回到以往的岁月了，他不可能再肆无忌惮地扣篮，用极其"变态"的速度和变向晃倒对手了。现在的他，成了打球老道、三分有谱的老将。他依然很强，但只是没那么强了。

❖

而库里，差一点就成了第二位罗斯。

2009—2010赛季，也就是他的新秀赛季，并没有任何迹象表明他是一个"玻璃人"，他非常健康地出战了80场常规赛。对于大部分球员而言，单赛季出战80场都是比较健康的表现。在漫长的赛季中，一次轻微的拉伤、扭伤，反复的老伤和年龄带来的身体下滑，都能让球员缺阵三五场比赛。顶级硬汉科比，新秀赛季出战71场；二年级79场；抛开受大伤的赛季，科比的20年NBA职业生涯，只有4个赛季全勤出战；除此之外只有两个出战80场的赛季。

同样，库里新秀赛季出战80场；二年级74场；2012—2013和2013—2014赛季各出战78场比赛；2014—2015赛季出战80场；2015—2016和2016—2017赛季各79场比赛。这两年，勇士队在伤病方面似乎有些时运不济，也有可能是一种必然结果——2017—2018赛季51场；2018—2019赛季69场。由于"四巨头"的共存，勇士队没有薪资空间再去签下优秀的替补，替补阵容的乏力导致科尔有时候不得不更狠地使用巨头。而这就为巨头们的身体状态——包括库里，埋下了非常大的伤病隐患。

赛季	出场数
2012—2013赛季	78场
2013—2014赛季	78场
2014—2015赛季	80场
2015—2016赛季	79场
2016—2017赛季	79场
2017—2018赛季	51场
2018—2019赛季	69场

新秀赛季的库里让大家很放心，似乎没什么问题；但步入二年级之后，库里的大名开始传遍全联盟。不是因为他有多强，而是因为他的脚踝有"多脆"。

2009—2010赛季，3月17日，左脚踝扭伤，缺阵2场比赛，这是他职业生涯第一次缺阵；二年级，10月30日，对阵快船队，扭伤脚踝，缺席2场比赛；12月10日，在对阵马刺队的比赛中，无对抗情况下，他在三分线外的运球过程中突然滑倒，严重扭伤右脚踝，连续缺阵6场比赛，这是人们第一次意识到库里的脚踝可能是他的"阿喀琉斯之踵"。要知道，如果因为运气不好，总是落地的时候踩到对手的脚，因而扭伤脚踝，这并不是特别可怕——就好像你挨打之后鼻青眼肿，这很正常。但如果在没有身体接触的情况下，你就自发性地扭伤了脚踝，那可就太可怕了。试想，一觉醒来，你发现自己浑身酸痛，身上多处出现乌青，这可比被打了一顿恐怖多了。库里自发性扭伤脚踝，意味着他的脚踝无法承受他做出变向、大幅度拉球等技术动作，而这些动作是任何一名外线球员都必须掌握和使用的动作。哪怕是格林在弧顶持球时，都会变向、拉球，尽管没什么用，但这可以使得球更加不容易被抢断。

看客们都意识到了库里脚踝的问题，他本人和他的团队自然也意识到了。为了能够修复脚踝的伤病，并且强化脚踝部分的肌肉、肌腱和韧带，他在休赛期接受了手术。就和普通人去医院看病一样，看病是为了治病，但如果治不好病，意味着你得了——往小了说，是疑难杂症；往大了说，那就是绝症。同理，如果接受手术之后，他的脚踝完全康复了，那似乎就没什么问题了；然而，手术看起来收效甚微。

2011—2012赛季是一个缩水赛季，但缩水赛季让他有更多的时间可以休息；12月26日，该赛季他出战的第一场比赛，一切看起来都那么顺利；1月5日，对阵马刺队再度受伤，这是一次习惯性扭伤，越来越多的人开始注意到他的脚踝，看低他、看衰他——"玻璃人"在NBA的未来总是殊途同归的：展现出潜力或实力，着重培养，在同一部位出现反复伤病，无法保证出勤率，由于受伤导致状态下滑、实力下降，最终沦为替补、轮换，甚至是角色球员，几后黯然离开。这次对阵马刺队时的受伤，使他缺席了8场比赛；2月23日，对阵太阳队，右脚踝又扭伤了，缺阵4场，此后复出时并未痊愈；然后是职业生涯最严重的伤病，3月12日，对阵快船队，踩在格里芬脚上导致自己再次扭伤，缺阵赛季最后的28场比赛。

在鲍勃·迈尔斯口中，他的伤病是"疯狂"的："他扭伤脚踝的方式和其他人不同，近乎疯狂。有一次，他在季前赛与湖人队的比赛中扭伤了脚踝，可是当时，他只是单纯地想要去断球。还有一次，面对马刺队，他从后场开始带球推进，身边一个人都没有，然而他却像刹不住车一样开始向侧边滑出去。以前，我从没有见过任何人能像库里一样扭伤脚踝。"

之后，库里决定进行第二次大手术，4月26日，清理脚踝内的积液、碎片和疤痕结痂组织，这次手术，就是著名的"**死人肌腱**"手术。*ESPN*曾经在2016年爆料，当时南加州骨科研究所的主治医生们（以理查德·菲尔克为首）对库里的脚踝伤势并不抱有特别乐观的期待，他们甚至一度考虑要从死人身上摘下肌腱，来治疗他的脚踝。

"我觉得自己过去两年，除了康复以外，什么事情都没做，我觉得我可能再也不能打篮球了。" 在病床上，库里几乎是"任人宰割"，他很绝望，对于这位当时冉冉升起的新星而言，换上死人的肌腱意味着一切都要重新开始。如果换了，他不知道他能不能用这根肌腱继续支撑自己的职业生涯；而如果不换的话，他原有的肌腱就一定能保证他的健康吗？

理查德算得上是名医，从1983年开始，他开始为NBA球员做手术，无数的球员都曾经躺在他的手术台上。直到躺上手术台之前，理查德和库里，其实都不太确定到底要如何治疗，到底怎样才能被治好。而后，他们——实际上只有理查德，因为库里在这个时候已经被麻醉了，迎来了好消息。大量的检查和测试过后，医生们百分百地肯定，他的韧带和肌腱并没有什么结构性损伤。但是，清创的难度依然非常大，在微型摄像机的镜头中，库里脚踝中的"杂质"——积液、碎片和疤痕结痂组织，看起来就像是被捣碎的纤维一样杂乱无章。看起来很恶心，但这只是次要的，只要没有结构性损伤，只要能够顺利清创，这种所谓的"恶心"对于理查德而言，稀疏平常。

几年后接手勇士队的老板拉科布说："我们的终极目标，就是有一个像电子游戏里那样的劳累度评估指标。这样，就可以有人告诉鲍勃和科尔：'瞧，他的劳累度达标了，达到这个标准的球员是可以安全出战的。'"

鲍勃·迈尔斯对此非常支持："我们希望尽最大的可能去量化风险。"

对于搞风投出身的拉科布而言，将看似不可能的随机事件尽可能量化、尽可能变成可预测事件，是他一贯的理念。当然，在他接手时和接手前，勇士队或者说全世界，都不可能有他们所说的能够有效量化随机因素的设备（实际上现在也没有一个百分百能量化随机因素的设备，最多只能做到有效地推测和预防，没有任何人和机器可以预测未来，这是一个近乎不可能的念头）。

"那个时候，人们总是议论纷纷，他们吐槽库里的脚踝简直就像是玻璃制品，他被称作'第二个格兰特·希尔'。他没有掩饰自己的情绪，他也不会在任何人面前试图去掩饰这种沮丧感。"这是库里的好朋友、好兄弟布莱恩特·巴尔的看法。即便是如此亲近的人，对库里的手术也感到"没底"，实话实说，没有人知道这次手术会不会成功。主刀医生理查德·菲尔克也是这么认为的，上手术台前，天知道他的心里会不会有一丝迷茫和担忧——库里的脚踝是他从医数十年遇到的最难处理的伤病之一。那段时间的他相当疲惫，鲍勃·迈尔斯说："'脚踝的这些伤病问题绝对不能成为我职业生涯的缩影'，这是他的原话。"

❖

手术成功了，此后的库里依然扭伤过脚踝，但都没有大碍。

这几年情况似乎略有反复，但这可能是因为球队过于依赖主力球员，库里的身体负荷太大，严重透支——不是每个人都能有一副铁身板儿的。能够连续出战几百场的球员，历史上屈指可数，近期最硬的球员是特里斯坦·汤普森，他曾经连续四个赛季全勤。但是这两年，硬汉如"TT"也败下阵来，

2017—2018赛季出战53场，2018—2019赛季出战43场。

当然，仅仅依靠手术就想摆脱"玻璃人"的名头，完全不可能。

想要去挖掘库里是如何克服自身的伤病的新闻和历史，就绕不开在其中扮演了最重要角色的那两位——第一位是他的私人训练师布兰登·佩恩，第二位则是勇士队的训练师科克·莱尔斯。自库里参与选秀起，布兰登就成为他的合作伙伴、长期训练师，关系密切又融洽，至今已经合作了十年了。许多看起来新奇的训练方法，都是出自这位看起来胖胖的、总是笑嘻嘻的训练师之手。

布兰登非常了解库里，这种了解不仅仅是朋友之间的了解，更是业务、身体素质和技术特点上的了解。同样，莱尔斯也对库里了如指掌，尤其是如何预防库里再次受伤和改变他的发力方式（转变为臀部发力）。莱尔斯专攻治疗运动伤病，他对此颇有见解："球员会使用脚踝起速，不过力量也可以来源于臀部。我们希望，能够教会库里如何运用自己臀部的力量，不要把过多的压力放在脚踝上。"

克莱说："那个家伙（库里）永远在训练馆里，库里按照计划一点一点去执行。他对于身体的打磨和投入，丝毫不比跳投差，花费的时间一样多。"

老库里说："库里开始意识到了，自己应该加强身体素质了，伤病使得他明白，身体才是征战NBA的基础。"

在莱尔斯接触库里之前，他就留意过这个脚踝很脆弱，但却很有灵性的球员。按照他的前队友布兰登·拉什的说法，库里对自己的脚踝没什么信心，总是刻意去避免受伤。对于职业球员而言，这种"收着打"的打法明显是不正常的，越是去避免伤病，就意味着这名球员对自己的伤势越没有把握。

你可曾见到过詹姆斯扣篮的时候畏畏缩缩？

你可曾见到过科比面对明显的突破空间迟迟不肯起速？

越收着打，越没有信心；越没有信心，就会把关注点越放在非比赛因素上；而这势必会让球员的表现受到干扰。表现越糟糕，就越容易质疑自己。简而言之，伤病带来的影响并不局限于生理上的疼痛、不适和机能的下降，对球员的心理和精神状态，也会产生极其大的干扰。

❖

为了更好地解决脚踝伤病问题，莱尔斯开始用新技术、新方法训练库里。他让库里减少了变向的频率，从一名速度型突破变向选手，转型成一名节奏型突破手——这是没有办法的办法，想要追求高速，就势必会迫使自己的脚踝发力。就好比食品都有保质期一样，过期了就不能吃了；脚踝、膝盖这种部位，也是有使用年限的。能够像乔丹、詹姆斯那样，三十几岁依然飞在天上的球员，毕竟是少数——何况他们其实相比年轻的自己，也下滑了很多。库里这种并不以身体素质，尤其是不以"耐操性"见长的球员，其脚踝的"使用年限"肯定不算很长，一味地透支只会使得他更早地离开这个舞台。

莱尔斯和布兰登商量了很久，最终他们共同制定了库里大多数的训练方案。

为了提高库里臀部发力的能力，以及他灵活运用臀部的程度，他们为库里制定了近乎魔鬼般的训练课程。在训练过程中，库里的表现震惊到了他们："**库里的中枢神经系统是我认知范围内最棒的，可能他在高尔夫、保龄球和投射方面都相当出色的根本原因就在于此。**"普通球员想要学会"单腿飞机"并收获成效，可能需要三天、五天，甚至是一个礼拜的时间。这项锻炼臀肌、腹肌、大腿肌和平衡能力的训练十分困难，然而库里似乎只用了十几分钟就学会了。日复一日，在陆陆续续长达一年的训练后，他将自己的硬拉成绩从略高于体重的水准提升到了仅次于艾泽利的181千克。在布兰登看来，库里现在的核心力量和那些怪物级别的球员是一个级别的——"如果库里自认核心力量为联盟第二，那么没人敢稳坐第一。"

其实，核心力量只是一个方面，库里的神经系统反应速度、肌肉记忆、协调性和球感，都是天才级别。我想，很多人都看到过球员们拼抢地板球的场景，就好像是MMA比赛被拖入地面一样，他们在地上摸爬滚打，努力把手伸长，够到球，然后就像十字锁一样箍住篮球，死死地锁在怀里。不过，库里很少这么做，他在倒地后能够迅速起身或调整方向，单手用极高的频率和极低的高度运球，趁着对手下地或弯腰时，自己边起身边运球离开，或者直接传给队友。这种能力相当罕见，因为它太综合性了，球感好没用，因为倒地后不一定爬得起来；核心力量好也没用，你爬起来了却控不住球；反应速度快也没用，你最多只能够到球，然后死死地抱住。只有你把所有相关属性都最大化，达到最高水平，才有可能在这种多人高压逼抢下以非常规，甚至是跪倒、匍匐等姿势完成运控传任务。

臀部发力虽然让库里的变向、速度突破减少了，却让他获得了更好的节奏感和背后运球能力。

于是，背运后持球投三分、利用投射威胁和节奏感玩"拜佛"（Hesitation），成为库里的两项招牌技能。

❖

"我相信，混合的训练对球员更有帮助，让他们打得更加高效。"

这种混合训练是很新奇且非常规的，对于不知情的外行而言，其中的某些训练简直就像是个笑话。

比如，穿着一双类似滑轮组的鞋子，在平面上左右滑动——我看不出这是为了训练什么肌群，也不懂这套训练在比赛中会以怎样的成果体现。兴许是更好的急停能力，也有可能是协调性，当然，不排除这可能是一个负重的腿部肌群训练。有时候，他会带着一个阻碍视线的护目镜，并且面对不停闪光的外部环境，在这种视觉本就受到阻隔又不时受到刺激的情况下练习传球，提高传球的精准度和娴熟度。

阻力带绑在腰上，双手持球向上跳起，训练师们拿着两根大大的海绵棒子不停地敲击库里的手臂——练习受侵犯状态下的起跳，或是增强核心力量；巩固手臂的肌肉记忆，或是学会从容应对高强度的双人包夹。我们仍旧很难判断，这项训练是否能够直观地在赛场上得到体现，但毋庸置疑的是，这绝对是有帮助的。

单手运球，另一只手接球后回传；单手运球，另一只手背后传球；单手运球，另一只手接网球后回抛；甚至是所谓的"盲人运球训练"，戴着墨镜单手运球，另一只手像玩杂技一样自抛自接一颗网球。这是为了协调性、球感和更好的运控传技术。训练师们认为，这有助于库里提高球感和人球合一的能力，由于戴着墨镜，所以他的视力会严重受损，而在这样的情况下，他不得不将重心聚焦到如何控制自抛自接的网球上，而在运球手上，他无法倾注更多的注意力。如此一来，运球似乎就成了他的本能动作，成为一个习惯性动作，在比赛中，他也不需要一直看着球，他可以分出更多的时间去观察场上的形势。

训练之后，他偶尔会去做特殊的水疗，富含大量矿物质的水可以使得肌群得到比较充分的放松，有助于缓解他的疲劳。

新事物总是不容易被接受的，在那些自恃有才的球员身边，训练时的日子其实并不好过。库里参与的这些高科技训练固然有地域优势——金州勇士身处加州湾区，高科技是当地的特色，建模、预测、评估分析和制定对策，是勇士队所有团队的特色方法。在库里刚刚参与这样的训练时，几乎没有人看好他们，很多同行都觉得他们在闹着玩儿。

网球对篮球有什么作用？
海绵棒子是用来干什么的？
是想练抗击打能力去打拳吗？

但现如今，利拉德、哈登也开始纷纷加入高科技训练行列，他们见识到了库里在高科技辅助下所取得的成就，他们开始意识到这种高科技产品并不是一种对传统训练方式的背叛，反而是一种革新——就好像郭德纲时常念叨的，相声是一门传统的曲艺和语言艺术，不能忘了根儿，但加点儿新东西是可以的。在传统的训练已经完成，或者说"学有余力"的情况下，多参与到新型训练项目中，有百利而无一害。

比如，利拉德在绕桩运球的时候，训练师会拿小水枪对他滋水——看起来更加玄乎，实际上内核是一样的，让利拉德学会在干扰状态下运、控、传、投。

当然，最高科技的两项，莫过于**Fit-Light训练和勇士队的可穿戴设备**。

对于大多数新手而言，Fit-Light训练会让你感到"手忙脚乱"，这就是这套方法的目的所在了。我相信很多人不明白，这种"手忙脚乱"是如何帮助训练者的？很多男孩子喜欢打电子游戏，尤其钟爱一些枪战类的FPS游戏，这套Fit-Light方法实际上也会对电子游戏玩家有所帮助。当敌人出现在屏幕上时，玩家需要开枪击倒敌人，但这需要反应速度，也需要快速决策——在不同的情况下，你需要用不同的方法。敌人向你丢来一颗手雷，你需要先找到安全的掩体躲避，然后伺机反击；敌人向你丢来一颗闪光弹，你需要转身规避，避免视线范围内受到闪光干扰；而如果敌人选择和你"对枪"，那你就要提前判断对手的位置，将自己的准心和瞄准线提前架好，以便获取对战优势。

新玩家在面对这种情况时，总是会不知所措，或者无法及时做出正确的反应，但玩得时间久了，就学会了。其中最根本的一项能力指标，就是快速决策能力，在极短的时间内，你要做出最完美的反应。Fit-Light训练就是一种类似的方法，在训练者的身前放置不同颜色的圆盘，训练者需要根据显示出来的不同颜色完成不同的动作——颜色和动作一一对应。这是一套训练神经元，以此达到提高球员反应能力、注意力集中程度和快速决策能力的方法。

Fit-Light训练法并不少见，只是很少运用于篮球，这是一项捕捉运动体各方面指标的综合性测试系统，别名"敏捷反应测试训练系统"。拳击、足球，很多运动都可以运用这套方法，该系统也可以全程追踪和检测训练者的身体数据，并进行即时反馈。2014年，猛龙队就曾经用过Fit-Light训练法，但强度没那么高，看起来也没那么"**变态**"。

如果说Fit-Light训练法是库里领先全联盟的独特训练模式，那么勇士队的可穿戴设备就是领先全联盟的辅助设施。

"我们一直在挖掘新的训练方式，让库里接受不同的训练项目。我们同一家公司合作，开发了一项VR技术训练项目，我们认为这可以提高库里的视野和决策能力。我们可能会让他接受大约10分钟的VR技术训练，刺激一下他的大脑，把注意力全部聚焦到赛场上。我相信这样的训练，能够让他变得更加专注，更好地处理场上的问题。"布兰登似乎对此非常有信心，这并非盲目自信，勇士队的"黑科技"大幅度协助了球员们的训练。

勇士队球员在训练时会穿戴特殊设备，这是全世界数据分析领域的最高水平设备，可以同步显示球员的体能、健康情况，用来为教练团队和队医团队提供参考意见，是否应该对一些球员采取轮休或放松训练。这些设备会嵌入球衣的背部，记录一些基础数据：心率、实时速度、跑动距离总和、负重、呼吸频率等等。

除此之外，**Shot-Tracker投篮追踪仪**，也是勇士队非常依赖的一套设备，其用途是追踪球员的投篮。感应器多半情况下放置在护腕和护肘内，直接接触人体；另一个感应器装在篮网上；两个感应器共同记录并提供数据，在终端进行统计分析。这既可以记录投篮的命中率等基本信息，也可以记录投篮线路——这相当重要。进一个球可能是运气，进一百个球就是实力的体现，对于职业球员而言，不同的弧度就意味着不同的出手情况和出手点，是相当关键的信息。同样，**RSPCT技术**（Real Shooting Percentage，可译为"实际投篮表现追踪系统"，和"真实命中率"是两码事儿）也已经开始普及，英特尔实感D435深度摄像头可以帮助分析人员从各位置、各角度分析球员的投篮表现，空心还是弹筐而入；命中点偏向于篮筐内的右侧、左侧还是中心点；出手速度和弧线是否稳定。几乎所有你可以想到的，都可以被这套RSPCT系统监测、显示和反馈。

布兰登非常喜欢这套系统，他认为这可以帮助训练师们将人为的主观臆断和猜想转换成板上钉钉的数据，更好地建立合理、合适的训练模式。更重要的是，它使得布兰登更清楚地了解到库里什么时候会感到疲惫。有时候，即便是球员自己，也不会清楚地知道自己的体能情况，努力的球员总会说"我还行""没问题"这些话，但意志力上的坚持不代表他们的身体不疲惫。有时候，过度的训练反而不如休息好了再训练来得效果好。

❖

伤病，玻璃一般的脚踝，并没有阻止库里变得成功和伟大。

他克服了自己的伤病问题，他拼命训练，成为联盟中的超级巨星，不过，这一切的成功都得建立在他继续在勇士队打球的基础上。毕竟，如果不在勇士队，那就不会有"水花兄弟"和"三巨头"，不会有"海啸兄弟"和"死亡五小"。

这一切来得太不简单了。因为只有库里的努力并不顶用，管理层愿意给他一份在当时看来十分不值当的4年4400万美元的合同，才是更重要的。这份合同签订于2012年11月1日，是库里转正成为勇士队建队核心和基石后签下的"大合同"。

鲍勃·迈尔斯说："我希望我们能多给他开点儿工资。我们当时决定，赌一次，我们在他的性格上下了赌注，也在他的能力上下了赌注。我们相信，他会是那种拼上一切也要回到赛场上，认真训练并利用篮球智商好好打球的球员。"

而这次转正——交易走蒙塔·埃利斯，彼时联盟排名前五的得分后卫，自称仅次于科比和韦德的攻击型小个得分后卫，扶正一位饱受脚踝伤病困扰、在人们眼中只会投三分、身体单薄瘦弱的控球后卫，风险极大。

操刀这单交易的，则是NBA真正的"标志"人物，**历史上唯一一位败方FMVP得主和最成功的管理层职员——"Logo老爷子"杰里·韦斯特。**

杰里·韦斯特

等待，
漫长试用期
的终结
WAITING

"篮球不只是一种运动，更是一种艺术，唯有努力，才会让你走向成功。能够成为一名超级巨星，就证明你已经挖掘出了所有的潜力，但我却不认为我已经将我的潜力完全发挥出了，我还有空间。"

——斯蒂芬·库里

第2章

正如标题所言，与蒙塔·埃利斯合作的两年半，对于库里而言，简直就像是漫长的试用期。当然，这段时间算不上是煎熬，但很显然，球队的战术体系、打法、阵容配置并没有让库里将他的能力最大化。

库里和詹姆斯、哈登并不同，他并不是那种自带"**一星四射**"体系的球员。纵观詹姆斯热火时期起至骑士时期的阵容，再看看早年骑士1.0时期的詹姆斯，我们可以很轻松地发现，詹姆斯对阵容的要求高得不是一星半点儿。我们常常说，他可以把一支60分的球队立刻提升到90分，但是如果给他一支95分的球队，他也有可能使得球队下滑到90分。詹姆斯不爱和大中锋合作是出了名的，他最倚重的进攻手段就是攻击篮筐。不论是转换进攻，还是面框单打；不论是背身单打，还是持球挡拆，只要詹姆斯有机会，他就会铆足了劲儿往内线强杀。考虑到詹姆斯有着历史顶级的身体素质，终结能力和突破能力是历史第一档，他选择加大攻筐比例，一直将攻筐作为第一攻击手段，完全是合理的。

然而，这样的体系是有弊端的，没有大中锋在阵，必然导致他需要用其他球员占据五号位的位置。由于詹姆斯的偏好，空间型四号位是他热火和骑士时期的阵容中很重要的一环——比如波什、勒夫。这二位虽然侧重面略有不同（波什面框技巧更好，中距离更多；勒夫背身更多，更现代化，三分球产量和效率都更好），但终究都是空间型四号位。在热火时期，由于他们两次面对波波维奇麾下的马刺队，因此波什对重型内线防守的不足暴露得一览无遗。已经年迈的邓肯，在对位还是"龙王"的波什时，似乎就像是在教育新秀一样，只要不协防，打得就异常轻松。而骑士时期勒夫的弊端则是他不具备换防能力，一旦换防到库里面前，就有一种"完蛋了，要送人头了"的感觉。

同时，詹姆斯的三分投射能力略微被高估。尽管他热火时期的命中率很高，骑士2.0时期命中率也断断续续地达到过较高水准，但实际上，这都是对手"放"出来的。由于忌惮詹姆斯的突破威胁，因此多数球队防守詹姆斯时都会选择往里收两步，放他投篮，试图锁死他的突破。在这种被放空两步的情况下，詹姆斯只投出了平均水平的三分球，且无法维持非常稳定的水平，就足以证明他的投射能力在什么档次。

除去这些，詹姆斯对射手的需求极高。离开"一星四射"体系，2018—2019赛季的湖人队根本杀不进季后赛——当然，这其中一定有球队，包括詹姆斯本人的伤病问题。但不可否认的是，湖人队这套阵容虽然看起来还可以，但实际上更适合打传切，而不是"一星四射"。詹姆斯尽管说要"多打无球"，但他并不强烈的无球进攻欲望和无球时略显消极的叉腰态度，实在有些说不过去。

而库里对球队阵容配置的要求则没那么大。他无球、持球能力兼备，可以打主控，可以打副控；可以打主攻，可以打副攻；可以一场比赛都不怎么摸球，也可以拿着球干一整场。但即便是库里，也有着"最合适"的搭档和阵容。显然，蒙塔不是他"**最合适**"的后场搭档。

❖

新秀赛季，库里出战80场比赛，场均17.5分4.5个篮板5.9次助攻，投篮命中率达到**46.2%**（超过45%的新秀，尤其是外线新秀，是非常稀有的），三分命中率**43.7%**。与他合作的蒙塔，恰好在这个赛季达到职业生涯的巅峰，场均25.5分4个篮板5.3次助攻的表现确实担当得起"联盟第三得分后卫"之称——仅次于科比和韦德。

投篮命中率

46.2%

三分命中率

43.7%

平心而论，蒙塔在2009年选秀大会之前说出自己不愿意同库里合作的话，并不只是掺杂着一些个人情绪，在战术层面上也有一定道理。"我不可能和这个年轻人一起打比赛，我只是想获胜，而带着他赢球，显然是一种不合理的情况。"

蒙塔是勇士队的元老，从2005年被选中后就一直效力于勇士队。高速敏捷的突破和发起挡拆，是他的拿手好戏，劲爆的球风也为他和球队吸引了一大批关注和拥趸。但同样，蒙塔的缺点很显著，他不是个好的控球者，既没办法稳定地传球，也算不上是多么靠谱的投手。他是个身材矮小的得分后卫，在防守端很吃亏。库里固然是个更加稳定的控球者和极其优秀的射手，但在防守端，他没办法为蒙塔擦屁股。蒙塔的诉求和小托马斯一样，他需要全队以他为核心，给他足够的球权来发动挡拆和面框单打，同时在后场的另一个位置，找到一个像艾弗里·布拉德利那样愿意为小托马斯弥补防守漏洞的球员。简而言之，防守好、完成定点投射和一部分组织任务、愿意多打无球——不太抢自己的风头，就行了。

在共同效力于勇士队的两个半赛季中，蒙塔和库里的关系，起起伏伏，变幻莫测。刚进队时，库里遭到了"老大"的莫名排挤，原因是管理层没有听从蒙塔的建议——或者说没有理会蒙塔的不满，于是，可怜的库里刚进联盟就面临着被孤立的境地。

❖

蒙塔这个人到底有多么"不好相处"、多么"刺头"，打法又有多么"难以和他人兼容"呢？其实从他离开勇士队之后的职业生涯走向，就可以看出一二了。

蒙塔在被交易走之后，职业生涯走势急转直下。除去2011—2012赛季后半段不提，2012—2013赛季，在雄鹿队，场均19.2分3.9个篮板6次助攻，和布兰登·詹宁斯搭档。他和布兰登其实是一个模子刻出来的球员，风格相似——效率不够高（布兰登则是效率特别低，生涯命中率竟然只有38.7%）、以攻击篮筐为首要得分手段、不是不会投三分但三分球相当不稳定（那个赛季的布兰登三分球命中率37.5%，场均投进2.2记，可以说是职业生涯三分表现最好的一个赛季，但此后再也没有如此稳定和高产过）、矮、防守不好。在雄鹿队的更衣室内，蒙塔又和年轻的拉里·桑德斯起了严重的冲突，差点大打出手。

离开雄鹿队之后，蒙塔找到了真正属于自己的归属——达拉斯小牛队（后改名达拉斯独行侠队）。

两个赛季，场均19分3.6个篮板5.7次助攻，**命中率45.1%**和场均18.9分2.4个篮板4.1次助攻，**命中率44.5%**。前文说了，蒙塔偏爱攻筐，持球发动挡拆的能力甚佳，但欠缺投射；而诺维茨基身为一名内线，恰巧是技术流、投射流的代表人物，背身后仰、金鸡独立和外拆中远投都是他的拿手好戏。关键时刻，蒙塔也还算靠谱。因此，和诺维茨基搭档，似乎是蒙塔最好的归宿。当然，在这两个赛季之后，小乔丹的"守信"事件给库班老板添了不少麻烦，焦头烂额的库班签下了现在看起来并不太值当的韦斯利·马修斯和钱德勒·帕森斯。跳出合同的蒙塔遭了殃，他被迫远走印第安纳，场均8.5分2.8个篮板3.2次助攻，这是他在联盟中的最后一个赛季。

这样的情况——也就是蒙塔·埃利斯总是不太喜欢库里，明里暗里还会排挤他的情况，直到1月23日对阵篮网队的比赛后才有所好转。那场比赛，蒙塔的手感简直是被北极熊叼到了北极，4分3个篮板5次助攻，9投2中，如果继续给他出手的话，我毫不怀疑他能够交出15中3、18中4这种威斯布鲁克式的答卷。实际上他也很无奈，多数情况下，他是球队的第一攻击点，一旦他哑火了，谁能跟上？

斯蒂芬·杰克逊吗？

他本来是可以的，2007—2008赛季场均20.1分4.4个篮板4.1次助攻，作为2.03米的锋线，命中率却只有**40.5%**；2008—2009赛季场均20.7分5.1个篮板6.5次助攻，命中率**41.4%**。确实低效了一些吧，但好歹也是有进攻能力的，然而2009—2010赛季，打了9场比赛之后，杰克逊被交易到山猫队去了。和蒙塔合作了两年的队友，就这么被卖了，在他的认知内，他现在算是单核带队，如果自己打不好，那球队多半是要输球的。不过，他太低估了另一个斯蒂芬（库里），也就是我们爱戴的库里。那场比赛，**库里出场21投11中，32分7次助攻4次抢断，几乎是凭借一己之力，从篮网队手中夺过了这场胜利的归属权。**

蒙塔看到如此的场景，惊讶的情绪瞬间就涌上心头，没想到这名新秀竟然还有这么可怕的攻击力。尽管这有可能会威胁到他的地位，但强者向来喜欢强者，他开始尝试着去接纳库里——因为他在自己手感冰冷的时候站了出来，赢下了比赛。在时任主教练老尼尔森的麾下，蒙塔和库里组成了后场双枪，既然防不住，那不如就在进攻端予取予求地打爆对手。这是他们的共同理念，也逐步形成了一些配合。

库里就曾经在接受采访时说道："当球在蒙塔手中时，他具有极强的持球攻击威慑力，这很重要。当球不在他手里的时候，他仍然懂得如何去影响比赛，如何参与进攻。这是我们学习如何在一起打球所必须学习的平衡之道。当我处于无球状态时，他会知道我在迅速地空手跑位，我们要相互配合，这很棒，这是不需要多加赘述的化学反应，随着时间的推移，我想我们会变得更有默契。"

与篮网的比赛过后，不仅仅是蒙塔，球迷们也开始接受这个瘦瘦小小的控卫，人们意识到在这个看起来不太强壮的身体里，或许蕴藏着无限的能量。

2009—2010赛季，其实从中后期开始，库里的实力就已经遮掩不住了。自1月6日对阵掘金队的比赛开始算起，之后的48场比赛，他场均**21.3分4.8个篮板6.8次助攻**。这个数据可以和当年的最佳新秀泰瑞克·埃文斯不相上下。这48场比赛中，库里仅有4场比赛得分没有超过10分，发挥越来越出色的同时也越来越稳定了。对阵开拓者队的最后一战，也就是当赛季收官战役，库里**打满48分钟，42分9个篮板8次助攻**，用新秀赛季得分最高的准三双表现强行带走胜利。那天，蒙塔也发挥出色，34分4个篮板3次助攻。作为后场组合，他们联手拿到了76分，开拓者队被打得欲哭无泪。

21.3分

4.8个篮板 **6.8**次助攻

42分

9个篮板 **8**次助攻

如果仅仅有这些文字，似乎觉得这只是一场两位后场都 发挥出色 的比赛，但实际上并没有那么简单。在玫瑰花园球馆，这支拥有未来的超级巨星库里的勇士队却是一只伤兵满营、名副其实的"**鱼腩队**"。他们当时面临的伤病问题，即便是比起2018—2019赛季季后赛中勇士队所处的困境，也有过之而无不及。雷吉·威廉姆斯、安东尼·托利弗、克里斯·亨特是那场比赛除了库里和蒙塔以外的三位首发。他们都是赛季中途被勇士队用各式各样的合同给签下来的——十天短合同、一年底薪等等。

雷吉2008年参加选秀却未被选中，此后曾效力于海外联赛和NBDL，加入勇士队前还在苏城瀑布天空力量队效力。托利弗也类似，他是2007年的落选秀，被骑士队、马刺队陆续签约后裁掉，被黄蜂队签约后没有获得出场机会，然后签约开拓者队，再被开拓者队给裁掉，最终被短兵少将的勇士队拿下。克里斯·亨特更是从未效力过任何其他球队，他的整个职业生涯只出战了60场比赛，其中9场首发——都是在金州勇士队遭遇伤病潮的这些日子。之前和之后，他都不曾在NBA打过哪怕一场比赛，连一丁点儿可能会被哪支球队签约的"绯闻"都没有。可想而知，克里斯的水平如何。

坏消息可不只这点儿，由于规定，阵容中必须有8名球员才可以宣布比赛开始，老尼尔森在无可奈何的情况下将已经受了伤的安东尼·莫罗和罗尼·图里亚夫派上了板凳席。赛前，没有人觉得勇士队能赢球——他们获胜的概率可能比莱斯特城英超联赛夺冠都小。

不过，没有最糟，只有更糟。正所谓屋漏偏逢连夜雨，船迟又遇打头风，开场5分钟之内，首发中锋，这位"基本不具备NBA实力，但好歹也能凑合着轮换一下，总比没有强"的克里斯·亨特，竟然也受伤了。于是，身高只有2.03米，打完这场比赛之后就退役的锋线球员德文·乔治登场了。然而，莫罗和图里亚夫已然受伤，亨特刚刚退场，场上的五个人就是老尼尔森手中唯一能用的五名球员了。要是再受伤一个，老尼尔森估计就得像超人扒开衬衫露出大大的"S"一样，扒了西装自己上场了。

他们打得很坚韧，双方就好像是在沼泽地里过招儿一样，每一球都是杀敌一千自损八百，谁都没法在对方身上讨到便宜。第四节中段，噩耗再次传来，好在不是受伤，那时的勇士是真的再也伤不起了。德文·乔治领到了个人的第六次犯规，被罚出场外。然而，老尼尔森已经没有可用的将士了，他只能选择强行将德文留在场上继续战斗，然后送对手一次技术犯规。不过，裁判很强硬地拒绝了他的要求，并点名要安东尼·莫罗、罗尼·图里亚夫、克里斯·亨特陆续上场。于是，这三位依次上场，然后犯规下场，裁判最终允许乔治回到场上，并宣判一次技术犯规。

开拓者队领先，所有人都觉得勇士队要输定了。玫瑰花园嘘声一片，勇士队球员面临的压力在常规赛中堪称"**史无前例**"。近年来，似乎没有多少比赛，一支球队连六个能上场的球员都凑不齐，更没有出现过六犯离场的球员再次回到场上比赛的情况。这足以体现出那场比赛的艰难程度，如果这是一场游戏，那在勇士队面前站着的，一定是凛冬将至难度的BOSS。

不过，面对着这种近乎羞辱的场面，库里爆发出了巨大的能量，最后时刻连得11分，以一己之力完成了最后的一锤定音（当然，这场比赛，阿尔德里奇、罗伊这两位核心球员都没有出战，否则勇士队不可能获胜）。这种逆转，是刻骨铭心的，他们在玫瑰花园用韧性和超级巨星的天赋击垮了开拓者队。之前已经提到过了，42分9个篮板8次助攻——得分是他新秀赛季最高，这场比赛，也是他和蒙塔一起打出的最佳战役。

❖

尽管他们所组成的后场双枪球风华丽，数据漂亮，攻击力强大，但这些东西再好，只不过是锦上添花。钢琴十级、小提琴十级，那都是业余爱好，语文、数学、英语满分，才是在家长面前行之有效的硬道理。因此，这些"吸引人的优点"都比不上有一份好的成绩单——只要能赢球，哪怕是打出令人窒息、令人不由自主想要换台的活塞、马刺式防守也无不可。然而勇士队做不到，2009—2010赛季，他们的战绩是令球迷们不得不戴着口罩，掩盖身份出门，丢人现眼的26胜56负——2018—2019赛季战绩最烂的是17胜65负的纽约尼克斯队，而后是同为19胜63负的克里夫兰骑士队和菲尼克斯太阳队，倒数第四是22胜60负的芝加哥公牛队。也就是说，当年的勇士队放到2018—2019赛季，大概是联盟倒数第五的实力，这还是建立于直接拿各自战绩比对的基础上的。倘若要按净胜分、打法等等来算，说不定2018—2019赛垫底的就不是尼克斯队了。

2010—2011赛季，勇士队引进全明星大前锋**大卫·李**，他场均能拿下16.5分9.8个篮板。大卫·李虽然是个攻强守弱的球员，但毫无疑问，任何一名球星加入勇士队都会使得战绩有所提升。因此，该赛季的战绩是36胜46负，胜率从上赛季的31.7%提高到了43.9%，位列西部第12名。但很遗憾的是，这样的战绩不论是对于球员、教练和管理层而言，还是对于广大的球迷群体来说，都是捉襟见肘、难以启齿的。那个赛季，库里场均18.6分3.9个篮板5.8次助攻，继续保持高效；蒙塔场均24.1分3.5个篮板5.6次助攻，效率也不错。也就是说，在主力阵容有所升级的情况下，勇士队的战绩并没有大幅度的提升，这其中很重要的一点仍旧是后场组合的防守问题和打法的不兼容。

从这个赛季开始，蒙塔被交易的留言甚嚣尘上，不仅仅是战绩原因，场外因素也占据了极大的比例。从2010年11月开始，长达三个月的时间内，当时勇士队的一名女雇员不停地收到蒙塔发来的淫秽色情图片。由于队内调解失败，原告将蒙塔和勇士队告上法庭，这件事使得管理层对蒙塔的信任和容忍度大幅度下降。球员的私事，球队一般是不太爱管的，只要不闹大，只要别搞得满城风雨，多半都是采取不予理会的态度。哈登和克莱都是夜店常客，特里斯坦·汤普森和卡戴珊家族的风花雪月，托尼·帕克的婚姻问题，但你可曾听说过管理层干涉他们？然而，蒙塔的行为已经使得球队的形象严重受损，更使得球队被告上法庭，这种负面影响绝对是勇士队不愿意看到的。在库里的表现逐渐被越来越多人接纳和喜爱、实力愈发得到认可的情况下，交易蒙塔，似乎不是不可以。

不过，这个时候的蒙塔和库里已经建立起很不错的友谊。同年，蒙塔迎来了人生中最重要的事情之一——**结婚**。在婚礼上，向来以"不好相处"、"特立独行"等标签著称的蒙塔，只邀请了两位队友参加，毫无疑问，这位他曾经不愿意合作、防守端无法为他擦屁股的瘦弱控卫，也是其中的嘉宾之一。近年，这件事情一直被反复提起，这是库里人品和性格的佐证，能够和蒙塔成为朋友，难度可不小。

不仅是建立友谊，实际上，库里从这位满是文身，手臂同样纤细，看起来总是痞里痞气的老大哥身上学到了很多。两人的蝴蝶穿花、层出不穷的攻筐手段，仔细瞧瞧，都有着异曲同工之妙。直到现在，我相信还会有不少球迷记得蒙塔360度的上篮，以及他那超强的爆发力，后者是库里学不会的——扣篮对于这位老大哥来说可是家常便饭，但不论是年幼的库里，还是早已成为超级巨星的库里，都学不会。

当时，提及蒙塔的交易流言和他是否希望蒙塔被交易时，库里说："不，我想他非常乐意留在这里，我们也想要把他留在阵容中。他的领袖能力毋庸置疑，就好像是摆在桌子上那样明显。尽管我知道他有很多事情要和球队的管理层处理，但是我想他们现在应该已经把问题给搞定了。从第一天起，我们的关系就变得越来越好，我相信这是球队拥有两名身材相仿的后场球员时所期盼的比较好的局面。我们打球的风格并不一样，我会负责起球队的整体进攻，我会引导进攻，我是控球后卫；他只需要按照自己的风格打球就行了。"

但决定是管理层做的，不是库里做的。每当有球员被管理层交易走，或是教练被解雇的时候，他都会觉得不太开心。直到夺冠之后，库里才慢慢地成熟起来，开始愈发理解NBA的生意属性。

克莱在2016—2017赛季对阵步行者队的比赛中，29分钟砍下60分，库里低调地找到蒙塔，击掌。

于是，蒙塔和库里的故事、和克莱的故事、和勇士队的故事、和NBA的故事，就到此结束了。

在离开勇士队之后，蒙塔对他的前搭档总是有着很高的评价，他称赞库里的进步和努力，为他的伟大成就和荣誉喝彩。"在某个时刻，他的努力训练终究将会得到回报。每个赛季，他都在不断地变得更加出色、更加优秀，越来越棒。现在，他正在打出一个令人难以置信的完美赛季。"

但问及两人的搭档之旅和当年的那笔交易时，蒙塔直言不讳地说："我不是一个会沉湎于过去的人。我的意思是，分手对于我们双方来说（其实是三方，蒙塔、库里和勇士队）都是最好的选择。现在我们各自都有了最佳的环境。我在独行侠队打球，处在一个对我而言，堪称是绝佳的处境。而勇士队，他们让库里成为球队的象征，最终也获得了成功。同样，我在这里也取得了成功的进展，我不会活在过去，我总是会向前看的。"

❖

这段和蒙塔合作的时期，就是库里的"漫长试用期"；而扶正库里，则是"漫长试用期的终结"。

在2011—2012赛季，曾经有一个小插曲。3月20日对阵森林狼队，恰巧是勇士队名宿克里斯·穆林的球衣退役仪式。登场前，拉科布的心就好像是在坐过山车，七上八下，战战兢兢。他知道自己惹恼了观众，犯了众怒，他把**WE BELIEVE**时代的最后一位关键球员，也是赛季初期队中的老大蒙塔交易走了。球迷们疯狂地对他发出嘘声，人们高喊着**我们要蒙塔**的口号，使得拉科布只能在名宿的帮衬之下完成发言。而为了安抚球迷，他在不得已之下说出了那句"我们会在五年内夺冠"的豪言。

好在，勇士队管理层用蒙塔换来了2005年的状元——雄鹿队中锋安德鲁·博古特。尽管在当赛季剩余的比赛中，博古特并没有出场，但在下个赛季，博古特为勇士队的进步做出了巨大的贡献。

这些时日，或者说和蒙塔合作的两年半，对于库里而言，受益匪浅。他学会如何和"刺头"型球员相处，后来者格林谁都不服气，甚至敢当面喷杜兰特，但他会说出**"我是库里的一个产品"**这种话。他学会更好地收敛自己的锋芒，不要抢别人的戏，于是在克莱29分钟60分、单节37分、单场14记三分等多次破纪录的夜晚，他都默默无闻地为克莱作嫁衣，不仅毫无怨言，甚至比自己破纪录更开心。他的无球技术得以彰显，如果他也需要大量球权的话，蒙塔和他恐怕会爆发出激烈的冲突，因为篮球只有一个，而场上的球员有五个。

这个漫长的试用期，是他职业生涯比赛层面上的第一和第二道考验。

如果没有这样的历练，恐怕他不知道应该如何与格林相处，杜兰特也不一定会愿意加入勇士队——在队内已经有一位老大，也就是库里的情况下，外来户总是容易受到老大的排挤和歧视，但他没有这么做。杜兰特和库里成了好朋友，不仅是球场上，更是在场下。

而第二道考验也很明白，就是学会与**"失败"**共处。

他拥有一颗强大的心，26胜56负、36胜46负、23胜43负，胜少负多对于他来说已经是家常便饭。输球不可怕，可怕的是就此放弃，一蹶不振。

因此，再多的失败也从不曾击垮库里，也没有动摇过他努力、拼搏、追求胜利的信念。

这是他的篮球人生，是这个**"漫长的试用期"**赠予他的信念——永不言败。

❖

一路走来，库里一直不被人看好，但他从小就擅长"打脸"。他用自己的进步和实力的提升，一遍遍地回应那些**"杀不尽"**的质疑者。

他的故事告诉我们：NBA从来不缺少千里马，但伯乐却倒是真的屈指可数。

乔丹贵为历史第一人，在担任奇才管理层和成为黄蜂队老板之后，曾钦点过许多球员，不出意外，多半都水了。似乎和足球球王贝利一样，贝利有一张"说谁赢，谁就输"的因果律武器乌鸦嘴；乔丹则是有一双"看上你，你必水"的"火眼金睛"。

2001年，乔丹用状元签选择NBA历史上第一位高中生状元夸梅·布朗。高中时期的夸梅·布朗，确实称得上天赋异禀，场均20.1分13.3个篮板5.8次封盖的数据使他一时间名声大噪，远扬全国。选秀前，他参加麦当劳全美高中明星赛，然后成为当年的全美最佳球员，进入一阵。他的身体素质确实好，静态身体素质和运动能力都很出色，这是他被选中的重要基础之一，此外，其他高中生前辈——科比、加内特、麦迪们的成功履历，也使得他被人抬到了一个"虚高"的位置。

但这些可能还不是夸梅一蹶不振的全部因素，乔丹在他的成长过程中没有起到更关键的作用，也值得被重视。对于领导者，或是管理层成员，又或者是警察、审讯者这些占据主导权的人，如何管理好下属，如何从犯人口中审问出有效的信息，是他们的职责。因此，他们非常熟悉"恩威并施""胡萝卜加大棒""一个唱红脸一个唱白脸"等类似的"套路"。可是乔丹只知道对夸梅高标准、严要求，却没有起到"良师益友"的作用——也没有其他人扮演这一角色。

作为乔丹钦定的状元，我们希望看到乔丹能够更好地引导这个年轻的孩子，让他知道应该如何发展。他本人倒是和乔丹还算融洽，当然，他也曾提到过当年自己困难的处境："对我来说，最大的问题就是孤立。你是一支充满成年人的球队中唯一的青少年，你没法出去玩儿，没有人愿意带着你，因为你实在是太年轻了。我去的是联盟中年龄最大的队伍之一，我是球队中最年轻的孩子，我认为你最好去一支年轻的球队，和你的同辈一起打球。"

本就虚高的期待，没有引路人带着这个小孩儿前进，又容易被孤立——夸梅成为新世纪第一位被称为水货状元的球员。新秀赛季，场均只能得到4.5分3.5个篮板；二年级场均7.4分5.3个篮板；三年级堪称是他的职业生涯巅峰，场均10.9分7.4个篮板，这是他唯一一个得分上双的赛季。

当然，尽管他在进攻端相当"水"，但他的防守非常好，即便伤了一边的肩膀和自己的一只脚踝，他仍然是队中最棒的防守中锋。

那年，乔丹选中夸梅，但他错过了榜眼泰森·钱德勒、探花保罗·加索尔、第四顺位的艾迪·库里、第五顺位的杰森·理查德森、第六顺位的肖恩·巴蒂尔。此后，第十顺位的波士顿选中乔·约翰逊，第十九顺位的波特兰人选中扎克·兰多夫，第二十八顺位的马刺选中了GDP组合的最后一位——托尼·帕克。可以说，乔丹错过了当年所有未来成才了的球员，偏偏选了这位"水货"。我理解，奇才队当时想要一名中锋，但实际上当年的前四位球员都是中锋（大加索尔也可以是中锋），尽管艾迪之后曾经被肥胖困扰，但他们巅峰时期的表现，都不是夸梅可以企及的。换而言之，在四名中锋中，乔丹选择了现在看来最糟糕的那位。

这是乔丹"**火眼金睛**"的开始，之后，他选择的球员虽然不至于像夸梅这么水，但也绝对算不上"物有所值"。他看中的球员，除去肯巴·沃克，不知道有几个对得起自己的顺位。2008年，DJ.奥古斯汀在第九顺位被选中，第十顺位是布鲁克·洛佩斯，后头还有麦基、莱恩·安德森、乔治·希尔，以及塞尔吉·伊巴卡。2011年，黄蜂队选中了俾斯麦·比永博，一位拿着1700万美元却不干人事儿的溢价合同所有者，他之后还有克莱·汤普森、莫里斯兄弟、科怀·莱昂纳德、尼古拉·武切维奇、托拜厄斯·哈里斯、吉米·巴特勒。

2012年选秀，乔丹用榜眼签拿下了迈克尔·基德·吉尔克里斯特这名日后以投篮姿势诡异而享誉全球的小前锋，在他之后有布拉德利·比尔、达米安·利拉德、哈里森·巴恩斯、安德烈·德拉蒙德、奥斯汀·里弗斯。

不得不说，乔丹的选秀眼光，和他在球场上的实力完全成反比。这从侧面证明了，伯乐是多么稀有——他们不仅要能够慧眼识珠挖掘人才，更要在资本家的指手画脚之下保住潜力股，并将他们的潜力完全激发出来。

而若论伯乐，21世纪以来，"Logo老爷子"**杰里·韦斯特**，是板上钉钉的第一。

"Logo老爷子"

杰里·韦斯特

黎明，
新核心时代
的来临
DAWN

"我从来都不害怕关键时刻。我会心里发慌，
我会紧张和焦虑，但这些都是好的信号，代表
我已经准备好了。"

——斯蒂芬·库里

第3章

基斯·斯马特治下36胜46负的战绩、西部第12的排名显然无法让球队的两位新老板皮特·古伯和乔·拉科布满意，他们无法忍受球队在过去17个赛季中第15次无缘季后赛，毕竟他们花了那么多钱买下球队可不是为了每年定期进乐透区的。他们开始进行大刀阔斧的改革，并逐渐向世人展示自身卓越的管理才能和独到的眼光。

首先，他们签下杰里·韦斯特作为球队执行董事会中的特别顾问，这位NBA的标志人物一直以来被很多球迷戏称为"**Logo男**"。作为史上唯一一位败方FMVP，老爷子在球场上的表现堪称传奇：生涯总决赛总共得到1679分，历史第一；1969年总决赛单系列赛265分，历史第二；生涯总决赛10次单场40+得分历史第一（包括一次单场53分）；生涯总决赛场均得到30.5分，历史第三；生涯参加了55场总决赛，历史第四；季后赛场均29.1分，历史第三……作为一名球员，他在大场面和比赛的关键时刻总会有出色的发挥，也因此被称作"关键先生"。

更绝的是，他从赛场退役后还成为联盟历史顶级的球队管理者之一：作为湖人队的前总经理，他一手打造了以"魔术师"和"天勾"为班底的"Showtime"时代湖人，是乔丹之前联盟盛世的缔造者之一；他还帮助湖人队在1996年夏天签下"大鲨鱼"奥尼尔，并在当年的选秀大会中用全明星级别的中锋迪瓦茨从黄蜂队换来对方13顺位签下的高中生科比——这在当时被很多同行看作是疯狂的举动，然而事实证明了老爷子无与伦比的眼光，"OK"组合后来大杀四方，创立了湖人王朝。另据联盟消息人士透露，保罗·加索尔之所以能在2007—2008赛季被交易到湖队，跟杰里·韦斯特暗中帮忙有很大关系——他恰好是在这个赛季开始之前辞去了灰熊队总经理一职，但却跟灰熊管理层的很多人维持着良好的关系。可以说湖人队能在三十年间拿到这么多总冠军，老爷子有很大的功劳。

签下"Logo老爷子"后，勇士管理层开始把目光瞄向球队帅位。北京时间2011年6月7日，在老板的授权下，时任总经理的拉里·莱利宣布，前NBA著名控卫和篮球评论员**马克·杰克逊**将成为勇士队的新任主教练。这是两位新老板合伙买下勇士队后雇佣的第一位主教练。

"经过长时间的寻找和仔细的考虑后，我们最终觉得马克·杰克逊是最适合我们球队的主教练人选。"勇士队总经理拉里·莱利说："他会给我们带来一个年轻化和新鲜感十足的执教方法，同时他在作为球员的时候也拥有辉煌的经历，他在多个球队都担任了领袖并取得成功，这一切对于他今后的执教生涯来说都有很大的价值。"

"我们一直在寻找一个拥有很强领导能力并且具有个人魅力的教练，我们相信马克具有这样的特质，他在NBA这个圈子中非常受人尊敬，是一个完美和专业的人。对于我们这个球队以及管理者来说，他的知识和背景都是一笔宝贵的财富。"莱利继续说道。

在新闻发布会上，马克·杰克逊信誓旦旦地表示："**我非常高兴能拥有这样一个机会，我也很期待在这个球队所接受的挑战。**"

出生于1965年的马克·杰克逊当时已经年满46周岁，球员生涯曾辗转七支球队，2003—2004赛季离开火箭队后他开启了自己的解说生涯，长期跟自己在火箭队时的主帅杰夫·范甘迪搭档。球员时期，他曾经在新秀赛季拿下过最佳新秀的荣誉，拿到过赛季助攻王，也入选过全明星。当然，若说到他球员生涯最伟大的成就非总助攻数历史第四莫属——在联盟历史上仅有斯托克顿、基德和纳什排在他前面，就连伟大的"魔术师"约翰逊都要靠后站。

2011年6月24日，NBA选秀大会在新泽西纽瓦克的保诚中心球馆举办，在杰里·韦斯特的强烈建议下，勇士队用11号签选中来自华盛顿州立大学的克莱·汤普森。这位从小生长于洛杉矶和波特兰的大男孩乃名门之后——他的父亲是前湖人队球星、1978年的NBA状元秀米切尔·汤普森，生涯两次拿到总冠军。由于父亲的关系，克莱从小就有机会得到很多名宿的悉心指导，比如前开拓者传奇巨星德莱克斯勒、"小飞侠"科比·布莱恩特等等。

勇士队用首轮11号签选中克莱，看中的就是他出色的投射能力和防守，他们认为"克莱+库里+蒙塔"的后场组合将会给联盟所有球队制造麻烦。但克莱被勇士队选中时却一点都不开心——就如同两年前库里被选中时一样。

"我从小就在洛杉矶和波特兰生活，我不会马后炮，但他们在NBA2K中是一支出色的球队，因为他们有蒙塔和库里，所以你可以投大量的三分球。但我不知道他们是在奥克兰、旧金山还是圣何塞，我当时在想金州是在哪？"后来回忆当初被勇士队选中时的感受，克莱如是说。那个时候的他显然没有想过有朝一日能跟那个叫库里的大男孩一起建立一个王朝。

　　一切准备就绪，正当马克·杰克逊准备在奥克兰大干一场的时候，不幸的事却接二连三地发生了。

　　就在选秀大会结束的一周以后——2011年7月1日12时01分，旧劳资协议正式到期。在经历了长达三个小时的终极谈判之后，球员工会和资方代表仍然没有就新的劳资协议谈判达成一致，联盟正式进入停摆期——这是NBA历史上的第五次停摆。

　　虽然马克·杰克逊在停摆开始之前就曾经与勇士队的几名核心球员蒙塔、库里、多瑞尔·赖特和大卫·李见面交谈过，并向这几名球员强调了勇士队将会下大力气打造防守体系的意思，但由于无法尽早接手球队，他无法将自己的理念灌输给球员。

　　那个夏天，勇士队的几位球员参加在拉斯维加斯进行的训练营，他们迫切地希望能趁着休赛期提升自己的球技，尽快率队重返季后赛。但这对他们尽早吸收新教练想要贯彻的战术体系并无太大帮助。"你可以训练一些篮球基础性的东西，比如说挡拆进攻和如何防守挡拆，学习每一名球员的特点。但这或许只是我们能学的一小部分东西，因为我们现在没办法确切知道主教练杰克逊想让我们在进攻或防守端如何去做，所以我们很难现在就完成一些什么东西。"刚刚结束二年级生涯的库里在接受采访时向记者坦言。

　　2011年11月26日，劳资双方在经过长达15小时的谈判后终于宣布达成协议，结束了持续时间达149天的漫长停摆。受停摆影响，新赛季比往常整整晚开始两个月，每支球队的常规赛场次缩水到66场，且赛程相当密集。

66

勇士队的揭幕战被安排在2011年12月26日——恰好是往年打圣诞大战的日子。他们的对手快船阵容中拥有保罗、比卢普斯、卡隆·巴特勒、格里芬和"小乔丹"，这是保罗被黄蜂队（现鹈鹕队）交易到快船队后的第一个赛季，全联盟都期待他跟格里芬和"小乔丹"的配合——尽管湖人才刚刚在一年前完成了两连冠的壮举，但这一次洛杉矶被冠以"空接之城"的威名却是因为快船队。

在上半场还领先2分的勇士队下半场被快船打了个**64：43**，最终以19分的劣势输掉了比赛。库里全场发挥奇差，12投2中（三分4中0）只拿到4分，却出现5次失误。蒙塔也好不到哪去，他19投6中，得到15分。新秀克莱在职业生涯首秀中得到7分。

主场惨败让人沮丧，但好的迹象在于：他们全场比赛只让火力凶猛的快船队得到105分，这比起前几年老尼尔森带领的那支不防守的球队要好得多。"我来到这里就是要给球队带来防守。"这是马克·杰克逊初来乍到时对勇士球迷的宣言。

缩水赛季的第二场比赛就是一个背靠背，虽然揭幕战被尚处于巅峰期的保罗和老辣的比卢普斯防得狼狈不堪，但紧接着库里就在新科MVP罗斯身上找回面子。在主场迎战公牛队的比赛中，库里12投7中，砍下21分7个篮板10次助攻6次抢断，攻防两端的全面表现让对面的罗斯黯然失色（17中4，得到13分）。

虽然赢下了比赛，虽然个人表现压过罗斯，但库里此前做过手术的脚踝在比赛中再次受伤，他也因此缺席球队接下来主场迎战尼克斯的比赛。右脚踝的伤势成了库里的"阿喀琉斯之踵"，它就像炸弹一样，随时都会引爆。2012年1月5日，在勇士队西部三连客第二场打马刺队的比赛中，库里在无身体对抗的情况下扭伤右脚踝，并缺席了球队之后的8场比赛。

复出之后的库里继续打了15场比赛，他在此期间表现非常出色，三次拿下30+的得分。在个人赛季的**前20场比赛中，库里场均能拿到17分6.5次助攻1.8次抢断，投篮命中率48.3%、三分命中率45.4%，场均命中生涯新高的2.5记三分球**。他的场均助攻数全队第一，虽然场均得分不如蒙塔多，但效率比他高不少。库里的出色表现让马克·杰克逊非常兴奋，他意识到这个长着娃娃脸的男人必将在联盟中闯出一番天地。他开始更多地把场上的指挥权交到库里手中，让他在比赛中自由地发挥。

但让人郁闷的是脚踝偏偏不想让库里好过。2012年2月23日，库里在勇士队打太阳队的比赛中只出场10分钟就脚踝受伤离场，并缺席了接下来的4场比赛。这次受伤后他在打老鹰队的比赛中复出，只打了3秒钟就因伤退出比赛。就这样库里在复出后的6场比赛中接连受到脚踝伤势的困扰，6场比赛中有5场出场时间都在17分钟以下。终于，在2012年3月12日客场挑战快船队的比赛中，库里赛季报销了。

这个赛季的库里断断续续地只打了26场比赛，起于快船队、终于快船队，由于伤病原因，个人表现并未达到球队对他的期待。等到四月份他躺在加州医院的手术台上时，他当时心里想的是：我可能再也无法打篮球了。

库里的赛季报销让勇士队始料不及，他们赛季开始前雄心勃勃的复兴计划戛然而止。在这个时候，勇士队管理层展现出他们的雄才大略：伴随着库里的赛季报销，蒙塔的勇士生涯也画上句号。这位自诩为"**科比世界第一，我第二**"的双能卫被勇士队迅速交易到密尔沃基，换来当时还在伤停中的博古特，后者一直到2012—2013赛季才开始为勇士队打球，而前者仅仅在五天之后就代表雄鹿队重返甲骨文球馆挑战老东家。

勇士队高层并未因为库里反复受伤甚至直接赛季报销的脚踝而对他失去信心——尽管外界纷纷唱衰库里是下一个格兰特·希尔。他们仍然下决心以库里为建队核心，而这个想法显然在库里赛季报销以前就决定好了，否则打快船队也不会那么巧就成了蒙塔勇士生涯的最后一战。勇士队明白：若想以库里为建队核心，就不能让没有防守、喜欢单干、极度占球权的蒙塔去跟库里搭档，替补席那个能防守能投篮的男人更适合辅佐库里，而勇士队如今最缺的是能防守的五号位。

库里赛季报销、头号球星蒙塔被交易、新来的中锋博古特无法登场，这让勇士队下定决心开始摆烂。自从库里报销后，勇士队仅仅取得10胜30负的战绩。事实证明这是正确的策略，尽管从体育竞技的角度来看有点缺乏竞争精神。但是他们的摆烂策略获得了回报：他们得到了2012年首轮受保护的七号签，另外他们还有首轮第30号签、次轮总第35号签和次轮总第52号签的选秀权。他们用最重要的7号签签下**哈里斯·巴恩斯**，他在大学时的外号是"**北卡黑鹰**"，是北卡来罗纳大学的头号球星；首轮第30号顺位他们选择了艾泽利，次轮总第52顺位选择了波黑人库兹米奇，当时勇士队虽然交易来受伤的博古特，但他的伤情并不明朗，于是球队干脆一下选了俩中锋，以备战时之需。

　　当然，如果我们以上帝的视角来看，那一年他们在选秀中最大的收获是在第二轮总第35顺位选中的德拉蒙德·格林，他是后来勇士王朝的精神领袖、组织核心以及防守基石。时至今日，格林仍然对自己在选秀大会上被低估耿耿于怀，"我清楚地记得每一个顺位比我靠前的名字"这话格林已经说过不止一次。

　　对于库里来说，他在这个休赛期最重要的事情就是尽快从右脚踝手术中完全康复，他明白新赛季对他的重要性——他将首次成为一支NBA球队的老大，他需要证明自己。在做完手术三个月后，库里已经开始进行场地训练，有球、无球、组织、防守、力量、平衡感……所有的一切都需要重新找回感觉，并且他需要在精神层面克服对于"脚踝"可能再次受伤的恐惧。7月，库里夫妇迎来了他们的第一个孩子——女儿莱利·库里，在当月30日，他还与自己青梅竹马的女友阿耶莎正式完婚。早早步入婚姻殿堂并当上奶爸对库里个人的成长、成熟具有巨大的促进作用。8月中旬，库里在接受采访时表示，自己已经过了脚踝手术后心理上的痛苦和生理上的酸痛期，他现在唯一需要做的就是找回节奏。另外，他还非常期待同新队友博古特以及贾森·杰克的联手。在训练的间隙，库里还和克莱、格林以及巴恩斯一起访问了史蒂文森学校，并在合影期间摆出了学生的姿势，那时候恐怕连他们自己都不会想到这个四人组未来会是多么可怕。待到9月下旬，库里已经被医生允许参加所有篮球相关的活动，他将不受任何限制地进入新赛季的训练营。

训练营中的库里真真正正的像一名领袖一样起到了表率作用，他每天早来晚归，刻苦训练的职业精神感染了球队所有的球员。"自从我来到这里，我就从来没看到过库里不在。"这是新秀艾泽利当时对库里的评价。

2012年11月1日，菲尼克斯丽兹酒店餐厅，库里在同勇士队的续约合同上签下了字，这是一份四年4400万美元的合同。在当时来看，这份合同对库里本人及勇士球队来说都是具有一定风险的——库里方面觉得自己已经恢复得足够健康，本可以获取一份更大的合同；勇士方面则对库里反复受伤的脚踝心存顾虑，4400万美金存在一夜之间打水漂的风险。但这同时又是双方综合考虑各种因素后，彼此内心都能接受的一份合同，否则他们不会痛快地签下自己的名字。这一天正好是勇士队新赛季的揭幕战——客场打太阳队。这个晚上库里表现得并不好，14投2中，仅得5分，不知道当时勇士队老板看到这个表现后心里是什么感受，但事后证明，他们赌对了。

❖

这个赛季的常规赛，马克·杰克逊彻底扶正了库里，他还把克莱提上首发顶替交易走的蒙塔，再加上博古特和新秀巴恩斯，勇士队首发阵容中已经有四位是平均水准之上的防守者。大卫·李虽然防守不好，但进攻效率惊人，这让他始终能在首发阵容中占有一席之地。经历10多场比赛的适应后，库里在11月下旬开始找到感觉，他连续四场比赛砍下20+10的数据，一颗超新星正在冉冉升起。在库里的带动下，克莱也开始逐渐兑现自己的天赋，他跟库里的三分球让球迷们看得兴奋不已。马克·杰克逊为二人量身定做的"**电梯门**"双挡拆掩护战术，让他们可以同时最大限度地发挥自己的进攻火力。而有了优质的防守资源后，杰克逊强调防守的理念也逐步在勇士身上显示出效果——在老尼尔森时代，你很难想象库里和大卫·李合计30中4的比赛勇士队还能赢球，而这个赛季他们在揭幕战就做到了。

在2013年2月的最后两场比赛中，已经达到当时个人最佳竞技状态的库里开始让联盟感受到恐惧：他在客场打步行者队的比赛中三分球10投7中，拿到

38分，紧接着在麦迪逊广场花园，他投篮28中18、三分13中11，得到**生涯新高的54分6个篮板7次助攻**，这些神奇表现让人们开始意识到，这个长着娃娃脸的小个子似乎与以往的所有球员都不同——他投三分就像别人投中距离那么简单，他很可能会改变这个联盟。

2013年4月13日，库里在客场打湖人队的比赛中三分球15投9中，爆砍47分6个篮板9次助攻3次抢断，仅出现一次失误，几乎把当时"F4"领衔的湖人逼入绝境。

那场比赛被人永远铭记的另外一点在于：**伟大的科比在那场比赛中拼到跟腱断裂，从此生涯告别巅峰。冥冥之中，"篮球之神"似乎想在这场比赛中让新老两位巨星完成交接，而事实上也确实如此。**

这个赛季的常规赛，勇士队最终取得47胜15负西部第六的战绩，自2007年季后赛"黑八"奇迹后首次杀入季后赛。库里在常规赛中场均能贡献22.9分6.9次助攻4个篮板1.6次抢断，三分球命中率高达45.3%。他单赛季命中了272记三分球，打破此前雷·阿伦在2005—2006赛季命中269个的纪录。

季后赛首轮，勇士队的对手是西部第三的丹佛掘金队，这支球队由于运动天赋爆表、主要轮换球员普遍能跑能跳，被很多球迷戏称为"**丹佛田径队**"。但库里和他的勇士队用表现告诉对手，篮球这项运动可不是田径比赛，光有身体是无法走得太远的。系列赛六场比赛下来，库里场均以44.2%的三分命中率命中4个三分球，场均攻下24.3分4.3个篮板9.3次助攻2.2次抢断，这在当时已经是超级全面高效的超巨表现了，库里证明了自己可以在身体对抗更剧烈的季后赛中表现更出色。在库里的率领下，勇士队在这一轮的三分球命中率高达40.4%，这在当时已经是超越时代的表现。

库里首轮惊艳的表现受到了全联盟的关注，人们第一次发现有人能将三分球玩得如此出神入化。"**他让我想起了乔丹**"，这是名帅**波波维奇**对库里的评价，这个评价在当时看来简直是石破天惊，你很难想象这位历史级的教练竟会对一名长着娃娃脸的年轻人做出如此高的评价。"他说这话的时候喝醉了吧？"听到波波维奇的称赞后，库里打趣道，"那太疯狂了，这样的称赞我可受不起，我确实会在某些比赛中打出精彩表现，但是拿我跟迈克尔·乔丹比，还是让我觉得很疯狂。"

"他（波波维奇）是对库里的投篮着迷了，没人能像库里那样投篮。"主帅马克·杰克逊听到波波维奇·对弟子的称赞也加入了这个话题的讨论。

波波维奇对库里的称赞是否过誉了？很快，这个问题就得到了解答——惺惺相惜的两人在第二轮相遇了。半决赛G1，库里在上半场表现平平，10投4中得到10分，但是下半场，他展现了在2月末打纽约时的得分爆炸力：第三节单节12中9（三分6中4），狂砍22分3次助攻，以一己之力率队在比赛的前三节领先12分，看起来他好像是场上远胜于所有人的超级巨星，哪怕对手阵中站着伟大的"GDP"组合。

但马刺队毕竟老辣，库里和勇士队为他们的年轻付出了代价。波波维奇在第四节让自己的队员坚决包夹库里，而当库里把球传出去时，他的队友14次出手只命中两球。马刺队单节抹平了12分的分差，并经过两个加时2分险胜勇士队。在1973—2013年季后赛历史中，单场得到44分11次助攻这样数据的除库里外，只有1990年5月14日的迈克尔·乔丹，那场比赛"篮球之神"得到45分6个篮板11次助攻。

"他让我想起了乔丹。"波波维奇赛后再次这样评价库里。

G2，波波维奇再次祭出全场包夹库里的战略，这一次克莱又爆了：他全场三分球9投8中，砍下34分14个篮板3次抢断1次盖帽，勇士队仅仅上半场就领先了19分，最终，他们以100：91客场轻取马刺队。除了胜利，这场比赛最大的意义在于格林第一

马刺队   勇士队

4 : 2

次被提上首发打4号位，在大卫·李因伤报销的情况下，马克·杰克逊开始尝试不同的首发阵容。但是他没能成为科尔的原因之一就在于他自顾自地耍起了小聪明，没能按照胜利的套路继续出牌，在之后的系列赛中继续尝试用艾泽利或兰德里去同首发阵容搭档，效果也非常不好。最终，马刺队大比分4：2赢下了系列赛，库里职业生涯的首次季后赛之旅戛然而止。

主场被马刺队淘汰让库里和克莱伤心不已，第四节最后时刻提前被换下场的他们郁闷地坐在板凳席上，库里不停地用手去擦眼角的眼泪，满脸的不甘心，克莱则沉默地咬着手指。赛后，甲骨文球馆的球迷们久久不愿离去，没有谩骂和指责，甚至全场高呼：Thank you Warriors! 库里擦干泪水，来到球场中心，拿起麦克风对全场观众承诺：**明年我们会给你们带来总冠军！** 事后证明，虽然兑现承诺迟了一年，但他为勇士球迷带来的却是一个王朝。

整个系列赛下来，除了第一场比赛，库里在其他时间受困于马刺队的包夹战术，得分效率并不高。40.5%的投篮命中率和35.2%的三分命中率都远低于生涯平均水准。但这支马刺队最终杀入了总决赛，并同巅峰热火三巨头大战七场，若不是雷·阿伦在总决赛G6的绝世三分，马刺队会拿到当年的总冠军，从这个角度来看，库里和勇士队已经很成功了。

在这轮系列赛中，库里和克莱得到了一个响亮的绰号——"**Splash Brothers**"，翻译过来就是"水花兄弟"。这个绰号最初是由勇士队内一位搞网站数字内容的工作人员布莱恩开始叫起，后来不胫而走，成了全球亿万球迷对两人的爱称。

2013年的休赛期，正是詹姆斯志得意满的巅峰时期，是科比黯然伤神的生涯转折点，也是勇士王朝崛起的关键时刻。这一年的7月9日，勇士队做出了一笔堪称抢劫式的交易：他们同掘金队和爵士队进行三方交易，送出比德林斯和杰弗森以及一个次轮选秀权，从掘金队得到"小AI"伊戈达拉。这样一来，他们的锋线厚度大大增强，为他们未来称霸联盟打下了坚实的基础。

"**水花兄弟**"

❖

2013—2014赛季常规赛，库里开始成为联盟中的明星球员。在赛季第二场——客场打快船队的比赛中，尽管勇士队输掉了比赛，但库里三分球14中9，得到38分9次助攻。不过面对保罗的贴身防守，库里也出现了生涯最高的11次失误。保罗那边20投12中，罚球17中16，得到42分15次助攻6次抢断6次失误。在第一控卫的争夺战中，保罗胜过了库里，但库里也让我们看到了他追赶保罗的可能性。

"队史三分王"

2013年12月8日，在勇士队客场大胜灰熊队的比赛中，库里得到22分6个篮板次15助攻，助攻数追平当时生涯最高纪录。此外，库里在这场比赛中命中2记三分，这让他的生涯三分球总命中数超越杰森·理查德森，成为勇士**队史三分王**——这个位置短期内后人很难抢走。

2013年12月12日对阵独行侠队，库里在第四节还剩**1.5秒时命中准绝杀**，率队**95：93**战胜对手。2014年1月3日，勇士队客场挑战卫冕冠军迈阿密热火队，库里在这场比赛中大发神威，22投13中（三分15中8）狂砍36分12次助攻，亮眼表现让对面的詹姆斯和韦德都黯然失色，勇士队凭借着库里和大卫·李的双剑合璧战胜了热火队。"他们的投篮实在太惊人了，库里、克莱……大卫·李在中距离不断发炮，天空才是他们的极限。"赛后詹姆斯对库里和勇士队赞不绝口。库里的表演还在继续：2014年1月11日，库里在比赛还剩**2.1秒时命中关键两分绝杀凯尔特人**。2014年4月2日，库里客场**再度绝杀独行侠队**。在赛季末同开拓者队的比赛中，库里29投16中爆砍**47分5个篮板4次助攻**，表现远胜对手阵中的明星控卫利拉德。

这个赛季的常规赛，库里证明自己是一个能同时在得分和助攻两项技术统计上高产高效的球员。这个赛季的常规赛，库里场均能拿到24分8.5次助攻，真实命中率61%。他的场均得分排名联盟第七、场均助攻排名联盟第五，放眼全联盟，没人能在这两项数据上都比他更出色，他已经成为联盟顶级的双能卫。这个赛季的常规赛中，他四次拿到三双，进攻胜利贡献值仅次于当时联盟两大天王巨星杜兰特和詹姆斯。库里出色的表现受到了球迷们的肯定，在这一年的全明星票选中，库里获得

全明星

1047281张选票，在西部球星中仅次于当赛季的常规赛MVP杜兰特，**生涯首次入选全明星**——并且还是首发。在新奥尔良全明星赛上，库里砍下12分11次助攻的两双数据，初次在全明星赛上登场让他有些紧张，他在比赛中的前5次出手全部投丢，一直到上半场快结束时才命中第一个运动战进球。赛后，库里有些腼腆地说："我希望未来能有更多机会入选全明星，我希望这次全明星赛只是一个开始。"这个赛季的常规赛，库里首次入选最佳阵容（二阵）。

在库里的率领下，勇士队常规赛取得了51胜31负的战绩，再次排名西部第六，这一次，他们的首轮对手变成洛杉矶快船队，库里和保罗终于在季后赛中碰面。

库里在生涯早期一直以保罗为导师，他刚进联盟的2009年，保罗刚刚打出生涯最巅峰的两个常规赛。库里在这一年的夏季联赛结束后近距离地从保罗身上学到了很多东西。"他的纪律性、职业态度让我敬佩，他在我刚进联盟时对我进行过指点，而且他首先强调的就是如何成为一名伟大的球员，这让我大开眼界。他是一名很棒的导师，他让我明白他这种级别的球员如何为比赛进行准备。"谈起保罗对自己的影响，库里满满的都是尊敬。

勇士队在G1中率先出击，赢得胜利，快船队在G2中强势反击，上演了疯狂的报复——他们以138∶98的比分大胜勇士队40分，格里芬彻底统治内线。这轮系列赛中，双方的身体对抗和口头争执非常激烈，带着**3∶3**平的大比分进入系列赛第七场。在关键的抢七大战中，库里16罚全中，狂砍33分5个篮板9次助攻3次抢断，亮眼表现全场最佳。比赛中，保罗负责主防库里，他多次用疑似犯规的隐蔽小动作干扰库里的投篮，且逃过裁判的吹罚——包括库里在比赛最后时刻的关键一投。

最终，快船队凭借下半场的爆发赢得抢七大战，以保罗为首的快船球员赛后在更衣室群嘲勇士队，双方就此结下梁子。

这个系列赛最大的意义有两点：第一是格林正式上位，他在系列赛的第四场代替受伤的大卫·李首发出场，这为后来以他为防守核心的冠军勇士打下了基础；第二是库里在系列赛中场均贡献23分3.6个篮板8.4次助攻，真实命中率59.9%，表现小胜场均17.4分4.7个篮板9次助攻、真实命中率55.6%的保罗。

首轮抢七出局让勇士队管理层相当不满，他们准备对主教练马克·杰克逊下手。一系列有关马克·杰克逊的丑闻被不断爆出：他禁止助教们接受媒体的采访，因为他认为助教们都在觊觎自己的位置；他赶走了助教迈克·马龙，原因也是害怕后者抢走自己的主教练饭碗；他背着自己的妻子跟一个脱衣舞娘有染，后来还被一个妓女和另外一个哥们儿敲诈；他向球员们灌输"我们要和管理层对立"的观点，马克·杰克逊告诉球员们"管理层不想我们赢球，因为这样会让我的脸上无光"；他还禁止伟大的杰里·韦斯特观看球队的训练；杰克逊告诉球队，艾泽利希望球队输球，因为这样会让他自己显得更有价值（当时艾泽利受伤缺阵），听到这种说法后艾泽利在全队面前崩溃大哭，他说他并没这么说过，也没这种想法，马克在撒谎；杰克逊对球队说，哈里斯·巴恩斯被恶魔附身了，所以才会有所退步；他跟所有人关系处得都不好，包括杰里·韦斯特、鲍勃·迈尔斯等；他在爵士期间让爵士更衣室跟斯托克顿对立，导致球队分崩离析；他一直让球队单打，而不是围绕库里、克莱、格林、巴恩斯和伊戈达拉建立动态进攻……总之，关于马克·杰克逊的黑料层出不穷——包括他跟老板的儿子不合。

抢七大战出局三天后，勇士官方就宣布解雇马克·杰克逊的决定，尽管球队的老板和总经理都在后来对他进行了"很官方"的感谢和祝福，但所有人都明白这只不过是走个程序而已。

虽然马克·杰克逊以不光彩的方式结束执教勇士队的生涯，但库里还是对他进行公开力挺："我觉得杰克逊教练对我们球队的贡献居功至伟，我知道管理层需要做出决定，但我在这里公开地说，我支持我们的教练，他的表现、他的能力受到质疑很不公平，他本应该继续担任我们的教练。"

对于这个赛季的结局，库里也很不满："我非常沮丧，这个赛季、这个系列赛我们都非常努力，我们遭遇了很多伤病，我们本不该是六号种子，我们本该走得更远。"

不过库里也不需太过着急，这个赛季对他和勇士队来说都是一种成长："水花兄弟"中的另外一位——克莱已经成长为一名全明星级别的球员，他的投射天赋跟库里一样都是历史级的，而且他还拥有出色的防守；格林代替大卫·李首发，这位二轮秀正在逐渐找到自己的位置，他在打快船队的最后三场比赛中表现非常出色；伊戈达拉在不断地融入这个集体，他无与伦比的运动天赋将进一步为这支球队注入活力，他在2013—2014赛季常规赛中场均正负值高居联盟第一。

属于勇士的时间，属于库里的时代就要到来了……

段冉小语

罗斯在NBA历史上，是一个出色却很有悲情的角色。超高的天赋，让罗斯早早地就将MVP收入囊中，但是过多的伤病却让罗斯的职业生涯大打折扣。与库里相比，他们两个人都曾经遭遇阿喀琉斯之踵，但是库里或许更幸运些，他逐渐走出伤病阴霾。

有一个调查比较有意思，在美国的篮球媒体中，罗斯和库里都是非常受媒体欢迎的球员。两人都有着超高的媒体缘，罗斯的名次比库里还要高一些。假如没有过多的伤病，罗斯与库里之间，本应该有更多的精彩对决。

对于库里，罗斯的评价也非常高："库里的三分是上天对于他的恩赐，尽管他没有强壮的身体，但是他出色的三分能力让他比那些身体强壮的球员更加出色。你不得不承认他的手感是天生的，就算通过无数的后天训练也无法达到他那样的成就。"

段冉小语

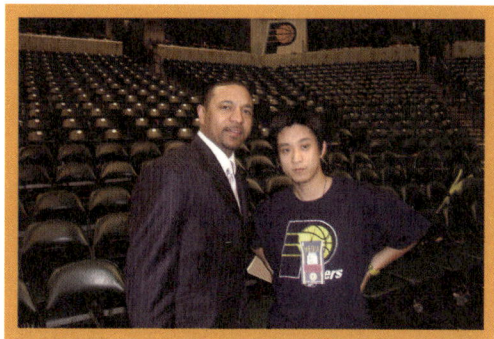

马克·杰克逊是库里职业生涯绕不过的一个名字，早期的库里在马克·杰克逊的麾下，得到了成长的机会，也慢慢成长为球队的主力后卫，当时取代的是蒙塔·埃利斯。

当年马克·杰克逊被勇士队解雇的时候，库里还依然力挺恩师。如果说史蒂夫·科尔是勇士王朝的功勋主帅，那么马克·杰克逊时期，勇士队的五小阵型就已经有了雏形。因此，马克·杰克逊对于库里来说是非常重要的一位主帅。

库里曾经这样说："在我的第四年还是第五年，我跟他（马克·杰克逊）有过一次谈话。他告诉我'如果你真的投入进去，你就能够成为史上最佳，机会就在你手上'。他是我的指路人。"

段冉小语

187

CURRY

弄潮

段冉——著

库里传

典藏版

北京时代华文书局

STEP

斯蒂芬·库里

HEN

CURRY

风起云涌
荣辱与共

潮起，
时代宠儿
RISING

"我要确保让自己活在当下，每一天都倾尽全力，我希望我能鼓舞所有的世人坚持做自己，谦逊低调，对你人生中的所有恩赐心怀感恩。"

——斯蒂芬·库里

第1章

在马克·杰克逊被解雇八天之后的2014年5月20日，勇士队正式对外宣布：**史蒂夫·科尔**将成为球队新任主教练，由于球队政策原因，双方都没有公布合同细节。这样一来，科尔成为勇士队队史**第25任教练**，也是勇士队搬到西海岸后的第20任主帅。在决定加盟勇士队之前，科尔曾考虑加盟尼克斯队投奔昔日恩师菲尔·杰克逊，但尼克斯队开出的合同价码不如勇士队高，阵容也不如勇士队出色，这让科尔决定放弃尼克斯队，加盟勇士队。

史蒂夫·科尔

25

勇士队第25任教练

在球员时期，科尔是NBA历史上著名的神射手，同时也是一名福将：他生涯三分球命中率高达**45.4%**，联盟历史第一，比他后来的爱徒库里和克莱都准——当然，在产量上无法和"水花兄弟"相提并论。但是在那个年代，能把三分球投成这样，已经很不容易了。在球员时期，科尔先后五次拿到总冠军，包括追随"飞人"乔丹拿到的三个，以及后来在马刺队拿到的两个。

"我们荣幸地宣布史蒂夫·科尔为球队的主帅，在球队将来的开拓过程中，我们有信心认为他适合我们球队，也适合我们整个机构。他职业生涯为NBA多位名帅效力，包括菲尔·杰克逊和格雷格·波波维奇，这让他受益匪浅。他也有成功的球员生涯，是总冠军球员。"迈尔斯说。

科尔则对自己执教下的球队未来自信满满："能够有机会执教这样一支有天赋的球队，能够和这样一个有责任的团队合作，我真的非常兴奋。在我个人看来，勇士队经历沉浮，近年来已经成为NBA的顶级俱乐部之一。我很期待成为球队的一部分，希望球队继往开来，在过去两个赛季的基础上更上一层楼。我早就说过，这里有世界上最好的球迷，2007年'黑八'时这里的球迷表现是我见过最疯狂的。"

实际上，关于科尔和库里还有一段有趣的往事：在重回TNT当篮球解说之前，科尔曾经在菲尼克斯太阳队做过一段时间的总经理，而早在库里2009年刚进联盟时，他就看到库里身上的巨大潜力，他当时强烈建议球队用小斯换来库里，但最终因为前者的伤病未能通过体检导致交易告吹。

7月，科尔和库里父子在一次高尔夫球比赛中见了面，老库里特意叮嘱科尔："别客气，该教训他的时候就教训好了，他愿意接受挑战。"

大概在科尔签约勇士队一周之后，库里被NBA官方授予**年度社区贡献奖**。该奖项由联盟评选团队和球迷投票选出，旨在表彰过去一年中在慈善事业方面做出突出贡献的球员。

年度社区贡献奖

7月中旬，勇士队用一份三年1600万美元的合同签下利文斯顿，其中第三年的合同是部分保障。作为2004年的四号秀，利文斯顿曾经被视作"便士"哈达威的接班人，但严重的伤病让他一直没有打出身价。好在他后来从伤病中顽强奋起，一举摆脱了底薪。利文斯顿的到来让库里拥有一位不错的替补，他虽然不会投三分，但直臂中距离跳投堪称无解，在控卫这个位置上几乎没人能封盖他的这一杀招。防守端他也非常强硬，拥有出色的换防能力，他的到来将大大地提升球队的板凳席。8月，勇士队再度出手，他们以一年底薪签下"巴西闪电"巴博萨，当时年仅31岁的他实力犹存，他出色的速度、突破和投篮能力都是勇士队非常需要的特质。

这一年的7月末，"水花兄弟"和哈里斯·巴恩斯纷纷入选2014年国际篮联男篮世界杯美国队的训练营，"水花兄弟"入选最终的大名单，他们代表美国队征战8月末在西班牙举行的世界杯——这是世锦赛更名为世界杯后第一次举办，来自世界各地的24支代表队参加了这次大赛，其中东道主西班牙队和美国队自动获得参赛名额，其他22个名额需参加各大洲预选赛产生。美国这边除了"水花兄弟"，还有欧文、罗斯、法里埃德、德罗赞、考辛斯、哈登、鲁迪·盖伊、安东尼·戴维斯、安德烈·德拉蒙德、普拉姆利等，由于这些球员在当时都属于新生代，没人拿过NBA总冠军，仅罗斯一人拿过MVP级别的个人荣誉，因此被外界视为"史上最弱的梦之队"，但他们很快就证明了自己。

美国队被分在C组，他们在小组赛的四场比赛中每场都至少赢下对手21分，最多一场赢了芬兰59分。四场淘汰赛同样是轻松愉快，这一次他们每场至少赢对手23分，决赛大胜塞尔维亚37分。"水花兄弟"在这次世界杯中展现了自己神乎其技的投射能力，国际赛场的三分线对他们来说实在是太过轻松。其中，**库里在本届世界杯场均出场20.1分钟，贡献10.7分1.6个篮板2.9次助攻**。

出场	**20.1**	分钟
得分	**10.7**	分
篮板	**1.6**	个
助攻	**2.9**	次

从世界杯载誉归来的"水花兄弟"马不停蹄地投入到训练之中，当时距离新赛季第一场季前赛还有三周的时间，距离第一场常规赛还有六周的时间。在世界杯期间同国家队队友一起训练帮助他们保持了良好的竞技状态，也让他们从其他球星身上获益匪浅。

从这个时候开始，库里就尝试起超远三分训练："我想尽可能地在训练中在远到自己已经不舒服的位置出手，这样我就可以在比赛中必要的时候突施冷箭。"在训练营中，科尔开始给勇士队灌输他的团队理念，师从波波维奇的他明白众志成城、团结一致的重要性，首先他就说服库里开始减少控球时间。

在科尔执教勇士队之前，勇士队是一支喜欢单打独斗的球队，当时他们的场均传球次数在联盟为倒数第一，他们的主要战术就是把球交给库里。在2013—2014赛季，库里场均持球时间为**7.4分钟**，每次控球**5.57秒**。在科尔的指引下，库里的场均控球时间降到**5.6分钟**，每次控球时间**4.16秒**。科尔把伊戈达拉放到替补席打第六人的角色，把巴恩斯提上首发，同时他还保住了格林首发四号位的位置——哪怕大卫·李12月份复出后也没能改变这一点。

■ 持球（分钟）
■ 控球（秒）

	科尔执教前	科尔执教后
持球（分钟）	7.4	5.6
控球（秒）	5.57	4.16

打四号位的格林开始如鱼得水，他终于不用像马克·杰克逊时期一样打自己不喜欢的三号位了，那时候的他基本上就是在进攻端被放在三分线外投定点，防守端去追逐对手阵容中灵活的小个球员，这让他很不舒服——尤其是三分射手这个定位，这根本不是他所擅长的。而科尔则让格林打四号位，在库里交出部分球权后，格林成为场上另外一个组织者——这既解放了库里又盘活了格林。格林在弧顶持球，"水花兄弟"绕掩护无球跑动接球得分的战术成为勇士队的常规武器，有一半时间在打无球的库里让对手防不胜防。格林被提上首发同时让球队在防守端建立了更强大的换防体系，而格林能从一防到五的特质更是让这个体系显得密不透风，他超大的防守面积让任何对手在面对勇士队时都会相当不舒服，更何况内线还站着个博古特。

受益的还有巴恩斯，在马克·杰克逊手下表现一团糟的他被提上首发后用出色的外线投射能力回报了科尔的信任，而伊戈达拉则可以在板凳席成为领袖，用自己的组织、防守和反击不断地帮助球队。再加上利文斯顿、巴博萨、斯佩茨和艾泽利，勇士队成为联盟板凳席最有厚度的球队之一。

这个赛季一开始，库里和勇士队就强势出击。在赛季主场揭幕战迎战湖人队的比赛中，面对大伤后复出的科比，"水花兄弟"齐齐爆发：克莱18投14中（三分7中5），爆砍41分5个篮板2次助攻，库里19投10中，拿到31分5个篮板10次助攻3次抢断的全面数据，勇士队主场大胜湖人队23分。赛季第四场打快船队，冤家再次相遇，这一次勇士队把快船队打得毫无脾气：他们在比赛的前三节中就已经领先27分。而库里也在同保罗的个人竞争中胜出，他18中9得到28分6个篮板7次助攻，力压15中6得到15分12次助攻的保罗。这是双能卫对传统控卫的胜出，更象征着一个时代的结束，以及新时代的开始。11月9日打火箭队，库里在同哈登的09一代直接对话中完胜后者，他全场19投13中（三分9中6），得到34分9个篮板5次助攻4次抢断，**真实命中率高达85.5%**。对面的哈登三分11投1中，仅拿到22分。

真实命中率

85.5%

携开赛5连胜之威的勇士队在太平洋赛区内战中遭遇滑铁卢，他们在同太阳队的比赛中被对手上演末节大翻盘，以小托马斯和杰拉德·格林为首的太阳队替补把勇士队引以为傲的替补席爆得渣都不剩，库里虽然砍下28分10次助攻5次抢断的全面数据，效率也相当不错，但他在比赛中出现10次失误，个人生涯第二高。紧接着，他们继续被老辣的卫冕冠军教做人，面对上赛季总决赛中打爆热火队的马刺队，勇士队被防得全场仅得100分，其中库里个人三分球7中0。

不过勇士队在该赛季前23场比赛中仅输掉这两场球，在连续输掉两场比赛后，他们马上打出一波16连胜。"水花兄弟"在这期间将三分球的威力发挥到前无古人的境界，他们连续二人共舞的表演成为联盟中一道独特的风景线。

2014年11月17日，在勇士队客场挑战湖人队的比赛中，面对科比狂砍44分的个人表演，库里用一波30分15次助攻**真实命中率70.8%**的表现予以回应，**勇士队再次大胜湖人队。**

真实命中率

70.8%

团队的出色表现必然会让个人荣誉伴随而来，**库里**毫无悬念地当选这个赛季首周的**西部最佳球员**，他在赛季前六场比赛的数据是：场均27.7分7.2次助攻3.5次抢断，表现相当全面。2014年11月26日，勇士队114：97击败热火队，库里全场贡献40分7次助攻6个篮板3次抢断，三分球11中8，职业生涯第51次单场至少投进5个三分球，并送出至少5次助攻。由此，库里成为NBA历史上单场至少投进5个三分并送出至少5次助攻最多的球员。2014年12月3日，库里在主场同魔术队的比赛中送出三分绝杀。

西部最佳球员

2014年12月4日，库里当选2014—2015赛季首月西部最佳球员，在10月和11月的比赛中，库里场均得到23.8分5.3个篮板7.8次助攻1.94次抢断，这是他生涯第三次拿到月最佳的荣誉。

被灰熊队终结16连胜的勇士队在同雷霆队的比赛中找回面子，此役杜兰特打了不到19分钟就13投10中砍下30分，可惜之后他受伤离场。库里则在同威少的对话中完全占据上风，他24投14中，以69.6%的真实命中率豪取34分7个篮板9次助攻4次抢断，对面的威少则30投11中得到33分。虽然险胜雷霆队，但年轻的勇士队开始展现出不稳定性，大卫·李的复出让全队需要重新调整轮换阵容，他们在洛杉矶之行中接连输给湖人队和快船队——其中圣诞大战中惨败快船队让他们非常生气。

不过他们很快就找回了节奏，在接下来的14场比赛中，他们取得13胜1负的出色战绩——唯一输掉的一场恰恰是杜兰特复出后的雷霆队。此役双少齐齐爆发，威斯布鲁克展现自己的全能身手——19投7中得到17分15个篮板16次助攻4次抢断，杜兰特18投14中高效砍下36分9个篮板4次助攻。库里此役发挥欠佳，13投6中，仅得到19分6次助攻。2015年1月8日，勇士队主场迎战步行者队，**库里职业生涯三分球命中数突破1000个，成为NBA历史上命中1000记三分球最年轻的球员，同时也以用时369场比赛成为NBA历史上最快投进1000个三分球的球员，这场比赛他命中四记三分，砍下21分15次助攻4次抢断**。2015年2月5日，在勇士队主场迎战独行侠队（原译为"小牛队"，本书后文统一译为"独行侠队"）的比赛中，库里三分球16投10中，狂砍51分4个篮板4次助攻，面对昔日的老大哥蒙塔·埃利斯予取予求。

在这个赛季的前51场比赛中，库里率队取得42胜9负的联盟最佳战绩，他也因此在纽约全明星赛投票的最后阶段反超詹姆斯当选票王，并再度成为**西部首发**。全明星赛期间，除了正赛，库里还参加了混合投篮大赛以及三分大赛，在混合投篮大赛中，他和老库里以及WNBA球星苏·伯德组成的阵容最终只获得了第三名的成绩。但是三分大赛完全成了他的舞台，他最终以预赛23分、决赛27分（连中13球）的成绩力压科沃尔、马修斯、哈登、欧文、贝里内利和队友克莱获得冠军，同时27分也打破1986年公牛队克莱格·霍奇斯以及2008年猛龙队杰森·卡波诺25分的纪录。

在之后举行的全明星正赛中，哈登和克莱顶替受伤的科比和格里芬首发出场，这让"水花兄弟"得以在群星璀璨的纽约全明星赛中联袂首发登场。在这次全明星赛中，库里得到15分9个篮板5次助攻，表现相当全面。

本次全明星赛期间，谁能荣膺本赛季最终的常规赛MVP也引发热议，而**库里**和**哈登**是最被看好的两个。詹姆斯就公开支持库里当选："由于勇士队和火箭队的战绩，如果他们一整个赛季都表现这么好的话，那真的不会有太大的争议。而勇士队之所以打得顺风顺水，正是因为库里，我很看好库里当选最终的MVP。"而当时还未加盟勇士队的杜兰特则认为自己的老队友哈登更具备当选资格："很多球员一直以来的表现都非常出色，并被认为是MVP的热门人选，但看看（哈登）过去三个赛季所做的事情，他值得这个奖项（MVP）。"

在全明星赛之后的首场常规赛中，库里得到25分11次助攻，率队完成对马刺队的复仇。但他在比赛中再次扭伤脚踝，无奈缺席接下来客场打步行者队的比赛，勇士队也以6分之差输给对手。不过库里并未让勇士队球迷担心太久，他在打奇才队的比赛中王者归来，18中11砍下32分8次助攻，率队取胜。2015年2月27日，勇士队做客克利夫兰，面对联盟第一人的詹姆斯，库里的表现并不好，17投5中，只有18分6次助攻。詹姆斯这边则25投15中狂飙42分11个篮板5次助攻，骑士队在主场大胜勇士队，这场比赛被很多人看作是当年的总决赛预演。

不过库里和勇士队就像小强一样，他们并未低迷太久，很快就卷土重来。2015年3月2日，勇士队客场106：101险胜凯尔特人队，这是他们六连客中的第五场。这场比

1086 个

赛中，库里三分球8中5，得到37分4个篮板5次助攻，**职业生涯三分球命中总数达到1086个**，超越特雷西·麦克格雷迪和卡蒂诺·莫布里，与拉希德·华莱士并列历史第61位。2015年4月1日，库里在勇士队客场战胜快船队的比赛中将克里斯·保罗晃倒在地，报了上赛季首轮抢七输给对手之仇。比赛中"追梦"格林冲着保罗大喷垃圾话："斯蒂芬曾经害怕你，但你知道吗？那些日子已经一去不复返了，现在每一次我们遇到你，他都能打爆你。"2015年4月10

日，勇士队主场116：105战胜开拓者队，库里全场贡献45分2个篮板10次助攻，其中命中8记三分球，赛季累计命中**276记三分球**，打破由库里自己保持的NBA单赛季三分球命中

276 记三分球

数纪录。此役，库里只出手了23次便拿下45分，而且只有3次罚球，成为联盟第一位出手少于25次、罚球少于5次却拿到45分的球员。

整个常规赛下来，库里场均能拿到23.8分7.7次助攻2次抢断，虽然得分和助攻相比之前一个赛季均略有下降，但得分效率得到大幅提升。同时由于他的放权，克莱、巴恩斯、"追梦"格林都有非常明显的进步，勇士队在他们的共同率领下打出了67胜15负的队史最佳战绩——也是联盟当赛季的最佳战绩。以克莱为例，他在2015年1月24日勇士队主场迎战国王队的比赛中三分球15投11中狂砍52分，**其中第三节单节13投全中（三分9投全中）狂飙37分，打破联盟历史球员个人单节得分纪录。**他能打出如此伟大的表现，除了个人史诗级的手感外，以库里为首的队友的无私成全也是重要原因。

而库里这边在这个赛季场均三分球出手、命中全部为联盟最高、总抢断数联盟第一、总助攻数联盟第四、总得分联盟第二、罚球命中率联盟第一、三分命中率联盟第三、场均助攻联盟第六、场均抢断联盟第四、场均得分联盟第七、真实命中率联盟第四、每48分钟胜利贡献值联盟第一、正负值联盟第二（进攻第一）、超越替代球员价值联盟第一、球员效率值（PER值）联盟第三。作为一名后卫，他几乎做好了一切，在这种情况下他理所应当成为**当赛季常规赛MVP呼声最高的球员**。

但有一些人总喜欢标新立异，他们认为哈登更应该当选，理由是哈登的火箭队在常规赛期间遭遇大规模的伤病，哈登几乎是凭借一己之力率队前进。但实际上那个赛季的勇士队比火箭队足足多赢11场球，库里在各种高阶数据上大部分都力压哈登。而火箭队这边虽然霍华德和琼斯都缺席大半个赛季，贝弗利也只打了50多场，但很多人都忘记霍华德和哈登并不兼容，他们在一起

打球时的战绩还不如哈登独自带队，这种情况下拿霍华德缺阵所以哈登更应该获得MVP作为借口显然无法让人信服。何况哈登场均27.4分7次助攻4次失误的表现也并不比库里的23.8分7.7次助攻3.1次失误的数据好多少——如果

勇士队　火箭队

4 ： 0

考虑到得分效率和助攻失误比的话，库里甚至更占优。还有就是，在双方常规赛的四次直接交手中，勇士队 **4 ： 0** 横扫火箭队，库里整体表现也比哈登更出色。

但一些所谓的名宿就是要唱反调——包括勇士队前主帅马克·杰克逊。他公开支持哈登当选MVP，这让库里很震惊。"显然他可以有自己的个人意见，但是考虑到他跟我以及勇士队的关系，他的选择让我震惊，还好他没有投票权。""但是我依然感到震惊，在他去年流言纷飞、四面楚歌的时候，我可是毫不退缩地公开支持着他。对他来说也许是处境不同吧，反正我很吃惊。"

不过库里也无须太过介怀，毕竟就如他所言，马克·杰克逊并不具有投票权。群众的眼睛是雪亮的，最后的投票结果证明一切——库里获得130张第一选票中的100张，遥遥领先第二名的哈登。2015年5月4日，NBA官方正式宣布库里当选为**2014—2015赛季的常规赛MVP**，他成为队史自伟大的"北斗星"张伯伦以来的首位常规赛MVP。在5月5日的新闻发布会上，总经理迈尔斯和主教练科尔对库里表示祝贺。迈尔斯说："斯蒂芬比任何人想象的都要好，我保证。"科尔则称："我一直都说，斯蒂芬让我想起两个不同的球员，一个是蒂姆·邓肯，一个是史蒂夫·纳什，他们之间的相似程度非常惊人。在我看来，他们三个身上的共同点是不可思议的自信和令人称绝的技巧。自信到什么程度呢？如果你背后运球三十次然后在三十五尺开外的地方后仰三分，你的教练从'天哪，他在干吗？'变成了'好球啊，好球啊'。这种不停止的自信史蒂夫·纳什有、蒂姆有、斯蒂芬也有。而这一切的根源是他们难以置信的谦虚和安静的性格。欣赏这些是一种美妙的体验，因为很少有人同时具备这些特质。谢谢你，斯蒂芬，你让我的工作变得简单。要想构建一支优秀的球队，你需要持续性，你需要快乐，你需要爱你自己所做的，而你就是将这一切做到极致的人。恭喜你，谢谢你。"

最后，库里本人做了动情的演讲（节选）：

库里演讲

节选

- 我有一点紧张，这是一份巨大的荣誉。首先我要感谢耶稣，感谢你赐予我从事这项运动的天赋，感谢你赐予家人对我时刻的支持。

- 我热爱篮球，我想这一点是毋庸置疑的。从我2岁起，我就开始打球，用的是那种玩具篮球。我的外婆今天也在这里，昨天我们还在谈这事。过去她为我充当解说员，她就是我的 **鲍伯·菲兹杰拉德**（库里MVP颁奖仪式的主持人，勇士队比赛的现场解说），为我计分。当年我投进了绝杀什么的，我就会跌跌撞撞地跑过去，跟祖母击掌庆祝。所以，从故事的开头，到今天我站在你们所有人面前，这是一个难以置信的旅程，这一路上发生了太多太多。

- 一路走来，我遇到了许多好人，他们对于今天这座奖杯的贡献丝毫不亚于我。在此我务求提及你们每一位，无论是身在现场的，还是正在观看节目的那些一直以来对我的这段旅程意义非凡的人们。当然了，如果我没有提及你，而你曾是其中的一员，还请理解，这并不是全部。我还沉浸在无比的幸福中，如有遗漏，在所难免。

- 我想尽自己最大努力去解释此刻的我是怎样的心情，所以请你们多多忍耐。我必须先从我的妻子说起。我们是在北卡罗来纳州的夏洛特相识的，当时我们才十四五岁，过去的七八年真是相当美妙，我们都已长大成人。我们一起横跨版图，从美国的一边搬家到另一边，开启一段崭新的生活，你是我的主心骨。你放手让我去追逐我的事业，让我专注于篮球、专注于我的职业生涯，同时还为我营造了一个家庭。你做出的牺牲是难以置信的。对于你的为人、你日复一日对我的激励、对我的启迪，我有着千言万语也说不完的感谢。我们已经拥有一个美丽的女儿，另一个也即将到来，此刻，她正在你的肚子里冲着我笑。真的，我是如此深爱着你，每一天你都是我的坚强后盾，我对你真的有太多的感谢。无论我打了一场好球，抑或是一场臭球，不管我们是输，还是赢，当我回到家里，一切都是那么美好，让我安心，让我慰藉。我只想发自内心深处地为你对我所做的这一切说一声感谢。毫无疑问，你值得全场为你送上一轮雷鸣般的掌声。

◉ 然后是妈妈，爸爸。我想，一般人是无法理解我和弟弟、妹妹对你们二老的感激之情的。你是我们的榜样，爸爸，你奉献了一段长达16年的NBA生涯，你给了我们三个生命，从小教育我们要好好做人。妈妈，你是我们的精神向导，有时候，你也是我们的严师，因为在爸爸不在家的时候，总是你在我们身边。显然，如果我们真的遇到什么大麻烦，爸爸会赶回家，帮我们处理。但是妈妈，你是那么认真，一丝不苟地把我们抚养大，不容任何疏忽。

◉ 爸爸，你在球场内外都是一个真正的职业球员典范。我还记得你生涯里的许多时刻，能够追随你的脚步，这于我意义非凡。这真是太特别的经历。我真的为你在职业生涯的那些成就而骄傲，我丝毫没有把这一切视为理所当然。

◉ 很多人觉得，我有一个在NBA打球的父亲，所以一切对我来说都是特别容易的。这部分我稍后会讲到。这是一段很有趣的旅程。你在成家立业上给我做出很好的榜样，真的感谢你，爸爸。

◉ 我的弟弟，塞斯，他也在这。伙计，我为你骄傲。从小我们就有不少交锋，从我们在自家后院玩一对一开始，每一天你都在向我发起挑战。我总是开玩笑，说我们的对决要打到通宵。到最后，往往只有两种理由才能让这一切结束。一种是我们的老妈杀了过来，说我们吵到邻居了，因为时间太晚了，我们还在拍球，等下人家会上门来抗议了。要么就是理由二，因为我赢了你，结果你气坏了，在那不停地说我作弊，因为我总是对你犯规而不给哨。然后你会把球抢走，到处跑，直到我说好了好了，你可以得到你的犯规吹罚，你才作罢。那些兄弟间的对抗充满了欢乐，我永远都不会忘记。

◉ 现在看着你，你已经长大了，拥有了自己的职业生涯。我知道，有一个在NBA打球的哥哥，这真的不是一件轻松的事情，当然，还有一个老爸，在我俩之前他就在NBA里留下过成功的职业生涯。然而，你处理这一切的方式真是令人钦佩。唯有天空才是你的极限，继续做你一直坚持在做的事情，继续让这个家庭为你骄傲。

◉ 一路走来，有许多教练都曾帮助过我。科尔教练，这赛季你太谦虚了。诚然，我们确实拥有一队了不起的、充满天赋的阵容；但是，你和教练组在率领这支队伍上的功劳不可不提。这是如此特别的一个赛季，从第一天开始，你就激励我们要把握面前的大好时机。现在，我们走到了这场战斗的半途中，但我可以代表我的球队说这样的话：我非常享受这个赛季，胜过以前的任何一个赛季。当然，赢球在其中占据了很大因素，但你们每一天为我们所做的准备工作，不让我们自满，不让我们忘记自己是谁，这一切一直有目共睹。而且我觉得，你是我们今天之所以能站在这儿的一个巨大原因。所以，感谢真诚如你，坚持自我，把这支伟大的教练组集结了起来。现在你们每个人就坐在那儿，我可以细数你们每一位，这就是我们之所以收获成功的一个巨大因素。感谢你们每个人天天如一日的付出。

◉ 以上就是我要详述的。而其实，当我昨天得知自己赢得MVP时，我是真的不知道自己该做些什么。比赛结束后，我就回家了，我的很多家人都在城里，他们是来现场助威比赛的，我一下车，他们的举止真的太怪异了，比如他们一直问我奇怪的问题，把我往房子的各个不同的地方拖，我无法参透他们葫芦里到底卖的什么药。然后，我弟弟叫我，说：'嘿，你翻一下你的衣柜，能不能让我看几眼你的球鞋呀？'我就说："好的，没问题。"结果我就看到，我那一大家子的人都穿着我的赞助商特别制作的T恤，一开始我根本没办法看清楚上面写的是什么。我不知道是怎么回事。我认真看上面的字，我妹妹给了提示，上面的字是和所有人跟我的关系有关。阿耶莎的衣服上写着'SC30是我老公'，下面有黄色的小字写着MVP。我一开始没能看清楚，我又看了一眼，我的反应是：等一下，你说什么？这是真的吗？我控制不住地哭了起来，和大家紧紧拥抱。我的余生都将永远铭记这个伟大的时刻。

◉ 热情的一部分就是继续前进的动力，这就和你身边的人息息相关。坐在这里的球员，我要一个一个地说，因为你们是这个美好旅程的温暖回忆。你们是这支球队组成的一分子，也是这座MVP奖杯之所以会出现在这儿的重要原因，希望几个月后另一座奖杯也将安放在此。

巴博萨　巴西闪电，看到你现在的速度，我就能想象你和当年的MVP（纳什）一起打球时会有多快。你是更衣室的灵魂，你是球队最有意思的家伙，好吧，可能别人会有争议（大笑）。你每天都带着同样的态度，不管上场20分钟还是5分钟，不管教练要求你做什么。你有真正的职业精神，这对所有人的意义重大。我很尊敬你这个赛季以来的打球方式，感谢你淋漓尽致地做自己。

利文斯顿　你的NBA之旅充满疯狂，充满故事，每个人都知道你的过去，每个人都知道你经历了怎样的奋斗，我喜欢和你一起打球，因为你是那么低调，别无所求，我们每晚都可以依靠你。

拉什　我不会在直播里叫你的绰号的（大笑），这是你第二次来勇士队了，这一次和之前有些不同，无论是训练还是比赛，你都做好了上场准备，我知道在这支队伍里找到位置不容易，但是你的性格、处理事情的方式，帮助每个人都做好了准备。

斯佩茨　你在场上的精神是有感染力的，你是联盟里最大个头的得分后卫，你的鞋帮是全队最低的。看你打球会有些混乱，但我知道每次跟你打挡拆时你都会命中中投。

伊戈达拉　伊戈达拉，我们讨论高尔夫球的时间可能比讨论篮球的时间还多（大笑），但是两年前在甲骨文球馆中场的那一次对话，我永生难忘，哦，我觉得我要哭了。那对我来说太有意义了，篮球对我来说很重要，但我的家庭、我的信仰，对我来说可能有十倍的意义。你知道，你懂的，你在场上对我说的话，我永生难忘。当然，那个夏天你做的决定很重要，对我来说有很重要的意义。我欣赏你，无论是作为球员还是普通人，当你在更衣室的时候，我们有过很疯狂的对话，你在更衣室中有重要的影响力。

格林

格林，你给我做的掩护是最棒的，你和Bos（博古特），你们都说自己是我的掩护者（大笑）。你是我们的精神领袖，是球队中的大嗓门，我会尽力表现稳定，但是你的精神和你的嗓门，每天都在，你是我们值得信赖的依靠。

克莱

我的"水花兄弟"，你是最安静的人，当然你现在比过去好多了。每一年我对你的了解都更多了，每一天我都看着你在场上努力，看着你将职业生涯带到另一个高度。过去的一年夏天，我们一起在美国国家队打球，那将是我永难忘怀的经历。我们之间变得更紧密了，虽然我们在训练之外的场合很少在一起——毕竟你有你的狗，我有我的家庭，但是每当我们一起站在场上，我都能很有信心，你能单节37分，能防住任何得分后卫，我们要在一起打很长很长时间的球，我们要做历史上最佳后场组合，我们会做到的。

● 我要确保让自己活在当下，每一天都倾尽全力，我希望我能鼓舞所有的世人坚持做自己，谦逊低调，对你人生中的所有恩赐心怀感恩。最后，我无比荣幸地成为**本赛季的MVP**。谢谢大家。

有趣的是，在库里演讲期间，格林拿着话筒问库里："卢克·沃顿告诉我，当科比获得MVP时，他送给队友每人一只手表，你打算送什么给我们？"库里的回应是："不要担心，我不知道科比送给队友的是什么样的手表，但我一定会击败他（科比）的礼物。"

踏浪，
残酷决战
CROWNED

"夺冠难以置信，我这一辈子都会记着，这就是我为什么打球，为什么每天刻苦练球，与伤病做斗争，为球队做出牺牲。伊戈达拉绝对配得上总决赛MVP，他帮助我们赢下比赛并且拿到奥布莱恩杯，我为他感到高兴，为球队感到高兴。"

——斯蒂芬·库里

第2章

　　当然，虽然有人认为哈登更应该拿下这个赛季的MVP，但按照MVP的评选标准来看，库里依然大概率会当选，因此当他后来实实在在地举起MVP奖杯时，没多少人会感到意外。对于库里和勇士全队来说，他们更看重的是另外一个奖杯——**总冠军**。

　　从季后赛开始，库里就向世人展示了为何自己应该拿下MVP。

　　首轮，勇士队兵不血刃地横扫鹈鹕队，库里在这四场比赛中分别拿到**34分、22分、40分、39分，场均33.8分5.3个篮板7.3次助攻，真实命中率高达61.4%**。他用近乎完美的表现证明自己就是联盟最出色的双能卫，有趣的是，从那以后，库里几乎一直扮演着鹈鹕队杀手的角色，每次打鹈鹕队都会爆发出惊人的能量——他后来单场13记三分球就是面对鹈鹕队时拿到的。

　　半决赛的对手孟菲斯灰熊队给勇士队带来强有力的挑战，系列赛的第二战他们就丢掉主场优势，前三场打完1∶2落后的大比分，一度让人们怀疑勇士队能否克服逆境，他们是否像当年的太阳队一样只是一支常规赛球队。主教练科尔多年以后回忆说："当我走进这座球馆（灰熊队主场），走进这儿的健身房时，我总是会有记忆闪回，2015年，鲍勃·迈尔斯和我躺在地板上，我们1∶2落后于灰熊队，我们对着彼此疑惑地问道：我们可以做到吗？我们能够成功吗？我们能够击败灰熊队吗？"这个系列赛的前三场，库里分别只得到22分、19分、23分，投篮合计只有58投23中，命中率只有39.7%。当时的灰熊队是一支以阵地战为主的节奏缓慢的防守型球队，他们内线有"黑白双熊"兰多夫和小加索尔坐镇，这二位一攻一防相得益彰；外线的康利、考特尼·李和托尼·阿伦全部为防守悍将。他们的这种打法恰恰是勇士队最不喜欢的那种，在康利、考特尼·李和托尼·阿伦的轮番骚扰下，库里在前三场疲于奔命，投篮时很难获得舒服的出手空间，而只要他一突到篮下，"黑白双熊"的协防马上就会到位。

总冠军

第四战的头一天晚上在孟菲斯，伊戈达拉约库里出门散步，用意就在为他减压。当然这些都是系列赛结束之后才被爆出来的。伊戈达拉带着库里在勇士队下榻的酒店旁边找了个"路边摊"边吃边喝，据说吃的是韩式烤串。

"我们没有聊篮球，"事后库里回忆，"我们聊的更多的是人生。"伊戈达拉向来是库里的大哥，他还自诩是库里的保镖。在之前掘金队与勇士队的季后赛里，伊戈达拉向库里"告密"掘金队要在季后赛对库里"下黑手"的事，让库里永远把伊戈达拉视为铁哥们。

这里插一句，笔者去奥克兰与库里拍纪录片时，他亲口对笔者说，伊戈达拉是他当时在勇士队里最好的朋友。而且当时笔者抛给他一个趣味问题，库里想都没想就回答了。

如果只能带一个队友去一个荒岛住一年，你会选择谁？

作者

安德烈（伊戈达拉）。

库里

1：2落后的系列赛对于勇士队来说几乎到了输不起的边缘，因为一旦1：3落后，连扳三城的难度可想而知。这个时候，除了库里自己，最能感受到他压力的人，可能就是老大哥伊戈达拉了。

"他（伊戈达拉）并没有一直跟我强调要放松、别有压力这些，"库里事后说，"那不是他的说话方式。我们就是一起吃点喝点然后聊聊生活，聊这聊那，反正聊到很晚。之后的事，你们也都看到了。"

之后的事，就是关键的第四战，**库里爆发了：他22投11中，狂砍33分8个篮板5次助攻2次抢断，率队在半场就建立起17分的领先优势。他们把比赛节奏提得飞快，充分利用"黑白双熊"回防慢、防挡拆换防后防不出来的弱点不断地进行攻击，而事实证明这个策略非常有效。**

其实勇士队与灰熊队相比，最大的优势就是速度和准度。如果真的与对手磨阵地拼防守，勇士队完全处于劣势。库里和他的队友用了三场比赛悟出了这一点并坚决执行。想想三场打完之后勇士的晋级概率已经跌到38%，但找准对手弱点的勇士队在前三场之后就没再给灰熊队任何机会，他们又分别以20分和13分的分差赢下了系列赛G5和G6。**在最后一场赢球就能晋级的比赛中，库里三分球13中8，飙下32分6个篮板10次助攻的全面数据，在客场干掉灰熊队，职业生涯首次晋级西部决赛。**

❖

西部决赛的对手恰好是哈登领衔的火箭队。此时的火箭队刚刚经历一番戏剧性的逆转，他们在1∶3落后快船队的情况下连扳三场，最终硬是通过抢七干掉快船队杀入西部决赛。只不过哈登却一点都高兴不起来，因为在这个系列赛的第六场，快船队在前三节领先13分的情况下被火箭队逆转，但这都是其他人的功劳——麦克海尔在第四节把哈登牢牢地按在板凳上，火箭队硬是靠着其他人的众志成城之力单节打出一波40∶15，生生把比赛拖入第七场。因此，当在西部决赛与库里相遇时，哈登锋芒已失，他此时的感觉更多的是尴尬，而不是骄傲。而库里这边恰好相反，经过第二轮与灰熊队绞肉机般防守的较量后，面对火箭队时他已经可以应对自如了。第一场，库里22投13中，**34分6个篮板5次助攻2次抢断**；第二场，库里21投13中，**31分3个篮板6次助攻**；第三场，库里19投12中，**40分5个篮板7次助攻2次抢断1次盖帽**。三场比赛下来，库里命中率一场比一场高，始终保持着全面而高效的表现。而哈登这边则出现了波动，他在前两场场场神勇的情况下，第三战16投只有3中，火箭队也在主场以35分的分差惨败勇士队。三场打完，勇士队已经大比分**3∶0**领先，总决赛的舞台已经在向他们招手。

三场后勇士队大比分 **3：0** 领先

库里

第一场

得分	34
篮板	6
助攻	5
抢断	2

第二场

得分	31
篮板	3
助攻	6

第三场

得分	40
篮板	5
助攻	7
抢断	2
盖帽	1

但命运似乎要告诉库里和勇士队：成功从来都不是一帆风顺。在双方G4中，库里在第二节中段防守阿里扎的过程中高高跃起封盖被强起的阿里扎顶翻，重重摔在地板

勇士队　火箭队

4 : 1

上的他颈部着地受伤。尽管后来他重新回到比赛中来，但很明显的是他在做动作时已经有所顾虑。输掉一场的勇士队回到主场后再次打出全民皆兵的表现，他们不想重蹈快船队的覆辙，库里送出26分8个篮板6次助攻5次抢断的全面表现，哈登11中2仅有14分，却出现了夸张的12次失误。**最终，勇士队大比分 4∶1 战胜火箭队，库里生涯首次拿到西部冠军，同时也是首次杀入总决赛，这是勇士队时隔40年再次进入总决赛。**整个系列赛下来，库里始终保持非常稳定而高效的发挥，哈登这边则打出了两场非常低效的比赛，在这组强强对话中，库里证明了自己拿常规赛MVP绝对是实至名归。但"09双雄"赛后依然惺惺相惜——"兄弟，你这个赛季一直推动着我前进，谢谢你！"库里紧紧地拥抱着哈登对他说。

　　"（总冠军）为什么不是我们？" 在西部冠军颁奖仪式上，当库里从主持人手中接过西部冠军奖杯时，忘情地对着全场观众高喊。

　　是啊，为什么不能是他们呢？如今他们只需要再赢四场，就能拿到那梦寐以求的总冠军了——而对手正是詹姆斯和他的克利夫兰骑士队。

❖

　　这是詹姆斯重回克利夫兰的第一个赛季，常规赛中骑士队经历了漫长的磨合期，只取得53胜29负、联盟第七的战绩——比67胜15负的勇士队逊色不少。但季后赛他们找回了状态，他们先后以**4∶0横扫凯尔特人队、以4∶2战胜公牛队、以4∶0横扫老鹰队**，在整个东部，詹姆斯就是那个无人能敌的王。但让骑士队比较郁闷的是，他们花大力气交易得到的凯文·乐福，在首轮打凯尔特人队的第四场，只出场不到7分钟的时间就因肩伤赛季报销，他将无法出战总决赛。

骑士队　凯尔特人队

4 : 0

骑士队　公牛队

4 : 2

骑士队　老鹰队

4 : 0

由于骑士队横扫进总决赛、勇士队在西决之中也只输一场，早早结束的分区决赛让总决赛之前有着为期一周的无比赛日。媒体当然不可能坐着睡大觉，他们挖出一条重要信息：库里也是阿克伦人，而且是跟詹姆斯在同一家医院（苏玛阿克伦城市医院）出生。库里的父亲戴尔·库里球员生涯第二年曾被交易到骑士队，1988年3月4日，小库里在苏玛阿克伦城市医院出生，但他只在这里待了一个月就跟随爸爸搬到了夏洛特。只不过，这依然无法阻止媒体把这次总决赛定义为"阿克伦之子的对决"，谁能率队获得总冠军成了重要看点。

"对他（库里）来说，这有些讽刺，他在克利夫兰出生，现在他要来争夺总冠军。"父亲戴尔·库里说道。"我很早就是他的粉丝了，我曾多次去看他大学时期的比赛，我认为他是个很特别的孩子，他很有天赋。"詹姆斯说。而库里也曾到詹姆斯家里做客，他们虽然不是什么莫逆之交，但仍然保持着联系。"能拥有共同点很不错，大概三四年前，我去过他在阿克伦的家。我在阿克伦出生，在夏洛特长大。"谈到自己跟詹姆斯出生于同一家医院，库里如是说。

2015年6月5日，库里终于迎来他职业生涯中的第一次总决赛。骑士队在詹姆斯的率领下强势开局，仅第一节就以29∶19领先，但伊戈达拉和斯佩茨从替补席中站了出来，他们帮助勇士队在第二节迫近比分。双方在下半场一直交替领先，比赛拖进加时。常规时间表现出色的欧文在加时赛中因膝伤复发提前退出比赛，詹姆斯的体力也在加时赛中达到了瓶颈，勇士队趁机先下一城。**这场比赛，库里20中10得到26分4个篮板8次助攻2次抢断，他在第四节最后时刻以及加时赛中的关键表现帮助球队赢得了胜利。**全场表现最出色的詹姆斯38投得到44分，对他来说，比输球更痛苦的是欧文也像乐福一样赛季报销，无法在最大的舞台继续帮助球队了。

两位全明星球员赛季报销的骑士队让这次总决赛的剩余场次沦为鸡肋，没有人相信詹姆斯能凭借一己之力战胜勇士队。而库里和勇士队则在G2赛前接受采访时表示要集中注意力准备比赛，绝不可掉以轻心。

缺少欧文的骑士队派出德拉维多瓦、香姆波特、詹姆斯、特里斯坦·汤普森和莫兹戈夫的首发阵容。同勇士队首发相比，这个阵容虽然技术层面的天赋不足，但他们从三号位到五号位都有体形优势，比赛中彻底掌控前场篮板球——仅特里斯坦一人就抢到7个。而澳大利亚人德拉维多瓦全场比赛像斗牛犬一样撕咬库里，几乎是寸步不离。库里在他疯狗一般的纠缠下23投只有5中，仅得到19分，却出现了6次失误。这一次双方又打到了加时，只不过最终赢球的换成了骑士队。

联盟MVP却打不了骑士队的替补控卫……德拉维多瓦是库里终结者……一时间，库里在G2中失常的表现成为球迷和媒体关注的焦点，好不容易赢下哈登和火箭队的库里再次受到人们的质疑。

"我还是像往常一样投篮，但是球一出手我就知道要坏，这种情况不太常发生，我自己也无法理解，我就是找不到节奏。"赛后库里也对自己的表现很懊恼。"我不会打得更糟糕了，我会回去看看录像，然后做出调整。一场比赛的表现不会打击到我的自信，我不会就此放弃投篮。"库里信誓旦旦地说。

库里兑现了他的承诺，虽然依旧出现6次失误，但他在G3一战中已经找回投篮技能包。全场比赛他三分球13中7，得到27分6个篮板6次助攻3次抢断1次盖帽，但是他的队友又出问题了——"追梦"格林和哈里斯·巴恩斯合计18中2，五位主力球员很少能站上罚球线，并且他们防不住詹姆斯。绝地七武士再下一局，他们竟然在系列赛中大比分2∶1领先了。

勇士队又陷入与西部半决赛一样的窘境当中——1∶2落后，第四场近乎生死战。

这时，科尔也好，库里也好，勇士全队也好，他们生命中的贵人出现了。这个人的名字叫尼克·尤恩。当时只有28岁的尤恩在队里的职务是助教，但更准确的概念应该是球员发展教练。也就是说，科尔在执教指挥比赛时，尤恩是没有资格坐在他旁边的，因为主教练身边坐的是第一助教和第二助教。

但是当勇士队在总决赛1∶2落后时，尤恩先是把自己的想法告诉勇士队助教团队，然后他又在凌晨三点给科尔发了条短信。短信的核心内容是提议变阵。

"他跟我简单说了下想法，"科尔回忆道，"当时很晚了，于是我约他第二天早餐时详聊。"尤恩事后也表示自己的灵感来自之前一年马刺队与热火队的总决赛。当时马刺队在第三场用更灵活的迪奥顶替了斯普利特出任首发，最终帮助马刺队连下三城拿到总冠军。既然马刺队为了提速和增加灵活性变阵，那勇士队为什么不能呢？

经过一个"早餐会议"之后，科尔决定听从尤恩的建议，主动变阵。詹姆斯前三场打出41分12个篮板8.3次助攻的超级数据。而勇士队防詹姆斯效果最好的人显然是伊戈达拉，所以用伊戈达拉替换博古特成为首发就有了多重意义——既能让前者从开场就去守詹姆斯，又能提高首发阵容的速度和机动性，同时还能为"水花兄弟"拉开空间。

变阵的效果是显而易见的：勇士队在G4中大胜骑士队21分，詹姆斯在伊戈达拉的主防下22投7中仅得20分，伊戈达拉自己倒是15投8中得到22分。虽然库里17投8中得到22分7次助攻，但是伊戈达拉被很多人看作是改变系列赛走势的人。在G5中，库里打出总决赛最出色的一场表演：23中13（三分13中7）得到37分7个篮板4次助攻2次抢断，勇士队在下半场拉开比分，系列赛大比分3∶2领先。在G6中，在库里25分6个篮板8次助攻3次抢断的带领下，**勇士队大比分 4∶2 战胜骑士队，时隔40年再夺总冠军。**

勇士队大比分

4∶2

战胜骑士队

了常规赛MVP、率队拿到总冠军，但却没拿到FMVP……历史会这样记录2015
年的库里。

斯蒂芬·库里

真实命中率	58.5%
得分	26
篮板	5.2
助攻	6.3
抢断	1.8

安德烈·伊戈达拉

真实命中率	58.8%
得分	16.3
篮板	5.8
助攻	4
抢断	1.3

但是如果从总决赛的走势来看，第四场的变阵确实是这轮系列赛的胜负手。伊戈达拉被提上首发之后也的确在攻防两端发挥出色。库里同年在收获常规赛MVP与总冠军的同时，对FMVP是否有渴望？如果说没有，那是假的。与笔者拍纪录片《三分信条》时，库里也承认了这一点，但看着自己队内最好的朋友、他的老大哥拿到FMVP，库里也的确从心底里为他高兴。

"夺冠难以置信，我这一辈子都会记着，这就是我为什么打球，为什么每天刻苦练球、与伤病做斗争、为球队做出牺牲，伊戈达拉绝对配得上总决赛MVP，他帮助我们赢下比赛并且拿到奥布莱恩杯，我为他感到高兴，为球队感到高兴。"总冠军颁奖典礼后库里抱着总冠军奖杯站在球场中央接受记者采访时这么说道。

❖

回看勇士队季后赛一路走来的过程，首轮面对安东尼·戴维斯率队的鹈鹕队，勇士队通过低位身体对抗来消耗戴维斯，增加对抗强度让他无法接球并最大限度消耗他的体能。最终勇士队凭借出色的投射与整体实力上的明显优势4：0轻松晋级。第二轮面对内线黑白双熊的灰熊队，球队前三场打完遭遇季后赛的第一个重大危机。除了G3之后伊戈达拉帮库里减压成功，勇士队也从第四战开始调整防守策略，包夹内线进攻点，放托尼·阿伦及灰熊队外线投篮。然后随着库里找到比赛感觉，勇士队连下三城最终4：2淘汰灰熊队。

西部决赛面对火箭队的挑战，虽然我们现在一看到"**火勇**"的字眼就激动，但2015年的火箭队还不足以对勇士队形成威胁。火箭队在西部半决赛1：3落后快船队之后完成惊天大逆转，其中第六站落后19分的情况下绝境赢球更让他们信心爆棚，最终抢七大战回到休斯敦火箭队一鼓作气淘汰对手。

火勇

不过西部半决赛的神奇逆转似乎也用完了火箭队的全部能量。他们在西部决赛面对天赋更足、阵容更厚的勇士队几乎毫无办法。西部决赛里，经历上一轮灰熊队的磨炼之后，勇士队打得更加游刃有余，球队增加了库里的无球跑动，拉开火箭队的防守，以获得更多篮板球。最终兵不血刃以4：1淘汰对手晋级总决赛。

在这三组系列赛中，勇士队就是"达尔文进化论"的实行者，他们不断进化，遇到挑战就想办法克服随后进行自我升级。球队也能不断根据周围环境做出调整。总决赛同样如此，勇士队已经展现了他们进化调整的能力。

当然，勇士队阵容的多样性也是让科尔能够做出不同调整的根本，不必用同一套阵容应对不同的问题。总决赛当中，是勇士队发现了骑士队的强弱点才制定了战术，还是勇士队根据自己的阵容主动做出的调整？

"两者都有，"勇士队当时的助理教练沃顿答道，"在我们的会议室里，每面墙上都挂着黑板，我们有时会开玩笑说等到系列赛结束，这里就是《美丽心灵》了。我们在这里讨论并分析拆解战术，找到我们想要的。罗恩（亚当斯）、埃尔文（金特里）拥有非常丰富的经验，他们了解比赛的每个环节，通过拆解发现问题和解决办法，还有其他可能会出现的情况。斯蒂夫会把所有想法写到黑板上。"

"阵容的多样性让球队可以做出很多调整，"哈里斯·巴恩斯说道，"我们的小个阵容效果就很好，在一些关键时刻，它总能发挥作用。上场比赛虽然首发阵容调整了，但效果却不错，这正是我们需要的。"

自由流通的思想、阵容的多样性、板凳深度以及投篮能力，让勇士队遇到的每一次危机、每一次看起来即将出现的"大崩溃"，变成了进化的契机，最终化险为夷。

另一个问题被提出来：难道是勇士队已经看透了骑士队？

骑士队球员不这么看，他们认为勇士队的小个阵容能赢球，不过是库里、克莱以外的那些不以投篮见长的球员——伊戈达拉和德拉蒙德·格林把球投进了而已。

"他们把我们的大个球员拉到不熟悉的位置，这让防守变得很难，"时任骑士队中锋的特里斯坦·汤普森这么说，"我们被迫用莫兹科夫来防守伊戈达拉，这不是他擅长的。"

这轮系列赛中，骑士队曾通过大个球员轮换来应对勇士队的小个阵容，一度也曾取得了不错的效果。"如果他们继续小个阵容，莫兹和我需要封锁禁区，保护好篮板球。"但是篮球的发展方向不是越来越"大"，而是越来越"小"。当然，这里的大和小，是广义的。最终，勇士是"小"的受益者。他们最终笑到了最后，库里和他的队友品尝到了总冠军的美妙感觉。

"无论之后我们还会取得什么样的成绩，人生的第一个NBA总冠军在我心里的位置永远都不会改变，"戴着总冠军帽子、捧着总冠军奖杯的库里在勇士队更衣室门口看着被香槟浸湿的地毯，笑着说，"当你没有夺冠时你会一直去追求，但你从不知道真正夺冠是什么感受。现在，我们知道了。"

入选赛季联盟最佳第一阵容、拿下生涯第一个MVP和第一个总冠军奖杯，虽然无缘总决赛最有价值球员略有遗憾，但这个赛季已经足够伟大。

库里和勇士队伟大的2014—2015赛季之旅在鲜花和掌声中结束了，他们的核心阵容是如此年轻，前途无比光明。让我们来看一下2014—2015赛季勇士队的薪金结构。

这个赛季勇士队薪水总额接近奢侈税线，再签人补强的空间很小，尤其是面临续约克莱的问题，下个赛季如果不调整阵容很可能要缴纳奢侈税。大卫·李目前以1501万美元居首位，博古特1297万美元排在第二位，伊戈达拉1228万美元排在第三位，库里1062万美元排在第四位。虽然有可能到达奢侈税的征缴线，但勇士队的老板为了延续辉煌，早就放话说愿意花钱。

这么来看，当时迎接勇士队的，是无限美好的未来……

MVP

惊涛，
名垂青史
STORM

"无论你缺乏什么，或是执念什么，你所需要的，只是相信自己，只是对自己所做的事业有无限的热情，只是对成功有无限的追求。"

——斯蒂芬·库里

第3章

球队夺冠了，其他个人荣誉也自然会接踵而至：2015年7月16日，一年一度的体育大奖ESPY评选结果揭晓，**库里荣获最佳NBA运动员奖和最佳男运动员奖**。其中最佳男运动员奖此前在NBA历史上只有四位球员获此殊荣——迈克尔·乔丹、德克·诺维茨基、勒布朗·詹姆斯、凯文·杜兰特，库里是第五位。在这次评比中，库里分别击败勒布朗·詹姆斯和两位橄榄球明星阿隆·罗杰斯、J.J.瓦特。"这真的是一项殊荣，我非常感激能获得认可，这是在全体育领域进行评选的，真的非常酷。"获得此项大奖后库里兴奋地说道。不仅如此，库里还当选了"青少年选择奖"最佳男运动员、美联社最佳男运动员、《体育画报》2015年度NBA最佳球员、 由BET电台和NBA球员工会联合举办的第一届通过球员选出的关键先生和最难防守球员……毫无疑问的一点是：库里是2015年最春风得意的NBA球星。

鲜花和掌声没有让库里迷失，他很快就投入到备战新赛季的训练中，这位长着娃娃脸的年轻超级巨星还有很多事情想去证明。

在球队方面，"追梦"格林的异军突起让大卫·李在球队失去了位置，这位两届全明星球员做梦都没想到，受伤前还是球队领袖的他，再回来时已经连上场时间都很难保证了。2015年7月，勇士队和凯尔特人队完成一笔交易，前者送出大卫·李，从后者得到老将杰拉德·华莱士和克里斯·巴布。紧接着，勇士队又跟费城76人队完成交易，他们用杰拉德·华莱士、部分现金和未来选秀权从费城76人队换来贾森·汤普森。

勇士队的动作还在继续，他们用一份5年8500万美元的合同与"追梦"格林进行续约，而此前跟克莱签下的4年7000万美元的合同也将于2015—2016赛季开始生效，这样一来他们同凯尔特人队之间关于大卫·李的交易重要性就凸现出来——通过这笔交易及其后续交易，他们就最多可以省下3500万美金，这对球队的长期建设具有相当重大的意义。

大卫·李本人也非常理解球队的这笔运作，在被交易后，他发表一份声明："这个赛季的成功源于我们有着出色的球员以及化学反应，我们终于实现了愿望，夺取总冠军，我一辈子都不会忘记这些。我爱湾区、我爱勇士队，很荣幸能成为其中的一员，真心祝福你们。"

当地时间2015年7月28日，长期饱受背部伤病困扰的史蒂夫·科尔接受背部手术时出现意外——脊髓液漏。"我在第一次手术时遭遇了脊髓液漏，这很罕见，并不经常发生，但是在脊髓周围的硬脑（脊）膜上出现了裂痕，导致了这种情况的发生。我流失了脊髓液，这一个月时间来经常感到头痛，还有一些其他症状。"科尔告诉媒体。随着流失情况愈发严重，科尔在当地时间9月4日再次接受了手术，来修复这个情况。"裂痕修复了，但还是会有一些症状，这是为什么我还不能回到场边。我想告诉你们我正在经历什么，还有发生了什么。因为这是一个灰色区域，人们很关心情况如何发展。"科尔说。

由于背部手术后尚未痊愈，科尔缺席2015—2016赛季常规赛前43场比赛，他一直到2016年1月23日勇士队主场迎战步行者队的比赛中才复出执教。在此期间，勇士队首席助教卢克·沃顿承担起临时主帅的重任，在他的率领下，勇士队在这个赛季的前半段披荆斩棘、无人可挡，前43场比赛取得了**39胜4负**的惊天战绩。库里在此期间打出的表现堪称前无古人，将运球和投篮技术发挥到极致。

39 胜 4 负

2015年10月28日，勇士队在2015—2016赛季揭幕战中以111：95击败鹈鹕队，库里首发出战36分钟，26投14中得到40分6个篮板7次助攻2次抢断，成为自1972年卡里姆·阿布杜尔·贾巴尔后，首位能在揭幕战中得到40分的常规赛MVP。值得一提的是，在这场比赛中，勇士队内除了库里外的第二高分是替补席艾泽利的13分，库里几乎是用一己之力撑起勇士队的高效进攻。对面鹈鹕队中"浓眉哥"20中4、埃里克·戈登17中5，库里成为全场最亮的星，他再次展现了自己鹈鹕队杀手的本色。

三天后客场打火箭队，勇士队再次20分大胜上赛季的西部决赛对手。库里15中9轻取25分7个篮板6次助攻，表现完胜18中4得到16分的哈登。

紧接着背靠背客场再战鹈鹕队，高潮来了：**库里在这场比赛中27投**

17中（三分14中8）得到53分4个篮板9次助攻4次抢断，神勇表现震惊世界。其中第三节得到28分，刷新职业生涯单节得分纪录。库里生涯第三次单场得分超过50分，成为勇士队史自威尔特·张伯伦、里克·巴里之后第三位有过3场得分50+的球员。"这简直非人类、小学生太牛了、萌神无敌……"看完这场比赛后，几乎所有球迷都发出了这样的感叹。从那时起，库里得到了一个新外号——**"库日天"**。

"**库日天**"

神迹还在继续：两天后主场战灰熊队，库里三分8中4得到30分；主场战快船队，三分11中7得到31分；主场战掘金队，三分16中8得到34分7个篮板10次助攻……库里一次又一次地用三分球挑战着人们对篮球的认知，世人第一次发现有人竟可以像投中投那样投三分球——量大而且高效。开赛前六场比赛中，库里的场均数据是：出场32.4分钟得到35.5分5.3个篮板6.5次助攻2.3次抢断2次失误，三项命中率分别为56.9%、51.4%、92.5%，场均命中6记三分，**真实命中率是逆天的75.7%**。他只打三节比赛就提前打卡下班成为这个赛季剩余比赛中的常态。在库里的率领下，勇士队开赛6连胜，库里毫无疑问地当选联盟首周西部最佳球员。此外，库里在赛季前4场比赛里投进21记三分球，成为NBA历史上在赛季前4场比赛投进三分数最多的球员。库里在前5场比赛中总共得到179分，成为过去30年来，迈克尔·乔丹之后第二位能在**赛季前5场**比赛中至少拿到179分的球员。

真实命中率

75.7%

赛季前5场

179分

库里会不会高开低走？他这种历史级的表现是否只是昙花一现？库里用持续性的表现告诉所有人：大家的担心都是多余的。

2015年11月13日，勇士队客场129：116战胜森林狼队，库里全场25投

15中得到46分，并命中8记三分球（13中8），这让他成为勇士队对阵森林狼队时单场得分最高的球员。2015年11月20日，勇士队客场124∶117击败死对头洛杉矶快船队，这场比赛勇士队首节就落后16分，但他们在库里的率领下在下半场上演疯狂的反击。全场比赛，库里出场37分钟，22投11中得到40分11个篮板4次助攻3次抢断，职业生涯第一次得到至少40分10个篮板的数据。这场比赛中库里和保罗的对飙大战精彩至极，后者22中13狂砍35分4个篮板8次助攻3次抢断的表现也相当出色。而在这场比赛之前，库里才刚刚在主场迎战猛龙队的比赛中23中13，拿到37分9次助攻的数据。在2015年11月末12月初这段时间，库里的表现愈发的残

暴：打太阳队三分16中9得到41分6个篮板8次助攻、打黄蜂队18中14（三分11中8）得到40分5次助攻、客战猛龙队24中14（三分15中9）得到44分7次助攻。**整个2015年11月份，库里命中了77个三分，打破了由他自己保持的联盟单月三分球命中数纪录（75个）。**

2015年12月4日，NBA官方宣布，斯蒂芬·库里当选2015—2016赛季首月（10月—11月）西部最佳球员。在首月中，库里均场得到31.6分，在联盟得分榜上排名第一，帮助勇士队取得创NBA历史纪录的开局19连胜。一时间，全世界都变成库里的球迷，人们从来没见到过如此恐怖的三分线外核武器，更不可思议的是他的体形和肤色看起来就像是邻家大男孩一样——你很难想象这样的一个人是联盟最无解的得分机器。

连胜还在继续，2015年12月12日，勇士队客场双加时124∶119险胜凯尔特人队，库里上场47分钟，得到38分11个篮板8次助攻2次抢断，其中在罚球线上14罚14中，两项数据（罚球出手数和命中数）均创职业生涯新高，帮助勇士队以24胜0负的战绩保持赛季不败。算上2014—2015赛季末的4连胜，勇士队取得28连胜，打破了由热火队保持的NBA历史第二长连胜纪录。他们只需要再赢5场，就可以追平由湖人队保持的史上最长连胜纪录。金州这些男孩们到底能连胜多少场？他们为何如此不可思议？一时之间，勇士队的连胜纪录成了联盟中最重要的事件，所有人都期待他们能够创造历史。

可惜事与愿违，连续六个客场比赛消耗了他们太多的体力和专注力，双加时战胜凯尔特人队后，勇士队的体力槽已经见底。在七连客的最后一场比赛——背靠背挑战雄鹿队的比赛中，他们的连胜纪录终于被终止。以"字母哥"、格雷格·门罗、贾巴里·帕克、麦卡威为首的雄鹿队球员不断地冲击勇士队的篮筐，传切、突破打得行云流水，他们全场送出31次助攻，比勇士队多了8次。勇士队这边则手感不佳，以伊戈达拉和克莱为首的球员打铁连连，最终他们在第四节被雄鹿队以28：18带走比赛。

结束了漫长的客场之旅后，勇士队球员终于可以回家躺在自己的床上好好休息休息了。彼时已经是2015年12月中旬，距离一年一度的圣诞大战只有10天左右的时间，所有人都想看看完整体的骑士队和勇士队谁才是联盟最强——毕竟以"绝地七武士"阵容输掉总决赛后，骑士队一方无论是球员还是球迷都很不服气。

回到到主场大胜太阳队、复仇雄鹿队、力斩爵士队之后，勇士队终于迎来和骑士队的圣诞大战。这场比赛勇士队先发制人，第一节早早建立领先优势，但骑士队刻意放慢节奏——他们明白：只要让勇士队跑起来，联盟没有球队能赢勇士队。在这场比赛之前，勇士队场均通过快攻可以拿到21.6分，联盟第一。但骑士队防守快攻同样厉害——场均让对手通过快攻得到9.7分，联盟第二低。从第二节开始，骑士队一直执行**"拖缓节奏，慢慢追分"**的策略，他们总能迫近比分，但也总是很难领先勇士队。到了比赛的第四节，库里三分线外单挑詹姆斯突破杀入内线上篮得手，勇士队最终以 **89：83** 的比分赢下了这场焦点之战。格林和利文斯顿成为

勇士队　**骑士队**

89 ： 83

全场表现最亮眼的球员，前者贡献22分15个篮板7次助攻，后者9投8中射爆骑士队后卫线。库里砍下**19分7个篮板7次助攻**，表现同样胜过了对方阵容中的詹姆斯、乐福和欧文这三巨头，而且正是他在比赛最后时刻的关键得分帮助球队赢得了胜利。

　　赢下圣诞大战让勇士队上下都轻松了许多，毕竟上赛季总决赛还有人说他们胜之不武，如今面对面击败完整版的骑士队是给那些质疑者最好的回击。接下来主场迎战国王队，库里只用三节比赛就爆砍23分14个篮板10次助攻的三双数据，但他在比赛中左小腿撞伤，也因此缺席接下来的德州两连客。这场比赛中最有趣的一点在于：国王队的卡斯比在库里面前耍了一回大刀，他三分球12中9狂砍36分，库里则命中6记三分。从此以后，卡斯比对飙库里就成了球迷们津津乐道的话题——尤其是在前者加盟勇士队以后。

　　德州两连客的第一站，由于库里的缺阵，独行侠队送给勇士队赛季第二败，他们以114：91狂胜勇士队23分。这场比赛同样有趣的一点在于：独行侠队这边全场发挥最出色的是扎扎·帕楚里亚，他砍下14分15个篮板的两双数据，一人狂抢8个前场板，等于勇士队全队前板之和。后来，他同卡斯比一样都加盟勇士队。第二站打火箭队，克莱和格林没让输球继续，两人纷纷爆发率队力斩火箭：克莱27投16中狂砍38分7个篮板，格林爆砍10分11个篮板16次助攻2次抢断2次盖帽的超全面数据，两人率队用一场胜利迎回伤愈的库里。

　　让人无奈的是库里伤愈回归的第一场就再度受伤，他只打了14分钟就因为左胫骨挫伤退出比赛。但这场比赛"追梦"格林继续展现自己的实力，他继前一场打火箭队的比赛中砍下三双后，本场打出更惊人的表现——16投10中（三分9中5）拿到29分17个篮板14次助攻的超大号三双数据，防守端还有4次抢断和1次盖帽。克莱继续砍下26分7个篮板的数据——勇士队除库里外的另外两名全明星球员在持续地成长着，这是个好的迹象，毕竟总冠军从来就不是靠一个人拿到的。

　　就当人们再次对库里的身体硬度心存怀疑的时候，库里用一系列的表现告诉大家：你们又多虑了。从掘金队复出后再度受伤离场并未让他缺席后面更多的比赛，他很快就在下一场对阵黄蜂队的比赛中王者归来：21投12中砍下30分，击败自己的家乡球队（夏洛特是他从小长大的地方）。库里想告诉大家：我不但没事，而且还能做得更好。他开始打出一些让人瞠目结舌的表演：

2016年1月10日，他在对阵国王队的比赛中三分球14中8砍下38分6个篮板11次助攻，赛季累计7场比赛至少投进8记三分球，创下由一名球

员在一个赛季中单场至少命中8记三分球最多场次纪录。 当然，他自己在不断刷新这个数字：2016年1月14日，勇士队对阵掘金队，库里全场25中13得到38分5个篮板9次助攻，其中第四节砍下20分，创职业生涯第四节得分新高；背靠背主场迎战湖人队，三分球16中8；两天后客场打活塞队，他命中7记三分砍下38分7个篮板5次助攻2次抢断；紧接着客场挑战老对手骑士队，库里18中12（三分12中7）砍下35分5个篮板4次助攻3次抢断，仅打三节就打卡下班，勇士队在这场比赛中客场大胜骑士队34分。这场比赛过后，骑士队解雇主帅布拉特，同时积极对球队的薄弱位置进行补强，这在一定程度上影响了那个赛季的最终结果。

❖

2016年1月22日，**NBA官方公布2016年全明星正赛首发名单**，库里入选西部首发阵容，成为勇士队史自1974—1976赛季里克·巴里以来，首位连续三次获得全明星首发资格的球员。在这次全明星投票中，库里已经成为当时联盟人气最高的球员——尽管科比最终获得票王，但这跟他打完这个赛季就要退役有关，球迷们想让这位曾经叱咤风云的超级巨星在全明星的舞台上奉献最后的表演。

库里获得160万张选票，远多于第三名的詹姆斯（108万张选票）和第四名的杜兰特（98万张选票），他成为球迷心中无人能比的超级英雄。队友克莱和格林也在这一年的全明星赛中替补登场。这是联盟对勇士队前无古人般表演的奖励。

球员	票数
科比·布莱恩特	189万
斯蒂芬·库里	160万
勒布朗·詹姆斯	108万
凯文·杜兰特	98万

2016年全明星正赛主要首发票数对比

库里的表演还在继续，全明星票选结果出炉的第二天，他在对阵步行者队的比赛中19中11（三分15中8）砍下**39分10个篮板12次助攻**的豪华三双数据，这是科尔复出执教的第一场比赛，库里用一场超级表演为主教练的复出献上了大礼。在此之前，小沃顿在执教勇士队的前43场比赛中取得39胜4负的惊天战绩，勇士队能否挑战1996年公牛队72胜10负的史上最佳战绩已经成为球迷中间最受关注的话题。科尔、库里和勇士队当然不想错过这个名垂青史的机会。在接下来同马刺队的联盟第一争夺战中，勇士队在库里的率领下大胜对手20分，库里全场20中12（三分9中6）狂飙37分5次抢断——对了，同打骑士队一样，这次库里又是三节打卡下班。"这场胜利并不能说明什么，只是一场比赛，只能说明我们今天的表现非常出色，取得了一场主场大胜，但我们还要面对他们三次。当然，今天的取胜的确会给我们更大的自信。"库里赛后依然谦虚而自信地说。

"我们差一点就取胜了，差一点！"波波老爷子在面对记者时依然展现着自己惯有的冷幽默，紧接着他严肃认真地说："我很高兴我们总经理不在，要不然我就会被炒鱿鱼了。我们距离赶上勇士队还有很长的路要走。"

2016年2月4日，库里在华盛顿干了一件惊天动地的大事：他在同奇才队的比赛中28中19、三分15中11狂砍51分7个篮板。这是他职业生涯第4次单场比赛得分超过50分，**全场命中11记三分球，追平生涯单场三分球命中数纪录。**在第一节比赛中，库里10投9中，其中三分球8投7中，得到25分，生涯第4次单节拿到25分，**单节命中7记三分球也是职业生涯首次**。

很快，联盟迎来2016年多伦多全明星赛。这场比赛的重要主题就是送别科比，"魔术师"约翰逊在全明星正赛开始之前向科比致敬。"科比留下了印记，激励每个人提升比赛，能与他一起首发搭档全明星赛，我会永远铭记这个时刻。我会在比赛中给科比传球，这是他应得的。"库里谈起科比不吝赞美之词。科比则坚决地拒绝了库里的美意："你是一个射手，你和我说要在全明星赛上给我传球，你疯了吗？""毫无疑问他是当今联盟最难防守的球员，他的无球和单打都太棒了。"科比也对库里大加赞赏。

库里还参加了这一年的三分球大赛,并在决赛中不敌"水花兄弟"中的另外一位——队友克莱。"这太酷了,我以后可以在队里吹牛了。"拿到三分大赛冠军的克莱赛后兴奋地说。不过"小学生"并不在乎这些,毕竟他之前已经拿过一次三分大赛冠军了。全明星正赛以库里所在的西部获胜告终,库里打出生涯最好的全明星赛表现:18投10中得到26分5个篮板6次助攻4次抢断。赛后,他在更衣室里光着膀子找科比签名,科比写下一段话:"**创造属于你的历史,创造属于你的伟大。**"

库里没有辜负科比的期望,他在常规赛后半段继续演绎着自己的神奇。

全明星周末结束后的第一场比赛,勇士队在客场挑战没有入选全明星的利拉德和他的开拓者队。作为一名奥克兰人,利拉德似乎把所有愤怒都发泄在了家乡球队身上:他全场三分球12中9,爆砍51分7次助攻6次抢断,率队主场大胜勇士队32分——这是当赛季勇士队以最大分差输掉的比赛,也是他们赛季第五场失利。算上全明星赛之前客场打太阳队,这场比赛是勇士队连续七个客场之旅的第二场。库里不允许球队以如此低迷的状态开启常规赛后半段旅程,在最后四个客场比赛中,他告诉全世界自己是个什么样的人:

打老鹰队,22中14,得到36分6个篮板8次助攻3抢次断;打热火队,三分12中6,砍下42分7个篮板7次助攻,并在比赛最后时刻命中制胜三分,这场比赛之前,**韦德曾公开称赞库里:"如果你喜欢篮球,你应该喜欢库里,库里没有任何让人不喜欢的地方。"**事实上早在2014年初,库里率队客场战胜热火队时,韦德就曾给予库里很高的评价:"当库里有手感时,你只能无可奈何,许多次,我们的防守都抓到了他的球衣,可他仍然还是照进不误,他真的太特别了,这也是为什么勇士队有机会从西部脱颖而出的原因。"

如果说在客场砍下42+7+7战胜伟大的韦德和他的热火队还不够劲爆的话，那库里在接下来两场比赛中的表演可以说征服了所有球迷的心：打完热火队后背靠背打魔术队，库里27投20中，三分15中10得到51分7个篮板8次助攻；两天后客场打雷霆队，库里24中14狂砍46分6次助攻，并在加时赛中上演超远三分绝杀。在这场比赛中，库里曾经严重扭伤脚踝，但他只是简单地捆绑了一下就继续上场战斗，他全场比赛三分球16中12，单场12记三分也追平科比和马绍尔曾经创下的联盟纪录。**他还以单赛季288记三分打破自己保持的历史纪录。**同时，职业生涯第5次单场命中10个以上三分球、连续两场命中10个以上三分球，均为NBA历史第一人。

库里连续伟大的表演震惊联盟，从来没有人能像他这样轻松得分，就连詹姆斯都在赛后称赞："**斯蒂芬看起来永远不会投丢。**"这场比赛也成为库里生涯最具代表性的一场比赛。

扭伤脚踝的库里在接下来主场迎战老鹰队的比赛中休息一场，然后火线复出率队再度斩杀雷霆队。2016年3月7日，勇士队客场挑战湖人队，这是库里同科比的最后一次交手。斯台普斯中心的篮筐成了库里的绊脚石——这有点玄学的意味，事实上库里只要客场打湖人队就常常陷入打铁的境地，但打快船队却不会。他全场三分球10中1，勇士队也以17分的分差惨败湖人队——这是他们赛季第六场失利。

破纪录的压力重重地压在勇士队每一位球员的身上，外界都在期待他们能打破公牛队创造的传奇纪录，他们自己也不想错过这个千古良机。尽管在赛季末期已经疲惫不堪，但他们依然不敢轮休，就为了追逐那个伟大的纪录。魔术队成了库里寻回手感的体验卡，客场惨败湖人队后，库里在对阵魔术队的比赛中三分13中7砍下41分13个篮板3次助攻，成为NBA历史上第一个单赛季三分球命中

助攻数累计

3249 次

数达到**300个**的球员，帮助勇士队主场取得连续45场常规赛胜利，打破了由公牛队保持的NBA历史最长主场连胜纪录。此外，**库里职业生涯助攻数累计达到了3249次**，超越了里克·巴里（3247次），排名上升到了勇士队队史助攻总数榜的第3位。

在一波7连胜后，马刺队送给勇士队赛季第七败。这是西部最好的两支球队之间的竞争，在此之前，库里赛季三分球从未遭遇对手封盖，他快如闪电的出手速度让所有球队头疼。但同为射手的丹尼·格林在本场比赛中成为"库里终结者"，他不但在外线封盖库里的三分投篮，还让他全场12次三分出手只命中1球。这场比赛，勇士队赛季第一次得分未上80分，马刺队强悍的防守让人敬佩。

身体和精神上的疲惫考验着勇士队每一位球员，创造纪录从来都不是容易的事。他们在4月份的两场主场比赛中又先后输给凯尔特人队和森林狼队，这让他们的失利场次来到了九场。在赛季只剩下四场比赛——两战马刺队、两战灰熊队的情况下，勇士队破纪录的压力骤然增大，要知道这支马刺队当赛季可是取得67胜15负的战绩，放在大部分赛季都是妥妥的联盟第一了。但库里和勇士队还是做到了，库里在两战马刺队的比赛中均有高效表现，在赛季最后一场打灰熊队

常规赛

73 胜 9 负

的比赛中，他命中10记三分狂砍46分，同时帮助勇士队完成了**常规赛73胜9负**的伟业。

整个赛季下来，**库里三分球命中数累计达到402个**，成为NBA历史上首位单季三分球命中数突破400大关的球员。29支队伍，无一幸免，最少的雄鹿队被进4个，最多的开拓者队被进27个。

库里帮助勇士队以73胜9负的常规赛战绩，打破公牛队在1995—1996赛季创下的纪录（72胜10负），成为NBA历史单赛季常规赛战绩最好的球队。此外，他场均30.1分5.4个篮板6.7次助攻，真实命中率高达66.9%，场均命中5.1记三分球，成为NBA历史上首位单赛季场均至少30分5个篮板6次助攻并命中5记三分球的球员，他还是这个赛季联盟得分王+抢断王，他毫无悬念地入选联盟最佳第一阵容。

NBA常规赛胜率历史排名

排名	球队	赛季	胜	负	胜率
1	金州勇士	2015—2016	73	9	89.00%
2	芝加哥公牛	1995—1996	72	10	87.80%
3	洛杉矶湖人	1971—1972	69	13	84.10%
	芝加哥公牛	1996—1997	69	13	84.10%
5	费城76人	1966—1967	68	13	84.00%
6	波士顿凯尔特人	1972—1973	68	14	82.90%
7	波士顿凯尔特人	1985—1986	67	15	81.70%
	芝加哥公牛	1991—1992	67	15	81.70%
	洛杉矶湖人	1999—2000	67	15	81.70%
	达拉斯独行侠	2006—2007	67	15	81.70%
	金州勇士	2014—2015	67	15	81.70%

斯蒂芬·库里402个三分球球队分布情况
（2015—2016赛季）

■ 命中数

球队	命中数
圣安东尼奥马刺队	14
犹他爵士队	14
达拉斯独行侠队	14
萨克拉门托国王队	19
洛杉矶快船队	20
明尼苏达森林狼队	14
新奥尔良鹈鹕队	17
休斯敦火箭队	11
丹佛掘金队	17
俄克拉荷马城雷霆队	18
洛杉矶湖人队	17
孟菲斯灰熊队	20
菲尼克斯太阳队	23
波特兰开拓者队	27

西部球队

球队	命中数
克利夫兰骑士队	8
迈阿密热火队	10
密尔沃基雄鹿队	4
纽约尼克斯队	11
夏洛特黄蜂队	13
奥兰多魔术队	17
费城76人队	7
波士顿凯尔特人队	14
底特律活塞队	10
印第安纳步行者队	11
布鲁克林篮网队	10
多伦多猛龙队	14
亚特兰大老鹰队	5
华盛顿奇才队	17
芝加哥公牛队	6

东部球队

5月4日，库里荣获2015—2016赛季**"魔术师"约翰逊奖**，该奖项为表彰那些既能在场上展现出色球技，又能在场下与大众以及媒体保持优质合作关系的球员。

5月11日，库里当选2015—2016赛季常规赛最有价值球员，**库里得到了所有的131张第一选票，成为NBA历史上首位获得全部第一选票的常规赛最有价值球员。**在库里之前，2000年的奥尼尔和2013年的詹姆斯都曾距全票当选只有一票之差，但最终只有库里完成这个伟业。这一次，没有人再质疑，也没人敢质疑，他是绝对的实至名归。

库里再次做了长篇演讲，这一次，他依然感谢了很多人，但最核心的主题是："让我们去拿下总冠军。"

伟大的库里！伟大的勇士队！他们在常规赛中打出前无古人的表现，现在他们需要去拿下总冠军，否则73胜不会有太大的意义。

前路注定多艰……

库里

折戟，
铭记失败
SETBACK

"不幸的是，这全是我的错。"

——斯蒂芬·库里

第4章

在库里举起背靠背MVP奖杯的那一天之前，他只在季后赛中打了3场比赛，而其他队友已经打了9场。库里在首轮打火箭队的第一场季后赛中就因伤提前退场，在这场比赛中，他率领勇士队上半场领先火箭队27分，但他在上半场快结束时扭伤脚踝，之后两度返回更衣室治疗。最终，库里只打了19分钟49秒，13投8中（三分7中5）得到24分7个篮板2次助攻3次抢断。不过，他19分钟的表现就已经超越了包括哈登、克莱等明星球员在内的所有球员。最终，勇士队在这场比赛中26分大胜火箭队。

由于脚踝伤势，库里缺席之后的两场季后赛，勇士队在克莱和格林的带领下拿到了1胜1负的战绩。系列赛第四场，库里在客场复出，但他显然还没完全恢复好，比赛中手感不佳、失误连连。更糟糕的是，他在比赛中再度遭遇右膝扭伤，只打了18分钟就提前离场。这场比赛勇士队客场大胜火箭队27分，赛后火箭队主帅比克斯塔夫提前认怂："库里受伤不代表我们还有逆转的机会，勇士队仍然是夺冠大热门。这一点我说了一遍又一遍，库里是一位非常伟大的超级巨星，但是他不是靠一己之力带队成功的，他的队友们也是总冠军，他们知道如何才能打出总冠军级别的表现，所以库里的缺阵没有给我们一条活路。"老师说得不错，即便少了库里，勇士队依然在G5中大胜火箭队，与开拓者队会师西部半决赛。

在半决赛前两战，克莱和格林纷纷打出全明星级别的水准，帮助球队守住前两个主场。在玫瑰花园球馆的G3比赛中，格林命中8记三分，砍下37分8个篮板9次助攻，克莱命中5记三分，砍下35分，但纵使两人已经打出超级巨星般的表现，勇士队竟然还是大比分输给开拓者队。利拉德40分5个篮板10次助攻的超级表演、阿米奴的高效两双是开拓者队取胜的最大法宝，这让勇士队分外想念他们的头号球星斯蒂芬·库里。

G4依然是在开拓者队主场进行，勇士队一旦再度输球，双方就将回到同一起跑线上，届时比赛将变成三局两胜晋级制。"受任于败军之际，奉命于危难之间"，仅仅休息了四场比赛的库里选择提前复出，效果也立竿见影。全场比赛，库里替补登场，32中16砍下40分9个篮板8次助攻，他在加时赛中的超级发挥成为了比赛的胜负手——**加时赛中砍下17分**，至今都是NBA历史加时赛（包括常规赛和季后赛）的个人得分最高纪录。当最后时刻命中制胜三分后，他对着全场观众霸气地高喊："I'm back!"

加时赛

17分

库里确实回来了，他在G5中再度砍下29分5个篮板11次助攻的豪华数据，再加上克莱的33分，勇士队战胜开拓者队晋级西部决赛。

❖

勇士队的西部决赛对手是雷霆队，这是一支拥有杜兰特、威少和伊巴卡的实力强劲的球队。他们在首轮4:1轻取独行侠队，半决赛4:2战胜当赛季豪取67胜的马刺队，虽说常规赛遭遇勇士队3:0横扫，但常规赛毕竟不等同于季后赛，这支球队绝对有实力给勇士队制造困难。而现实也是如此：西部决赛第一战，雷霆队就反客为主先下一城，他们的身高臂展给勇士队制造了相当大的困难——进攻端他们不断地杀伤勇士队，走上罚球线；防守端每个位置都有出色的单防和换防能力，**他们的防守使勇士队在第四节仅得到14分**。综合来看，内线是雷霆队赢下第一战的关键，他们的两位中锋合计16中9砍下24分并抢到18个篮板球，而勇士队这边博古特得分挂零、艾泽利也仅得到3分。

"显然在系列赛第一场输球不好受，何况是主场，对我们来说丢掉主场优势的情况下想要反弹会有些不一样，"库里说，"所以我想能有这种机会去反弹，展现我们到底有没有真材实料，展现我们的韧性，这很有意思。这会是一个漫长的系列赛，我们会在周三（G2）做好准备的。"

I'M BACK!

库里说到做到。在G2中，勇士队调整他们的防守策略。他们坚决放空罗伯森，对雷霆队的其他点适度协防。这场比赛杜兰特在上半场就砍下23分，但是下半场频频被勇士队包夹，仅得到6分，全场失误次数高达8次。在进攻端，勇士队以往最有力的武器是"库追挡拆"——也就是库里和格林的挡拆，但由于雷霆队换防能力极其出色，这一招在G1中效果并不好。在G2中，勇士队开始让库里同五号位频频打一五挡拆，这样一来雷霆队五号位脚步跟不上的弱点就暴露无遗。G1中大发神威的雷霆队内线在这场比赛中雄风不再，反倒是勇士队的两个中锋合起来7投全中，得到16分的同时还抢到11个篮板球。**库里三分8中5高效砍下28分，在他的带领下，勇士队三军用命、人人神勇，替补席得分50∶29完爆雷霆队。**而且勇士队很明显在比赛中加强了对前场篮板的冲击，他们全场比赛下来狂揽15个前场篮板，比雷霆队的二倍还多一个。当勇士队在所有层面都胜过雷霆队时，一场27分的大胜也就在情理之中了。

"我们就是想让其他人击败我们，"格林说，"我是说，我们限制住了威少，让杜兰特出现了8次失误，我们要非常专注于这两个家伙，这很重要。"

在G3中，雷霆队以彼之道还之彼身，他们在第一节过半时用维特斯替换下亚当斯，主打小个阵容，这个变化让勇士队措手不及。雷霆队的小个阵容兼具了身高、臂展和速度，他们以快对快，让勇士队非常难受。以往勇士队总是喜欢通过快速的进攻创造投篮空间，但是雷霆队的小个阵容回防能力极强，即便勇士队偶尔拥有反击或快攻机会，他们也很难保证得分效率。这场比赛的第二节勇士队只得到19分、命中率23%。半场落后25分、三节落后37分，比赛早早地就失去了悬念。勇士队的组织+防守核心"追梦"格林在比赛中被完全限制，9投1中仅拿到6分4个篮板3次助攻，首发中发挥最好的库里17投7中，仅得到24分——完全没打出"库日天"的风采。

"库日天"的风采

这一晚的勇士队输得比G1要绝望得多，他们在所有方面都被对手击败：球陷入了停滞、没人跑动、内线防守形同虚设……"今天我们的第二阵容打得不错，但主力阵容在转移球上做得很差，我们有太多糟糕的出手选择，我们甚至都没给他们在防守端施加压力，这简直是找死。"赛后的发布会上，主教练科尔无奈地说。"追梦"格林在这场比赛中的第二节对亚当斯有一个恶意踢裆的动作，赛后受到了联盟各界的热议，他在G4有被禁赛的风险。

我们第四战
除了赢球
别无选择

联盟还是放了格林一马，这样他就可以参加接下来的G4。这场比赛对勇士队来说非常重要，一旦他们输掉比赛，他们就将带着1∶3落后的大比分返回甲骨文球馆，这显然不是他们乐意看到的。"**我们第四战除了赢球别无选择**"，库里在赛前把这句话足足重复了三次，但显然的一点是他们并未做到。雷霆队在G4中彻底冻结库里和格林两大战术核心，库里全场20中6，仅得到19分，却出现6次失误，他的20次出手中有13次是在对手防守没有干扰到位的情况下，但他只命中了4球，命中率仅为30.8%；格林7投1中得到6分，以及6次失误，两人的糟糕发挥是勇士队全场表现的缩影。雷霆队的首发在前场篮板上统治了勇士队，他们不断利用勇士队的失误打反击，大部分回合都能进球或者站上罚球线。

"这个系列赛还没有结束，我们得相信我们自己，沮丧显而易见，但这不是我们出局的方式，"库里说，"**我们是一支特别的球队，我们必须先搞定下一场的48分钟再谈论其他的。**"

G1、G3、G4三场比赛中小阵容被雷霆队打爆让科尔痛定思痛，他在G5中开始尽量摆大个阵容，勇士队的四位大个子——博古特、斯佩茨、艾泽利、瓦莱乔在这一战中一共出场46分钟，这让他们尝到了甜头：博古特和斯佩茨两人在这

季后赛累计得分

1263 分

场比赛中合计16中11砍下29分16个篮板（6前板）。格林无须过多地去面对体形更大的亚当斯，这让他在比赛中实现了反弹：11分13个篮板（5前板）4次助攻1次抢断4次盖帽的表现远胜之前两场。实现反弹的还有他们的当家球星库里，他以63.5%的真实命中率拿到31分6个篮板7次助攻5次抢断，凭借本场的31分，库里职业生涯**季后赛得分累计达到1263分**，超越里克·巴里（1255分），排名升至队史季后赛得分榜第一位。雷霆队双少虽然合砍71分，但他们总共59投23中，得分效率相当低，这让他们错失了二度携手进总决赛的机会。

G6成了传世经典之战。此役雷霆队在主场三节打完领先了8分，此时雷霆队主场的DJ向全场高喊："我们能否把这场比赛铭刻在历史上？"确实铭刻了，但主角是克莱·汤普森，他在比赛的第四节天神附体——单节三分6投5中狂砍19分，硬生生地率队完成了逆转。全场比赛，**克莱**三分球18中11爆砍41分，**11个三分球也创造了NBA季后赛历史的单场纪录**。库里全场比赛更像是一个全能的舵手，他拿下31分10个篮板9次助攻，是场上表现最全面的球员，他在关键比赛中充分发挥了自己的领袖作用。

但主角依然是克莱，无论未来过了多少年，这场比赛都会因为克莱的表现被人铭记。赛后，勇士队老板拉科布带着几名管理层人员站在更衣室门口，他们兴奋地望着球员通道，等待着那个身影的出现。不一会儿，克莱出现了，拉科布不顾老板的形象直接单膝跪地膜拜克莱，这一幕成为联盟历史上永恒的经典。

"我们有大把的信念和热忱之心，我们给了自己一个可以赢下系列赛的机会，我们想要的就这么多。"库里赛后在发布会上激动地说。

雷霆队明白，接连输掉G5、G6意味着他们已经失去进总决赛的最好机会，库里不允许在家门口输掉这好不容易拼来的抢七大战。这一次，库里成为全场当仁不让的最佳球员，他24投13中（三分12中7）砍下36分5个篮板8次助攻，勇士队在他的带领下赢下抢七大战。整个系列赛下来，库里场均**贡献27.9分6.3个篮板5.9次助攻2.1次抢断**，真实命中率61.2%，他依然是这轮系列赛的最佳球员。

得分	**27.9** 分
篮板	**6.3** 个
助攻	**5.9** 次
抢断	**2.1** 次

赢得抢七大战的库里赛后头顶着毛巾问管理员自己能否戴着西部冠军的帽子去洗澡，还和克莱一起边笑边研究西部冠军的T恤。这一轮系列赛对他们来说最大的意义就在于，完整阵容的勇士队未曾在73胜赛季的系列赛中被任何对手击败过——包括总决赛。

❖

决战之前，对阵双方也对系列赛进行了展望。"我们和勇士队是联盟目前表现最好的两支球队，虽然我们曾经在总决赛输给他们，但我们现如今跟那时候相比水平提升了不少，我们要努力证明自己。作为球队的核心之一，我已经准备好和兄弟们一起上场奋战了，为了胜利我愿意付出任何代价。"2015年总决赛第一场加时赛中因伤报销的欧文信誓旦旦地说。勇士队主教练科尔则自信地表示"我们的实力在骑士队之上"。

2016年6月3日，备受关注的总决赛G1终于在甲骨文球馆打响。比赛上半场，骑士队给出的策略是：乐福主防博古特、特里斯坦·汤普森主防"追梦"格林以限制他跟库里的挡拆，不给勇士队投三分球的机会；勇士队这边的原则是：不执着于前场篮板球，全力退防，切断詹姆斯和队友之间的联系，放掉特里斯坦·汤普森。勇士队的策略收到了成效：骑士队在上半场仅得到43分，在东部季后赛进攻如水银泻地的他们仿佛陷入了泥淖。下半场比赛,骑士队改变了防守策略:他们重点盯防库里的出球路线,不让他把队友带动起来,"水花兄弟"的手感突然断电。勇士队的糟糕表现让科尔非常愤怒,在被骑士队追到只差4分时,他怒摔战术板,用他赛后的话来说:"我想打的是球员,摔战术板只是一种情绪的转移而已。"之后骑士队完成反超,但随着第三节末段德拉维多瓦对伊戈达拉的裆部上演猴子摘桃,勇士队的士气被彻底激发:他们在接下来的时间内打出了一波25:8,骑士队大势已去。这场比赛库里的手感并不好,他在骑士队防守的重点关照下15次出手只命中4球,命中率在主要轮换球员中最低。但勇士队的替补席站了出来:伊戈达拉9投5中得到12分7个篮板6次助攻,利文斯顿10中8得到20分4个篮板3次助攻,巴博萨5投全中得到11分。用不少球迷调侃的话来说:一年一度的抢FMVP大战又来了。

"我不在意自己得到多少分,只要赢球,其他事都不重要。"库里赛后淡然地说。

在G2中,勇士队只用了三节的时间就提前终止了胜负的悬念。库里只出场24分43秒的时间,11投7中得到18分9个篮板4次助攻,效率相当高——尽管这实际上是他季后赛生涯中首次连续两场比赛得分低于20分。但他还

**季后赛
三分球命中数累计**

217 个

是创造了一个纪录——**职业生涯季后赛三分球命中数累计达到217个**,追平贾森·特里,并列NBA季后赛三分球命中数榜第11位。"追梦"格林在这场比赛中投中5记三分球拿到28分,勇士队的替补继续着高效稳定的发挥。赛前詹姆斯说自己要打得更好,卢指导表示詹姆斯要跑得更快些,但是33分惨败显然让他们赛前的言论都成了空谈。"我很想知道那些花了上千美元到现场看比赛的球迷是怎么想的,你就让我们看这样的总决赛?求你了骑士队,让比赛更有悬念一点儿吧,让球迷们赚回票价。"当地一体育节目主持人赛后愤怒地说。

6次失误

我很好

赛后，库里兴奋地跟巴恩斯、克莱一起看网上的比赛图片，库里一个劲地说："这什么时候的啊，我完全没注意到啊！"

"库里必须在G3中雄起了，否则他可能又要丢掉FMVP了。"这是前两场打完铁杆"库蜜"的最大心声。

凯文·乐福缺席G3，但骑士队的球迷仿佛并不担心——这位全明星球员在G2中只得到5分，他在比赛中完全顶不动"追梦"格林，全场比赛形同梦游。回到主场的骑士队在詹姆斯和欧文的带领下上演了以彼之道还之彼身：他们以30分的分差大胜勇士队，顽强地将大比分扳成了1:2。这场比赛，库里上半场只有2分进账，全场三分9中3，得到19分4次助攻，同时出现了6次失误。"不幸的是，这全是我的错，"库里赛后主动揽责，"他们打出非常有侵略性的防守，上来就给了我们重击，对此我什么都没有做，也没有打出我的比赛，没有做到我该做的去帮助球队。我必须得打得比这一场好一百倍，尤其是第一节，这样才能控制住比赛，但我今晚没有做到。"面对记者对他身体状况的质疑，库里简单地回复了一句"我很好"就开始转向其他话题，用科尔的话说："库里是个谦虚又高傲、开朗又倔强的人。"

在G4之前的训练中，库里延续了G3中的手感，打铁不断。但教练组和队友们都相信他能找回手感，"追梦"格林霸气地对记者说："不用担心，他可是斯蒂芬·库里，世界最佳射手，他总有能找到手感的时候。"借格林吉言，G4中库里没有继续迷失下去，这场比赛的上半场，库里手感

勇士队   骑士队

3 ： 1

一般，10投4中得到14分，勇士队也以50：55落后了5分。客场作战、半场落后，看起来局面又是对骑士队有利。在种种不利环境下，库里爆发了——他下半场三分球8中4狂飙24分，**勇士队一举逆转骑士队，系列赛大比分打成3：1**。全场比赛，库里三分13中7砍下38分5个篮板6次助攻2次抢断，是当场比赛的最佳球员。"看看对方的防守让我们在什么样的境地，不要强攻或者逼迫自己去找一个本就没有的机会。当球在我手上的时候，我做决定更加坚决了，而在G3中我有些犹豫。"库里赛后这样跟记者解释自己手感复苏的原因。

❖

从克利夫兰回到奥克兰之后，奥克兰当地电台在分析总决赛走势时尽量显得很低调地说："任何球队，包括克利夫兰骑士队，都有可能在任何夜晚击败勇士队。但是，击败一场可以，连续击败两场极其困难，连续击败三场，基本是不可能的。"

不知道美国当地文化是否讲究"**毒奶**"这些，不过勇士队3：1之后被当地电台这顿"毒奶"生生奶出了变数。

G4拿到赛点，G5在主场进行，库里状态回暖……一切的一切都在朝着勇士队卫冕的方向发展，除了一件事——詹姆斯在赛后面对记者时表示，他希望联盟调查"追梦"格林在G4中对他腹股沟位置挥拳一事。他说的是在比赛的第四节大局已定的情况下詹姆斯在一次进攻中与格林产生身体对抗，格林倒地后挣扎着想起来，詹姆斯看了看地下正要起身的格林，直接从他身上跨了过

去，受到"胯下之辱"的格林愤怒地朝着詹姆斯的腹股沟位置挥了一拳。

两天后，联盟做出裁决："追梦"格林被追加一个一级恶意犯规，将在总决赛第五场被禁赛一场。这对勇士队的打击是巨大的——要知道，格林可是当赛季常规赛勇士队内真实正负值最高的球员，他对勇士队攻防两端的综合影响力甚至不亚于库里，失去了格林意味着勇士队的防守体系基本坍塌，进攻端也失去了重要的轴。在总决赛前四场，格林打了81分钟五号位，勇士队在这期间净胜骑士队53分；格林不打中锋的111分钟，勇士队净负对手24分。

系列赛G5在甲骨文球馆进行。随着格林的缺阵，詹姆斯和欧文闻到了胜利的味道和翻盘的契机。**欧文在进攻端无人能挡——24投17中，以82.4%的真实命中率狂砍41分6次助攻；詹姆斯更为全面，他30中16同取41分外加16个篮板7次助攻3次抢断3次盖帽**。勇士队在跟对手僵持了半场后，下半场终于被对方一波接着一波的攻势冲垮。对勇士队来说，比输球更大的打击是格林缺阵产生的连锁反应——博古特只打了7分35秒就赛季报销，可以说这场比赛勇士队的禁区是不设防的，这也是詹姆斯和欧文能打出如此优异表现的重要原因之一。即便之后的比赛格林回归，勇士队也没谁能代替博古特在防守和挡拆方面给球队带来的价值了。原本3∶1领先的勇士队，突然间就成了被动的一方。这场比赛克莱再次展现了自己硬仗决不手软的本色，20中11拿下37分，但库里21中8仅得到25分，巴恩斯和斯佩茨合计20中2得到5分。

G6重回克利夫兰，失去了博古特的勇士队已经感受到危机，他们把伊戈达拉提上首发——这是上赛季G4的故伎重施，但这一次显然没有收到效果。他们在第一节就被对手打爆，特里斯坦·汤普森掌控篮板球，库里早早就两犯下场休息，勇士队单节22中5仅得11分，单节落后对手20分。到了第三节，"死亡五小"终于开始发挥威力，他们把分差缩小到个位数进入第四节，但库里在要命的第四节只打了7分多钟就犯满离场，不满裁判判罚的他怒摔牙套遭到驱逐。詹姆斯彻底掌控比赛，他单节飙下17分，全场砍下41分8个篮板11次助攻4次抢断3次盖帽，总决赛被拖入抢七大战。

　　勇士队之前的3∶1领先被白白地挥霍了，总决赛变成了一场定胜负：是勇士队卫冕成功打造完美赛季，还是骑士队逆天改命创造历史？时间终究要给出一个结果。

　　2016年6月20日，甲骨文球馆，总决赛第七场。格林赛前声明，会打出最好表现赢得总冠军来终结这个辉煌的赛季——至少在个人表现上他没有食言。为了保护好篮板球，科尔再次变阵——用艾泽利首发替下伊戈达拉，让"一哥"留在替补带动板凳席。骑士队的策略很明确：重点照顾"水花兄弟"，放格林和伊戈达拉投篮。在这种防守策略下，格林有如神助，半场10中8（三分球5投5中）狂砍22分6个篮板5次助攻2次抢断，几乎靠一己之力帮助勇士队获得7分的领先优势。但第三节，欧文和JR·史密斯突然爆发，两人单节合砍20分帮助骑士队在第三节结束时将分差缩小到2分。第四节双方陷入"打铁大战"，詹姆斯不断走上罚球线为骑士队续命，勇士队则始终没人能站出来稳定得分——库里在第四节6中1还送出被人诟病的历史级背传失误，等到欧文在库里面前命中那记关键三分，所有人都明白：总决赛结束了！骑士队创造了历史，**克利夫兰职业体育历史上第一次拿下总冠军。**

　　库里和他的勇士队成了最尴尬的背景，他们打出伟大的常规赛表现——73胜9负的历史单赛季最佳战绩，但最终却成了骑士队和詹姆斯登基的最好陪衬。**这是勇士队史最黑暗的一段时期，是勇士队全队上下及球迷心中永远的痛。但似乎也印证了一个道理——世间几乎没有完美无缺的事。**如果勇士队最终赢下**Game7**，他们将成为继"96公牛队"之后最接近完美的一支球队。但是我们生活的现实世界中哪有那么多完美的事？

　　很多勇士队的球迷认为总决赛的转折点就是格林被联盟追加的那次恶意犯规导致停赛，并且他们都认为如果格林第五场没有禁赛，勇士队极有可能4∶1登顶，也就没了骑士队之后的惊天大逆转这些故事。所以不少勇士队球迷把丢冠原因归结在联盟，认为是联盟不想让总决赛过早结束所以禁赛格林给了骑士队机会。

　　但是这个世上没有如果，追加了就是追加了，无论目的和初衷是什么，联盟既然给出了判罚就是无法改变的事实。再去追究是否应该给恶意犯规、是否应该禁赛格林，如果格林能打、如果博古特不受伤，会怎么怎么样，并不能改变勇士队被骑士队逆转的事实。

"（丢掉冠军）因素很多，"库里赛季后的总结颇具大将之风，"但归根到底，还是我们做得不够好。如果真的够好，那没有什么可以阻止我们卫冕。"

但是勇士队的老板拉科布与总经理鲍勃·迈尔斯和库里的想法并不完全一样，他俩认为不是勇士队自己做得不够好，而是勇士队自己就不够好。阵容并没有完美到无懈可击的地步，否则博古特的受伤和格林的禁赛也不足以让他们丢掉冠军。

如果常规赛成绩没有历史性的73胜，勇士队丢冠对他们带来的打击似乎还能小一些。然而就是这创造历史的73胜反而让球队在卫冕失败后成为当时全美的一大笑柄。"73胜虽然伟大，但没夺冠就等于什么都不是，"NBA名宿、1996年帮助公牛队拿到常规赛72胜并夺冠的皮蓬，说这话时甚至带着幸灾乐祸的意味，"你常规赛成绩再好，没夺冠又有什么用？"

❖

竞技体育就是如此，在所有人都为詹姆斯的伟大和欧文的出色啧啧称奇时，勇士队和库里只能黯然神伤。痛定思痛，在失望地走出甲骨文球馆的那一刹那，**勇士队老板拉科布坚定地对记者表示：这个夏天，我会非常有侵略性！**

勇士队

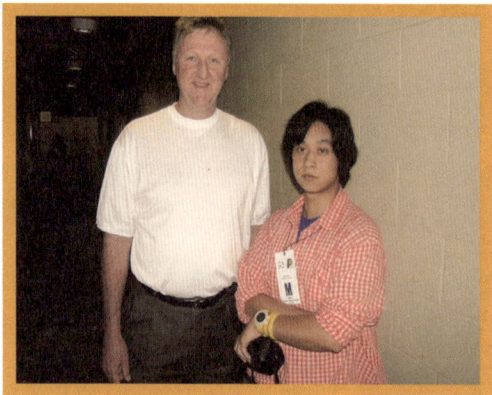

段
冉
小
语

　　"大鸟"拉里·伯德，在NBA历史中是一个犹如神话般的名字。NBA50大巨星之一、凯尔特人队队魂、3夺NBA总冠军、3次荣膺常规赛MVP、2次荣膺总决赛MVP、12次入选NBA全明星、9次入选NBA最佳阵容一阵。

　　拉里·伯德对斯蒂芬·库里的评价非常高。当时斯蒂芬·库里迎来巅峰的时候，很多媒体和教练质疑库里，认为他的打球风格伤害了篮球。

　　拉里·伯德则站出来力挺库里："我认为库里是当今联盟最好的球员之一，总冠军球员，他率领的勇士队是货真价实的总冠军。他的打球风格，引领了一个潮流，这不是对篮球的伤害，而是进步。"

段冉小语

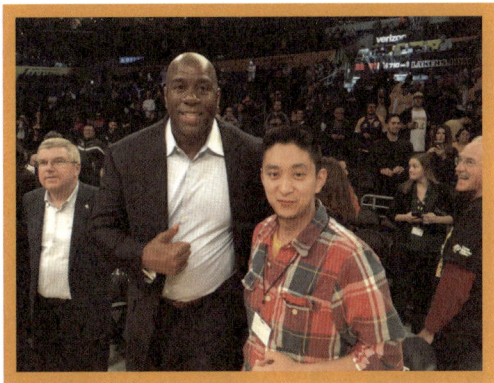

在控卫这个领域，诞生过许多传奇球星。比如斯托克顿、基德、纳什，还有现役的威斯布鲁克、保罗等等。但若是在控卫历史中，找寻最出色的那一个，"魔术师"绝对是毫无悬念，有着5次冠军、3次MVP、9次一阵等数不尽的荣誉。

若在现役中，寻找最接近"魔术师"的那一个，斯蒂芬·库里也是毫无悬念的。引领时代的弄潮儿，全票MVP、3次总冠军等荣誉不遑多让。对于仍然处在巅峰的库里来说，他依然有追赶的机会。

2019年季后赛，西部第二轮勇士队第六场在客场以118∶113战胜火箭队，总比分4∶2晋级西部决赛。斯蒂芬·库里在上半场0分的情况下，下半场得到33分，最后5分钟更是独得16分。"魔术师"约翰逊盛赞："斯蒂芬不仅仅是我们见过的最伟大的射手，他更是最强的关键先生之一，下半场33分带领勇士队战胜火箭队……难以置信。"

段冉小语

MVP

251

波谲云诡
王朝兴衰

俯视，
全民公敌
OUTSHINE

"我打球不是为了成为联盟的招牌人
物，也不是为了夺取勒布朗·詹姆斯
的王座，我打球就是为了赢得总冠军
戒指。"

——斯蒂芬·库里

第1章

　　输掉总决赛抢七大战对勇士队来说如同世界末日般黑暗，他们打出一个瑰丽无比的常规赛，但最终却成了勒布朗·詹姆斯封神的陪衬。赛后库里因发挥失常对格林表达歉意："兄弟，是我没做好。"他明白，在这个夜晚，格林已经打出完美的表现，哪怕自己多进一个球，结果可能就会不一样了。"输球的晚上很艰难。我一遍一遍一遍地在脑中回顾比赛，思考我自己能做得更好的地方。最终我们没有达成目标，我们有三次机会，但是都没有把握住。这感觉会在整个夏天都萦绕我们，希望现在这种感受能让我们变得更强大。"赛后的新闻发布会上，库里满满的失落。在回家的路上，库里将失利的消息告诉了女儿莱利："**我们没能赢得胜利**。"女儿微笑着说："**我知道，这没关系**。"

　　痛失冠军简直让格林发狂，离开甲骨文球馆进入停车场坐在汽车内，他马上给总经理迈尔斯打电话，告诉总经理必须签下杜兰特："这是我的建议，之后全看你的了。"在车上待了很久的他还不放心，亲自拨通杜兰特的电话："嗨，凯文！我们需要你！"

　　在总决赛结束后的两周时间里，勇士队发生很大变化：助教卢克·沃顿签约湖人队，成为湖人队主帅，迈克·布朗接替沃顿在勇士队首席助教的位子；勇士队在选秀大会上选中达米安·琼斯和麦考；克莱·汤普森、德雷蒙德·格林、哈里斯·巴恩斯入选2016里约奥运会梦之队大名单，库里因为膝伤和肩伤缺席……当然，没有什么事情的重要性能跟签下自由球员、联盟MVP、四届得分王凯文·杜兰特相比。

　　在征得库里的同意后，勇士队派出豪华游说团于2016年7月1日在纽约长岛的汉普顿与杜兰特的团队见面，包括库里、克莱、格林、伊戈达拉、主教练科尔、总经理迈尔斯以及老板拉科布在内的勇士队团队主要人物都参与了这次会面。双方交谈两个多小时，会谈在轻松愉快中结束。

　　会谈中，勇士队最重要的四位球星展示了迥异的招募风格：库里是摆事实类型的；格林非常有活力；"一哥"像个睿智的老人；克莱摆事实中夹杂着些幽默。在球员们单独出去聊天之前，杜兰特问出了每个人都期盼的问题：为什么库里——看起来要做出最大牺牲的人，同意杜兰特加入勇士队？

"我不仅仅是同意你来，我是希望你来。"库里表达了他对希望杜兰特加盟的强烈渴望。在双方会谈之后，库里觉得自己有必要给杜兰特传递一个讯息——"**strength in numbers**"（众志成城/人多力量大）。在短信里他告诉杜兰特，他不在乎谁最被认可、谁最能卖鞋（库里是安德玛的头牌巨星，杜兰特是耐克的签约明星），库里甚至表示，如果杜兰特拿到了MVP，他会在新闻发布会上第一个为他鼓掌。"我打球不是为了成为联盟的招牌人物，也不是为了夺取勒布朗·詹姆斯的王座，我打球就是为了赢得总冠军戒指。"这是库里的原话。

三天后，**杜兰特**做出了决定：加盟勇士队！在球员论坛上，杜兰特用"**我人生中的新篇章**"做出了最后的决定，他将同勇士队签下一份为期2年、总价值5430万美元的合同，其中第二年为球员选项。

加盟勇士队
杜兰特

STRENGTH IN NUMBERS

过去的几周时间,我面临职业生涯里最艰难的选择。我很清楚自己处于十字路口,无论是作为球员还是作为男人,我都要必须要做出一个抉择。这太艰难了,令我的情绪纠结到难以附加的地步。

最终做出这个决定的前提,在于未来发展的前景与潜力,我要始终确保自己走在正确的方向上。在人生的新阶段,我得把握住机会,不要选择保守,而是选择去新的城市和新的环境挑战自己,让自己进一步成长。怀揣着这样的想法,我决定加盟勇士队。

我很清楚,这个决定会让许多人失望,是的,我也感到很痛苦。不过我确信自己做出了正确的决定,深信不疑。

杜兰特

勇士队的动作还在继续,他们很快与帕楚里亚达成一年290万美元的口头协议,他将在新赛季充当首发中锋的角色;博古特则被送到独行侠队,他的玻璃人体质是勇士队放弃他的重要原因。随着杜兰特的加盟,哈里斯·巴恩斯选择签约独行侠队,他的勇士队生涯正式终结,巴博萨、斯佩茨和拉什也纷纷离开。此外,一心想拿总冠军戒指的大卫·韦斯特底薪加盟,这无疑进一步补强了球队的板凳深度。

"海啸三兄弟"

"汉普顿五小"

最有价值球员

最难防守球员

关键时刻最佳表现者

最佳组织后卫

最佳破纪录表现奖

杜兰特的加盟震惊了世界，那些不喜欢勇士队和杜兰特的球迷终于有了黑他们的借口：投敌、抱团、懦夫、叛徒……如此词语不绝于耳。但所有人都明白：勇士队如今的实力实在是太可怕了，库里和杜兰特两大巅峰MVP的联手将让他们不可阻挡——再加上克莱·汤普森，没人能阻挡**"海啸三兄弟"**的火力。而勇士队新版的"死亡五小"注定会将小个阵容的威力发挥到极致——由于这个阵容是在纽约长岛的汉普顿会面时形成的，人们称他们为**"汉普顿五小"**。

"这是总决赛失利为我们带来的最好补偿。"谈到杜兰特的加盟，"追梦"格林毫不掩饰自己的激动。在这个休赛期，杜兰特、格林和克莱代表美国队参加里约奥运会；库里和伊戈达拉则寻隙参与了**NBPA科技峰会**。在当年球员工会组织的球员票选奖项中，库里获得最有价值球员、最难防守球员、关键时刻最佳表现者等奖项。他还被**ESPY颁奖典礼**授予年度最佳破纪录表现奖，以表彰他在过去的那个赛季中全票当选MVP、常规赛命中402个三分破历史纪录，以及带领勇士队拿到73胜9负的史上最佳战绩。此外，在NBA官网公布的一年一度总经理大调查里，库里被评为最佳组织后卫。

MVP

这些个人荣誉并不能抵消总决赛失利给他带来的痛苦，在总决赛结束两个月后的一次采访中他说："我到现在也还没从失利中走出来，总决赛抢七输球真的是让人难以下咽的苦果，这会是你永远铭记、永远无法忘怀的事。我没有在总决赛中打出预期的表现，我需要承担许多输球的责任，这次失利会促使我继续前进，继续提升自己，让自己变得更出色，但它也会永远留在我的记忆中。"

　　2016年9月，库里携手代言品牌Under Armour开启 **"传旗亚洲"** 夏日之旅，中国地区的具体行程为——9月2日：沈阳，9月3—4日：广州，9月5日：香港，9月6日：台北。过去几个赛季的出色表现让库里在中国赢得了大批忠实粉丝，他的到来让这些粉丝如痴如醉，每到一个城市，都会有大量粉丝高呼"MVP"。在广州站的一次比赛活动中，库里在80秒内连续命中3个三分，个人连得12分率队完成大逆转，精湛球技让"库蜜"真真地过了把瘾。**"我爱中国，我会再来的。"** 离开中国前库里兴奋地说。

永远铭记
无法忘怀

我爱中国，
我会再来的。

回到美国不久，新赛季的训练营就拉开大幕，所有人都想看看加入了杜兰特的勇士队到底有多强。在当月《体育画报》发布的新赛季（2016—2017）NBA百大球星排名中，勇士队"死亡五小"全都位列前50，其中有四人排名前20，分别是：杜兰特第2，库里第3，格林第13，克莱第19，伊戈达拉第44。勇士队的天赋引起了联盟其他球队和球迷的嫉妒，但总经理鲍勃·迈尔斯向记者表示，勇士队管理层不会因为攒了一票大牌球星而道歉，他仍然记得当初勇士队人见人欺的时候。"你记得我们必须忍受什么？我们看着客队来到这把我们打垮，我们没有一个这样的球员。所以，我不会道歉。过去15、20、25年有几支神奇的球队，风水轮流转，现在轮到我们，看看有这些天才我们能完成什么成就。我们等着瞧，如果你是这支球队的球迷，你必须耐心点。"

勇士队2016—2017赛季的第一场季前赛于2016年10月2日打响，对手是猛龙队。季前赛一向是NBA各球队磨合阵容、寻找状态的时间段，大家对胜负并不是很在意。季前赛首战虽然输给猛龙队，但新秀麦考的表现非常出色，他7投5中得到11分，还有5次抢断4次助攻。赛后库里对麦考大加赞赏："麦考的比赛感觉真好，他曾承诺过在这个赛季要为球队贡献自己的一份力量，他正在努力做到。"麦考则谦虚地说道："能看到库里、杜兰特的比赛，并且从中收获经验，我太幸运了。"两周后，在同掘金队的季前赛中，麦考又让人们惊艳了一把：他在常规时间最后1.1秒干拔命中三分将比赛拖进加时，在加时赛中又上演压哨中投绝杀。库里激动地挥舞着毛巾到麦考身边庆祝，丝毫没有球队当家球星不可一世的架子。

2016—2017赛季勇士队主要球员排名

库里

	2	3		13		19			44	

杜兰特　　　　　　格林　　克莱　　　　　　伊戈达拉

《体育画报》

在季前赛中，库里还多次被记者问道杜兰特当前处境的问题——由于加盟勇士队，联盟各届对杜兰特的炮轰层出不穷，这让一向敏感的他相当不爽。对此，库里则看得很开："关于杜兰特是会被嘘还是会得到喝彩，他不会太在意，我们也不会太在意，他是来勇士队打快乐篮球的，不管接下来等待我们的是什么，我们都只需要做好自己。我们的共同目标就是赢球，那就是我们现在所专注的事。"

2016年10月20日，勇士队123：112战胜湖人队取得季前赛5连胜，库里19投11中得到32分5个篮板5次助攻3次抢断，杜兰特得到27分6个篮板4次助攻，克莱得到19分8次助攻。"海啸三兄弟"打出合体以来最漂亮的一战。

2016年10月21日，勇士队新赛季15人大名单正式出炉，分别是组织后卫：库里、利文斯顿、克拉克；得分后卫：克莱·汤普森、麦考；小前锋：杜兰特、伊戈达拉、麦卡杜；大前锋：德雷蒙德·格林、大卫·韦斯特、鲁尼；中锋：帕楚里亚、麦基、瓦莱乔、达米安·琼斯。

小前锋
杜兰特、伊戈达拉、麦卡杜
SF

中锋
帕楚里亚、麦基、瓦莱乔·达米安·琼斯
C

组织后卫
库里、利文斯顿、克拉克
PG

得分后卫
克莱·汤普森、麦考
SG

大前锋
德雷蒙德·格林、大卫·韦斯特、鲁尼
PF

眼看着常规赛就要开打，库里对重夺总冠军的渴望十分强烈、对自己个人的提升则信心十足："我不认为我已经达到了巅峰，别人说NBA球员的巅峰期是28岁到34岁，所以我正在步入巅峰，在未来的四五年内，我还会变得更好。"

在季前赛最后一战，库里三分13中8狂砍35分，杜兰特也拿到28分7个篮板6次助攻，勇士队主场战胜开拓者队以6连胜收官。现在所有人都瞄准了新赛季的揭幕战——主场迎战上赛季常规赛联盟第二的马刺队。这不是一个容易对付的对手，他们所谓的联盟第二其实是67胜15负——放到大部分赛季都是实打实的联盟第一战绩了。

❖

马刺队又一次让所有人惊讶了，2016年10月26日，他们在同勇士队的新赛季揭幕战中以**129**：**100**客场胖揍勇士队。所谓"终极死亡五小"、巅峰双MVP联手天下

马刺队   勇士队

129 ： 100

无敌的效应并未得到体现。勇士队的替补席在比赛中被马刺队打爆，双方板凳席的得分比是54：16（马刺队在前），马刺队小将乔森纳·西蒙斯一个人拿下20分，比勇士队板凳席的八名球员得分加起来还要多4分。勇士队一向引以为傲的三分球被马刺队防得全场33投中7，**命中率仅为21.2%**。凯文·杜兰特的首秀非常出色，18中11高效砍下27分10个篮板4次助攻2次抢断2次盖帽，库里18中9拿下26分3个篮板4次助攻，格林拿下18分12个篮板6次助攻5次抢断1次盖帽的全面数据。但勇士队还是输了，他们仅仅上半场就已经落后对手18分，全场毫无还手之力。

输给马刺队就如同当头一棒，让全队上下所有人都清醒了很多，他们终于明白：想再次赢得总冠军，光靠天赋是不行的，他们必须在攻防两端把所有小事都尽全力做到最好，这个世界从来就没有免费的午餐。**库里赛后说："今天我们就像脸上被打了一拳，我们明天睡醒后会重看今天的比赛录像，我们会从录像中发现那些我们做得不好的地方。"**

"有了杜兰特的勇士队也不过如此嘛""勇士队未必是联盟最强的球队啊，他们的板凳比上赛季下滑了不少……"，部分球迷开始发出质疑声。但勇士队并未让这种声音持续很久，三天之后，他们就在客场之旅中找回了颜面。

　　赛季第二战——客场打鹈鹕队，面对"浓眉哥"疯狂的45分17个篮板，"海啸三兄弟"给予了有力的回应：杜兰特30分17个篮板6次助攻2次抢断2次盖帽、克莱28分、库里23分8次助攻，三人合计砍

三分球

最快 1600 个

下81分率队客场告捷。在这场比赛中，库里在上半场陷入犯规麻烦，仅拿到6分，但他第三节单节拿到13分，他还成为历史上最快投进1600个三分的球员，只用了497场比赛，此前纪录的保持者雷·阿伦用了693场。

　　紧接着客场打太阳队，杜兰特16中10再度爆砍37分，库里也命中5记三分拿到28分，勇士队有惊无险地拿下比赛的胜利。

　　10月31日，上赛季的总冠军骑士队举办了万圣节party，其中包含了不少勇士队元素——包括"水花兄弟"的墓碑蛋糕。格林很快就在接受记者采访时给出强力回应："我们本赛季首要目标肯定是成为西部冠军，然后，如果骑士队从东部脱颖而出，我希望我们能摧毁他们。"

　　在三连客的最后一场比赛中，伊恩·克拉克成为板凳骑兵，他一人8投全中拿下20分，完美地把握住"海啸三兄弟"创造出来的投篮空间。杜兰特加盟后球队的实力终于得到体现，勇士队客场23分大胜开拓者队，带着3连胜的战绩重回甲骨文球馆。

　　这场比赛后，库里接受了NBATV的采访。

主持人

我不太确定，我认为自从输给马刺队之后我们正一点点变好，让球队打得舒适和找到节奏是我们的目标，我们现在更衣室里的化学反应非常好，我们会把它逐渐地在球场上展现出来。我们处于正确的道路上，客场取得了3连胜对我们来说很棒，我们要继续下去。

库里

接下来主场打雷霆队成为全美焦点之战，这是杜兰特加盟勇士队以来首度面对老东家。威少一上来就气势汹汹地喷发出战斗的火焰，客场背靠背作战的雷霆队竟然在首节结束后领先勇士队1分。但杜兰特显然不答应，他从第二节一上来就开始掌控比赛，几乎是每球必进，硬生生地靠着一己之力将比分拉开。整个第二节，勇士队打了雷霆队一波37：11，单节净胜对手26分，让下半场比赛沦为垃圾时间。杜兰特这边半场拿下29分，全场三分11中7爆砍39分7个篮板，杀得老东家灰头土脸。库里在比赛中甘为绿叶，全场只出手14次，却送出全队最高的7次助攻，帮助球队迎来新赛季的首个主场胜利。

大胜雷霆队的快感还没持续多久，斯台普斯中心的篮筐再度扮演库里终结者的角色。在背靠背客场打湖人队的比赛中，库里三分球10投0中，这是库里两年来首次在比赛中没有三分球命中，**连续157场**比赛命中三分球的NBA历史纪录就此终结。全场比赛，"水花兄弟"合计35中9，糟糕的手感让勇士队输掉这场加州内战。

157 场

至此，库里在新赛季的前六场比赛中得分从未上过30分，这再度引发球迷的争议——"库里不行了""库日天彻底成为过去了""库里巅峰已过"等类似的说法不绝于耳。很少有人理智地看待库里的改变——由于杜兰特的加盟，他不可能再像之前那样随心所欲地出手，为了重夺总冠军，每一个人都必须做出牺牲。而由于克莱承担的多数是无球跑位投三分和空切的角色，这基本上代表着勇士队的传切体系，所以他的进攻戏份很难被大幅砍掉，库里无疑成了牺牲最大的那个人，他必须做出领袖的表率，让杜兰特在新球队中感受到家一般的温暖和舒适。

当然，无私和牺牲并不代表个人能力的下滑，三天之后他就在家门口震惊了全世界。

前面说过，库里在过去几个赛季中一直扮演着鹈鹕队终结者的角色，打鹈鹕队必爆发几乎成了他的习惯。这一次，他干了一件惊天动地的大事：2016年11月8日，库里在三分线外有如神助，17次出手命中13个，一举打破他跟科比、马绍尔共同保持的联盟单场三分纪录——这个纪录后来被"水花兄弟"的另一位在客场对阵公牛队的比赛中打破，但至少当时看起来，那绝对是开天辟地的大事件。此外，这场比赛是库里生涯第七次单场命中10个或以上三分球的比赛，排在历

命中三分球

13 个

史第一。全场比赛库里独得**46分5个篮板5次助攻2次抢断**，勇士队在主场轻取鹈鹕队。

"浓眉哥"安东尼·戴维斯赛后感慨道："我们打出了出色的防守，他基本没什么空位机会，但这就是库里。"**鹈鹕队教练金特里也对曾经的弟子无可奈何："我们已经把库里防到了40英尺，但他失去平衡还是能命中，我不知道我们该怎么防守了。"**而欧洲MVP特奥多西奇在社交网站上直呼："天呐！库里你不是人，不是人，恭喜你库里。"

得分 **46** 分

篮板 **5** 个

助攻 **5** 次

抢断 **2** 次

"这是个特别的夜晚，在过去两天的训练里达到了另外一个层次的专注度，我对自己非常严厉，我进行了一些不错的投篮训练，这个纪录是蛮酷的，但我想这个纪录应该不会持续太久，因为联盟投三分的球员很多，但我拥有着NBA某个三分纪录还是很酷的。"库里赛后对于自己打破联盟历史纪录显得非常低调。

无论如何，库里用这场比赛向全世界证明：**"我不是不行，只是为了夺冠不想这么干而已。"**

两天后，勇士队在主场迎战独行侠队。这场比赛特别的意义在于：对手阵中有三名球员都跟勇士队颇有渊源——包括两名旧将博古特和巴恩斯以及库里的弟弟赛斯·库里。小库里在谈到与哥哥的竞争时则表示："这会是一场竞争激烈的比赛，我们不会说太多垃圾话，和斯蒂芬对位有一点奇怪，但也很有趣，对我们来说能在场上互相竞争就像梦想成真一样。"

这场比赛，小库里面对面抢断哥哥3次，全场贡献10分9次助攻5次抢断2次封盖。但哥哥就是哥哥，12中8的命中率比弟弟17中4的表现好的可不是一星半点儿，而杜兰特也在哈里斯·巴恩斯面前证明了两人段位上的差距。最终勇士队轻松战胜独行侠队。

随着库里手感的强势复苏，杜兰特始终如一地稳定发挥，勇士队打出一波12连胜，包括东部四连客和连续两场打湖人队的胜利。对此，科尔表示："杜兰特和库里一样，他们都是既无私又谦逊的巨星，我们能同时拥有他们二人这种天赋与技巧的组合，真的让人感到非常不可思议，他们是我们连胜的基础。"

在这期间，联盟流传出有关勇士队要交易克莱的流言。大致意思是：勇士队可能会用克莱同凯尔特人队交易布拉德利和克劳德，以及凯尔特人队从篮网队得到的2017年首轮选秀权，然后勇士队会用该选秀权同费城76人队交易诺埃尔。主帅科尔坚决否认这个假消息："说实话我现在才听说这个新闻，我觉得我们队员都认为这是胡说八道的，现在的假消息真的太多了。"实际上早在2014年夏天，克莱就曾陷入涉及凯文·乐福的交易流言之中，但当时"logo男"坚决反对交易克莱，后来的总冠军也证明了"logo男"的独到眼光，打那之后，勇士队从未动过克莱的心思。库里也在2015年MVP颁奖礼上声明过，"水花兄弟"要在一起打很久。这无疑是对克莱最有力的支持。

火箭队终结了勇士队的12连胜。库里在这场比赛中陷入犯规麻烦，双方大战两个加时，库里和格林都提前犯满离场。这让火箭队得到了可乘之机，他们在第二个加时赛中限制住了勇士队的进攻，并从甲骨文球馆带走胜利。库里赛后谈到自己的六犯离场时表示："显然比赛开局那两个犯规影响到了我，我对这一点不是很专注，我让这些吹罚影响到了自己的比赛。我必须在这方面做得更好，我要避免让类似情况再次发生。"

在接下来的三个星期中，勇士队打出11胜1负的战绩，继续领跑全联盟。在这期间，他们仅仅是在客场输给灰熊队一场。那场比赛，灰熊队大量制造勇士队失误，然后利用防守反击得分，全场比赛，勇士队出现了高达**23次的失误**，这种表现想不输都难。

这段时间内，库里的状态有所下滑，打快船队送出生涯纪录的7次抢断是为数不多的亮点，此时的快船队已经完全无法跟勇士队叫板，昔日恩怨不断的两支队伍如今已经不在同一个级别上了。

在一波7连胜过后，勇士队又迎来一年一度的圣诞大战，这一次他们是在客场挑战他们的老对手克利夫兰骑士队。半年过去了，大家都想看看有杜兰特加盟的勇士队跟卫冕冠军相比到底实力如何。这场比赛，杜兰特从第一节开始就火力全开，反击中的暴扣霸气外露，是当年圣诞大战中的最佳扣篮。但勇士队在末节遭遇滑铁卢，欧文面对克莱用一记极高难度的中投准杀了勇士队。杜兰特的最后一投有被理查德·杰弗森犯规的嫌疑，但裁判不吹就是好球，勇士队只能无奈地吞下失利的苦果。

全场比赛，杜兰特36分15个篮板0次失误的表现已经略胜于对面31分13个篮板5次失误的詹姆斯，但库里11中4仅得15分，面对利金斯全场疯狂的贴防，库里显得非常不舒服。

赛后，库里表示："今晚我们最后打得没有纪律性，我本来需要用不同的进攻方式，打得更具有侵略性，老实说我不应该只出手11次，我们应该让对手在防守端不能停歇，利用好我们拥有的所有天赋，其中也包括我的得分能力，所以我不能再打出像今日这样的表现。"杜兰特则声称自己的最后一攻被杰弗森犯规了，否则他不会摔倒。第二天的裁判报告也支持杜兰特的说法：勇士队、骑士队圣诞大战最后2分钟内出现两次漏判，而且这两次漏判都不利于勇士队。第一个漏判是第四节还剩1分43秒，詹姆斯在完成扣篮后故意在篮筐吊着很长一段时间，这应该被吹一次技术犯规。第二个漏判是第四节最后3.4秒，杰弗森在防守时移动了他的脚，和杜兰特发生了身体接触，直接影响了杜兰特的正常移动，这应该被吹罚一次犯规。

不过，无论如何，比赛的结果已经无法更改，勇士队只能期待在主场对骑士队完成复仇了。

圣诞大战

很快，勇士队又在接下来的12场比赛中打出11胜1负的战绩。在此期间，**库里和杜兰特携手入选2017年新奥尔良全明星赛的首发阵容。**这其中库里的入选受到部分球迷的质疑，因为当赛季威少打出震古烁今的场均三双的表现。只不过这次全明星投票是球迷投票占50%，球员和媒体投票各占25%，虽然库里在球员和媒体的票选中远远落后于哈登和威少，但球迷的支持让他力压威少进入了首发阵容——这是球迷们对他过去几个赛季出色表现的肯定。对此，库里表达了感激："这个全明星投票故事的情节跌宕起伏，因为那两个家伙本赛季的表现不可思议。但是首发后卫的名额只能有两个，很不幸的是，会有人掉出首发。而在四年前，我恰好有过类似的经历，如今我能够得到代表球队出战全明星，获得首发的机会，我真的非常感激。"此外，勇士队主帅科尔也成为西部联盟在全明星赛上的主帅。

新奥尔良全明星赛
首发阵容

圣诞大战仅仅过了三个星期，勇士队就在甲骨文球馆完成复仇——他们这次大胜骑士队35分，库里20分11次助攻的表现彻底盘活了全队。一周后客场背靠背打热火队，遭遇体力危机的勇士队被"维特斯爸爸"三分绝杀，这是他们已经打完的45场比赛中的第7场失利。但输球却让库里找回手感，在接下来的三场比赛中，他分别命中6记、9记、11记三分，"三分雨"浇得对手相当无奈。由于1月份的出色表现，**库里和杜兰特共同获得当月的西部最佳。**

2017年3月，杜兰特因被队友帕楚里亚误伤左膝缺席了20场比赛（算上受伤的那场），勇士队在库里的带领下取得了15胜5负的出色战绩。2017年4月4日，库里当选西部周最佳球员，这是他赛季第3次、职业生涯第10次获得周最佳荣誉，高居勇士队史第一位。

库里 & 杜兰特
西部最佳

整个常规赛下来，在库里的带领下，勇士队取得了67胜15负的联盟最佳战绩——连续三个赛季67+胜场的出色表现震古烁今。库里在这个赛季总共出战79场比赛，场均得到25.3分4.5个篮板6.6次助攻，累计命中324个三分球。至此，库里以2015—2016赛季的402个三分球、2016—2017赛季的324个三分球和2014—2015赛季的286个三分球的战绩，包揽NBA历史单赛季三分球命中数排行榜的前三位。

■ 三分球命中数（个）

2015—2016赛季	402
2016—2017赛季	324
2014—2015赛季	286

NBA历史单赛季
三分球命中数排行榜前三位

❖

但所有人都知道，如今的库里和勇士队根本就不看重数据和常规赛的战绩，他们唯一关心的就是总冠军。之前一个赛季豪取史上最佳常规赛战绩却痛失总冠军的滋味让他们终生难忘。库里赛后谈季后赛："很兴奋，这是肯定的，我们现在的心态更成熟了。我们以前打过季后赛，我们成功过，也失败过，我们就是要上场做到这些事情。我们在追逐一些事情（总冠军），而不是在保卫一些事情（卫冕）。"

在常规赛的最后一天，NBA官方公布当赛季球衣销量排行榜。球星方面，库里高居第一，杜兰特位列第三。其中在中国区域球衣销量排行榜中，库里力压科比和乔丹高居第一。而在球队球衣排行榜上，金州勇士队也是遥遥领先全联盟。

库里的火爆人气也得到不少前辈球星及现役联盟巨星的嫉妒，勇士队记者马库斯·汤普森就在宣传新书时透露"×××"不喜欢库里。对此"追梦"格林回应道："这得归结于一句老话，他们希望看到你做得出色，但是永远不要比他们更加出色。那就是嫉妒，斯蒂芬现在的表现比许多人都更加出色。你看看斯蒂芬，他在NBA赛场上的表现和成就远远超出外界的预期，人们并不认为他能够取得现在这样的成就，所以这会激怒一些人。"

勇士队季后赛首轮的对手是波特兰开拓者队，他们的当家球星利拉德在最近几个赛季中一直扮演着打勇士队就爆发的角色。面对勇士队，他不但没有丝毫的惧怕，还扬言要在六场之内淘汰勇士队。面对利拉德的狂言，勇士队没人用语言进行反击，他们只是默默地把双方G5比赛当日的甲骨文球馆出租给了著名歌星Rapper的巡回演唱会，这意味着他们想要横扫开拓者队。

双方首战，开拓者队在"双枪"的带领下与勇士队僵持三节，但末节被勇士队一波流带走。全场比赛下来，"双枪"爆砍77分，表现已经相当出色。但无奈"海啸三兄弟"合砍77分的同时，"追梦"格林继续扮演开拓者队终结者的角色：他19分12个篮板9次助攻3次抢断5次封盖的表现彻底统治攻防两端。在这场比赛中，杜兰特左小腿拉伤，他也因此缺席了双方系列赛的G2和G3。不仅如此，由于背部伤势的恶化，主教练科尔也要在执教完前两场比赛后缺席一段时间，开拓者队的机会来了吗？

并没有，在库里的率领下，勇士队连下两城，在系列赛前三战中大比分3：0领先。等到杜兰特在G4回归时，勇士队士气大振，客场大胜对手25分终结系列赛。**这场比赛，库里出场30分钟，得到37分8次助攻2次抢断，其中三分球11投7中，职业生涯季后赛第9次单场至少命中7个三分球，高居NBA历史首位。此外，他职业生涯季后赛三分球命中数累计达到261个，追平罗伯特·霍里，并列NBA历史季后赛三分球命中数排行榜第9位。**

"在其他球队，有时候我能感受到球员们开始认真专注了，我能预判当天我们可能会赢。但是我看不透勇士队这支球队。他们可以在比赛前很放松，互相开玩笑，然后上场后取得像今天这样的大胜。反正我看不懂这支球队，科尔可能可以。"赢得系列赛后，代替科尔执教G3、G4两场比赛的布朗教练说道。

在过去的五个多月时间里，库里一直戴着一条写着"**坚强点Brody**"的手环，但不幸的是，患有白血病的小球迷Brody在勇士队打开拓者队的首轮期间去世了。在得知此消息后，库里说他会好好完成剩下的比赛，以此缅怀小Brody。"我很庆幸在他有生之年与他见了一面，希望在那几个月里我能给他和他的家庭带去了一丝喜悦，我们正努力地尝试赢下季后赛剩余的比赛，希望能把这些胜利献给Brody。我们知道金州勇士队对他们意义深重。"库里动情地说道。

坚强点
Brody

勇士队西部半决赛的对手是犹他爵士队，他们在首轮通过抢七大战力克快船队与勇士队会师第二轮。相比首轮"利指导"的狂言，爵士队主帅斯奈德要低调很多，谈到勇士队时他表示："这支勇士队最危险的地方在于，就是你选不出一个最危险的地方。他们是篮球历史上最有天赋的球队之一。"

由于正逢"黑八"独行侠队十周年纪念日，在次轮的G1中，勇士队邀请了包括巴朗·戴维斯、斯蒂芬·杰克逊、杰森·理查德森、蒙塔·埃利斯、艾尔·哈灵顿、阿祖布克等球员在内的一班"金州匪徒"重回甲骨文球馆，当然也包括已经重新加

季后赛抢断数
107
次

入勇士队的马特·巴恩斯。勇士队在这场比赛中不瘟不火地搞定了爵士队，库里拿下全场最高的22分。此外，凭借本场比赛的一次抢断，他职业生涯**季后赛抢断数累计达到107次**，超越里克·巴里（106次），排名升至勇士队史季后赛抢断榜第1位。爵士队很想在客场拿到一场胜利，因此在G2中海沃德和戈贝尔火力全开，前者拿到33分，后者拿到16分16个篮板的大号两双数据，然而在硬实力差距面前，爵士队只能缴械投降。

G3移师盐湖城，此役库里手感不佳，20次出手只命中6球，但杜兰特在客场展现出超级巨星的风采，狂砍38分13个篮板，勇士队依然像前两场一样保持着10分左右的赢球分差。两天后的系列赛终结之战，勇士队开始动真格的了，他们首节就赢下对手22分，全场保持着毫无悬念的压制，最终大胜对手26分之多，库里拿到全场最高的30分。

连续三年杀入西部决赛的勇士队迎来近一周的休息时间。在这段时间内，克莱和帕楚里亚一起出海钓鱼，库里则用视频直播的方式秀起厨艺，偶尔还去夜店展示下自己的舞技，如此多姿多彩的生活着实让人羡慕。很快，西部决赛的对手就锁定为马刺队，谈到马刺队，杜兰特毫不吝惜赞美之词："马刺队就是台机器，不管场上的对手是谁，他们都不会停止，无论场上少了谁，他们都还是继续运转。"马刺队也适时放起了"毒奶"，在被问到会用怎样的策略来对阵勇士队时，马刺队主帅波波维奇说："祈祷吧。"吉诺比利则表示要想击败勇士队必须48分钟都保持高度集中，无论是身体还是精神。吉诺比利还把勇士队称为史上最强大的球队之一，甚至可以说就是最强大的。**对此，库里笑着回应道："这全都是他们的套路，不过我喜欢。"**

事实证明马刺队确实是在释放"毒奶"，在甲骨文球馆进行的G1，他们给了勇士队当头一棒。这场比赛由于是在北京时间的凌晨进行，因此在国内的收视率受到一定的影响，但比赛本身所带来的影响堪称当赛季最强。马刺队开局强势出击，半场以62：42领先勇士队多达20分，下半场甚至有扩大比分的趋势。比赛进行到第三节，帕楚里亚对莱昂纳德的"恶意犯规"动作导致后者脚踝扭伤提前退出比赛，失去莱昂纳德的马刺队一下子就成了处于劣势的一方。勇士队的反击如潮水一样一波接着一波，最终他们以两分之差险胜对手拿下开门红，同时也保持着当季季后赛未尝败绩的纪录。库里是勇士队赢球的大功臣，他命中7记三分狂砍40分7个篮板3次助攻3次抢断。但由于帕楚里亚"垫脚"莱昂纳德的恶性事件，赛后没多少人去关心库里得了多少分。尽管莱昂纳德赛后表示他并不认为帕楚里亚打球脏，他觉得帕楚里亚只是想干扰投篮而已，但其他人可没打算放过勇士队，一时间，勇士队被看成了"脏"的代名词。

由于G1中膝盖受伤，伊戈达拉缺席系列赛的第二战。莱昂纳德则由于脚踝扭伤赛季报销，整个系列赛也由于他的缺席沦为鸡肋。在双方的G2中，库里再度成为全场最佳，他13中8砍下29分7个篮板7次助攻3次抢断，率队以136：100大胜马刺队36分。库里赛后谈到大胜称："这不是真实的马刺队，相比第一场，我们今天提升了防守强度、压力以及专注力，这可是季后赛，如果这种时候不保持专注，那就必输无疑。"

库里个人出色的表现得到了勇士队名宿克里斯·穆林的大加赞赏："我看了多少年的NBA比赛，甚至没有人能接近库里，他只要在场上就能带来影响力，当他运球过半场时，防守者就得警惕起来了。运球、掩护、无球跑动，都是那么不可思议，这足以证明他付出了多少努力，正是他的刻苦付出才让他变得如此与众不同。"

两天之后，联盟公布了2016—2017赛季最佳阵容名单，67胜的勇士队没有一名球员入选第一阵容，库里与杜兰特分别入选第二阵容，格林入选第三阵容，而克莱更是无缘最佳阵容。

G3移师圣安东尼奥，杜兰特再度展现自己客场消音器的本色，轻取33分10个篮板4次助攻率队再下一城。这场比赛中，马刺队戴蒙德曾对库里有一个肮脏的顶膝盖的动作，阿尔德里奇也对杜兰特有一个"疑似报复性垫脚"动作，但由于库里和杜兰特都平安无事，赛后的舆论也自然不如G1之后那么狂躁。随着双MVP第四场的高效发挥，勇士队毫无悬念地横扫马刺队，连续三年杀入总决赛。至此，他们在**西部季后赛中打出了12胜0负**的战绩，直追2001年的湖人队。

12胜 **0**负

❖

东部那边，骑士队在季后赛中同样顺风顺水，他们在进入总决赛之前也只输了一场比赛——还是在詹姆斯严重失常的情况下才输给凯尔特人队三分。所有人都期待着总决赛勇士队和骑士队连续三年上演巅峰对决。

总决赛开始之前，巴克利预测骑士队六场夺冠，篮球BPI指数则预测勇士队有97%的概率拿到总冠军。不过对于勇士队来说，外界各种各样嘈杂的声音根本无法对他们产生影响，他们明白只要做好自己，就有希望拿下总冠军。

库里在总决赛开始之前伤到了自己的右手肘，他不得不带上护臂来保护肿胀的手肘。这显然影响到了他一向柔和的手感，总决赛G1，前两次出手接连打铁的库里立马扔掉了护肘，他可不想在篮球世界的最高舞台戴着枷锁跳舞。全场比赛，库里命中6记三分拿下28分6个篮板10次助攻3次抢断，杜兰特38分9个篮板8次助攻0次失误，勇士队在主场以113：91大胜骑士队22分。这场比赛有趣的两个情节：一个是"詹密"蕾哈娜（流行音乐天后）在杜兰特罚球时大喊"打铁"，杜兰特则在投中一个三分之后瞪了蕾哈娜一眼；另一个是库里在命中三分后做高抬腿动作，赛后有记者问库里为啥会有这样的庆祝动作时，库里还为自己的新战靴"Curry4"打起广告："因为我的球鞋很轻。"另外，库里还透露自己戴着护臂登场除了是因为肘部有一些肿胀，还有一个原因就是他从小就梦想能成为艾弗森，他觉得这是他唯一能和艾弗森接近的方式。

打完G1之后，球队首席助教迈克·布朗也完成了自己的使命，主教练科尔将在G2完成回归。在布朗执教期间，勇士队在季后赛中取得了11胜0负的惊天战绩，他就像上赛季常规赛的小沃顿一样出色地完成了任务。相比科尔，布朗更喜欢发挥库里和杜兰特这两位超级巨星的威力，一直到他重回助教席，他仍然在坚持向科尔推荐"库、杜挡拆"的战术。

在G2中，勇士队打出历史级进攻表现。尽管他们半场失误12次、全场失误20次，但关键是够准。库里手感一般——17投7中得到**32分，但他同时送出了11次助攻、抢到了10个篮板，总决赛生涯第一次拿到三双数据**。当然，他还出现了8次失误，这让他的三双数据显得有点美中不足。骑士队中詹姆斯同样拿到29分11个篮板14次助攻的三双数据，但全场表现最佳的是杜兰特，他22中13，以70.8%的真实命中率豪取33分13个篮板6次助攻3次抢断5次盖帽，几乎统治比赛的所有方面。随着这场比赛的取胜，勇士队在本次季后赛中已经拿到**14连胜**！继续刷新了NBA季后赛历史最长连胜纪录。

总决赛第一次三双

得分 **32** 分

助攻 **11** 次

篮板 **10** 个

14 连胜

前两场打完，球迷们开始热议总决赛MVP的归属问题，杜兰特凭借着攻防组织全面高效的表现成为球迷心中FMVP的第一人选，库里生涯第三次总决赛继续面临着无缘FMVP的尴尬。但他并不在乎这些，他看重的只有总冠军。

"他是个非常棒的人，和他在一起的时候，我总是很开心，感觉就像是在参加一档约会节目一样。"谈到杜兰特时，库里赞不绝口。

G3在克利夫兰速贷中心球馆进行，这场比赛的意义在于一旦勇士队取得胜利，夺冠基本上就是板上钉钉的事——历史上从未有任何球队在任何一轮系列赛中0：3落后的情况下翻盘。这也好理解，如果真的有实力，又怎么会0：3落后呢？除非发生了什么不可控的事件——比如突发性伤病、核心球员禁赛等等。

此役库里化身"篮板痴汉"，一人豪取13个篮板，其中包括5个前场篮板，同时刷新了个人季后赛单场篮板数和单场前场篮板数，这也是他连续两场比赛篮板数上双。不过全场最高光时刻依然属于杜兰特，他在比赛的第四节最后时刻迎着詹姆斯的一记关键三分命中直接帮助勇士队拿下了这场比赛。3：0，总决赛看起来已经没什么悬念了。

第四场比赛是库里在这一年总决赛中发挥最差的一场，13投4中仅拿到14分，杜兰特则继续稳扎稳打拿到35分，勇士队21分惨败。此役过后，库里已经基本无缘这个赛季的FMVP。

G5重回甲骨文球馆，库里20中10豪取34分6个篮板10次助攻，但杜兰特实在是太稳定，他20投14中，以70%的命中率和86.1%的真实命中率拿到39分6个篮板5次助攻，至此总决赛FMVP再无悬念。

这场比赛骑士队展现了他们的韧性，但勇士队的"双MVP"实在太过出色，他们的整体实力要明显比骑士队强上不少，他们也理所当然地拿到总冠军。

三年两冠，这是库里为金州勇士队带来的至高荣誉。杜兰特全票当选FMVP，但他也明白库里为这支球队的成功做出的牺牲："你们听到的那些关于库里为球队做出牺牲、打得很无私、关心队友、关心身边的人都是真的，一名超级球星只关心球队利益，并愿意为此做出牺牲，真的太了不起了。"

赛后，两位超级巨星紧紧地拥抱在一起，庆祝他们在一起合作第一年就取得了至高无上的荣誉。

瞭望，
王朝到来
EMPIRE

"对我来说，能够帮助我的球队赢得总冠军是最重要的，我们只是想成为冠军并彼此享受，夺冠的感觉非常新鲜，这永远不会变得沉闷和无聊。"

——斯蒂芬·库里

第2章

2017年联盟做出一项重大改革，将重要的常规赛奖项及部分季后赛奖项统一在颁奖典礼上宣布并颁发。勇士队成为首届颁奖典礼的大赢家，他们总计获得当年度的六项大奖，分别是：格林获得年度最佳防守队员、杜兰特获得季后赛最佳时刻奖、克莱获得单场最佳表现奖、库里和格林获得年度最佳助攻、迈尔斯获得年度最佳经理奖、克莱荣获最佳广场舞先生。

格林获得年度最佳防守队员

杜兰特获得季后赛最佳时刻奖

克莱获得单场最佳表现奖

库里和格林获得年度最佳助攻

迈尔斯获得年度最佳经理奖

克莱荣获最佳广场舞先生

休赛期中，球队的成功也为球员们带来了经济上的回报：库里成为新一任英菲尼迪全球大使、克莱与安踏签下了一份长达10年的大合同、"海啸三兄弟"+格林的二季度球衣销售量全部位居联盟前十一位——其中库里傲视全联盟。此外，库里、伊戈达拉等10位勇士队球员全部在休赛期成为自由球员，对此，勇士队经理迈尔斯表示："我们想要他们留下来，而库里知道我们是有多需要他，并且要确保他感到开心。是的，他是最重要的。"

2017年7月，库里和勇士队签下了一份**5年2.01亿美元**的大合同，这是库里生涯首次拿到顶薪。对于勇士队来说，顶薪续约库里是一个轻而易举就能做出的决定，他已经连续四年入选全明星，连续三年率队打进总决赛，两座总冠军奖杯、两座MVP奖杯，而且过去五个赛季的常规赛他都没有缺席超过5场比赛。库里的正负值以及三分球能力笑傲全联盟，能创造常规赛73胜的历史纪录，

5年
2.01亿美元

库里功不可没，他把勇士队的进攻效率提升到了一个前所未有的高度。库里还是一个在场外没有任何负面新闻的明星，勇士队能在自由市场吸引到杜兰特的加盟也跟库里的个性有很大的关系。勇士队不可能蠢到放走这样一位历史级的

球队基石。

此外，他们还留下了伊戈达拉、利文斯顿、大卫·韦斯特、麦基、帕楚里亚，签下自由球员尼克·杨和卡斯比。而杜兰特则主动降薪同勇士队签下了一份两年的合同，库里在接受采访的时候透露他也曾经问勇士队总经理迈尔斯是否需要降薪。库里说道："当时我问了迈尔斯，我是否需要做出牺牲，不管牺牲多少，我不知道具体会发生什么，对于我们签下其他自由球员会产生怎样的影响，我和杜兰特的情况不太一样，他对于我们签下伊戈达拉和利文斯顿有直接的影响，杜兰特所做出的牺牲真的让人难以置信，但是我的情况不太一样。"杜兰特则称："我是聪明人，我认为伊戈达拉、利文斯顿和库里应该获得他们所能得到的最多的钱，因为我知道他们在某个阶段都曾经拿了低于自己市场价值的薪金，我想保持队伍完整，我认为我往后退一步可以帮助老板留下这些队友，说到底这是我的钱，这是我的决定，我可以做我想做的任何事情。"无论如何，当大名单人员满额后，所有人都明白：勇士队依然是新赛季总冠军的最有力争夺者。

7月中旬，库里、杜兰特和帕楚里亚代表勇士队参加了ESPY颁奖典礼并领取了"最佳团队奖"。7月下旬，库里再次带着妻子阿耶莎和弟弟赛斯·库里来到中国，他用手机全程记录自己此次中国之旅——北京、成都、杭州都留下了"萌神"的身影。坐民国时期的祥子车、品中国美食、学太极……库里这次中国行尽情地美了一把。**他还表示打算将太极融入他赛前的热身安排上："太极可以锻炼我的平衡，我的注意力，乔迪（库里学习太极的对象）让它看起来很容易，但其实很难的，即使我们的动作非常缓慢。我会把它带到赛前热身上，这样我才能有更多的技能用以训练。"**

8月中旬，联盟公布了新赛季的赛程。勇士队将在揭幕战中对阵拥有了克里斯·保罗的火箭队，圣诞大战则要主场迎战老对手骑士队。此外，他们在新赛季共有31场比赛是全美直播的，这个数字打破了队史纪录。而在2017年10月，勇士队将首次亮相中国，同森林狼队一起分别在深圳和上海打两场季前赛，这让中国球迷相当激动。

在季前赛第一战输给掘金队后，勇士队迎来了他们的中国赛之旅。在10月5日进行的深圳站比赛中，勇士队内18位球员（包括非保障合同球员）全部出场，科尔锻炼阵容的意图十分明显。新加入球队的尼克·杨在季前赛前两战中合计15中5，罚球6罚全失，状态非常糟糕。在深圳站中，他还摔伤了臀部，无缘上海站的比赛。

在深圳站的出场仪式中，**库里出场时拥有全场最高分贝的欢呼声，他在中国的超高人气让其他球员望尘莫及。**很快，他就用场上表现回馈了热情的中国球迷。

在上海梅赛德斯·奔驰文化中心，**库里率领勇士队142：110大胜森林狼队**，他超现实的表现让人仿佛看到了那个"日天"赛季的库里。全场比赛，库里三节打卡下班，仅打了30分钟就20投13中拿到40分4个篮板8次助攻3次抢断，失误仅1次，**真实命中率高达83.5%**。库里的得分、助攻、抢断全部是全场最高，篮板在队内也仅次于大卫·韦斯特。"水花兄弟"中的另外一位——克莱·汤普森三分球10中8拿下28分。这场比赛笔者负责现场解说，**当时我赠言库里："斯蒂芬，你马上就要回到美国准备新赛季了，在新赛季的每一场比赛里，无论是输是赢，请你永远记住，在地球的另一端、大洋彼岸的中国，有无数的勇士队球迷在矢志不渝、无怨无悔地支持着你。"**

勇士队	森林狼队
142	**：110**

真实命中率

83.5%

库里

❖

很快，勇士队就迎来了他们的新赛季揭幕战——主场对阵火箭队。这赛季荣升为队长的库里赛前接受冠军戒指颁发，并代表全队致辞感谢球迷支持！不过，季前赛中的中国行让勇士队众将非常疲惫，他们在这个赛季的开局并未展现出过往的锐气。这场比赛中，库里陷入犯规麻烦、格林状态满格却于第三节受伤离场、卡斯比继季前赛后脚踝再次扭伤，唯有新加盟的尼克·杨三分（三分7中6）手感非常出色，这让球迷们得到了一丝丝的安慰。最终，由于杜兰特的绝杀超时无效，勇士队以1分之差惜败火箭队。那个时候，他们可能还没想到，在半年之后的西部决赛中，这支火箭队给他们制造了相当大的麻烦。

在揭幕战当日的另一组对决——凯尔特人队客场挑战骑士队的比赛中，海沃德重伤离场，赛后库里在社交媒体上为受伤的海沃德祈祷："为海沃德祈祷，你会以更强的姿态回归的！"

三天后，在勇士队客场挑战鹈鹕队的比赛中，库里的队友们大发神威：杜兰特全场比赛疯狂送出7次封盖、克莱命中7记三分拿到全队最高的33分，**勇士队最终以128：120力克鹈鹕队拿到新赛季的首场胜利**。在这场比赛中，库里出场35分钟，得到28分7次助攻，**职业生涯助攻数累计达到3929次**，超越蒂姆·哈达威（3926次），排名升至勇士队史助攻榜第2位。

勇士队　　鹈鹕队

128：120

助攻数累计

3929 次

接下来在客场背靠背打灰熊队的比赛中，库里再度陷入犯规麻烦——他在上半场还没结束时就领到了个人第4次犯规。整个下半场，库里都像戴着枷锁跳舞，防守端丝毫不敢发力，灰熊队趁机扩大领先优势。到了比赛第四节还剩44秒时，受不了裁判针对的库里怒摔牙套，被裁判直接罚出场。杜兰特也直接陪着库里退场，有趣的是，面对灰熊队主场挑衅的球迷，杜兰特在退场的过程中竖起一根手指提醒道："抱歉，我有一个戒指。"而对于库里扔牙套被罚出场，科尔说道："我觉得他应该被禁赛十场比赛，这危害到了看台上数千人的人身安全。"**赛后库里则冷静了很多："我没朝着裁判扔牙套，当时我认为自己被犯规了，那种沮丧的心情就爆发出来，所以做了这样的傻事，被驱逐是我活该，这很可能不是最明智的事情，我应该不会被禁赛，但我的口袋钱包肯定会轻很多。"**事实上这场比赛库里在进攻端发挥非常出色，只用了17次出手就拿到37分。

前三场输掉两场的勇士队很快就在独行侠队身上找回面子，他们在客场大胜对手30分，库里出场31分钟，得到29分8次助攻4次抢断，**职业生涯累计得到13204分**，超越内特·瑟蒙德（13191分），排名升至勇士队史得分榜第5位；**职业生涯上场时间累计达到了20000分钟**，成为勇士队史第8位能够为勇士队出战20000分钟以上的球员。这场比赛最后时刻有一个小花絮：新秀乔丹·贝尔在比赛

职业生涯累计
13204 分

职业生涯上场累计
20000 分钟

最后时刻上演了一出自抛自扣，这让独行侠队上下非常不满，勇士队主帅科尔批评了贝尔的举动并对独行侠队主帅道歉："我的错。"

赢了独行侠队后，NBA对库里怒摔牙套的处罚结果也出炉了：罚款5万美金。**尽管是大富豪，但这仍然让库里肉疼不已："对这个行为没有任何借口，我要时刻记住自己是在为谁打球。"**

主场同奇才队的比赛上演激烈的冲突，格林和比尔纷纷被罚出场，勇士队在杜兰特的率领下上演了大翻盘。赛后格林称："如果有人连着打你两次，我不知道自己应该怎么做才对。""从我们还是个小孩子的时候，就被教导不能做这样的事情，那我该怎么做呢？"当被问到是否和比尔有过矛盾的时候，格林说道："应该是NBA跟我有些过节，这是我能想到自己会被驱逐的唯一原因。"

接下来客场打快船队，库里二节打卡下班，只打了不到3分钟就命中7记三分拿下31分5个篮板6次助攻2次抢断。**库里出色的表现征服了斯台普斯中心的球迷！当他走上罚球线时，很多人在为他高喊"MVP"！**"当我们在转移球的时候，就是在为彼此分担压力，这为我们的合理进攻打开了一扇大门，我很享受和斯蒂芬一起打球，他让比赛变得对所有人来说都异常简单。"杜兰特一向不吝啬对库里的夸奖。

大胜快船队的勇士队开启了残暴的赢球模式——他们以至少17分的分差赢下了接下来的五场比赛。其中在2017年 11月5日，勇士队客场127：108战胜掘金队的比赛中，库里出场29分钟，得到22分11次助攻，**正负值达+44**，创职业生涯（包括常规赛和季后赛）单场正负值的新纪录。在打费城76人队的比赛中，库里遭遇左大腿挫伤，赛后他说："应该没什么大问题，不过明天可能会更痛，我感觉是杜兰特把大腿伤痛传染给我了。"他因此缺席了接下来主场迎战魔术队的比赛。

正负值达+44

仅仅休战一场，库里就在客场挑战凯尔特人队的比赛中火线复出。当时凯尔特人队刚刚迎来一波13连胜，勇士队则是打出了一波7连胜，谁能终结对方的连胜成了比赛一大看点。可惜库里这场手感不佳——14中3仅得9分，再加上克莱18中5，勇士队在进攻端只能靠杜兰特独自支撑。而裁判在末节关键时刻的判罚也引发争议，最终勇士队客场以4分之差惜败对手，目送对方豪取14连胜。赛后波士顿记者跟库里说："你明年6月还会回到这打总决赛的吧？"库里微笑了3秒钟说："很有可能，对吧？我听说波士顿6月天气不错，让我们看看吧。"

MVP

接下来客场打费城76人队，勇士队面对年轻"双帝"领衔的新势力上演了惊天大逆转，**他们成为30年来首支半场落后22分仍完成逆转的球队，库里在这场比赛中砍下35分6个篮板5次助攻——第三节单节20分成为球队逆转的第一功臣。**2017年11月20日，勇士队客场118∶111击败篮网队，库里出场32分钟，得到39分7次助攻，职业生涯第200次单场至少得到25分5次助攻，高居勇士队史第一位。

2017年11月25日，勇士队主场迎战公牛队。杜兰特和格林在这场比赛中均因伤缺阵，卡斯比和乔丹·贝尔顶替二人首发出场。在这场比赛的第二节，**库里单节狂砍26分**，并最终率队以 **143∶94** 大胜公牛队49分。

勇士队   公牛队

143∶94

在主场大胜鹈鹕队的比赛中，库里挫伤了右手，他也因此缺席了接下来同国王队的比赛。

2017年12月2日，勇士队客场133∶112战胜魔术队，库里全场得到23分10次助攻，其中三分球8投3中，职业生涯三分球命中数累计达到1990个，超越贾森·基德（1988个），排名升至NBA历史三分球命中数排行榜第8位。

2017年12月5日，作为鹈鹕队终结者的库里在同鹈鹕队的比赛中砍下31分11次助攻，本场比赛中，**库里投进生涯第2000个三分球**！他只用了**597场**就达到此成就，历史最快！这场比赛中杜兰特和鹈鹕队的考辛斯双双遭到驱逐，库里则扭伤了自己的右脚踝。赛后，库里拄着双拐接受了X光检查，幸好检查结果为阴性，并无结构性损伤。赛后，克莱在接受记者采

三分球命中数

2000 个

597 场

访时鼓励库里："我希望他能花点时间，让自己恢复到100%再回来，我相信他一定会满血回归的，他会变得更强大。"勇士队的工作人员则为库里送上了他的最爱——两袋超大的爆米花。库里则轻松地跟记者开着玩笑："我受伤后第一时间就想到要给我爸打电话，明天的高尔夫要取消了。"这次脚踝伤势让库里缺席11场比赛，他还因此缺席了那一年同骑士队的圣诞大战，好在球队在杜兰特和克莱的带领下战胜了来访的骑士队。

库里的再次归来是波澜壮阔的——2017年12月31日，勇士队主场141：128击败灰熊队，他伤愈复出打了26分钟，得到38分，其中三分球13投10中，职业生涯**第16次单场至少命中9个三分球，高居联盟首位。**赛后，库里透露自己在第三节曾向科尔讨要上场时间："我当时盯着科尔看，我对他说我不想下场，我的身体感觉很棒，所以他多给了我一些时间。"科尔没能招架住弟子的哀求，破例为他延长了出场时间。"我今天很兴奋，就像是回到学校的第一天。当我今早醒来，我想着今天终于又可以浪了，就这个感觉倍爽。""小学生"说道。

赛后，队友利文斯顿更新了社交媒体："用最好的方式结束2017年的征途，欢迎最好的库里回归！"这次回归，库里的状态相当惊人，他在接下来的四场比赛中分别砍下了32分、29分、45分、32分，场均命中5.6个三分球。其中在客场大胜快船队的比赛中，他得到45分6个篮板3次助攻3次抢断，罚球16罚15中，刷新职业生涯单场罚球命中数纪录。"世界拳王"梅威瑟在现场观看这场比赛，赛后他评价库里称："斯蒂芬是个很棒的球员，一名举世瞩目的球星，我很高兴看到他伤愈归来，在杜兰特缺席的时候，他又开始了日天表演。勇士队仍然是其他球队想要击败的那支球队。火箭队在一旁虎视眈眈，但勇士队仍然是那支每个人都在追赶的队伍。"

复出率队拿下一波5连胜同时自己拿到周最佳后，库里在训练中扭伤右脚踝，他缺席球队接下来的两场比赛。他失落地表示，虽然这次并不严重，但很显然很令人沮丧，最近自己的状态很不错，但这次刚伤愈复出不久又伤到同一个地方，这次需要调整自己的心理状态，期待自己能尽快恢复健康。

2018年1月17日，NBA官方公布最新一期的球员球衣销量排行榜前15位，库里继续力压詹姆斯和队友杜兰特高居联盟球衣销量榜首。两天后，NBA官方公布2018年全明星投票结果，勇士队双MVP领衔西部，**库里**如愿当选西部票王，成为**西部队长**——这也是他职业生涯第五次入选全明星首发。**詹姆斯**当选总票王，成为**东部队长**。对于这一年全明星东西部票王可以作为队长去挑选自己的队友，库里显得非常开心："我不知道詹姆斯会先选谁，但我可能会选一套全是后卫的阵容，史上最矮的阵容，反正就是为了好玩嘛。我以前也打过类似这样可以自己挑选阵容的比赛，我觉得挺酷的。届时的氛围会很有趣，我觉得可以选出独一无二的阵容。"杜兰特很支持库里的言论，还说要继续为他拉票："是的，我觉得我可能选不好，我绝对要在社交媒体上帮库里拉点票，我觉得他最适合做这个了。"

成为全明星西部队长并未让库里和勇士队开心太久，他们很快就兵败休斯敦：2018年1月21日，在客场挑战火箭队的比赛中，库里20次出手只命中6球，**勇士队大比分108：116不敌火箭队**——这已经是继揭幕战后赛季第二次输给火箭队。火箭队证明了自己毁掉勇士队颁发冠军戒指的夜晚绝非侥幸，他们的无限换防让勇士队的传切体系倍感难受。这场比赛过后，勇士队的客场14连胜被对手终结。赛后，库里对于自己最后糟糕的处理球主动揽责："赛后我已经看了录像，我在攻防转换中做了本赛季可能是最糟糕的两个决定：一次快攻中我没有选择传给快下的杜兰特

库里
西部队长
詹姆斯
东部队长

勇士队　　　　火箭队
108：116

扣篮，还有一次杜兰特拆出来的空位我也没有给到，我阅读场上局势太过着急迅速，对于我个人而言，我没有正确判断到场上的情况。我得为此承担责任，那真是非常非常糟糕。"杜兰特则像往常一样无条件地支持着库里："我们相信库里的决断能力。我们会朝前看，学习今天失利的教训，争取赢得下一次的比赛。"

库里和勇士队在接下来主场迎战尼克斯队的比赛中上演了强势的反弹：库里全场三分15中8砍下32分6个篮板7次助攻，率队轻取尼克斯队。在下一场对阵森林狼队的比赛中，"海啸三兄弟"合计命中18记三分，有惊无险地战胜森林狼队，杜兰特在这场比赛中拿到了三双数据。

两天后，勇士队主场复仇波士顿凯尔特人队，库里在同欧文的飙分大战中笑到最后：全场比赛，他24中16（三分13中8），以83%的真实命中率爆砍49分4个篮板5次助攻，力压欧文37分。这场联盟榜首大战吸引了很多人的关注，骑士队的詹姆斯也在社交媒体上为库里、欧文的精彩对决连声叫好："欧文和库里真是太不可思议了！太了不起了，我的天！"队友杜兰特赛后谈到库里、欧文得分对飙赞美道："你必须好好坐下然后享受这场秀，你懂的，一旦他们找到状态，你就必须要给他们让路。你能看出来，两支球队都在第三节感知到了这一点。他们两人在那时把比赛操纵（hijack）了，双方都进入了他们的那一波对决节奏里，我们一直在找斯蒂芬，他们也一直在找凯里。"**这场比赛过后，库里生涯已经第36次在比赛中命中至少8记三分球，比排名其后的三位球员（JR·史密斯，14次；克莱，10次；雷·阿伦，9次）的总和还多3次，当真是史上三分线外第一核武器。**

三分线外
第一核武器

2018年2月9日，勇士队主场迎战独行侠队，库里出场30分钟，得到20分7个篮板8次助攻，其中三分球9投4中，**职业生涯三分球命中数累计达到2086个**，超越文斯·卡特（2082个），排名升至NBA历史三分球命中数排行榜第7位。

三分球命中数
2086 个

在全明星赛之前的最后一场比赛中，勇士队遇到了愤怒的利拉德和他的开拓者队。这两年的常规赛中，每当全明星赛前后，利拉德打勇士队总会爆发。这一次，他砍下44分8次助攻，虽然杜兰特拿到了更出色的50分7个篮板6次助攻，但库里表现低迷，17投6中仅得到17分，还出现了7次失误，勇士队最终以6分之差不敌开拓者队。这场比赛过后，勇士队被10连胜的火箭队反超，交出了联盟第一的位置。

杜兰特第一个被票王詹姆斯选中，他笑称自己会在比赛中全力防死库里。比赛中库里带上发箍以致意弟弟赛斯·库里，整个上半场，他9中1仅得3分，队友克莱拿下"库里队"最高的15分。比赛进行到第四节后双方都开始认真对待，最后10秒钟，"库里队"145：148落后"詹姆斯队"，库里三分线外持球面对詹姆斯的贴身防守运到篮板右侧的45度三分线外遭遇杜兰特的包夹无法形成出手，只能仓促传给德罗赞，后者也未来得及出手时间便已耗尽。最终，詹姆斯凭借准三双数据拿到全明星赛MVP。

赛后，库里说："虽然输了，但是要面带微笑地离开洛杉矶。"显然，这位爱玩的大男孩并未把娱乐性质的全明星赛太当回事。

真实命中率
97.7%

全明星赛后的第一场比赛——主场迎战快船队，库里火力全开，19中14豪取44分6个篮板10次助攻，**真实命中率高达97.7%**。赛后库里谈起胜利称："赛季很漫长，我们要继续提升自身的优势，保持专注，今晚我们朝着正确的方向前进了一步，在防守端努力整场都打出优秀表现，让对手打得艰难，我们团结一致，今晚很享受，这时候的我们才是最强的。"

正当库里带领勇士队打出一波6连胜，准备在全明星赛后反超火箭队拿到西部第一时，不幸的事发生了：他在对阵马刺队的比赛中再次扭伤右脚踝——这已经是他三个月内第四次扭伤右脚踝了。由于这次伤病，库里缺席球队接下来的6场比赛。更糟糕的是，他在同老鹰队的比赛中复出，却被队友麦基误伤到了左膝内侧副韧带，只能提前离场。赛后科尔说："残酷的命运，过去几周他才刚养好脚踝伤势，现在又伤到了膝盖。但我跟他聊过了，他的精神状态很好，只不过他心情很沮丧。"也难怪库里沮丧，这次受伤让他缺席常规赛最后16场比赛，勇士队也因此放弃了同火箭队西部第一的争夺。一直到季后赛打鹈鹕队他才完成复出。

提升自身的优势
保持专注

季后赛首轮，勇士队在杜兰特的带领下4：1轻取马刺队，他们还在西区半决赛G1中22分大胜首轮爆冷横扫开拓者队的鹈鹕队。G2中，库里终于迎来复出，他替补登场15中8砍下28分7个篮板2次助攻3次抢断并率队赢球，这符合他一贯以来受伤后强势复出的特点。赛后，在谈到为何今晚让库里打替补，科尔表示："我们想让他打25分钟左右，最终他打了27分钟，不是因为他的膝盖问题，而是因为他的状态。不过他是库里，他不需要花很长时间来热身的，这是肯定的。事实上打替补是库里主动提出来的，我不知道还有几个超级巨星能像他一样主动对教练提出要打替补，但这就是库里。G3他当然会首发，你不可能让他这样的人坐太久的板凳席，因为他拿了最多的钱。"库里赛后对自己的复出之战表现也很满意："虽然本可以更快地复出，但我还是很高兴能回到场上，感谢上帝。我们一起打出了很好的比赛，我也见证了队友们的出彩发挥，总而言之，这对我们来说是一场重大的胜利。主场的球迷很给力，他们带来了能量，队员们都为此注满了能量，这就是我们所需要的。我为今天努力了6个星期，现在看来一切都是值得的。"

赛后有记者问杜兰特："库里无法上场打球是什么样的状态？"杜兰特笑着说："你真是问了个好问题。他非常焦虑，几天前有次训练时，他在训练场上根本停不下来，到处跑，到处跳，到处散发出奇怪的噪音，所以我很开心他能回归，要不然我都以为他该出问题了。"一旁的库里听了哈哈大笑。关于这场比赛有一个有趣的小插曲。TNT评论员查尔斯·巴克利在本场比赛中场休息时不停地说道："**我想打格林。**(I want to punch his ass in the face.）"

赛后格林霸气回应："我觉得很多人都在电视机中谈天说地，在麦克风后面放话，但事实就是，他见过我很多次，如果你真想揍我，下次见到就揍我。他都见过我百万次了，如果你见面不揍我，那就别说了。"第二天巴克利就自己想要揍"追梦"格林的言论进行道歉："我说了一些我不该说的话。我想像一个男人一样站出来道歉，我100%做错了。我不是真的要和他打架，对此我道歉。"

G3移战新奥尔良，赛前科尔接受采访时表示，预计回到新奥尔良的主场，裁判的判罚会不太友好："我猜明天一开始我们会被吹罚一些犯规，肯定的。我们要为此做好准备，你必须要学会带着这些情绪去打球。"

回到主场的鹈鹕队终于打出首轮打开拓者队时的爆炸性状态："浓眉"砍下33分18个篮板4次抢断、隆多抢下10个篮板并送出21次助攻，鹈鹕队在主场119：100大胜勇士队19分。库里在这场比赛中遭遇状态起伏——19次出手只命中6球。但他还是创造了两个纪录：

1

上场15分钟，得到9分3个篮板1次助攻，这也让库里职业生涯季后赛总得分达到了**2002**分，成为勇士队史第1位季后赛得到2000分的球员。

2002

2

库里命中3个三分球后，生涯季后赛三分球达到**322**个，超越雷吉·米勒，上升到历史第4位，距离第1位的雷·阿伦还有63个。

322

赛后，在谈到库里略显挣扎的表现时，科尔说："他每天都在恢复状态，所以我们当然可以增加他的上场时间。好消息就是随着比赛进行，节奏什么的都会慢慢回来。以我的经验来看，他复出后的第三场通常会打得非常棒。"在G2比赛中，库里在起跳投篮之后隆多的脚在他身下扫过，后者还在一次暂停后踩了格林的脚，差点引发双方激烈冲突。勇士队主教练科尔对隆多的行为非常不满："我可以接受你去惹恼一个人的思绪，但不能把脚伸到一个正在跳投的人身下。这是危险动作，我们会把这件事报给联盟，虽然这可能没什么用。我其实是十分赞成在比赛中尝试着去激怒对手的，但是你不能去踩人家的脚。"

库里和格林倒是很大度，库里说："我对此事的看法无可奉告，如果联盟想要调查这事，那也是他们的事。我们努力去赢下G4就好。"格林则表示："我觉得隆多并没有越线，我认为他只是在努力赢得比赛而已。"

在G4中，勇士队祭出"死亡五小"阵容，效果立竿见影。杜兰特掌控比赛，他在这场比赛中爆砍38分9个篮板5次助攻率队客场大胜鹈鹕队26分，库里状态复苏拿到23分。**这场比赛中库里投进4记三分球，这让他以326记三分球正式超越吉诺比利，升至季后赛历史三分球命中榜的第3位，而他只用了78场比赛就达成此成就，场均能进4.2个三分球。**

有球迷赛后发布了一条类似死亡威胁的消息："我希望德雷蒙德·格林在离开球馆的时候脸上中弹。"格林赛后谈到此事："这不过是一场比赛而已。却有人在这里制造死亡威胁，说着关于生命的事？我祈祷他能够得到他所需要的帮助。"赛后格林说："爱我或者恨我……至少我强迫你们做了选择！"

大比分1∶3落后让鹈鹕队已经一只脚踏在出局边缘。尽管"浓眉哥"和霍乐迪在G5中打出超巨级别的表现，但勇士队强大的整体实力让鹈鹕队始终无法迫近比分，最终勇士队以大比分4∶1战胜鹈鹕队进军西部决赛。库里在这场比赛中找回状态，16中10拿下全队最高的28分，外加7个篮板8次助攻。科尔赛后谈库里的状态表示："如果他可以在季后赛中上场37分钟以上，我认为他的身体情况应该很OK，我感觉他已经回来了。"杜兰特则表示："你们都看到了他今晚的表现，猛虎出笼时就会发生这样的结果。"

勇士队的西部决赛对手是常规赛联盟第一的火箭队，他们被普遍认为是勇士队卫冕路上的最强对手，大战一触即发。

西部决赛开打之前，与保罗、库里同时做过队友的大卫·韦斯特评价两人："显然，就处理球的手法来说，库里是个异类。他活力十足，有能力改变比赛，不只是改变我们打的比赛，而且是改变了篮球这项运动，改变了我们对篮球的看法和认知。保罗刚进联盟时，NBA已经有很多成形的控卫了，他是那个群体中的一员，要传承他们的衣钵。我认为库里来到联盟后开创了他自己的天地。"很显然，在韦斯特心中，他欣赏库里更多一点儿。

西部决赛G1在火箭队主场进行，勇士队继续沿用"死亡五小"首发的阵容，比赛变成杜兰特和哈登的对飙，两人分别砍下37分和41分。库里高效砍下18分6个篮板8次助攻的全面数据，比赛中科尔曾在板凳席上鼓励库里："保持耐心，你现在的表现让我非常喜欢，你对比赛的处理很好，我们会在这个系列赛的某个时刻摆脱防守迎来爆发，你也

勇士队　　**火箭队**

119 : 106

是一样的。就是坚持下去，坚持打出好的表现，会找到感觉的，你的阀门会打开的。"火箭队出色的换防能力让比赛变成了肉搏消耗战！**最终勇士队客场119：106战胜火箭队**先下一城。

在G2中，火箭队抱着必胜的心态扳平大比分，他们明白，在主场0：2落后于勇士队这样的强队等同于提前出局，他们决不能让自己处于这样的境地。尽管杜兰特再度高效砍下38分，但勇士队的传切体系被彻底限制住，其他球员很难打开局面，全队表现第二好的库里仅得16分，同时有7个篮板7次助攻。赛后格林的妈妈质疑杜兰特的单打过多伤害了球队，一向敏感的杜兰特显然不会无视这一言论。

火勇大战

G3回到主场，库里迎来爆发，他第三节单节7中7拿下18分、全场23中13拿下35分，勇士队41分大胜火箭队。但这场比赛中伊戈达拉在一次防守中膝盖被哈登顶伤，他也因此缺席西部决赛剩余的所有比赛。他的缺席让勇士队在接下来的比赛中备感艰难，每当遇到火箭队的"死亡五小"时，勇士队在场上有一个点总是对不上，这让他们相当痛苦。赛后谈到自己本场的表现，库里笑着说："这就是我期待中的表现，这也是我面对每场比赛的心态，在状态上佳时不骄傲、在低迷时不气馁，就是珍惜每次打比赛的机会。很幸运我今晚投中了几个球，但是我们还有很长的路要走，要保持专注。"有趣的一点是：库里因为比赛中对着观众席大飙脏话，在赛后受到了妈妈的批评，他本人也对此进行了道歉。"妈妈给我发来了录像剪辑，重放给我看，她让我要用肥皂好好洗嘴巴，我以前有受过这样的教训。她说的是对的，我得做得更好，我不能那样说话。"库里说道。

接下来的两场比赛，由于缺少伊戈达拉，勇士队总是无法在关键时刻防住对手，他们最具实力的"死亡五小"由于伊戈达拉的缺席无法发挥出最大的威力。他们也接连以3分和4分的分差输掉关键的两场比赛，这样一来，原本2：1领先的他们突然间在系列赛中大比分2：3落后了——自从杜兰特加盟以来，这还是勇士队第一次在系列赛中大比分落后。但火箭队也很不走运，他们的二号球星、"关键先生"克里斯·保罗在天王山之战的最后时刻拉伤小腿，这让他缺席接下来的系列赛。

缺少了保罗的火箭队无法再跟缺少伊戈达拉的勇士队抗衡，克莱命中9记三分率队赢下G6，库里、杜兰特合力率队拿下G7。在最后两场比赛中，库里分别拿下29+5+6+3和27+9+10+4

连续第四年
杀入总决赛

的数据，表现非常出色。在抢七大战中，正是库里在第三节单节14分的爆发性表现帮助球队逆转了半场落后10分的被动局面，再加上火箭队这边连续27记三分投篮不中，**勇士队最终得以连续第四年杀入总决赛。**

❖

总决赛开始之前，骑士队教练泰伦·卢表示会继续对库里施加多人防守："我们以前就这么干过，我们将用多人来防守库里，而且效果还不错。他是一个棘手的球员，他将出手很多投篮，也会投中一些高难度球，我们很明白这些。但我们想要给出高强度的对抗，用身体紧贴他，要随时保持警惕。我们知道他总会得分的，但我们必须确保切断他轻松得分的机会。"

而库里在谈到从未获得过总决赛MVP时表示："我觉得这件事会伴随我一生，就像是2015年那样。但那并不会让我生涯更出色，或者有损我的职业生涯，如果这次赢下总冠军，并且我没有夺得总决赛MVP，我也会像往常那样微笑。但我会打出侵略性、自信心，带着能量和动力上场，帮助我的球队取得胜利。不论那是否意味着赢下**FMVP，谁关心那个呢**。"

FMVP
谁关心那个呢

总决赛G1，由于伊戈达拉的缺席，在东部季后赛中翻云覆雨的詹姆斯展现出比此前更强的统治力，他一人连突带投狂砍51分8个篮板8次助攻，表现惊为天人。骑士队在这场比赛中彻底掌控篮板球——他们狂砍19个前场篮板，比勇士队足足多了15个。克莱在这场比赛中被JR·史密斯以一个足球动作的滑铲直接撂倒，曾一瘸一拐走回更衣室，但性格坚韧的他几分钟后就重新回到场上，受到了主场观众的起立致敬。双方最终激战到加时赛，勇士队在加时赛中击溃骑士队，迎来总决赛主场开门红。**比赛中的两个小插曲：**

1

JR·史密斯在常规时间最后时刻抢到前场篮板却运到三分线外耗时间，赛后遭到了全世界球迷的嘲讽。

2

库里和詹姆斯在比赛中曾激烈对喷垃圾话。全场比赛，库里拿到29分6个篮板9次助攻，是勇士队内发挥最出色的球员。

在G2中，勇士队保持对骑士队的全场压制，"海啸三兄弟"合砍79分，勇士队的进攻彻底击垮骑士队的防守，**全队投篮命中率高达57.3%**。库里拿到33分7个篮板8次助攻，命中9记三分，其中单挑乐福命中的那记超远三分让人叹为观止。**此外，库里总决赛单场9记三分超越雷·阿伦，位列历史第一；生涯总决赛三分命中总数超越詹姆斯，同样升至历史第一。**

全队投篮命中率
57.3%

原本打完前两战在FMVP竞争中占据优势的库里，在总决赛第三场比赛中遭遇滑铁卢，他16投3中（三分10中1），仅拿到11分。而队友杜兰特则在这场比赛中打出天神下凡般的表演：23中15爆砍43分13个篮板7次助攻1次抢断1次盖帽，他在第四节最后关头迎着双人包夹命中的超远三分直接锁定比赛的胜局。连续两年在G3中投中这种神仙球让人直呼"死神"无情。这场比赛中，伊戈达拉迎来复出，在他的防守下，前两战表现高效的詹姆斯在个人得分效率上也有所下降。

赛后记者瑞秋造访勇士队更衣室，瑞秋称，她在更衣室发现库里满身伤痕，脖子、胸口和后背上都有明显抓伤，膝盖也有流血。瑞秋随后跟库里聊到了这场比赛的投篮，她跟库里说了雷·阿伦当年创造总决赛8记三分的纪录时下一场比赛也曾8投0中的事。然后瑞秋称，库里听到这件事的时候眼睛亮了，库里不停地跟她确认这件事："真的吗？这是真的吗？"瑞秋说库里听过之后眼睛恢复了光彩，库里还开玩笑说道："OK，那我也没事了，我还进了一个呢！"

对于接下来的G4，库里显得很谨慎："我们都清楚他们在去年的G4是如何反击的，去年的总决赛G4第一节，他们得到49分！这样的比赛你很难赢，他们三节就摘下30个篮板！我们明天必须经受住考验。"

在G4中，勇士队开局就打出了能量。库里首节就拿到12分，率队单节领先骑士队9分进入第二节。第三节，在他的助推下，勇士队单节再赢骑士队12分。三节打完领先21分，总冠军已经没有悬念。全场比赛，库里一扫G3的低迷，命中7记三分砍下37分6个篮板4次助攻3次抢断3次盖帽，表现已经足够逆天。但队友杜兰特依然稳扎稳打地拿到三双数据，而库里的G3表现让他在总决赛MVP的投票中落入了下风。最终11名记者投票的结果是：**杜兰特7票、库里4票**。

杜兰特7票
库里4票

　　这是勇士队**四年内拿到的第三个总冠军**，但库里四次率队杀入总决赛却从未拿到FMVP，对此，他依然看得很开："杜兰特这两年总决赛打得非常棒，他应该拿到这两个FMVP，我是他最大的支持者。""这个奖杯（FMVP）是挺酷的，但它并不能说明什么。我们都知道库里对我们而言意味着什么，他是如此的独一无二，对于能和像他这样的球员一起打球，我满是感激。"赛后拿下总决赛MVP的杜兰特没有忘记称赞库里。

❖

　　在这一年的总决赛中，库里达成了如下成就：他总计投进了22记三分球，这是联盟总决赛历史上四场系列赛总三分命中数纪录；他场均得到27.5分，刷新个人总决赛生涯场均得分纪录；他还成为历史上第8位得到至少3次总冠军同时至少2次得到常规赛MVP的球员；**库里生涯总决赛三分已经达到98个，历史第一。总决赛场均27.5分6个篮板6.8次助攻1.5次抢断0.8次盖帽**的他已经比史上很多年份的FMVP都更加出色了，但时也命也，上天可能是要故意考验库里，这位改变了现代篮球的超级巨星，始终无缘FMVP。

三分球
98 个

场均
27.5 分

篮板 **6** 个　　助攻 **6.8** 次

抢断 **1.5** 次　　盖帽 **0.8** 次

"对我来说，能够帮助我的球队赢得总冠军是最重要的，我们只是想成为冠军并彼此享受，夺冠的感觉非常新鲜，这永远不会变得沉闷和无聊。"

　　老将大卫·韦斯特谈起库里丝毫不吝溢美之辞："斯蒂芬是地球上最棒的人之一，你们没有给他足够的尊重。他为比赛所做的事情比张伯伦更多，但是你们没有意识到这一点。这个男人改变了篮球比赛的方式。他在三分球方面的成就就像张伯伦在篮下的成就一样伟大。来吧，哥们，把你的爱给这个男人。这个男人是改变比赛的人，他引发了篮球比赛的改革。他是一个谦和的人，无私的家伙，他战胜了很多东西，比如压力，没有东西能够影响他。"

　　五天后，勇士队在奥克兰的大街上举行盛大的夺冠游行，他们同全城球迷欢聚在一起，**尽情地享受只属于勇士队国度的绝世荣耀**。

属于勇士国度的
绝世荣耀

沉沙，
命运摆布
JINX

"每个赛季我都在变得越来越好，尽管人们并未认识到这一点，但我自己知道。我更好了，那是我所需要知道的全部事情。"

——斯蒂芬·库里

第3章

2018年7月1日，杜兰特和勇士队达成续约协议，新合同为2年6150万美元。在这个漫天要价的年代，这个合同只能算是白菜价。很明显的一点是，杜兰特不想通过索要长约顶薪来锁死勇士队的薪金空间，毕竟所有人都知道，勇士队要在新赛季挑战一项重要成就——三连冠。**放眼NBA星光璀璨的漫漫历史长河，只有乔治·麦肯时期的湖人队、指环王时期的凯尔特人队、乔丹时期的公牛队和"OK组合"的湖人队完成过这一成就，而这些球队和当家球星无不因此名垂青史。主要核心球员全部处于巅峰期的勇士队当然不想放弃对这项成就的追逐。**

自由球员市场还在震动：保罗·乔治和雷霆队达成一份4年1.37亿美元的合同，他打算留在雷霆队同威少继续并肩奋战；詹姆斯同湖人队签下一份4年1.54亿美元的合同。随着詹姆斯加盟湖人队，隆多、史蒂芬森、麦基也纷纷签下廉价合同追随效力，湖人队的球迷们似乎已经看到"紫金王朝"复兴的希望。

就在大家都把目光放在詹姆斯和他的湖人队身上的时候，勇士队用中产特例与自由球员考辛斯达成一年530万美元的口头协议。 这个消息无异于

NBA大结局

平地起惊雷，联盟各界瞬间炸锅，众人不敢相信已经4年三冠的勇士队王朝竟然又得到补强了。"NBA迎来了真正意义上的**大结局**，下赛季不用打已经知道谁是冠军了。"这是当时球迷们的普遍反应，没多少人会冷静下来思考为何考辛斯这个级别的运动员甘愿拿这么少的钱加入勇士队。实际上这位在前一个赛季遭遇跟腱撕裂的大个子在自由球员市场上一直无人问津，这让他感觉受到了伤害，无奈之下，他只能拨通了勇士队总经理的电话。听到这个消息的库里非常高兴，他立马在社交媒体上欢迎考辛斯加盟勇士队大家庭："**水花三兄弟，集结完毕，让我们一起冲啊！**"

NBA大结局

表面上看起来，勇士队似乎一下子拥有了五位当打之年的全明星级别球员，各大媒体纷纷用"**五星勇士**"来概括勇士队的核心阵容，他们还会添油加醋地加上一句：**板凳席上还有一位总决赛MVP**。而实际上考辛斯所受的跟腱大伤几乎是所有伤病中最难恢复的，这种伤病能一下子夺走运动员的运动能力，甚至正常发力都会有心理顾虑，所以他复出后到底能打成什么样还是未知数，NBA还远未到大结局的时候。不过，考辛斯个人将加盟勇士队的决定称为他的"黑桃A"（黑桃牌中最大的一张，也有指代最好的意思），考辛斯表示加盟勇士队是他做过的最聪明的决定！

五星勇士

考辛斯还说，他在自由球员市场上没有收到一份报价（ZERO offers），一份都没有，他很困惑，很受伤，他说在凌晨5点左右，在拉斯维加斯的酒店阳台上，考虑了很多事情，然后给他的经纪人打了电话，开始谈论各种情况，其中一种就是去勇士队。所以，一大早，他给鲍勃·迈尔斯打了电话，鲍勃说他很震惊考辛斯给他打了电话，有兴趣接受一份中产合同。之后，考辛斯说他和库里聊了聊，和杜兰特聊了聊，和格林也聊了聊，这几个都是他的美国队队友，所以很了解他。他们都非常兴奋能够得到他，考辛斯没想到当库里得知自己可能会加入勇士队时会那么兴奋，这让他重新振作了起来。在那之后，考辛斯给勇士队总经理打了电话，说他会去勇士队。

除了考辛斯，勇士队还用一年底薪合同续约凯文·鲁尼，这个年轻人在上赛季的西部决赛中遇到挡拆后换防哈登、保罗效果相当不错，这让勇士队下决心留下他。当然，勇士队也没想到鲁尼愿意以底薪回归。

2018年7月5日，库里家族迎来一个好消息：他们的第三个孩子诞生了，这次是一个男孩，库里为他的儿子取名**Canon W. Jack Curry**。他激动地写道："在这段旅途中，保护我吧，保佑Canon W. Jack Curry！"湾区当地媒体Warriors on NBCS调侃道："有消息源透露，他（卡侬·库里）将有资格参加2037年NBA选秀。"

2018年7月13日，勇士队官方宣布，他们已经正式签下自由球员杰雷布科。根据球队的政策，合同细节不予公布。双方签的是一份底薪合同，加盟后他将身穿21号球衣。与此同时，帮助勇士队拿到两连冠的帕楚里亚加盟活塞队。

　　8月初，库里参加了在加州海沃德市举办的艾丽梅高尔夫经典锦标赛，这属于Web.com巡回赛的一站，对此库里表示："去年Web.com巡回赛就邀请了我，那是一次非凡的经历。高尔夫总能给人们带来美妙的体验，我已经准备好回归了。"只可惜在第二轮的争夺中，库里状态突然崩盘，单轮挥出86杆、超标准杆16杆的成绩，两轮库里的总成绩是超标准杆17杆，位列所有完成比赛的154名选手中最后一名，遭遇淘汰。

　　虽然高尔夫球场不太如意，但他在NBA的口碑却越来越好，很多人都被他的人格魅力和超群实力所征服——包括他最亲密的队友和最强大的对手。在参加一档名为《离家五分钟》的节目录制时，库里给三位录制节目的高中生打通了杜兰特的电话。在电话里，杜兰特对一位高中生说道："如果没有你身边的那个人（指库里），我都不知道我现在会在哪里，我可能仍然在尝试，我亏欠你身边的那个人很多。"听到杜兰特的表白，库里马上表示感谢，杜兰特接着说道："这是我的荣幸，很感激你的爱和支持。"**詹姆斯在谈到库里时如此称赞："我们都认识斯蒂芬·库里，他是个模范市民，是个来自了不起的家庭的了不起的孩子，现在有非常多的孩子，无论黑人白人小孩，所有的孩子都爱他以及他的作为。所以，没有人能有任何理由去攻击他，我就是这么觉得的。"**

2018年9月初，库里开启自己一年一度的亚洲行。此次亚洲行要去三个城市——菲律宾的马尼拉、中国的武汉和日本的东京。每到一个城市，几乎都是万人空巷，球迷们激动地高喊着"MVP"，为了能跟他签名合影甚至不惜挤破头。作为过去几年联盟球衣销售量最高的球员，库里的人气在全联盟鲜有人及，这位超越时代的篮球偶像正得到越来越多球迷的喜爱。在东京期间，他应邀担任日本职业棒球读卖巨人队的开球贵宾，库里身穿巨人队30号球衣、戴着印有SC30的定制棒球手套，投球整体流畅神态轻松，日本的解说表示，这在正式比赛中也是一个很诱惑打者的位置，库里投得非常好。库里似乎也对自己的开球非常满意，走到场边时振臂高挥。

9月下旬，《体育画报》公布了2018年度运动员代言收入榜，这部分收入只包括代言合同与广告费。**网球天王费德勒高居榜首**，NBA中有三位球员上榜——**詹姆斯、库里和杜兰特分别排在第二、第四和第九**。此外，在《体育画报》当月给出的2019NBA百大球星排行榜中，库里仅次于詹姆斯和杜兰特位居联盟第三。而在*ESPN*给出的NBA新赛季百大球星排行榜上，库里高居联盟第二。

《体育画报》2018年度运动员代言收入榜

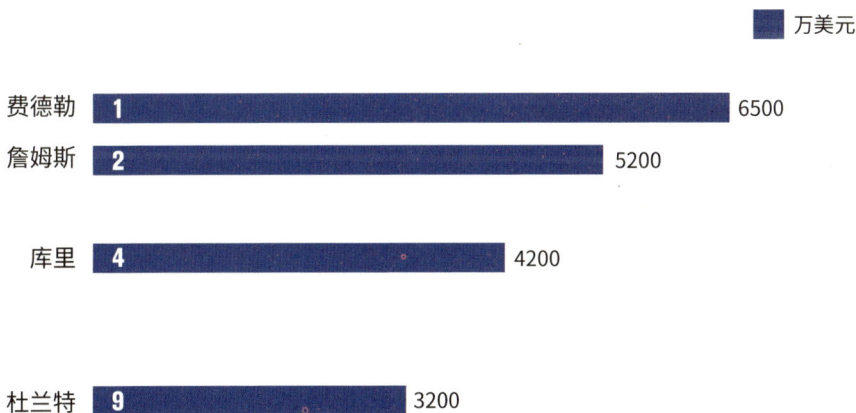

■ 万美元

球员	排名	数值
费德勒	1	6500
詹姆斯	2	5200
库里	4	4200
杜兰特	9	3200

2018—2019赛季的训练营于9月末开始，库里在谈及新赛季的个人目标时表示："进入赛季之后，大多数人都不会太在乎数据统计了，但是我知道的是，我每晚在球场上打球，我会把我的所有精力都放在球场上，做一切球队胜利所需要的事，这是我唯一可以控制的事，如何为新赛季做准备，我觉得我能做到打得更有效率。"此外，在谈最后一年在甲骨文球馆比赛时他说："最后一年一定会是非常特殊的一年，我们都在奥克兰经历了非常漫长的一段旅程，从那些年深陷泥潭，到现在已经赢得了过去4年的3个总冠军。我们的球迷一直给予了我们最强大的支持。他们的欢呼声、他们的能量和制造出的氛围让甲骨文球馆成了一个让客队害怕的场馆，这也是我们能够依靠的一些东西。在甲骨文球馆的最后一年，我们会带着巨大的荣誉打球，我们会力争带着另外一个总冠军离开这里，我觉得我们有机会在甲骨文球馆的最后一年编织一个让人兴奋的故事。"在谈到球队的三连冠目标时他说："赢得总冠军是我们的目标，如何达到目标，如何通过每一天、每一场比赛，日积月累的努力来达到目标，这个过程我认为非常棒。我们都明白只要我们做好自己的工作，总冠军是可以实现的，我们要争取三连冠，这个机会就摆在我们眼前，我们不要害怕讨论它。"

季前赛的主要作用就是寻找状态、磨合阵容、锻炼新人，这赛季的季前赛中，联盟专门安排了一场杜兰特重回西雅图的比赛，西雅图的球迷看到他们曾经的英雄王者归来，个个都献上了最热烈的掌声，这让杜兰特非常感动："我爱这里，这是梦开始的地方，这里绝对值得拥有一支NBA球队。"库里由于要陪妻子阿耶莎进行甲状腺囊肿切除手术而缺席了这场比赛，但勇士队仍然在杜兰特和克莱的带领下大胜国王队。

❖

库里和勇士队的2018—2019赛季常规赛开局非常强势，在揭幕战中，他们领取了上个赛季的总冠军戒指，勇士队这次的戒指定制得非常高大上——可翻转自取，这在历史上是头一份。

揭幕战对手是雷霆队，此役威少
因伤休战，这让联盟试图炒作"杜威恩
怨"的想法没有得逞。保罗·乔治撑起球
队的进攻。防守端，雷霆队出色的换防
能力给勇士队制造了很大的困难，他们

勇士队   **雷霆队**

108∶100

让勇士队在比赛中出现多达21次失误，全队除库里外三分球17投只有2中。库
里在这场比赛中充当了救世主的角色，他一人连突带投拿下32分8个篮板9次助
攻，真实命中率高达72.1%，表现全面而高效，率队以 **108∶100** 战胜雷霆队。

库里的强势开局引发记者的关注，在被问到这赛季是否会追逐MVP时，
他回复称："我要做的就是做到出类拔萃，所以，无论如何，我都非常有幸拿
到三枚戒指，我很高兴了。""如果我没有坚持我一直以来的打球方式，我们
是无法拿到3个总冠军的。我知道，每个赛季我都在变得越来越好，尽管人
们并未认识到这一点，但我自己知道。我更好了，那是我所需要知道的全部
事情。"

新赛季首个客场比赛是挑战犹他爵士队的"魔鬼主场"，这场比赛勇士队
上半场落后12分，但库里延续了揭幕战的良好手感，他率队在下半场上演反
扑，全场24中13拿下31分4个篮板8次助攻2次抢断。勇士队的另外一位MVP杜
兰特25中14拿到38分9个篮板7次助攻，表现非常耀眼。但他投丢绝杀球，上
赛季还在爵士队效力的勇士队新人杰雷布科补篮绝杀旧主，这个球成为赛后球
迷们津津乐道的话题。

赛后杰雷布科笑称："非常兴奋，感觉很好，回到这里，度过一段愉快的
时光，拿到一场胜利，我知道杜兰特会投，所以，我就是冲到篮下，卡出一个
位置，如果他打铁了，准备好补篮，结果他真投丢了，丢得好。"

两连客的第二场是打掘金队，这里的高原一直是很多球员难以克服体能障碍的地方。勇士队在第三节被对手一波流带走，尽管末节曾追平比分，但对手的准绝杀似乎是在为同处西北区的爵士队报仇。这场比赛有一个小细节：库里在一次进攻完成后发现掘金队的穆雷受伤了，于是毫不犹豫直接上前对约基奇犯规，让穆雷可以离场接受治疗。

2018年10月25日，勇士队主场迎战奇才队。在之前一个赛季中，双方曾经在勇士队主场的比赛中发生"推搡事件"，而这一场库里成了绝对的主角。他在比赛的第一节和第三节分别得到23分和20分，

勇士队　　奇才队
144：122

三节三分球16中11爆砍51分！**勇士队也以144：122大胜对手。**凭借着本场的三分球命中，**库里生涯三分球命中数（2162个）超越贾马尔·克劳福德（2154个）上升到历史第5位。**单场51分也是库里当时生涯第3高纪录，同时他还是10年来第4个三节打完得分50+的球员。

赛后，科尔谈起库里的表现赞不绝口："他的一些投篮就是难以置信的，有一些投篮是大概32英尺的，有一些比这更远。有一个人在场上投出40英尺的投篮，我作为教练站在场边还要给他叫好，'Yes！你投得真棒！'他就是这样的球员，我们从没见过这样的球员。"杜兰特则表示："比赛中我们发现他有几次想传球，所以我们告诉他'你要继续你的投篮'，我们队员、教练都在那里支持他。库里今晚的表现很有意思，很变态（That was sick），他今晚就是个纯粹的艺术家。"妻子阿耶莎赛后大赞库里的表现："哇哦……现在太为我亲爱的老公自豪了，他这个休赛期可是训练得很努力啊！今晚，我自愿当贡品。""大鲨鱼"奥尼尔称赞道："我最喜欢的球员斯蒂芬·库里！火力全开！进入MVP状态！库里，**是篮球历史上最伟大的射手。**"

在接下来的东部三连客中，杜兰特在纽约末节13中10拿到25分，克莱在芝加哥只用了26分钟就疯狂射入**14记三分**，打破NBA纪录，"海啸三兄弟"轮番"踩躏"美国三大重要城市一时间成为球迷们津津乐道的话题。克莱赛后

谈到队友们传球让他破纪录时说："我所做的就是，将这些时刻和我的队友一起分享。那就是我们打篮球的原因，这是需要团队努力的。没有我队友的助攻，没有我所处于的体系，我真的不知道我是否能够打破这些纪录。半场的时

14 记三分

候，斯蒂芬看着数据统计对我说，快去破纪录吧，这是多么无私的表现啊。"库里不但亲手为克莱送上当场比赛的技术统计表，还晒出了克莱的赛场照，并调侃道："杀手克莱……为什么你偏偏要这样对我？！？（指打破自己的纪录），祝贺我的兄弟……射手就该这么投！"

新赛季前11场10胜1负的战绩及出色的个人表现，让库里毫无悬念地荣膺第二周西部最佳球员。但"字母哥"和他的密尔沃基雄鹿队在11月初的到访给了勇士队当头一棒，雄鹿队

雄鹿队　　　勇士队

134 : 111

在比赛一开始就保持对勇士队的碾压状态，全场 134：111 大胜卫冕冠军。更糟糕的是，库里在一次防守中遭遇左腹股沟轻度至中度拉伤，他因此缺席球队接下来的11场比赛。在这11场比赛中，勇士队仅取得了5胜6负的战绩，并发生了惊动全联盟的杜兰特和格林对骂事件。两人的对喷发生于客场挑战快船队的第四节比赛结束之后，当时勇士队在执行最后一攻时格林无视杜兰特的要球快速推进到前场并以失误告终，这让杜兰特非常不满，他对格林大叫："**把那该死的球给我。**"格林回以脏话并称，"不要这么对我说话，你来之前我们就是总冠军了。"此外，格林还质疑杜兰特对未来的选择迟迟不做决定是在消费勇士队。而队友们认为格林在此次争吵中言语太过分，向来性格内敛的克莱在更衣室里主动站出来发言，并向队友们强调球队保持团结的重要性，这出乎大家的意料。第二天，勇士队官方宣布：因德雷蒙德·格林的行为对球队造成负面影响，他将在对阵老鹰队的比赛中被禁赛一场，他也因此损失12万美元的工资。

这次争吵事件毫无疑问对球队的更衣室文化造成巨大的负面影响，再加上媒体捕风捉影的解读，勇士队在很长时间内都无法走出这次事件留下的阴影——尽管当事人之间早已进行沟通。这次事件后，库里开始积极地进行斡旋，此前伤停期间并不进入球场的他开始回到板凳席为队友呐喊助威。他脸上阳光的微笑是所有队友和球迷们的强心剂，勇士队迫切地需要找回凝聚力。

　　2018年12月2日，在经过长达三个星期的休息后，库里在客场对阵活塞队的比赛中完成复出。比赛中他用了很长的时间才找到节奏，全场出现7次失误，勇士队也以9分之差输给活塞队。赛后，库里在接受采访时谈到了自己的状态："在缺战11场比赛，今天上场之后我拿到球有点急躁，总想快速地进入状态，为球队做出贡献，有点用力过猛了，队友们的表现都很好，他们都试图把球传给我，给我制造空位机会，他们做出了许多牺牲，我想我们很快会找回自己的打球方式，找回自信，回到正轨上。"

　　库里说到做到，在接下来客场打老鹰队的比赛中他三分10中6拿下30分、打骑士队三分14中9砍下42分9个篮板7次助攻。在战胜骑士队后，科尔被问到是否惊讶于库里快速恢复到正常水准时表示："不惊讶，你们之前也看到过了，斯蒂芬因伤缺阵前的表现，当他回来后，他会立刻点燃球队的情绪，整个赛季，他都会让自己保持着极佳的体形，这可以让他更加快速地复出，因为他的身体情况是非常出色的。"五连客的最后一场，勇士队在缺少"追梦"格林的情况下复仇雄鹿队，库里复出后3胜1负的客场战绩已足以令人满意。

　　2018年12月11日，勇士队被美国著名体育杂志《体育画报》评为2018年度**"最佳体育人物"。团队获得年度最佳体育人物**，这在该奖项的历史上并不常见，历史上仅有三支团队能获得该荣誉，而金州勇士队是第四支！此外，美国国家航空航天局还向库里发出邀请，邀请他参观他们在休斯敦的月球实验室，原因是库里前不久在做客一档电台节目时表示不相信有人类曾经登上过月球，这番言论在美国国内引发广泛的讨论——一如欧文的"地平说"一样。

三连冠的艰难

三分总命中数

2277 个

2018年12月13日，勇士队主场被莱昂纳德缺阵的猛龙队打爆，至此，猛龙队常规赛实现对勇士队的横扫。两个星期后，勇士队又在圣诞大战中被湖人队蹂躏。圣诞大战刚刚打完一个星期，他们又在主场最多领先20分的情况下被**哈登三分绝杀**。连续在主场输掉万众瞩目的焦点让勇士队众将意识到"众矢之的"和三连冠的艰难，要知道在以前勇士队的魔鬼主场可是很少失守的——更何况是在焦点战中连续失守。

在被缺少保罗和戈登的火箭队三分绝杀后，勇士队在库里的率领下攻下萨克拉门托，比赛一直僵持到最后才以勇士队险胜结束。在这场比赛中，库里出场38分钟，26投14中得到42分5个篮板2次助攻2次抢断，其中三分球20投10中。在命中这10记三分球之后，**库里职业生涯常规赛三分总命中数已经达到2277个**，超越凯尔·科沃尔升至NBA历史第4位。在库里全场得到的42分中，有20分是末节所得，他几乎是凭借一己之力帮助球队拿到了这场找回信心的胜利。赛后，库里谈到本场比赛的心态时表示："球场上的每次机会都可能帮助球队赢球，所以我就是试着保持侵略性。我今晚投中了球，你就是要低下头保持镇静，要果断。我们进入下半场状态一般，但第四节好了很多，我们找回了状态。"

库里的表演还在继续，一个多星期之后的2019年1月14日，库里在勇士队客场挑战独行侠队的比赛中飙进11个三分爆砍48分6个篮板5次助攻，并在比赛最后关头命中关键三分率队客场取胜。赛后科尔谈到比赛最后的战术布置时说："最后时刻我给杜兰特设计了几个战术，但杜兰特知道库里状态正佳，所以他说'不，我们应该转变一下把球交给库里'，然后他们在场上改变了战术。"独行侠队新秀东契奇盛赞了库里的表演："库里做着让你无法防守的事情，他所做到的事情很疯狂。"库里则没有谈自己，更多的是说"我们"："我们知道赛季期间会有一些起起伏伏，我们对自我期望甚高，我们知道，我们所做的一切事情都会在显微镜下被放大，到头来，我们如何对待比赛的方式才是最为重要的。这是一个漫长的赛季，很多事情会发生，我们会继续积累优势，以最好的面貌开始季后赛，屏蔽所有的噪音。"

在接下来打掘金队和鹈鹕队的比赛中，库里又分别命中8记和9记三分，他发烫的手感似乎要把对手烤焦一样。其中在主场迎战鹈鹕队的比赛中，他在第三节单节命中7记三分，拿下23分，**他同时也在这场比赛中成为史上唯一一位连续三场比赛命中至少8记三分的球员**。赛后谈及自己第三节的爆发时库里表示："我就是带着自信去投篮，然后接受结果。我今天投中了很多困难的投篮，但那都是因为我平时的练习。"杜兰特则高度赞叹库里近期的表现："马克·杰克逊曾经说过'库里毁掉了比赛'，我知道他这个说法其实不是批评，我现在有点明白他为什么会这么说了。因为库里是我唯一见过的能命中那些投篮的人。**看他命中那些投篮时我们只能摇头感叹，他是一百年才出一位的那种天才。**"

战胜鹈鹕队让勇士队打出了一波6连胜，在两天后主场迎战快船队的比赛中，他们将迎回健康的考辛斯。"天马上要塌下来了，那会很有趣的。"格林对考辛斯的复出给球队带来的加成显然信心满满。

两天后，考辛斯终于在勇士队客场挑战快船队的比赛中复出。他在这场比赛中只出场15分钟就犯满毕业，但他三分球4中3拿到14分6个篮板3次助攻1次抢断1次盖帽，表现已经远远超过预期。这场比赛最终以勇士队大胜快船队告终，在考辛斯赛后走进更衣室时，更衣室全体人员起立为他欢呼，所有人都非常开心。库里过了一会儿走出更衣室准备去接受采访，他看到媒体之后对大家调皮地说："德马库斯真垃圾！（DeMarcus Cousins sucks.）我就说这么多！大家晚安！"

打快船队只是勇士队五连客的第一场比赛，他们接下来要在斯台普斯中心继续打湖人队。由于詹姆斯在圣诞大战中腹股沟拉伤无法出战，这场比赛成了勇士队的独舞——确切地说是**克莱**的个人表演：**20投17中**（三分11中10）狂砍44分，这种效率真是让人叹为观止。他在**比赛中一度连续命中10记三分，这是NBA历史新纪录**。库里继续着在湖人队主场打铁的魔咒，他在第三节还剩2分钟时反击中无人防守的情况下尝试扣篮却滑到在地，紧接着接队友传球三分出手三不沾，这一系列极限操作几乎锁定了年度"五大搞笑瞬间"之首。但由于库里是奥尼尔最喜欢的球员，他破例为库里亮了一次绿灯——竟然连周"五大搞笑瞬间"都没上。

2019年1月25日，NBA官方宣布库里入选2018—2019赛季西部全明星首发阵容——**这是他生涯第六次入选全明星**，并且每一次都是首发。在2月1日勇士队主场迎战费城的比赛中，库里再度命中10记三分砍下41分6次助攻，这已经是他全明星赛前第四次单场比赛命中至少10记三分——还是在缺阵11场比赛的情况下做到的。

克莱
20投**17**中

6
全明星

在输给开拓者队后，勇士队大部分球员迎来他们的2019年全明星周末假期，而库里、杜兰特和克莱则需要去参加全明星赛。今年的全明星赛在库里长大的地方——**夏洛特**举办，这对他有着特别的意义。除了正赛之外，他还参加了三分大赛并在扣篮大赛中为丹尼斯·史密斯做了一回被飞跃的"道具"。今年的三分大赛几乎汇聚了联盟所有最顶尖的射手，"水花兄弟"和赛斯·库里共同参与更是让人十分期待。赛前库里和弟弟打赌："三分球大赛的败者，将购买未来职业生涯中全家人的观赛球票。"比赛过程证明了弟弟终归是弟弟，赛斯在首轮就惨遭淘汰，而哥哥连进10球以27分的最高分进入决赛。但乔·哈里斯在决赛中依旧保持着机器人般的状态，第一个出场的他拿到26分，这给后面的库里相当大的压力，最终他以2分之差不敌哈里斯痛失冠军。赛后哈里斯激动地说："这太不可思议了，斯蒂芬可是历史最佳射手。"在之后进行的全明星正赛中，库里手感欠佳23投6中仅得17分，他所在的"阿德托昆博队"也输给了"詹姆斯队"，队友杜兰特凭借第四节的关键表现拿下全明星赛MVP。

全明星赛之后的第一场比赛，库里就命中10记三分率队险胜国王队。但紧接着他们却被缺少哈登的火箭队在甲骨文球馆击败，这让全队上下非常尴尬。勇士队的尴尬还在继续——四天之后，他们在迈阿密被"最后一舞"的韦德三分绝杀，他们似乎已经习惯了当背景板。尴尬还在继续，被韦德绝杀之后的一个星期，勇士队在主场被来访的凯尔特人队大胜33分，这种惨败简直让人无法接受。赛后，科尔接受采访时表示球队缺乏激情，缺乏愤怒，缺乏紧张度。而库里则建议球队找出自己的问题并向前看："**如果我们想在4月份成为我们想成为的那支球队，就不要一直在谈论这场比赛，而是期望能做出改变。在未来的比赛里，我们必须展示出这一点。**"

事实上，到了赛季的这个时候，卫冕冠军的身体和心理都已经极度疲惫，他们恨不得季后赛马上开始。在常规赛剩余的比赛中，勇士队始终保持着每三四场比赛就输一场的节奏。库里个人则分别在森林狼队和骑士队的比赛中命中11记和9记三分，他无与伦比的投射天赋始终是高人一等。

最终，勇士队在常规赛中取得了57胜25负的战绩，他们将在季后赛首轮迎战老冤家快船队——尽管当年跟他们建立恩怨的快船队核心如今都已远走他乡。

整个常规赛下来，库里场均拿下27.3分5.3个篮板5.2次助攻，**真实命中率达到了64.1%。他在出战69场比赛的情况下6次单场命中10记或以上三分球，生涯15次达成这一成就，单赛季达成的次数已经超越历史第二——队友克莱整个生涯的5次。**

真实命中率
64.1%

❖

季后赛首轮打快船队的G1成了库里的"个人show"——他16投11中（三分12中8），以**95.2%的真实命中率**豪取38分15个篮板7次助攻，其中篮板数创造了个人季后赛单场纪录。在这场比赛中，**库里生涯季后赛三分球总命中数超越雷·阿伦升到历史第一**——他只用了91场季后赛就超越了雷阿伦171场才达成的成就，这种超越实在是史诗级的。赛后科尔称赞弟子的表现："斯蒂芬的表现太棒了，我认为他现在正值巅峰，而且巅峰期还将持续多年。他打了很多季后赛，他经历了很多事情，过去五年，我被问过很多次类似的问题：'这是他的最佳表现吗？'我认为过去五年他一直在持续这样的表现。"快船队主帅里弗斯则称："库里一整年都在摧毁我们，他确实是这样的。作为一位教练，我们必须尝试想些不同的办法去防守他，库里是全联盟最被低估的球员之一。"

真实命中率
95.2%

三分球总命中数
历史第一

G2成了勇士队的耻辱，他们在第三节最多领先快船队31分的情况下被对手逆转，逆转数字之大前无古人。这场比赛杜兰特和贝弗利再度纠缠在一起，两人最终双双六犯离场，"**杜兰特被贝弗利限制住**"也成为赛后的重要话题。不仅如此，勇士队休赛期引入的考辛斯在比赛中只打了不到4分钟就因左股四头肌撕裂提前退场，一直到总决赛中才完成复出。赛后库里懊恼地说："我们的侵略性和防守出了问题，尤其是防守。路易斯·威廉姆斯今天表现得很棒，他一次又一次命中关键进球。但在比赛的某个节点，我们的能量突然消失了，进攻端没有创造出好的机会，失误也太多了。我恨我的四次犯规，这让我第三节在板凳席上待了差不多8分钟。在这之后，场上的局势变了。所有这些小事集合在一起，让他们追近了比分，也给了他们信心。最终6分钟的关键时刻，快船队比我们命中了更多运动战进球。"

G3成了勇士队和杜兰特的正名之战——后者在前两战出手太少被外界质疑为打不了贝弗利。于是他用半场27分、三节不到38分的表现证明了自己历史级别的得分能力。勇士队大胜快船队27分，这基本相当于是在告诉对方：想"黑八"是不可能的。这场比赛库里再度陷入犯规困扰，只出场20分钟，11中7拿到21分5个篮板。赛后库里自豪地说："**G2最后16分钟输掉的气势，今天我们赢回来了！**"

G4继续在快船队主场进行，这场库里的手感非常糟糕，14次出手只命中3球，但杜兰特和克莱表现出色，两人联手飙下65分，帮助球队在系列赛中取得了大比分3∶1领先。在这场比赛中，库里在自己球鞋的左右脚的鞋面上分别写着"**不要**"（**No**）和"**伸手**"（**Reach**）来警醒自己不要犯规。

不要　　　伸手

NO　REACH

就当所有人都以为勇士队会在回到主场的G5里终结系列赛的时候，勇士队的表现又跌破所有人的眼镜。尽管杜兰特一人狂飙45分6个篮板6次助攻2次抢断1次盖帽的完美数据，但勇士队被快船队替补路威和哈勒尔的挡拆打爆了，二人联手33中23高效拿下57分，彻底击溃勇士队的防守。

尤其是路威，他在第四节最后时刻连续命中高难度神仙球，几乎是靠一己之力将系列赛带回洛杉矶。这场比赛中，库里投进4记三分，**他成为NBA历史上第一个季后赛命中400记三分的球员**。赛后有记者问库里是否会对球队在首轮丢掉两个主场表示惊讶，库里表示："肯定的，这不是我们所习惯的，但我们没有恐慌。我们必须意识到今年的不同，这是不同的挑战，你必须要有所适应。现在必须打第六场了，但这不会改变我们的目标。"

在G6中，杜兰特展现了何为无解"死神"，他仅在上半场就拿下38分，创造个人职业生涯季后赛半场得分纪录，也是季后赛历史上个人半场第二高分，全场狂飙50分6个篮板5次助攻，帮助球队在客场终结系列赛。库里这场表现也很高效，14中8拿到24分6个篮板6次助攻，这符合他在系列赛的晋级之战始终保持高水平发挥的特质。这场比赛中，库里和克莱都受了点小伤，但他们没有时间养伤，只隔了一天，西部半决赛就要开打了。

从打快船队的第三战开始，库里就让位杜兰特成为球队第二主攻手了。打火箭队的系列赛，他在前三场表现都很一般，不能随心所欲尽情发挥的他始终找不到最佳节奏。当然，这也跟他在系列赛G2中曾遭遇左手中指脱臼有关，当时队医的处理方法是将他的左手中指与临近的无名指捆绑在一起，这样一来，他的运球、投篮、支配球等都受到了一定程度的影响。其中在打火箭队的第三场，他甚至在比赛关键时刻多次陷入无人防守下扣篮或上篮不进的尴尬境地。赛后库里表示：杜兰特、伊戈达拉和格林都表现得很好，我在思考如何做得更好去帮助球队赢球！

在谈到自己上篮不中时，他拒绝以手指受伤为理由！在G4中，库里的手感有所回暖，他25中12拿到30分8次助攻，但塔克掌控关键篮板球，哈登则化身关键先生，勇士队末节翻盘失败，系列赛大比分被扳成2：2平。

由于勇士队替补阵容孱弱、火箭队的核心球员打法针对性极强，这让科尔被迫缩短轮换、让以杜兰特为首的主力球员打更长的时间。同火箭队的系列赛前四场打完后，短阵容轮换的弊病已经显现——球队基本上算是伤病满营：**库里的左手中指脱臼、伊戈达拉膝盖过度拉伸、克莱腿部受伤、利文斯顿髋关节撞伤、杜兰特肘部受伤**……但他们已经没有了退路，他们明白：火箭队就是他们在西区最大的对手，只要击败火箭队，球队闯入总决赛只是时间问题。只不过让他们没有料到的是：伤病噩梦正在天王山上等着他们。

勇士队在天王山之战中开局强势，他们在第一节比赛就建立14分的领先优势。但以哈登为首的火箭队球员始终没有惊慌，他们在第二节跟勇士队打了个平手，半场打完，勇士队领先优势依然是14分。库里再度陷入低迷，半场仅拿到5分3个篮板，还好杜兰特和克莱合砍37分苦苦支撑。但下半场风云突变，火箭队开始绝地反击，他们明白天王山之战的意义，他们不想就这么认输。很快火箭队就在第三节还剩2分钟时将比分追到只差1分，关键时刻，勇士队只能依赖杜兰特的单打，杜兰特也是真给力，面对香姆波特的防守2分球稳稳命中。但就在他要退防的时候，悲剧发生了：他突然感觉到自己的右腿小腿位置有点不对劲，而慢镜头显示他并未跟任何人发生身体对抗——但这种无对抗下的受伤往往是最致命的，无奈之下，杜兰特只能在队医的陪同下一瘸一拐地走回更衣室。

就在所有人都以为勇士队完蛋了的时候，前三节一直在梦游的库里终于大梦初醒，**在比赛剩余的14分钟里，他拿到了16分**，率领勇士队顶住了火箭队的反扑，捍卫了主场！比赛哨声吹响后，库里独自一个人蹲在了甲骨文球馆勇士队徽中央，他没有让今天的甲骨文球馆成为绝唱，他做到了！科尔赛后兴奋地说道："我们的球员都是巨人，这是一场难以置信的胜利！"

"杜兰特整个系列赛都在帮助我们，现在轮到我们来帮他了！"

在G6之前，勇士队官方给出的核磁共振的结果是：杜兰特右小腿拉伤。他将因此缺阵系列赛的G6。这让很多人想起了2018年的保罗，难道历史要重演？火箭队要连扳两场进军西部决赛？查尔斯·巴克利甚至在TNT的演播室里断言：没有杜兰特，勇士队赢不了任何系列赛，火箭队将赢下G6和G7。

但众志成城的勇士队绝不答应。

一向喜欢在G6爆发的克莱在上半场比赛中连进神仙球，半场射入5记三分狂砍21分，硬是在库里一分没得的情况下帮助球队死死咬住比分。

下半场库里终于及时苏醒：他在第三节拿到10分、第四节狂砍23分，一次又一次地用关键球帮球队守住了胜利。赛后科尔认为这场比赛定义了库里，赛后他给库里的父母发了信息：**"如果这种比赛还不能定义库里的话，我不知道还有什么可以了。"**韦德则更新社交媒体为库里此前遭受的质疑鸣不平：**"你们最好不要不尊重他，他是团队优先的球员，他愿意做出一些牺牲，但他依然是头野兽。"**

赛后，格林在离开球场去往更衣室的路上面对记者们的镜头说：**"我们仍然需要凯文·杜兰特的回归，而我们现在有机会等他回来了。"**

与开拓者队的西部决赛没有任何悬念，勇士队在没有杜兰特的情况下4：0横扫对手，他们成为历史上第二支连续五年打进总决赛的球队！格林和库里在这个系列赛中发挥相当惊艳：前者场均拿下16.5分11.8个篮板8.8次助攻2.3次抢断2.8次盖帽，投篮命中率54.2%；后者场均36.5分8.3个篮板7.3次助攻，场均投进6.5记三分球，真实命中率66.3%。**在这个系列赛中，库里4场比赛中共得到了146分，成为NBA历史上季后赛完成横扫时总得分最高的球员！**此外，他9次在西部决赛砍下35+，仅比历史最多的科比·布莱恩特少1次，这让他成为名副其实的**"新一代西决之王"**。另外他和格林在G4中同取三双，成为史上第一对季后赛中同队队友同时拿到三双的球员。库里的出色表现让一向看低他的巴克利都低头认错："首先，我承认错误，我要对这支勇士队致以敬意。即使杜兰特受伤了，他们依然很强，依然可以赢球。库里又重回最佳球员的竞争中了，当我们谈论谁是最棒的球员时，我们常会提到的名字有杜兰特、莱昂纳德、"字母哥"、詹姆斯。库里用最近的表现证明了他为什么可以两次获得MVP。我认为在之后我们讨论谁最棒时，应该把库里的名字重新加回竞争的序列。"

西部决赛格林、库里成绩

	格林	库里
得分	16.5	36.5
篮板	11.8	8.3
助攻	8.8	7.3
抢断	2.3	
盖帽	2.8	
三分球		6.5
命中率	54.2%	66.3%

在这个系列赛中，库里同弟弟赛斯·库里的对位也成为人们津津乐道的话题，他们的父母也总会因比赛中为谁加油而纠结。

勇士队全队对于击败开拓者队晋级总决赛很开心，但是赛后庆祝的喜悦程度远远不如淘汰火箭队。在上一轮，因为他们知道火箭队有可能击败他们，但是打开拓者队，更像是"例行公事"（it's business as usual）。相信不少球迷也会有类似的感觉。

2019年5月24日，NBA官方公布了2018—2019赛季最佳阵容一阵，库里成功当选！具体名单为：**勇士队的斯蒂芬·库里、火箭队的詹姆斯·哈登、雷霆队的保罗·乔治、雄鹿队的扬尼斯·阿德托昆博、掘金队的尼古拉·约基奇。**

❖

同猛龙队的总决赛G1被安排在了2019年5月31日，这是五年来勇士队首次在总决赛中没有主场优势。在常规赛中，勇士队遭到猛龙队的横扫。如今两队在总决赛的赛场相遇，勇士队失去杜兰特又没有主场优势，困难可想而知。

尽管系列赛开始前大部分媒体预测勇士队会赢得三连冠，但他们的预测都是基于杜兰特至少会在系列赛的G3之前完成复出，因此参考意义并不是很大。

库里对多伦多有着特别的感情，在那里他读了两年中学，当时老库里正为猛龙队效力，而且库里的妻子阿耶莎也是在多伦多郊外长大。已经在西部季后赛中分别干掉弟弟岳父（里弗斯）的球队、弟弟小舅子（小里弗斯）的球队、弟弟的球队的库里在接受采访时说道："这种感觉很特别，尽管这与总决赛本身关系不大。在短短24年里，他们有很多光辉的历史，那是一支出色的球队。2002年我的父亲与文斯·卡特、安东尼奥·戴维斯和阿尔文·威廉姆斯在一起打球，他们曾一度接近辉煌。显然在过去几年他们一直在与骑士队纠缠。猛龙队现在充满活力，球迷也热情似火。"

同猛龙队的总决赛开始之前，根据当地媒体的统计：47个州希望猛龙队夺冠，勇士队是彻头彻尾的全民公敌。不过他们全队上下都享受这种被人憎恨的感觉，他们就是喜欢对手看他们不爽又干不掉他们的样子。

总决赛的G1最终以勇士队失利告终，库里全场拿到34分5个篮板5次助攻，在罚球线上14罚14中，创下个人今年季后赛纪录，表现相当出色。无奈猛龙队阵中的西亚卡姆如天神附体，一个人17中14，狂飙32分8个篮板5次助攻。这场比赛中，考辛斯替补复出，但已经缺席一个半月的他显然没有节奏，只打了8分钟就再未获得出场时间。库里赛后谈起失利依旧自信满满："幸运的是，我们只是0∶1落后，并不是世界尽头。我们总会遇到新的挑战，我们已经证明了我们的反弹能力以及赢下关键比赛的能力，我们会做出回应，并从今天这样的比赛中学习。我们给予对手许多快攻得分，还有一些不必要的失误，这些失误不足以致命，但让对手一步步起势。西亚卡姆的表现很不错，命中许多投篮。我们会有更好的表现，做好身体对抗的准备。"

G2的勇士队只能用**悲壮**来形容——库里、伊戈达拉、克莱和鲁尼四位主要轮换球员先后因伤病返回更衣室，遭遇脱水的库里在这场比赛中个人状态有所下滑，但他吸引夹击后为队友创造投篮空间的能力依然无人能及。克莱（受伤前）、格林和刚刚复出的考辛斯在这场比赛中找回状态，勇士队在第三节打了猛龙队一波18∶0，这为他们最终拿下胜利奠定了坚实的基础。

打完G2后，勇士队全队上下除了格林外几乎所有人都遭遇伤病，其中克莱因为腿筋拉伤缺席了G2的第四节大部分时间和G3的全部比赛，鲁尼则在G2赛后被诊断为肋软骨骨折，勇士队官方直接宣布其赛季报销。

这样一来，在总决赛第三场，杜兰特、克莱和鲁尼都只能作壁上观。勇士队全场比赛都被猛龙队压着打，尽管库里面对猛龙队严密的防守豪取个人总决赛生涯最高的单场**47分8个篮板7次助攻**，但这还是无法为勇士队换来一场胜利。赛后科尔依然称赞了库里的神勇表现："斯蒂芬很不可思议，他所做的一切，说实话，我不认为有人做到过，他的球风，他的控球，他的投射能力，他非常了不起。"

篮板 **8** 个

助攻 **7** 次

47 分

G4和G3中间只隔了一天，克莱和鲁尼都忍着伤痛完成复出并且在比赛中打出了非常伟大的表现。但库里可能因为G3拼得太凶，G4体力明显不足，他无法在下半场球队需要他的时候及时打出高效表现，而猛龙队阵容中的莱昂纳德和伊巴卡则统治攻防两端，他们在甲骨文球馆再下一城。

绝境G5，尚未从小腿伤势中完全康复的杜兰特强行复出，就在勇士队球迷都欢欣鼓舞地期待球队能实现大逆转时，杜兰特再度倒下了——而且这次倒下很有可能让"死神"从此告别巅峰，这是多么残忍的事实啊！在不到12分钟内三分3中3拿下11分，"死神"的短暂复出不但帮助球队撑过了开局猛龙队士气高涨的时期，更为全队注入了强大的能量，克莱和库里末节连续3记三分硬是把系列赛带回了奥克兰。

赛后，勇士队总经理迈尔斯在新闻发布会上哭着对记者宣布：杜兰特这次伤到了跟腱。库里听到此消息瞬间哽咽。主教练科尔情绪同样低落："我为凯文感到心碎，这是一场难以置信的胜利，与此同时，也是一次惨痛的损失。"

几天后，杜兰特亲自宣布自己遭遇跟腱断裂伤势，并已经在纽约完成手术。

勇士队的噩梦还在继续，在甲骨文球馆进行的G6，克莱在一次上篮中再次遭到丹尼·格林的犯规，他也因此赛季报销。同时缺少杜兰特和克莱的勇士队在第四节难以抵挡猛龙队的反扑，最终痛失总冠军。

更糟糕的是，赛后诊断结果是：克莱左膝外侧副韧带撕裂。在运动员能遭遇的所有伤病中，这种伤病仅次于跟腱断裂（撕裂），勇士队为了三连冠真是拼光了子弹甚至透支了未来。

六场总决赛下来，**库里场均拿到30.5分5.2个篮板6次助攻1.5次抢断，由于球队输球，再次无缘FMVP**。但现在这些都不重要了，比起两位好兄弟遭遇影响职业生涯的大伤、一位好兄弟带着肋软骨骨折继续上场拼搏，个人荣誉都已经成了浮云。

现在，所有人都在观望：遭遇重大挫折的勇士队和斯蒂芬·库里，在未来的岁月里该何去何从？他们是否将从此告别总决赛这个最高舞台？

库里肯定不会答应，他和他的勇士队会在未来几年告诉我们答案……

在斯蒂芬·库里引领的小球时代中，杜兰特也一直是一个神一般的存在。两人曾经在西部赛场杀得难解难分，也曾经联袂作战，将勇士队推到王朝的高度。曾经球迷都在争议一个问题：杜兰特和库里谁是勇士队的老大呢？

其实，了解我的朋友都知道，这种没有答案、见仁见智的话题我一直不爱触碰，因为只要一细想就能明白，这东西有啥意思？谁老大了又能怎样？但是要是问，俩人之间谁是勇士队魂？我毫无疑问会回答：斯蒂芬·库里。

杜兰特曾经这样评价自己的昔日夺冠搭档："跟斯蒂芬打球，他是个技巧超高的人，他很清楚如何得到那些出手机会。他的技术跟普通人不一样，他一直注意自己的平衡和视角。我很难跟你解释，他就是擅长一切的事情。我从他那里学到了一些投篮的技巧。"

段冉小语

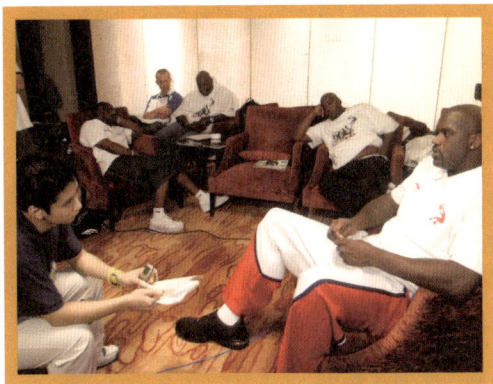

奥尼尔，一个载入NBA史册的传奇巨星。强壮的身体，让他在篮下如同巨无霸一样存在，而奥尼尔的篮下进攻更是无解，无人超越。联盟诸强，为了限制奥尼尔，曾经绞尽脑汁。在奥尼尔那个时代，他就是一个BUG的存在。

同样，库里与奥尼尔有异曲同工之妙。当库里将三分当作常规武器之时，他也成为他这个时代最无解的存在。不同于奥尼尔的篮下，库里的杀伤范围要在三分线之外，且更让人防不胜防。

2018—2019赛季，西部决赛，勇士队4：0横扫开拓者队杀进总决赛，其中库里居功至伟。季后赛历史上所有4：0横扫的系列赛里，库里四场146分超越了2002年总决赛奥尼尔的145分，排名历史第一。当时奥尼尔如此评价库里："我最爱的球员库里已经超过了我，我爱这个孩子，恭喜你兄弟。"

段冉小语

MVP

327

潮起潮落
青山依旧

迷雾，
世界之殇
HAZE

"那一天对于整个世界、整个篮球界来说，都是糟糕的一天。"

——斯蒂芬·库里

第1章

2019—2020赛季开始前，还在跟腱伤恢复期的杜兰特选择与篮网队签约，克莱也由于膝伤宣布赛季报销。这本应该是库里的爆发赛季。由于勇士队重新变回库里的"一人球队"，人们都期望他能重现2015—2016赛季的巅峰表现，甚至凭借一己之力带队打进季后赛。可是一切都没有按照想象的进行：库里在2019年10月31日，赛季开始的第4场比赛里就手掌骨折，就此进入休养阶段。进入重建期的勇士队遭到致命打击，赛季彻底"报销"。

"我知道很多人都认为我应该放弃这个赛季，"养伤期间的库里表示他知道周围人的想法，"但是我不想，摆烂这些从来不是我世界里的词语。我只想打球，只要我健康，我就要出场打球。"这就是库里对比赛的执着，他时刻都想着去战斗。

然而当时间来到2020年的时候，一切却变得那么无法预料。

❖

2020年大幕拉开，勇士队还没有意识到伤病不是球队这一年最大的灾难。对整个NBA来说，1月26日凌晨来自南加州的消息，让人不得不承认，这是魔幻的一年，比难以置信更不愿相信的一年。"篮球传奇科比·布莱恩特，与女儿吉安娜及另外的朋友乘坐的直升机在南加州山区坠毁，无一人幸存。"

科比与吉安娜坠机了，"我的信仰坍塌了"。相信全世界各个角落的篮球迷，都会产生这样的想法，这一天，全世界因为科比，而变得无比伤痛。

这条消息的发出就好像直升机撞击了地球，全世界震动了。"他拥有巨大的篮球天赋，他是NBA历史上的传奇无疑。"勇士队主教练科尔在得知消息之后只说了这句话，后面的内容他没有说，是什么呢？惋惜，震惊，不愿相信，还有对逝者家庭的叹息。

科比的陨落是2020年最沉痛的话题之一，人们看到了一代篮球传奇对世界的影响，不仅是对体育圈，而是对整个人类社会。"**信仰坍塌了**，想不明白，为什么会是这样。"

库里称这意外很"伤感"，同为丈夫与父亲，同理心在折磨他。

库里将自己的社交媒体头像换成他与科比场边击掌的照片，并发文：

Stephen Curry ✔
@StephenCurry30

现在有很多问号，我甚至开始怀疑自己的信仰……此刻我能说的只有"谢谢"，希望你与吉安娜安息。

库里的妻子阿耶莎在个人社交媒体上发布科比与吉安娜的照片，并附文：

Ayesha Curry ✔
@ayeshacurry

亲爱的上帝，请善待瓦妮莎与他们的孩子，我的心为她与孩子们感到伤痛。今天我写了大概一百遍，都删除了。我不知道该说什么，并且事情并没按照我希望的发展。我祈祷他们的家庭与所有家庭一样生活平顺，受到呵护。愿科比与Gigi在另一边长眠，他们的精神永存。

科比

2020

就像库里自己说的，整件事撼动了他的信仰，**"在我进入联盟之前，他（科比）已经是所有人的偶像了，任何时候打开电视，你都想看到他，他永远都那么棒，我感恩这些年来他带给大家的精彩呈现，无论是场下还是场上。"**

很多人想知道科比和库里是不是朋友，他们私底下的交情如何。科比的葬礼上，乔丹潸然泪下："他去世时，我的一部分也随之而去。"伟大的人都是孤独的，他们的执着成就了一个时代，让篮球因他们而走上更高的台阶，高处不胜寒中，他们义无反顾地冲在前面。

在库里新秀年，第一次与科比场上相见，是在季前赛。**"那场科比不上场，坐在板凳席上。"**库里回忆起自己与科比的第一次场上见面，仍然那么清晰。他曾无数次作为观众欣赏他（科比）的比赛，像每一位篮球少年一样，心中有一些目标与偶像，科比就是库里的目标之一。"他对人很好。"那是库里第一次在场上与科比面对面的感受。之后库里还特意看了比赛的回放，他注意到了场边科比的表情，"大家跟我说他很欣赏我的表现，所以，我看了回放。"看完之后库里露出招牌的小学生"傻笑"。

"惺惺相惜"可能是诠释库里与科比关系的一个恰当用词。科比在2016年接受采访的时候曾经诠释过"Mamba精神"的要义："永不停歇地挑战自己的潜力，做最棒的自己，争取每一天都比前一天更好、更强。"*ESPN*记者曾经问过科比觉得当今联盟里谁具有"科比精神"。科比是这样回复的："很多人都在场上拼尽全力，我觉得每场比赛都要发挥出极致的，可能有两个人：一个是斯蒂芬（库里），一个是克莱（汤普森）。他们两个场下都是沉稳、随和的人，但是一到场上，他们就是像石头一样坚硬冷酷的杀手。"

惺惺相惜

60 天赋

100 努力

科比每天看到凌晨四点的洛杉矶，是为了完成上千次的投篮，训练自己的肌肉记忆。无独有偶，库里在场上无情的三分命中，也靠的是场下复杂且枯燥的训练。难道库里不是拥有射手的篮球天赋吗？有！天赋也许占了60%的比重，为了不辜负这**60%的天赋**，库里付出了**100%的努力**，他每天的训练里包括：蒙上眼睛，一只手运球，另一只手去抓握网球。球场上什么情况都会出现，很多时候偷懒考的不是精准的计算，而是肌肉不断的反复记忆，只有人球合一，才会做到"变态准"。

惺惺相惜的人不需要你来我往的交流，他们把眼睛放在对方身上，从未离开。"他从不在乎别人对他的看法，也不会考虑他的出手会制胜比赛，还是会涮筐而出。他在场上的出现就散发出杀手味道，他站在这，完成自己的任务。"这是科比对库里的评价，眼睛里仿佛看到了自己。

科比走了，比痛更痛的是隐忍。在意外发生两周之后，勇士队首次对战湖人队。由于伤病不会上场的库里走进大通中心，进入媒体视野，他脱下西服，露出了科比24号战袍。从2009年首次在场上遇见科比，到2016年库里与科比同时入选NBA西部全明星阵容，赛前，库里承诺他会给前辈科比很多传球，他明白这将是科比的最后一届全明星比赛，赛季结束，科比即将退役。正赛开始后，库里的确传给科比很多球。与此同时，当科比传给库里球时，后者也会努力将球打进，以提升科比的助攻数。

两位巨星的同台就像一场烟花，明亮而繁华，虽然落幕后生活依旧回到日夜交替，但那一刻的绚烂刻进每个人的心里，想起便会激动不已。而有科比与库里制造的繁华现在回忆变更加珍贵。一个时代与另一个时代的接力棒在那一刻交接，大家还没来得及说的再见，写入历史却是再也不见。

走好，科比。**"如果你对一件事拥有热情，你就会对这件事做到极致，科比拥有这个热情，他想成为他能成为的最好的球员。"**这是科比追悼会上篮球之神乔丹说的一句话。库里也是这样的人，他的传承让篮球更加精彩，篮球大于生活。

❖

写到这里，虽然这是一本写库里的书。但是关于科比，关于那一天，我还是想把当初写下的文字，分享给各位朋友：

那天

⊙ 凌晨，对热爱篮球、但不能聚众打球、只能看球聊解寂寥的我们，一则犹如重锤一般的消息精准地砸在了一只只地鼠头上。

湖人队史最伟大的球星科比·布莱恩特不幸去世，是的，我还是喜欢叫他球星，而不是名宿。

⊙ 他带着最像他的二女儿Gianna乘坐直升机去参加比赛，同行的还有另外一名球员和她的家长，总计造成9人丧生。

⊙ 不知道各位听闻此事的反应，但我想我大概和大家有一样的共情，首先是不相信。

⊙ 科比？打篮球的那个科比？真的？飙一句国骂。我多么希望这是一个假消息！

⊙ 但是手机上显示的无数个未接来电和微信的未读消息告诉我，出大事了！紧接着巨大的悲伤涌来，将我淹没，就是那种胸闷喘不上气的悲痛，和失去亲人一样的悲痛。

⊙ 一一回复了朋友们的微信，我给我的同事——平日里负责体育APP社区运营的李阳，一个我天天说他不传球的死忠科密——发了微信，大概半小时他没有回复我，我拨通了他的电话！

◎ 我："科比走了。"

◎ 朋友："你丫大早上有病啊，走哪了？复出了？"

◎ 我："永远走了，飞机出事了。"

◎ 电话那边没有声音，他知道我不会跟他开这样的玩笑，然后我们俩好像提前商量好一样谁也没有说话，挂掉了电话！

◎ 过了好一会儿，他在微信回了我几个字：**信仰坍塌了，想不明白，为什么会这样**？

◎ 是啊，想不明白为何会这样，我也没有时间去想，因为导演通知直播要提前，我努力克制自己的情绪，没吃早饭、没刷牙、没洗脸就来到了演播室。

◎ 负责直播的昊哥在朋友圈这样说：此时此刻，导播间的所有人戴着口罩，屏幕上满屏缅怀着科比，这个场景太魔幻太不现实了！

◎ 坚持着说完比赛和缅怀科比的致敬直播，我没有吃午饭，赶回家自己在沙发上一个人坐了好久！

◎ 作为一个篮球从业者，我经历过太多，一度我以为到了这个岁数再也不会有什么事情能让我有这种的感受！

◎ 老大，你为什么一定要坐那该死的飞机啊！

◎ 我一定要写些什么，我心里想。作为一个球迷，作为一个篮球媒体人，我也必须写些什么。

◎ 但写些什么呢？

首先写写科比的家庭？应该的。

◉ 跟老大一起走的是他的二女儿，13岁，多好的年龄啊，布莱恩特家的四朵金花，只剩下三朵了。

◉ 瓦妮莎失去了她的伴侣，大女儿失去了他的导师——对娜塔莉亚，再也找不到这么好的一个篮球导师。三女儿才刚成为科比门徒，就再也无法聆听父亲兼职篮球大师的教诲。

◉ 而2019年6月20日出生的小公主**Capri**，至今不过刚满半岁，她还没来得及形成关于父亲的永久记忆，她还不知道她的爸爸是一个怎样的超级英雄，不知道她爸爸当年大杀四方时是何等的威风！

◉ 等她长大后，会无数次重温父亲的英雄事迹，但再没法看父亲好汉重提当年勇时的音容笑貌——我能想象，如果科比还在，那样的科比微扬的嘴角，仿佛挂着年轻时的金戈铁马、令无数英雄尽折腰。

◉ 而哪怕在指导女儿长大的过程中，仅仅充当一个高级家庭教师、高级私人教练，他对篮球的高度理解也足以辐射周遭并促进篮球的发展——他的私人直升机上，还有吉安娜的队友，想必也感受到科比的润物细无声。

◉ 这里跟大伙分享一个跟科比私下的小故事，大概是三年前，科比带着吉安娜来现场看WNBA的比赛，那场球我记得特别清楚：火花队对阵阳光队，我跟科比在底下聊了会儿天，聊天内容围绕着吉安娜是否会走职业球员这条路，因为当时吉安娜还不像现在这般厉害。科比的意思是：现在就是培养她的兴趣，不会强求她走这条路，但是来看WNBA不是我带她来的，是吉安娜自己想来看，我就是陪她来看的。

◉ 而那之后，吉安娜也的确争气，老大在后来参加节目的时候曾说道：女儿听到别人让他生儿子就不乐意，为什么？因为吉安娜说："**有我就够了！**"

导师

超级
英雄

338

◉ 你可以想象，如果吉安娜成功打进了WNBA，以科比的影响力，对于WNBA的发展，对于女篮的发展，会有怎样的利好和推动。

◉ 但此时此刻，一切都成了莫大的遗憾。无数种可能，随着科比年轻的生命的终止，画上了句号。

从不认怂

永不服输

再写写科比的辉煌生涯？应该的。

◉ 高中生进入NBA，从替补打起，从不认怂，永不服输，拼命训练，打上主力，成为明星。

◉ 前比乔丹后比詹姆斯，大抵今天我们可以说：篮球技术而言，科比·布莱恩特是全世界天字第一号！

◉ 接下来和奥尼尔联手，夺下三连冠，成就NBA继"公牛王朝"之后的又一个三冠王，而他成了"OK组合"永远被铭记的那个"K"。

◉ 当然，他少不更事，让卡尔·马龙和加里·佩顿放下尊严的追梦路断，马龙黯然退役，佩顿也生波折。

◉ 紧接着不愿居于"O"之后，他希望写下自己的"头文字K"。

◉ 但并不容易，天煞孤星，谁都承认他是当时最致命的杀手，但就他一个人，得81分，创下乔丹之后最高个人赛季场均得分纪录，两连得分王，也不过换来一次季后赛，他靠一己之力吓得纳什的太阳队一身冷汗，但到底奈何不了迪奥、贝尔、巴博萨们拱卫的纳什。

◉ 北辰居其所，而众星拱之。科比要成为王者，需要帮手。他这一次懂了，于是湖人队交易来了保罗·加索尔，"小鲨鱼"拜纳姆也成长起来，而一路和科比混"铜锣湾"的奥多姆也正当盛年。

◉ 两连冠！科比终于在篮球史上写下了自己的"头文字K"。

全明星

18

得分王

2

总冠军

5

NBA最佳阵容

15

NBA最佳防守阵容

12

全明星MVP

4

总决赛MVP

2

MVP

1

18次全明星。两次得分王。5个总冠军。

15次NBA最佳阵容。12次NBA最佳防守阵容。

1996－1997年最佳新秀阵容。

4次全明星MVP。2次总决赛MVP。一次MVP。

◉ 这是科比一生的主要荣誉，记录着他不朽的篮球生涯。

◉ 这一切，倒是从退役那一刻就结束了。但真的结束了吗？

◉ 乔治·麦肯，各位大概知道，他有伟大的篮球生涯，但各位是否知道，他又有伟大的教练生涯和经理生涯，他于湖人队，用老巴斯先生的话说就是：没有麦肯就没有现在的湖人队。

◉ 迈克尔·乔丹买下了一支球队。蒂姆·邓肯回来当助教了。勒布朗·詹姆斯势必也要搞一支球队来经营。

◉ 都说对手最了解你的伟大，那么看看下飞机掩面哭泣的詹姆斯吧，看看赛前采访泣不成声的道格·里弗斯吧，看看一向喜怒不形于色的"石佛"是怎样的失落吧！

◉ 以篮球为生命的人，大概就是这个样子！

最后写写退役后的科比，又将对篮球事业继续做什么贡献呢？

◉ 他投资了基金公司，说篮球已是上半场。但他还创立了视频解析节目《detail》，他倾力培养女儿们，曼巴训练营开始星火燎原。他远离了篮球，但又未真正远离。

◉ 此时此刻，他真正远离了。除非我们相信天堂也有篮球场。

◉ 就这样，中国农历新年的第三天，许多人还在睡梦中，篮球领域的一块金字招牌，伟大的科比·布莱恩特去世了，他的

DETAIL

下半场刚刚开始，就被裁判罚出了场。

◉ 他在投资领域将怎样开疆拓土，我们看不到了。他的篮球专业知识将怎样促进篮球领域的发展，我们也看不到了。

◉ 回想2009—2016年之间，在斯坦普斯，在训练馆，在赛季的每一天我几乎都能看到他，此时此刻，我闭上眼睛，问我心中所想：他在赛场上的闪转腾挪、奔腾飞跃，他在场下的侃侃而谈、气场强大，电影镜头般在我脑海中划过，片段无数，但难以成篇，那些曾经看起来非常平淡的点点滴滴，现在回想起来是那么的珍贵！

科比

◉ **我该怎样定义我心中的科比？** 我写过一本关于科比的书，我甚至还在想着将来有一天能够写一写他人生的下半场，我根本没准备好，在这个时候就定义他桀骜不驯、迎难而上、和自己较劲和周遭较劲的一生。

◉ 冷静下来回过头看，事故大概发生在北京时间凌晨4点左右。关于凌晨4点，大伙儿大概也熟悉，没准还被激励过，也尝试过凌晨4点起床为考试奋战，为人生奋战。

◉ 然后，到此时此刻，差不多20个小时过去了，我仍然觉得这是一场梦。

如果这是一场梦

◉ **如果这是一场梦**，已经做到我想拼命随便抓住些什么，不是为了我不沉没，而是为了一个个鲜活的生命别在我眼前溜走。

◉ 你可以想象得到在即将坠落的时候，飞机上的九个人有多么绝望，但就像有朋友说的那样，那个时候老大一定是从容的，在生命的最后时刻，他一定像个超级英雄那样保护着被吓哭的吉安娜，告诉她：I'm sorry baby, I love you!

I LOVE YOU

◎ 你知道的，在那样的时候，他一定会是一个伟大的倔强的父亲！

◎ 然而更残酷的是，这不是一场梦，醒过来就能一切照旧。斯疫已疯狂，斯人已长逝。

◎ 面对世事无常，我们战栗，我们发抖，我们匆忙缅怀，但最后我想我们还是要坚强，像曼巴科比一样，像奋战在抗疫一线的医疗人员一样，迎难而上，努力战胜悲伤，战胜疫情。

◎ 说几句题外话，我跟老大认识大概有十几年，就像上文说的，当年常驻洛杉矶的时候，我们几乎每天都见，但是几乎很少合影，以至于我想找一张我们俩单独的正式合影都不容易。因为我始终觉得以朋友的身份，每次总去要求跟人家合影是一件很别扭的事情，现在想想真的是件遗憾的事情！

科比·布莱恩特

41岁

157天

◎ 那也是我最后一次跟他合影。如果时间能回到那个时候，该有多好！

◎ 最后，各位，答应我，再过二十年，如果有孩子看着他的集锦问你们：这个叔叔是谁？好像很厉害的样子。

◎ 请你一定要给他们讲他的故事，然后说一句：这是黑曼巴，也是一个好父亲！

◎ 科比·布莱恩特，1996年首轮，第13顺位，来自劳尔梅里恩高中，41岁157天，他的故事就到这了。

黑曼巴

❖

我们在2020年3月6日与猛龙队的比赛里再次看到库里的身影。他在27分钟的出场时间里拿到23分，用行动告诉全世界只要他健康，他就还是大家熟悉的那个库里。然而健康这个词，对于2019—2020赛季的库里来说完全无缘。在打了复出之战之后，库里又患上甲型流感，而在库里渴望重回赛场的过程中，整个NBA却迎来更大的考验。

在2020年3月底疫情正在全世界肆虐的时候，人们由于缺乏对病毒的理解，面对突如其来的强制居家令惶恐不安之时，库里与美国传染病学专家进行了一场关于新冠肺炎的全球对话直播。一场将近半个小时的直播，有将近5万人在线观看，而之后录制的视频播放量在持续发酵，线上播放超过10万小时，有来自146个国家的网友点击播放，半数人群在35岁以下。库里的这场连线充分利用他的名人效应，向全世界年轻人宣讲了病毒的传播与预防。

库里在直播的一开始，诚恳感谢专业人士，包括科学家们、医学工作者，在特殊时期，带动全民给一线工作人员最大的尊重。2020年的魔幻开启，让很多人改变了生活轨迹，不少刚进入社会还在摸索的青年人迷失了方向。全世界按下停止键，谁的内心与生活能没有波澜？更何况每天增长的感染人数，带给大众无限压力。

在这个时候，作为普通民众中有影响力的一员，在自己家里，线上对话传染病专家，代表无数普通人，库里问出大家关心的话题。

"感谢您的时间，要知道在这个时刻对我们普通人来讲，得到来自专业人士的及时且公正的信息，是非常重要的。我的粉丝们知道我即将跟您对话，他们给我发来了很多大家比较关心的问题，我想在这里帮大家提问一下。"

关于新冠肺炎与流感的不同、病毒是如何传播的，以及病毒对身体造成的危害是什么，这些大家好奇的话题，在这场直播之中得到了专家专业的表述，通过对话的形式，用普通民众能够理解的语言，深入浅出地让民众对病毒有所了解。并且在直播中还提醒了年轻人，不要成为病毒携带者，将病毒传播给社会中的老人，这是全世界团结的时刻，每个人有义务遵守社交距离，严守居家令，控制病毒传播从我做起。

在直播的过程中，不时会有网友留言："斯蒂芬，感谢您做的一切，你们的对话很棒，简直比一些官方发布会还要好。"

在这场直播中，库里还分享了自己几周前做核酸检测的亲身经历，并且呼吁大家，如果有症状，或者身边的人有症状，尽早去检测地点进行核酸检测，尽早隔离，让整个社会尽快回到正轨。

关于当时一些民间对病毒的传言，库里也列举出来，进行了提问："有一些传言说，等到天气变暖和了，病毒就会减轻传播能力。"问题一抛出，留言区很多网友产生共鸣。此刻库里不只是一名篮球明星，他还是普通群体的一位代言人，带着大众的疑问，对话传染病专家。

偶像的力量，不仅仅是在比赛落后时带领球队赢得比分的那位传奇，他肩上担负了更多的社会责任，特别是在魔幻一年的最魔幻时刻，世界成为战场，库里又一次走上战场，这一次他扛起了无数民众的信仰。

直播结束之后，网络上盛赞不已。"这是一场空前的、史无前例的对话。""我从来没想到NBA球星可以在自己家里跟我一样关心病毒的事，这让我觉得我不是一个人。"这引发了广大网友的共鸣，实际科普传播效果可能比正式的电视台发布会要好很多。熟悉的球迷们，又看到了那个在场上带领球队披荆斩棘的"小学生"。他不是在球馆里，他不是带领勇士队，而是帮助全体民众打起精神，用科学的方法打赢这场战役。MVP精神超越体育、空间、国界，在世界最需要的时刻，去帮助大家。

普通人遭遇的疫情，是在家储存食物，钻研厨艺，有孩子的家庭充当一下家庭教师，然后鸡飞狗跳，再抚慰自己的情绪。失去工作的人渴望学习新的技能找到工作，有工作的人平衡家务与工作的分量，健康的人居家继续保持健康，年迈的人更加谨慎，防止被传染。

职业运动员们是平凡且特殊的人群，篮球是一个团体项目，平日里球队早已经是一个大家庭，同时每天高强度的训练也是职业运动员的必修课，在居家令开始之前，没有人可以设想，NBA会因为人类不能大规模聚集而停止比赛，没有人见过NBA职业球员居家自行训练，如果没有2020年，大家一定认为这是痴人说梦。

北京时间3月12日，在爵士队球员鲁迪·戈贝尔确诊之后，NBA官方宣布赛季剩余比赛全部暂停，并在随后通知各球队，要求关闭球馆和训练馆。

所有球员居家隔离，保持社交距离。对球迷和全世界居民来说，生活被彻底改变，每个人都有不安和压力。两届MVP球员库里，在没有比赛的日子里，积极地给大家传递正能量信号。他经常在社交媒体上发布一些自己居家的小视频。6届全明星选手在家的生活丰富多彩，每天带领孩子们唱歌跳舞，不亦乐乎，除此之外还有各种搞笑视频剪辑层出不穷。场上的MVP在家里还要亲自给儿子换尿布，感觉有库里出现的地方一片欢声笑语，没有压力，没有烦恼，谁要是感到低落，他就会走过来拉起你的手热舞一段。在每段视频的最后，库里都会呼吁大家，尽自己所能，居家不外出，不聚会，保持社交距离。

疫情居家的每个人都或多或少的承受了压力。而对于库里来说，他却承受了双重的压力。

NBA停摆前，库里刚刚从左手第二掌骨骨折中恢复过来。本想继续在球场上征战的时候，NBA停牌了。这对于库里这种伤病复出的球员来说，如同在绝望中回归。试问，身体与心理上的压力，谁能承受？

库里必须承受这些压力，他也在每天与自己对话这些现实，默默的，心灵上的对话。他之后的NBA旅程将艰难无比，勇士队大面积的伤病成为库里与勇士队征程上的荆棘。加上席卷而来的疫情，库里的赛季何时继续却是问号，或者，也许面临结束。

把压力留给自己，每天太阳照常升起，每日还需笑对生活，"热情"成全库里成为库里，热情也可以转化成信念，让他不畏艰险，只做好此刻该做的事情，做自己！

球迷本该在场边或电视旁被库里精湛的篮球技巧所折服的时候，突如其来的疫情，让库里的身份发生180度大转变。他成了社交媒体达人库里。通过社交媒体，库里对生活的信念和乐观感染了所有在网络上迷茫的人们。

库里的网络视频中最受欢迎的要数他为儿子换尿布的视频了。他自己也对这份"工作"又爱又恨，甚至还为此编了歌曲，一边唱一边换。"我不知道什么东西一整天臭烘烘，无法解释你的尿片对我做了什么。"库里说自己每天要换七八次尿片，他很纠结。

有的球迷在网络上留言说，自己甚至想感谢"居家令"，若不是千年不遇的疫情，大家也无法欣赏到千载难逢的**库里换尿片**。

因为无法带孩子们去公共场所释放精力，库里把自家的跑步机屏幕调成金州公园场景，让莱利在跑步机上跑步的时候看着屏幕的场景，就好像自己去过了公园，走了很多路，看了很多风景。与全世界所有普通小孩一

库里换尿片

样，即使公园就在家门口，也无法跑出去玩耍，库里的莱利就是千万小孩的缩影。

在自家后院训练孩子们的体能也是"教练"库里的拿手项目之一，他像所有居家的爸爸一样，也网购了体育训练器材，搭了简易的棒球场地，指导两个女儿打棒球和跑位，儿子卡农在旁边像姐姐的小跟班，不知所措地跑来跑去。

说到库里儿子卡农，阿耶莎在视频中透露，看儿子现在胖乎乎的样子，体型直逼两位姐姐，好像已经提前锁定了篮球中锋的地位。网友们都戏称卡农为"**卡中锋**"。"卡中锋"的爸爸与爷爷

"卡中锋"

都是NBA的后卫，按常理推算，卡农也将拥有家族遗传的射手基因，再加上卡农现在的体格，NBA欠卡农一个中锋位置。

库里坦诚地说，在疫情休赛期间，自己用了大部分时间照顾家人，陪伴孩子们，减少了与球队的沟通。"我更习惯的方式是，每天开车去训练馆，与

队友们一起训练4—6个小时，这是我们主要的交流模式。"居家隔离期间，库里在家中的健身房骑车，做重量训练。"虽然我在家里也可以随时运球，做一些动作，但是家里毕竟不是球馆，没有那个环境，这并不是我舒服的训练模式。"

"居家令"让普通人如坐针毡，对于每天需要系统训练的球员们，他们需要开动脑筋马上解决实际的训练问题，训练场馆关闭，又要保持身体状态，球员们各自想办法满足日常的体能需求。

动感单车挑战赛，是勇士队队员们想出来的促进集体训练的点子。球队有一个"slack group"（网上打卡程序），队员们每天早上集体上线，开始动感单车挑

勇士旅程

战，"追梦"格林甚至为这个挑战赛起了一个名字叫"**勇士队旅程**"，他是这个挑战赛的冠军。

库里家中正好有一辆动感单车，除了挑战赛第一天没有及时看到消息未能参加以外，他每天都积极打卡。"我的水平在全队处于中上。"库里说，他表示自己还不是最前面的人，但他正在努力成为那个"站在领奖台上的人"。

每日早训练结束之后，库里如世界上所有疫情期间的父母一样，化身家庭老师，教孩子学习。"好的一方面是，你经常会感觉到，神奇！哇，你已经长大了，可以自己解决很多问题。"因为球员的特殊身份，库里第一次与孩子们一周7天24小时在一起，孩子们的快速长大让他感到吃惊。

大女儿莱利7岁，是一个小学2年级学生。库里周一至周五的上午，需要准时坐在她身边，帮她打开班级"zoom"收看学校的线上教学。

"我也需要坐在她旁边，眼睛盯着电脑，确保她不走神认真听讲。"每天线上教学结束之后，库里需要帮助女儿收拾好当天的文具。"我是她的家庭教师，兼职助理，还有她的训练师。"这是库里给自己的定位。然而这份工作看起来并不简单，莱利学校布置每位二年级同学给自己家长做一个"教师资格测试"，女儿只给了爸爸"三颗星"。库里打趣说："这说明，在家庭教师这个职业

上面我还有很大的提高空间。"

当所有人多年之后坐下来回忆，2020年一定是浓重的一笔。"无论富贵贫穷，无论健康疾病，无论人生的顺境逆境，在对方最需要你的时候，你能不离不弃终身不离开直到永远吗？"每对恋人结婚宣誓时的一句话，适用于疫情居家的人们。2020年就是"对方最需要你的时候"。病毒肆虐改变了大多数人的生活方式，人们有更多的时间待在家中，与家人们朝夕相处，也许起初是充满矛盾的，人类的适应能力唤醒了爱的本性。

试问有多少人在2020年初许下的愿望是关于宏图大志，涉及金银万两。时代发展让科技越来越先进，生活节奏越来越忙碌，娱乐越来越丰富，人们每天习惯于忙碌，却忘记忙碌的目的。当病毒按下**世界的暂停键**，让忙碌的人们居家思考的时候，大多数人开始自省内心，关爱同处一室的家人，发现社区或者身边以前没有注意到的可爱的人和需要帮助的人。当一个人尝试提供帮助的时候，就会马上有人产生共情，开始向社会伸出援助之手，这是榜样的力量，唤醒了人类善良的本能，让人们在最黑暗的时候看到了光，纷纷有人加入了光，光变得越来越大，黑暗的世界又亮了起来。

世界的
暂停键

库里与妻子阿耶莎在2019年成立了基金会"**Eat，Learn，Play**"旨在帮助家庭贫困的儿童有饭吃、有学上，过上相对快乐的生活，他们在疫情前为贫困儿童捐书、捐食物，还有玩具。当疫情发生之后，库里夫妇首先意识到，这些贫困孩子此刻更需要关怀。"我很庆幸一年之前我们把这个基金会建立好了，当学校停课以后，有很多以前享受学校补贴午饭的家庭，马上遭受到沉重打击，我们意识到了这些需求，可以马上启动基金会的力量为他们提供午饭，因为我们的方案和渠道都是成熟的。"在居家隔离的一开始阶段，库里基金会就成功捐赠了一百万份午餐给周边需要帮助的孩子们。然而基金会的影响力还在扩大，因为库里夫妇的善举，开始有食品供应商找到他们愿意参与到慈善之中，有更多的志愿者也逐渐加入进来，星星之火可以燎原，库里与阿耶莎的基金会在疫情期间解决了贫困家庭孩子们的温饱问题，让他们走出黑暗，见到爱。

❖

之后NBA虽然在佛罗里达重启赛季，但由于勇士队联盟倒数第一的成绩，他们没有资格参加。"我很无奈，很郁闷。"库里最难过的不是别的，而是无法在这个赛季再次享受打球的快乐，"我想打球，我这辈子就是打球的。不打球我就浑身上下不舒服……"

拨云，
王者归来
RETURN

"我要确保一切能够以正确的方式进行……保持侵略性，保持坚定，好的事情自然会发生。"

——斯蒂芬·库里

第2章

训练，等待，训练，等待，2020年12月13日，勇士队和库里终于迎来自己新赛季的第一场季前赛，对手是森林狼队。再次出现在人们眼前的库里换了发型，头带和沟垄头的造型更显一分成熟。由于克莱在之前的训练营里跟腱受伤再次赛季报销，库里身边的队友变成了维金斯、乌布雷、鲁尼和帕斯卡尔。没有人知道此时的库里是否还想念身边是克莱、杜兰特的时候，但是职业球员的使命就是如此，无论身边是什么队友，只要上场就要全力以赴去拼。

…………

10分3次助攻，库里的复出之战打了21分钟。数据虽然不亮眼，但足以让他在全世界的拥趸们泪目。随着这两年库里健康与勇士队阵容的一系列变化，多数库里的粉丝已经变得佛系。他们不再谈什么总冠军什么MVP，他们只希望库里能健健康康地出现在球场上打他心爱的篮球，这就够了。至于勇士队新赛季到底能打到什么程度，库里是否还能重返蝉联MVP时期的巅峰状态，似乎已经没那么重要。

"只要他回来了，出场了，我心里就踏实了，"科尔在那场季前赛之后也变得很佛系，"看着他重新上场享受着他一生最享受的东西（打球），我就随着他一起高兴。"

2020—2021赛季对于勇士队和库里来说注定是充满挑战的一年，全新的阵容，强手如林的西部联盟，勇士队新赛季揭幕战面对杜兰特、欧文领衔的篮网队被打得没有还手之力，**99：125**大

勇士队　　　　篮网队

99 ： 125

比分落败。库里虽然得到20分并送出10次助攻，但全场21投只有7中。赛后库里承认再次感受到了独自带队的难度，因为没了杜兰特和克莱吸引防守注意力，对方防守的重心完全在他这里。

"**很难打，**"他说得非常坦诚，"我们不希望用这样的方式开始赛季，但是事实就是如此。我们只能重整旗鼓准备下一场比赛。"

但是勇士队赛季第二场的对手也不是善茬，他们在圣诞节当天造访密尔

沃基挑战上一个赛季联盟常规赛头名的雄鹿队。这次输得更惨——**99 : 138**。库里在对方的严防之下全场17投6中得到19分。很显然这个分数是不足以让勇士队与雄鹿队抗衡到最后的。

直到赛季的第三场勇士队做客芝加哥面对公牛队，情况才有所好转。这场比赛库里在迎来赛季首次个人大爆发的同时也迎来一个里程碑，他全场狂轰36分并送出6次助攻，带队惊险击败公牛队拿到赛季首胜，而且全场命中的5个三分球让他成为NBA有史以来第三位（常规赛）**三分球命中数突破2500个的球员**。

勇士队　　**雄鹿队**

99 : 138

三分球命中数突破

2500 个

"斯蒂芬·库里！欢迎加入这个大家庭！"NBA传奇球星、笔者的偶像雷吉·米勒赛后第一时间祝贺库里："我和雷（阿伦）等你很久了，用不了几周你就能（在三分命中数榜上）超过我了。你是历史最佳射手，继续让子弹飞吧！"

虽然在球迷心中库里的投射能力冠绝NBA，但是这句话从米勒嘴里说出来所具有的意义自然别有不同。

"我们真的需要这场胜利，"与个人三分球的突破相比，库里显然更看重这场比赛的结果，"这个赛季的开局对我们来说一点都不美好（连续惨败给篮网队和雄鹿队），但是我们今天终于展现出了应有的斗志！"

回到主场的勇士队面对开拓者队，又是一场溃败，似乎被打回了赛季初的影子。这场球打完，大家谈论更多的是没有克莱为库里拉开空间，他会打得多么别扭。甚至很多人讨论库里有可能只是一名出色的体系球员，只能在特定的体系里打出优质的比赛。

而且由于疫情的原因，2020—2021赛季NBA 赛程的安排也是完全的创新，会经常安排两支球队在同一场地进行二连打。外界的质疑，联盟安排的二连打（勇士队惨败开拓者队后继续在主场再战开拓者队），这一切似乎都成了一种前兆，一种大爆发的前兆。

我们来看看勇士队与开拓者队的二番战之前，勇士队是什么样的状态：2胜3负，西部倒数第4，乌布雷27投1中的三分命中率，维金斯糟糕的投篮手感，还有球队大比分输球后库里替补席落寞的神情。球队开季的3场失利场均输整整30分，这样的输法让球迷无法接受，球员自己更无法接受。

　　至少大家一致认为，勇士队再也不是那个站在三分线外就让人闻风丧胆的球队。**乌布雷、维金斯和格林组成的"铁三角"**，真的成了"铁"三角。恐怕放眼整个联盟都难找到更不擅长三分的外线组合了。

乌布雷

维金斯　　格林

　　甚至就连库里，在开赛季的前几场比赛里都让人觉得陌生。前三场比赛，库里三分线外总共35投7中，**三分命中率只有20%**。勇士队的外线有多拉胯，看看上一场对阵开拓者队的比赛就知道了。上一场勇士队不敌开拓者队的赛后，媒体发布了一张库里半场未过就被多

三分球命中率仅

20%

名开拓者队球员包围的照片，并配文道："这太荒谬了，太想念克莱了。"

　　还有美国球迷在社交媒体上说库里身边都是发展联盟级别的队友，这条社交媒体还被开拓者队的麦科勒姆评价了，当然了麦科勒姆是向着球员说话，他说不能如此不尊重勇士队的这些角色球员。

　　当然，最后的争论还是回到了库里本身。

　　"库里不过是体系球员，没了队友他带不了队。""库里就会勇士队的传切，让他一个人放开抡，他打得动吗？"

　　在某种程度上，这和威少所处的境地有些相似，都是自身的带队能力遭受质疑，只不过威少如火般的性格更容易招黑罢了。

但这些话背后质疑的焦点则是，即便给库里放开抡的机会，他也打不出多好的表现。

而这种类型的言论，库里只用一场就全部击得粉碎。同样是对阵开拓者队，双方前天刚刚交手过一次，勇士队输了25分，库里则在双枪的对决中败下阵来。利拉德34分、麦科勒姆28分，而勇士队当家球星库里，只有26分入账。

❖

然而再战开拓者队，人们终于见识到库里放开抡的威力。

首节比赛他打满整节，单节11中7（三分5中2），砍下21分，这是他个人自2019年5月（西部半决赛G6）以来的单节最高分，那场比赛他在第四节砍下23分，下半场个人独砍33分。而这样的表现还在继续，半场结束库里18中10（三分7中3）砍下31分，带队以66：54领先开拓者队12分。

半场31分是本赛季至今的半场得分纪录，上一个创下纪录的人还是几小时前的拉文。

如果你没看这一场比赛，会发现消息推送是这样的——"库里40分+，打破赛季个人新高""库里砍下50分，成为本赛季联盟首个50分""库里砍下60分，打破个人得分新高"……

这样的消息在极短的时间内替代前者，佐证着库里本场比赛的不可阻挡。

勇士队　开拓者队

137 : 122

最终，库里全场出战36分钟，31投18中，其中三分16投8中，罚球19罚18中拿下62分5个篮板4次助攻，**勇士队以137：122大胜开拓者队拿下赛季第3场胜利。**

单场62分也创造了库里生涯得分纪录，他此前最高纪录为54分（2013年2月28日打尼克斯队时）。这是库里生涯第一次得分破60分，他加入了维尔特·张伯伦、里克·巴里、乔·福尔克斯、克莱·汤普森的阵营，成为勇士队史第5个单场轰下至少60分的球员。

单场得分

62

上半场和下半场，库里半场得分都达到了至少30分（上下半场均得到31分），自1996—1997赛季以来只有一个球员做到过，那就是2005年12月21日的科比·布莱恩特。

很显然，这一战就让那些认为库里不行的人哑口无言。

除此之外还有一项数据——这是库里生涯第7次50+，排名现役第4，前3分别是：哈登（23次）、詹姆斯（12次）和利拉德（11次），截至库里得到62分这一天。

现役50+排名及次数

■ 次数

哈登	詹姆斯	利拉德	库里
23	12	11	7

考虑到曾经巅峰期的勇士队，库里常常三节打卡下班，你很难说放开抡的库里会到什么样的程度。

小托马斯就公开帮库里回敬质疑，他说："当我看到那些诋毁库里的言论，我就感觉很搞笑。这家伙真正改变了全世界各个层次的篮球打法！历史上，只有很少几个人真正改变了篮球这项运动。"

事实上，放开抡对于库里来说从来不是什么问题，只是为了赢球，有的时候没法放开抡罢了。

巧合的是，库里的职业生涯纪录之战，恰好是笔者在演播室解说，也许是天意，也许是巧合，解说完之后笔者第一时间在自己的公众号（段冉在线）上发布了对这场球的看法，题目就叫——你才是体系球员，你全家都是！文章是这么写的：

上午在演播室陪大家一起看的，斯蒂芬·库里砍下62分，刷新了他2012—2013赛季客战尼克斯队创造的常规赛单场得分纪录，那一场，他得到54分，射中11记三分。

这场比赛里，库里31次出手，命中18球，三分球16投8中，**博得19次罚球**，命中了其中的18个。

值得一提的是，罚球出手数，库里也创造了个人纪录，此前的最高纪录是18次。

这一场球，可以说击碎了近期甚嚣尘上的质疑：体系球员；没有放开抡的能力；年龄大了……

如果评论员、写手、键盘侠有查尔斯·巴克利敢说敢做的作风，今天全球理应上演各种类似于"亲驴屁股"这样的行为艺术。

而作为靠写球、说球为生的我来说，很荣幸，暂时并没有这样的风险。

赛季开始前后，我说了，我相信库里，相信超巨，按照库班的标准，超巨就是能带队50胜进季后赛二轮的球员。

而超巨和MVP奖项有极高的重合度：勒布朗·詹姆斯（几乎每一年）、詹姆斯·哈登（最近几个赛季）、扬尼斯·阿德托昆博（2018—2019赛季、2019—2020赛季）、斯蒂芬·库里（五年三冠王朝时期）。

库里是两连MVP，是三届总冠军获得者，是无可争议的超巨。

和赛季开始前的预测一样，基于配置的过于畸形、阵容的极度动荡，我仍保留勇士队本赛季很难50胜并进入季后赛二轮的看法，但库里会打出符合MVP身份的表现，这是我非常笃定的，比对杜兰特仍能打出MVP级别表现的预测笃定得多。

所以，库里今天的表现，在意料之中，这就是MVP，这就是库里、詹姆斯、杜兰特这一档次的球星该干的事儿。

当然，也有情理之外的东西。

MVP

老实说，我没想到，科尔思路转换得这么快，才5场球，就准许库里像詹姆斯·哈登、拉塞尔·威斯布鲁克一样打球了。

众所周知，勇士队五年三冠时期，打得堪称高智商篮球——他们有库里这样可以创造一切的超级后卫，但并不让库里创造一切。

休斯敦火箭式的篮球、詹姆斯1.0时期的篮球、杜兰特离开后拉塞尔·威斯布鲁克满腔怒火的篮球，都是超级持球手主导一切，其他人大都处于被支配的地位。

而勇士队式的篮球，超级持球手让渡球权，参与体系运转，成为体系的一环。因而库里为队友创造机会，队友也为库里创造机会。

打个不那么恰当的比方。勇士队就像篮球，去中心化，自由滚动，无限创造。其他超级持球手主导的球队，就像不倒翁，超巨为基，下限稳固。

而勇士队本赛季的现状是，当格林只有发牌能力，当乌布雷、维金斯这样的侧翼投射极其不稳定，当怀斯曼还很生涩时，维持科尔进攻体系继续运转的零件是残破不全的。

这种情况下，让库里继续作为体系的一环，无疑是削足适履。体系完备时，库里和体系相互成就；体系残缺时，体系就把库里束缚在体系里，让人们以"体系球员"诋毁。

"**体系球员**"

今天这样，挺好。科尔也许没有我们想象的那么固执。

当然了，一场库里主导一切的比赛能击碎许多质疑，但并不能解决勇士队的所有问题：格林这个赛季如果场均得分超过10分，我会很意外；维金斯撕掉天才少年的标签，成为一个如科温顿一样兢兢业业但对胜利不可或缺的3D，我会很惊喜；怀斯曼会成为库里最可靠的挡拆搭档吗？乌布雷还会继续进步吗？

库里、杜兰特这种球权产出比极高、无球极出色的球员，用更少的资源得更多的分，还不粘球，通常是极其有利于角色球员的成长的，但前提是角色球员是可造之才。

库里可以通过接管一切，帮勇士队度过危急时刻，但归根到底，勇士队要成为更高级别的球队，得维金斯、乌布雷、怀斯曼在库里身边快速地集体成长。

毕竟，你不能指望每支球队都像开拓者队一样后卫攻强守弱、中锋笨重，还喜欢对库里使用一般延阻！

甚至，库里今天的暴走，无疑给其他球队提个醒：对库里的包夹要更加彻底，库里再厉害，当下的勇士队，让人忌惮的也只有他一个。

❖

当然，漫长赛季不是由一场比赛组成的。虽然库里打出了自己职业生涯得分之夜，但处在强敌如林的西部，他和他的勇士队仍然面临很多挑战。

62分刷新生涯新高，率队大胜开拓者队成功复仇，一举拿下周最佳，库里向全世界再次展示了自己随时有能力爆发。拿到62分之后的第二天，勇士队背靠背主场迎战萨克拉门托国王队，第一个问题是库里是否会出战背靠背的比赛，第二个问题是轰下62分之后的库里，状态是否会有明显回落。

然而比赛一开始，库里就给出了答案。他三节就砍下30分9个篮板8次助攻的全面数据并且球队大比分领先，当库里再次三节打卡下班时，很多勇士队的球迷都在直播间感慨这一幕实在是太熟悉了，2015—2016赛季那个无人能挡的"库日天"不就是这么打球的吗？在赛季前两场遭受质疑之后，库里拿出了"打脸"的表现。那么，库里能用这两场比赛证明，他重回巅峰了吗？

"库日天"

这两场比赛勇士队的打法，的确就是为库里设计的，能最大化发挥库里的实力。一方面，德雷蒙德·格林复出之后为库里配备了最好的传球手，再加上乌布雷、维金斯等人熟悉了库里的跑位套路开始做出有效的掩护，库里的接球之后出手已经越来越容易，这从他不断上升的命中率就可以看出来。另一方面，科尔也给库里布置大量的持球单打战术，让库里用他灵动的脚步和犀利的突破撕裂对手的防线。无论是开拓者队的锋线群还是国王队的后卫线，都被库里一个一个打了个干净。

库里本场比赛再现神奇的最重要原因还是信心回来了。赛季前几场比赛，库里的手感一般，尤其是引以为傲的三分投射，命中率让人不敢相信这是联盟历史三分王。而经历了与开拓者队的一战后，库里拿下62分命中8记三分，不乏运球过半场之后的超远三分、连续胯下运球之后的不看筐三分，这对球员信心的提升是巨大的。本场比赛，库里继续命中5记三分。可以想象，这种火热的手感还将延续下去。在全票MVP赛季之后，库里没有大包大揽式的数据，也没有得分盛宴。但那是因为杜兰特加盟之后，为了球队战斗力的最大化，库里所做出的牺牲而已，并不是真的状态下滑、巅峰不再。事实证明，给库里球权，他依然是全票MVP的水准。

连续出色的表现，恰恰也是库里孤胆英雄的缩影。在后面整个赛季的漫长征程中，勇士队不是最好的那一个，甚至只是季后赛边缘球队。纵使库里打出了MVP级别的数据，但是由于阵容短板、球员伤病等因素，勇士队在常规赛结束前，只获得西部第八名。

按照规则，勇士队与湖人队将在附加赛相遇，胜者获得西部第七的位置，而负者将和马刺队与灰熊队之间的胜者争夺西部第八的位置。北京时间5

巅峰

月20日，湖人队主场对决勇士队的这场附加赛万众瞩目。

湖人队前两节落后13分，投丢31球，创赛季半场最差纪录。但是下半场"詹眉"双核发威，两队最后阶段鏖战至100：100平。随着詹姆斯命中制胜三分，最终湖人队103：100击败勇士队锁定西部赛七，将在季后赛首轮挑战太阳队，而勇士队将与灰熊队争夺西部最后一个季后赛名额。

在这场与湖人队的比赛中，库里获得37分，表现依然出色。也正是因为库里的存在，大多数媒体和球迷都看好勇士队可以赢下与灰熊队的生死之战，然后搭上晋级季后赛的末班车。

但是，事与愿违，灰熊队的韧劲给了勇士队巨大麻烦，最终勇士队输掉比赛，无缘这个赛季的季后赛。这样残酷的事实，其实对于大部分勇士队球迷来说，尚可接受。因为这支勇士队确实处在风雨飘摇中，2020—2021赛季注定不是他们收获的赛季，而新的希望应该是接下来的2021—2022赛季。

不管怎样，库里的表现有目共睹。2021年5月21日，NBA公布各种常规赛奖项的最终三人候选。其中常规赛MVP三人候选是：约基奇、恩比德和库里。从各方面来看，虽然MVP肯定是约基奇的，但是库里能够入围前三，也算是给予他的最大肯定。孤胆英雄的戏码，成为库里在这个赛季的主旋律。

而由于疫情原因，接下来的2021—2022赛季依然充满变数，新赛季的勇士队一样无法预料。新赛季正式开赛前，由于乌布雷的被交易离开，克莱·汤普森以及怀斯曼的伤病等原因，这支勇士队依旧不被看好。他们最多就是被看作西部季后赛边缘球队。

可是，勇士队以及库里给了全联盟乃至全世界看衰他们的声音一记响亮的耳光。2021—2022赛季的勇士队，犹如脱胎换骨一般，打出了可怕的团队篮球，加以库里各种逆天的表演。那支无所不能的勇士队，又回来了！

就这样，勇士队在不经意间重新崛起，让联盟乃至全世界的球迷都措手不及。他们在前24场比赛中赢下了20场，稳居联盟第一。库里一直处于MVP排行榜的第一位，这支勇士队也成为夺冠大热门。

在克莱等伤病球员归来之后，勇士队将更加备受瞩目。当然，库里依然会是勇士队最耀眼的那一个！我们都知道库里，以三分球闻名天下，是历史级别的顶级射手，是最伟大、最准的那一个。

但是在这赛季之前，库里在NBA历史的三分命中排名中并不是第一的那个。不过，这个赛季他终于做到了，他成为真正的"三分之神"。

我们一起来看这些经典的时刻：

北京时间2021年11月13日，NBA常规赛公牛队客场挑战勇士队，全场比赛毫无波澜，第三节比赛结束勇士队就领先公牛队24分，最终勇士队119：93大胜公牛队取得七连胜，库里全场命中9记三分球，拿到40分、4个篮板、5次助攻，比赛结束后，库里生涯的三分球总数来到3364个，超越名宿雷·阿伦升至历史第一。

不过此时，库里打破的雷·阿伦三分纪录是生涯总数，就是常规赛+季后赛。完成对雷·阿伦的超越，库里真的是完美至极，达到一个这样的三分总进球数，他比雷·阿伦少用了585场比赛！

此时常规赛的历史三分总数纪录还是雷·阿伦保持的，他职业生涯一共在常规赛命中2973个三分球。而大胜公牛队的比赛过后，库里的常规赛三分球命中数达到2896个，距离雷·阿伦的NBA历史纪录只差77个。

2021年12月15日，这是值得铭记的历史时刻。勇士队客场挑战尼克斯队，本场比赛之前，库里生涯常规赛三分球命中数为2972个，距雷·阿伦的历史纪录仅差一球。库里开赛第一投就投进三分球，第一节比赛还剩7分33秒，历史性时刻到来！库里投进第二个三分球，正式超越雷·阿伦，成为新的NBA历史三分王！

勇士队犯规并专门喊出暂停，篮球圣地麦迪逊花园球馆全场沸腾！库里在和队友拥抱庆祝之后，与前纪录保持者雷·阿伦拥抱。赛后，前两任历史三分王——雷吉·米勒和雷·阿伦拿着各自的球衣，库里拿着一件勇士队的"2974"号球衣，三代历史三分王完成了同框合影。

其实看到这样的时刻，无论怎样描述都显得轻描淡写。因为当库里横空出世，成为划时代的弄潮儿那一刻起，有关三分球的所有纪录，就注定都将属于他。若之前的征战都是对库里成为"三分之神"的铺垫，那么也就在这一刻，库里正式加冕，成为真正的"三分之神"，在三分球这个领域，君临天下，无可比拟。

更为主要的是，无所不能的勇士队又回来了，所向披靡的库里还在继续。属于库里的故事，就如同他打破雷·阿伦的三分球纪录一样，还在继续着，远没有到结束的时候。

常规赛三分命中数排行榜		
1	斯蒂芬·库里	2977
2	雷·阿伦	2973
3	雷吉·米勒	2560
4	詹姆斯·哈登	2509
5	凯尔·科沃尔	2450
6	文斯·卡特	2290
7	杰森·特里	2282
8	贾马尔·克劳福德	2221
9	保罗·皮尔斯	2143
10	达米安·利拉德	2114
11	勒布朗·詹姆斯	2023
12	杰森·特里	1988
13	德克·诺维斯基	1982
14	乔·约翰逊	1978
15	J.J.雷迪克	1950
16	JR·史密斯	1930
17	凯里·洛瑞	1884
18	昌西·比卢普斯	1830
19	科比·布莱恩特	1827
20	保罗·乔治	1825

季后赛三分命中数排行榜		
1	斯蒂芬·库里	470
2	勒布朗·詹姆斯	432
3	雷·阿伦	385
4	克莱·汤普森	374
5	詹姆斯·哈登	341
6	凯文·杜兰特	337
7	马努·吉诺比利	324
8	雷吉·米勒	320
9	JR·史密斯	294
10	科比·布莱恩特	292
11	德里克·费舍尔	285
12	丹尼·格林	283
13	保罗·皮尔斯	276
14	昌西·比卢普斯	267
15	罗伯特·霍里	261
16	保罗·乔治	258
17	凯尔·科沃尔	254
18	杰森·基德	236
19	科怀·伦纳德	228
20	杰森·特里	221

三分命中总数排行榜		
1	斯蒂芬·库里	3447
2	雷·阿伦	3358
3	雷吉·米勒	2880
4	詹姆斯·哈登	2850
5	凯尔·科沃尔	2704
6	杰森·特里	2503
7	勒布朗·詹姆斯	2455
8	保罗·皮尔斯	2419
9	文斯·卡特	2409
10	贾马尔·克劳福德	2328
11	达米安·利拉德	2313
12	杰森·特里	2224
13	JR·史密斯	2224
14	克莱·汤普森	2172
15	J.J.雷迪克	2139
16	乔·约翰逊	2136
17	德克·诺维斯基	2131
18	科比·布莱恩特	2119
19	昌西·比卢普斯	2097
20	保罗·乔治	2083

截止2012年12月15日

征途，四冠时刻
CHAMPIONS

"明年没人想碰到我们。"

——斯蒂芬·库里

第 *3* 章

　　破三分纪录后，库里给格林和伊戈达拉一人送了一块劳力士手表。这两位老将分别在职业生涯中送给库里479次和168次三分球的助攻，是给库里三分球助攻最多的球员。在勇士队的客场之旅中，两人也一直身穿"客场破纪录之旅"的T恤衫，并在与尼克斯队的比赛结束后第一时间给库里戴上了一顶印着"2974"的帽子。

　　人逢喜事精神爽，勇士队在两天后的客场比赛中，凭借4分的优势击败了当时境况不佳的凯尔特人队，取得了客场的3连胜。当时，凯尔特人队的战绩是14胜15负，胜率还不足50%，谁能想到，六个月后，这支坚韧不拔的年轻球队站在了总决赛的舞台之上呢？

　　12月最重要的比赛自然是圣诞大战了，库里并不喜欢圣诞大战，因为在这个美国最重要的节日里，他总是打出离谱的表现。在他参加的前7次圣诞大战里，他场均只拿到12.3分。2020年的圣诞大战，勇士队输给雄鹿队39分，创造了圣诞大战第二大输球分差，但只拿到19分的库里居然创下了自己的圣诞大战得分新高。库里参加了9次圣诞大战，输了7次，这一次他能"捡个软柿子捏"吗？联盟当然不同意了。

　　2021年的圣诞大战，联盟"贴心"地给勇士队安排了势头正盛、排名联盟第一的菲尼克斯太阳队。两支球队在当时胜率都超过了80%，这场比赛堪称西部的巅峰对决。在本赛季的首次交手中，勇士队客场落败，让太阳队打出了平队史纪录的17连胜。在那场比赛最后的5分19秒里，勇士队只得到1分，库里也被布里奇斯严密的防守限制了发挥，全场只有21投4中。

　　由于触发联盟健康安全条例，威金斯和普尔都无法在这场比赛中出战，佩顿和波特顶替两人首发出战。库里在这个夜晚，打出了生涯最佳的圣诞表现，全场比赛27投10中，砍下33分4个篮板6次助攻，但是勇士队取胜的功臣是波特，在比赛最后的1分02秒，波特先是一个后撤步三分，随后又是两个中投，连拿7分，彻底终结比赛。

　　过去几个赛季饱受伤病折磨的波特，本赛季甘愿拿着230万美元的底薪，就为了在这样的大舞台发光发热，赛后科尔也对他赞不绝口。太阳队的主场

15连胜，在圣诞大战被勇士队终结。

圣诞大战过后，最令勇士队球迷激动的消息就是："水花兄弟"要合体了。2022年1月9日，阔别赛场941天的克莱·汤普森在对阵骑士队的比赛中回归。当天库里贴心地把原本属于他的出场位置留给了克莱，首发出战的克莱回归赛场不到20分钟就出手了18次，命中7球，砍下17分，上半场的一次突破暴扣更让人感受到了他强烈的求战欲望。"水花兄弟"18个月没在一起打球了，这期间普尔取得了长足的进步，但是谁都无法取代克莱，只有库里知道他有多重要。

库里在赛后说："克莱的回归很特别，那一刻他期待已久。在过去的两年半里，他经历了很多起起伏伏。如果不是看到克莱每天所做的事情，我就无法成为现在的射手。他让我保持敏锐，并让我明白，除了我还有另一个人也能做到以我想要的方式投篮。"

克莱在赛后拥抱库里并轻轻说道："这只是一个开始。"谁都知道他想要的结果是什么。

但是，克莱的回归并没有让勇士队高歌猛进，久疏战阵的他虽然完美契合勇士队的战术体系，可格林的腿伤和腰伤影响了勇士队的整体性。进入2022年后的11场比赛，勇士队输掉了6场。输给强队也罢了，1月20日在主场以4分劣势不敌步行者队的比赛，是勇士队赛季至今最尴尬的失利。当天的步行者队缺少4个主力，靠着新秀杜阿尔特，CBA名宿塞勒斯，替补前锋克雷格等人的出色发挥，步行者队把比赛拖入了加时赛，并最终从大通中心取走一场胜利。这场揪心的失利过后，面对西部战绩最差的火箭队，勇士队在比赛中也是一度落后，直到最后时刻才靠着库里生涯的第一个压哨中投绝杀比赛，艰难拿下胜利。

本赛季格林和库里一起出战的比赛中，勇士队28胜6负；只有库里没有格林时，勇士队只有5胜7负。当大家质疑勇士队是否应该补充内线以应对格林的伤势的时候，勇士队却又打出一波9连胜。

连胜固然令人欣喜，可库里的三分球是投得越来越不准了。在对阵犹他爵士队和达拉斯独行侠队的比赛中，库里分别13投1中、10投2中，创下了他个人连续两场比赛最差的三分球投射纪录。

科尔为库里辩护道："现在正在发生的情况是库里在提醒大家，他也是一个普通人。每个人都希望他能一整个赛季都处于最佳状态，但实际上这是不可能的。我认为，在过去几场比赛中他都很好地履行了控卫的职责，就是没投进球罢了。"库里就像是捕鼠夹上的奶酪一样，诱惑着对手对他重兵防守，然后勇士队的其他球员就会因此受益。

2022年的全明星周末对NBA来说至关重要，因为这是联盟75周年的大日子。2021年因为疫情停办一年后，全明星周末在2022年重新焕发星光。不止是现役的全明星球员，在中场休息期间，被官方评选为历史75大巨星的退役球员们，也在百忙中抽空前来，共襄盛举。曾在克利夫兰捧起过三座总冠军奖杯的库里，一上场就被现场球迷狂嘘不止。库里赛后回应道："嘘人是需要很多能量的，所以他们一定是很在乎我才这么做的。"

只在上半场，库里就命中了8个三分球，距离保罗·乔治保持的全场9个三分球的纪录只差1球。第二节库里命中6个三分球，已经是全明星赛单节的三分球纪录了。第三节库里再接再厉，命中7个三分球，一场比赛中两破纪录。全场比赛，库里三分球27投16中，狂砍50分，只比2017年戴维斯砍下的全明星赛队史最高分（52分）差了2分，库里终于在他的第八次全明星之旅中，赢得了全明星赛MVP的奖杯。

勇士队球迷希望他能将全明星赛上的手感延续下去。2022年以来，库里的三分命中率只有34.3%，勇士队的战绩也只有14胜8负，在全明星赛前5战4败。

没想到勇士队在泥潭中越陷越深，自2月9日以来，勇士队在11场比赛中输掉9场，犹他爵士队、丹佛掘金队、达拉斯独行侠队等季后赛的潜在对手都没对勇士队手下留情。3月3日输给独行侠队的比赛更是勇士队的赛季之耻，勇士队在第三节一度领先独行侠队17分。可第四节独行侠队打出26∶1的高潮，勇士队在整整8分钟里，运动战一球不进。勇士队在本赛季曾9次领先15分以上，这次输给独行侠队已经是第4次被翻盘。大家不禁产生了疑问：勇士队怎么了？

库里和科尔都指出，这是因为球队少了格林。库里说："要明白，没有格林在的这段时间里，我们的进攻有所不同，我需要在球的转移和处理上承担更多的责任。"

伊戈达拉说："当格林在场上的时候，他让每个人的工作变得容易。他能从1号位防守到5号位，能阻挡投篮，能保护篮下，他能做到防守上的一切。"

当格林能出战的时候，勇士队在三秒区的得分排名联盟第4位，少了格林，勇士队少了转换进攻、空切和掩护，三秒区的得分降至联盟第23位。就在勇士队球迷翘首以盼勇士队能趁着交易截止日换来个内线球员的时候，他们听到了糟糕的消息：怀斯曼因为膝盖恢复不理想，赛季报销。勇士队管理层表示球队现有的阵容足够冲击总冠军了，在截止日当天，勇士队纹丝不动，彷佛球队一点儿问题都没有。

难道就这么浪费库里34岁的巅峰期？球迷们愤怒不已，又无可奈何。等格林回来一切就能好转吗？糟心的消息又来了，在库里的生日夜，勇士队主场迎战凯尔特人队的比赛中，库里在第二节被斯马特撞到了小腿，受伤离场。

赛后检查，库里是左腿韧带扭伤，可能要缺席六周。这样一来，本赛季的常规赛，库里、格林、克莱组成的勇士队核心三人组，满打满算只同时出战了11分钟。本赛季库里缺战的6场比赛，勇士队只有2胜4负。少了库里，勇士队的战绩一落千丈，会不会因此丢掉季后赛首轮的主场优势？勇士队球迷不禁捏了把汗。

没想到库里的这次受伤，反倒是因祸得福。不仅库里本人得到了充足的休息，普尔也因此得到了充足的球权，把自己的球技磨炼得更上一层楼。在全明星赛前的53场比赛，普尔交出了场均16.4分3.1个篮板3.5次助攻的数据，还只能说是一个合格的首发球员。当时传出勇士队可能在休赛期以4年8000万美元提前和普尔续约的消息，勇士队大多数球迷对此的感想是：老天！不要啊！

库里受伤后，普尔承担了库里在场上的责任，成为球队的外线头号持球人。普尔在赛季末连续17场比赛砍下了20+。2022年3月以来，普尔18次单场20+，同期在全联盟仅次于恩比德和约基奇。全明星赛后的23场比赛，普尔场均得到23.4分4.1个篮板5.2次助攻，三分命中率40.8%。

勇士队并没有因为库里的养伤而崩溃。有库里出战的比赛，勇士队45胜19负；库里缺战的18场比赛，勇士队8胜10负，而上个赛季没有库里的比赛，勇士队2胜7负。全队已经做好了充足的准备，迎接赛季真正的考验了。

　　季后赛首轮面对MVP约基奇带领的掘金队，勇士队以4：1兵不血刃地淘汰了对手。约基奇双拳难敌四手，只能带着一身豪华的数据无奈出局。"水花茶兄弟"在首轮系列赛中，场均砍下71.6分，库里是三人中三分命中率最低的，但即便这样，他的命中率都达到了44%，而掘金队整条后卫线的场均得分连"水花茶兄弟"的一半都不到。

　　次轮比赛勇士队迎战的是去年附加赛淘汰自己的灰熊队，那场附加赛，库里下半场一分钟都没休息，遗憾出局后库里说："我敢保证，下个赛季没有球队想碰到我们。"

　　勇士队兵强马壮的同时，灰熊队也迅速崛起了。赛季初没人想到灰熊队会成为联盟战绩第二的球队，但是从球员的表现来看，这个结果丝毫不令人意外。莫兰特成为NBA历史上首位同时拿到最佳新秀和进步最快球员奖的球员；小贾伦·杰克逊是联盟的盖帽王；亚当斯是联盟的前场篮板王。灰熊队能打球的人实在太多了，在本赛季没有莫兰特的比赛中，他们也交出了20胜5负的战绩。灰熊队的场均篮板、封盖、快攻得分和禁区得分都是联盟第一。

　　面对这个难啃的硬骨头，勇士队确实费了一番周折，尤其是第二场比赛的首节，加里·佩顿二世就被狄龙·布鲁克斯的恶意犯规打下了场，全场比赛最后4分钟，莫兰特一个人面对勇士队取得了14：6的领先，突入禁区如入无人之境，全场比赛莫兰特砍下47分8个篮板8次助攻。

　　回到主场的勇士队没给灰熊队什么机会，先是取得了一场30分的大胜，在莫兰特受伤后，勇士队和灰熊队似乎都丢失了投篮准星，最后时刻，勇士队才依靠库里的突然爆发，以3分的优势拿下比赛。当勇士队的球迷开始想象着以4：1的大比分完美收官时，故事的走向却没有这么简单。第五场比赛进行到第二节，勇士队连续三个回合失误，灰熊队打出62：18的巨大高潮，最多时一度领先勇士队五十多分。到最后一节时，勇士队已无力回天，库里无奈地笑了笑，格林更是加入了灰熊队球迷的行列，在场边挥舞毛巾跳起了舞。

不过，好在"G6汤"再现江湖，低迷好几场的克莱一到第六场就来了劲儿，上半场他的三分球7投5中，全场比赛他命中8个三分球，"佛光普照"之下送灰熊队"回家"。

西部决赛上，勇士队迎来的是意外的对手独行侠队。在和太阳队的"抢七"大战中，独行侠队半场就领先了30分，把太阳队打得心气全无。可东契奇的魔法能在金州上演吗？答案是"No"。这轮系列赛，勇士队让东契奇的弱点暴露无遗：他的防守实在太差了。勇士队抓住了东契奇的防守弱点，不断地通过挡拆进攻，而威金斯则对东契奇送上了高强度的贴身防守，"Luka Magic"最终只在主场闪耀了一场，勇士队就以4∶1晋级总决赛。本该艰难的西部决赛，反倒成为勇士队整个季后赛之旅中最轻松的对决。

和勇士队竞争总冠军的是波士顿凯尔特人队。在勇士队老板拉格布从出生到成长为少年的13年间，凯尔特人队赢得了11个总冠军，这也曾是拉格布一直以来希望勇士队成为的球队。可如今，勇士队是以一个王朝之师的身份，迎接年轻的凯尔特人队的挑战：过去的8年里，勇士队6次杀入总决赛；凯尔特人队则是自2010年后首次重返总决赛。

凯尔特人队在赛季过半时只有20胜21负，在东部的排名甚至不如纽约尼克斯队。可他们在1月底开始苏醒，在赛季的最后35场比赛中赢下了30场，打出了联盟第一的防守效率。斯马特成为继佩顿后全联盟首位拿到最佳防守球员的控卫，上赛季无缘最佳阵容的塔图姆入选最佳阵容一阵。总决赛开打前，*ESPN*等媒体认为"绿军"赢下总冠军的概率超过80%。

总决赛首战，本赛季在季后赛主场还没输过球的勇士队就吃了当头一棒。他们在第三节领先凯尔特人队15分，却在第四节被凯尔特人队打出17∶0的尴尬比分，单节净负对手24分。尽管库里在首节就拿下21分，但是在凯尔特人队调整了防守策略后，处处受限的库里频频用不擅长的方式去终结进攻，而格林和伊戈达拉的搭配也被证明是无效的，"大意失金州"的剧情似乎给勇士队提了个醒：面前的对手比之前遇到的三个对手都强，一定要认真对待。

在不出意料地将比分扳回到1：1后，去波士顿的首场比赛，勇士队又输了。球队的防守核心格林难以抵挡杰伦·布朗的进攻，后者在上半场就得到22分。全场比赛，凯尔特人队抢下47个篮板，勇士队只有31个。三场总决赛下来，格林一共拿到15分，却赔上了15次犯规。失望的勇士队球迷赛后留言："在篮下放个两米的垃圾桶，都比格林篮板抢得多。"

但库里却对格林充满信任，直言他一定会反弹。总决赛前三场，库里每场都至少投进5个三分球，往年的总决赛上，库里也会有发挥失常的时候，第三场被撞得踉踉跄跄的库里，在只有不到43小时休息时间的情况下，还能在第四场保持依旧火热的进攻状态吗？

科尔在第四战终于变阵，派上了波特作为球队的先发球员。替补状态神准的波特在首发时却没什么手感，勇士队能和凯尔特人队僵持住比分，完全是靠库里"蛮不讲理"的各种高难度进球。凯尔特人队在篮下依旧有着巨大优势，罗威在上半场就抢下了10个篮板，凯尔特人队也在第二节打出10：0逆转了比分，勇士队还会有英雄出现吗？

库里在第三节连续命中2个高难度的三分球。凯尔特人队一次次杀向勇士队的禁区，勇士队则只能靠库里的神仙球回应。这样的表现能维持整场吗？第四节比赛，科尔终于不再对格林心慈手软，他让格林坐了半节的冷板凳，威金斯和鲁尼则在第四节合力抢下16个篮板，比"绿军"多出10个，最后依靠着库里见血封喉的三分球，勇士队从九死一生的环境中逃出生天，将总比分追至2：2。

库里的单场43分是凯尔特人队自1965年以来在总决赛中的对手球员最高得分，他用场均34.3分和50%的投篮命中率，完美地回击了一切对他的质疑。在重要的"天王山之战"中，对库里的神准表现心存忌惮的"绿军"改变了防守策略，从之前对库里的单防换成了包夹，结果他们顺利克制住了库里，致使库里的三分球9投0中，但这却让勇士队的其他球员焕发战意：格林拿下8分、8个篮板、6次助攻，克莱交出连续三场场均21.3分，三分命中率41.2%的表现。勇士队赢下"天王山之战"，也赢回了总决赛的心理优势。

第六场对决，勇士队在第二节打出21：0的超级高潮，彻底打乱了凯尔特人队的军心。库里全场21投12中，砍下34分。赛后他无可争议地拿到了全部的11张FMVP选票，当选总决赛最有价值球员，完成了他个人荣誉上的大满贯。

没有人曾看好库里和这支勇士队，球迷们都以为，三年前，随着杜兰特离去，勇士队就失去了核心的竞争力。就像那些专家从库里高中开始就不看好他能进入NBA一样，库里所做的就是不断地提升自己，去颠覆所有人的篮球观。库里在夺冠后说道："一想起我们一路走来经历的那些事情，你就会起鸡皮疙瘩。这一次肯定是与众不同的，我们清楚过去三年意味着什么，在这个赛季开始的时候，没有人认为我们可以来到这个位置，没有人看好我们，我们却做到了这一切。现在他们还有什么想说的？"

历史上很少有像今年的勇士队一样的球队，既有超群的团队配合，又有超级巨星能在关键时刻打出亮眼表现。库里从不在乎数据和荣誉，他愿意牺牲自己的数据去成全球队的胜利，所以他将个人荣誉拱让杜兰特，但是需要他托起球队的时候，他责无旁贷地在最危难之际拯救球队。

库里一直以来都在激励着我们，不要在乎外部环境的变迁，只要努力提升自己，终会有好的结果降临。三年前命运给他的一把无用的废土，终于在三年的坚守后开出了美丽的花朵。未来还会发生什么更神奇的故事？不用心急，慢慢等他带给我们更多惊喜吧。

段冉小语

斯蒂芬·库里与科比，笔者最喜欢的两名球员。非常遗憾的是，两人没有效力过同一支俱乐部。但是两人都是NBA历史中最耀眼的明星，在全世界都拥有着太多的球迷。

当科比意外去世的那一天，笔者写下很多文字。在这本有关库里的书籍中，笔者也选择了与大家一起分享。因为对于库里来说，科比对他有太大的影响。

"我的余生都会记住那一天。我在进行伤病恢复，但那天我参加了训练。在场边，你可以看到他们的肢体语言立刻发生了变化。训练戛然而止。很多的追思，很多的悲伤，这绝对是一个难以承受的时刻。你不愿相信这是真的。那对整个世界、整个篮球界来说都是艰难的一天。"这是科比意外去世后库里的表述。

而科比对于库里也是非常赞赏："他绝对是最难防守的球员。他身上有一种近乎残酷的冷静！"

段冉小语

林书豪与勇士队也有不少渊源，他在NBA的第一份职业合同就是勇士队提供的。在这期间林书豪和库里成为队友，两人也因此有了深厚的友谊。

林书豪后来在尼克斯队完成大爆发，迎来"林疯狂"时代。库里对此给予很高的赞许："和世界上的大多数一样，我最喜欢的就是他（林书豪）不屈不挠的精神，他曾经在训练营中被球队裁掉，我记得当时是在休斯敦，然后他去了纽约尼克斯队，从那之后'林疯狂'开始接管比赛，没有太多人能够在经历了那么多的挫折之后仍然保持着自信，很好地利用机会。他打出一个令人惊叹的职业生涯，他是一个很棒的人。我们应该对于自己打球的机会心怀感恩，这意味着很多。"

在2020—2021赛季开赛前，一度传出林书豪将重回勇士队的消息，笔者也希望能够看到林书豪与库里再度并肩作战的场面。

MVP

图书在版编目（CIP）数据

库里传 / 段冉著 . — 北京 ： 北京时代华文书局，2021.2（2022.7 重印）
ISBN 978-7-5699-4101-2

Ⅰ. ① 库… Ⅱ. ① 段… Ⅲ. ① 库里—传记 Ⅳ. ① K837.125.47

中国版本图书馆 CIP 数据核字（2021）第 037084 号

库里传
KULI ZHUAN

著　　者 | 段　冉

出 版 人 | 陈　涛
选题策划 | 董振伟　直笔体育
责任编辑 | 周连杰
执行编辑 | 马彰羚　王振强　王　昭
责任校对 | 张彦翔
装帧设计 | 程　慧　赵芝英　王艾迪
责任印制 | 訾　敬

出版发行 | 北京时代华文书局 http://www.bjsdsj.com.cn
　　　　　北京市东城区安定门外大街 138 号皇城国际大厦 A 座 8 层
　　　　　邮编：100011　电话：010-64263661　64261528
印　　刷 | 小森印刷（北京）有限公司　010-80215073
　　　　　（如发现印装质量问题，请与印刷厂联系调换）
开　　本 | 710mm×1000mm　1/16　　印　张 | 25　　字　数 | 320 千字
版　　次 | 2021 年 3 月第 1 版　　印　次 | 2022 年 7 月第 2 次印刷
书　　号 | ISBN 978-7-5699-4101-2
定　　价 | 198.00 元